治理政治学

刘杰·主编

时事出版社
北京

图书在版编目（CIP）数据

治理政治学/刘杰主编. —北京：时事出版社，2020. 1
ISBN 978-7-5195-0342-0

Ⅰ. ①治… Ⅱ. ①刘… Ⅲ. ①社会主义政治学—研究—中国 Ⅳ. ①D6

中国版本图书馆 CIP 数据核字（2019）第 280764 号

出 版 发 行：时事出版社
地　　　址：北京市海淀区万寿寺甲 2 号
邮　　　编：100081
发 行 热 线：（010）88547590　88547591
读者服务部：（010）88547595
传　　　真：（010）88547592
电 子 邮 箱：shishichubanshe@ sina. com
网　　　址：www. shishishe. com
印　　　刷：北京旺都印务有限公司

开本：787 × 1092　1/16　印张：21. 25　字数：340 千字
2020 年 1 月第 1 版　2020 年 1 月第 1 次印刷
定价：120. 00 元

编写组成员

绪　论　刘　杰　　**第一章**　张树平

第二章　郭中军　　**第三章**　齐凌云

第四章　李锦峰　　**第五章**　曾一璇

第六章　朱淑丽　　**第七章**　石冬旭

第八章　李佳佳　　**第九章**　束　赟

第十章　薛泽林　　**第十一章**　王龙飞

第十二章　朱雯霞

目　录

绪　论

政治学在中国是一门古老而年轻的学科，尽管5000年不间断的文明传承为今人留下了丰富的政治思想、政治哲学、政治经验和政治策论等政治学元素，但作为一门系统的学科，现代意义上的政治学是近代以来才逐步引进的。由于政治学天然蕴涵的国家立场和意识形态因素，因此从一开始就存在着马克思主义政治学与西方化的政治学理论之间的尖锐对立。新中国早期，一度取消了政治学作为独立学科的存在地位，直到20世纪80年代初，政治学才予以恢复并很快进入一个迅速发展的时期。在此后的30多年间，中国的主流政治学界以马克思主义理论为指导构建了比较系统的政治学体系，80年代初出版的《政治学概论》①，90年代初出版的《马克思主义政治学》② 等都产生过长期的影响。其中1982年出版的《政治学概论》是国内恢复政治学教学后第一本公开出版的教材，其基本特点是从马克思的阶级理论出发，围绕国家的起源、本质、类型，进一步分析政府、政党、革命民族、国际社会等结构性问题。《马克思主义政治学》的基本脉络与概论相似，仍然从阶级、国家、革命等核心命题展开，但以大量的篇幅重点探讨了近现代中国政治、近现代西方政治体制、国际政治的产生和演变等当代政治学面临的重大理论问题。与此同时，随着大量西方政治学理论的引入，政治学研究也日益呈现出研究方法和研究思路的多元化取向。

近年来，随着中国进入一个新的历史时期，中国特色社会主义现代化建设对政治学基础理论的发展和创新提出了新的时代要求，人们对政治、政治学、社会主义政治学的理解需要有新的拓展和新的视角。本书写作的

---

① 赵宝煦主编：《政治学概论》，北京大学出版社，1982年版。

② 刘星汉、王沪宁等主编：《马克思主义政治学》，复旦大学出版社，1992年版。

基本动因，就是试图通过一种新的解释逻辑，客观理性地回答当代中国政治生活中面临的新问题和新现象，为我国构建社会主义政治学研究体系提供新的理论支持。

自新中国成立后，中国共产党由革命党转变为执政党，党在国家政治生活中的地位和作用发生了根本性的变化，党的核心使命由革命转变为现代化国家建设。与之相适应，政治学的核心问题不再是阶级理论基础之上的革命、暴力和对抗，而是如何逐步强化执政意识、加强政党建设、有效治理国家的问题。这一转变，既是重构中国特色社会主义政治理论的内在理念和价值归宿，也是政治实践和国家政治生活中不可回避的政治现实。基于治理的政治逻辑，本书致力于回答社会主义政治学需要解决的三个核心命题：第一，为什么政治学的核心问题是治理？第二，党如何推进国家治理体系和治理能力的现代化、实现有效治理？第三，治理的中国方案可能具有的普遍性政治学意义。回答好了这三个问题，以治理为逻辑的政治学大致可以初步成立。

一、治理：政治学的核心问题

自近代以来，政治学研究的主要对象是国家，大多数的政治学理论都主要致力于分析国家权力的起源、结构、规范，在国家制度层面，民主则成为核心的政治命题，甚至成为政治正确性的判断标准。然而，国家不仅是一个理念和制度上的存在物，更是一个始终处于实践和运行过程中的政治生命体，当人们的视线从静态的国家转向动态的国家时，核心的问题就必然是如何保持国家的正常运行，而国家正常运行背后隐含的政治逻辑，就是国家的治理。换言之，在国家的视域下，政治学的核心问题既可以是民主这一静态的制度性命题，也可以是治理这一动态的实践性命题。

进而言之，治理作为政治学理论的核心命题不仅是转换角度认识政治学的结果，也是由长期以来中国党和国家的政治实践决定的历史结论，蕴涵着中国特色社会主义现代化国家建设的内在诉求，既体现了独特的国家实践，也内化着特定的国家价值。换言之，只有在当代中国的政治生态和政治土壤中，才能滋生以治理为核心的政治理论和实践，无论是在西方还是传统中国，都不可能使国家政治的逻辑围绕治理问题来演绎。

在传统的西方政治学理论中，启蒙学者内在遵循的政治逻辑是以“人民主权论”为起点，假定人民是最高的主权者，因而国家权力来源于人民。在此前提下，人民以订立“社会契约”的方式，共同把自己的天赋人权部分转让给国家，由一个代表国家的公共机构（政府）来行使。然而，一旦国家成为新的主权者，人民在转让出自己的部分权利后，必然会担心自己授予的权力被国家滥用，为了从根本上防止政府侵犯人民权利的现象出现，他们根据国家权力的不同属性、将不同权力交由不同的部门来行使，这些部门彼此独立、互不归属，并在权力行使过程中相互制约，这就引申出了权力制衡的“三权分立”论。另一方面，行使权力的人不能世袭或者专制，必须通过民主的选举流程来产生。在通常的分析中，这是一个基本的制度性逻辑推论，也构筑了西方关于政治合法性的价值原点。

在西方的政治学逻辑中，长期存在一个或许是被有意无意忽略的问题，这就是现代民主的逻辑中隐含着一个根本的价值悖论，人们在自认拥有民主、自由、人权的同时，人民与政府之间在逻辑上天然存在着无法克服的二元对立。在权利转让、权力分立制衡、以民主的方式选择国家权力的过程中，人民和政府本质上从一开始就是对立的，甚至可以说是根本隐含着相互之间不可消除的敌意和防备，人民既心甘情愿地把自己的主权地位转让给国家，又不得不担心国家会利用受让的权力来侵犯自己的权利。可以佐证的是19世纪至20世纪，当人们认识到国家权力已被资本公然操控并成为压迫人民的工具时，他们开始选择反抗和革命，社会主义运动和无产阶级革命由此成了必然的历史进程，二元对立悖论的本质在其中得到充分的诠释。今天，欧美国家通过民主选举的制度表象来柔化人民与国家的本质对立，并在日常政治生活中减少对人民使用暴力，但是，资本和权力决定的少数人对国家的操控仍然是政治的本质，以协同、合作、平等、共识等为核心理念的“治理”从根本上说在国家层面是无法成立的，选举在体现民主的同时也凸显了权力阶层之间、利益集团之间、族群之间深刻的政治裂痕。因此，尽管现代治理理论率先发端于西方，但它只能被认为适用于基层社区层面抑或处于无政府状态的国际政治领域，在国家政治层面没有治理的存在空间。

经典马克思主义政治学理论也是以国家为核心展开自己的价值逻辑。在马克思主义经典作家们的理论阐释中，现代国家的本质差别在于主权者或者主体的不同，国家不过是以空泛的“人民”为前缀，背后掩盖的是阶级对立和资产阶级对国家政权的控制。资产阶级为了维持对无产阶级的统治，把国家变成一台由“军队、监狱、法庭”等机构组成的暴力机器，在这一对立的政治逻辑中，治理在现代资本主义国家也根本无从谈起。

中国共产党成立以来，经典国家理论曾长期对中国共产党的政治逻辑产生过巨大的影响，在革命党时期，正是通过强调阶级对抗和国家暴力主张，中国共产党的革命理论在与国民党遵循的三民主义的意识形态抗衡中赢得了大多数民众的认同和支持，为中国革命的胜利和社会主义事业奠定了最初的价值基点。新中国成立后的一段时期，这一理念一度得以延续，中国共产党长期延续了自己的革命党身份，在国家内部把民众划分为不同阶级并强调阶级斗争，这一理念直到改革开放以后才逐步开始转变。在计划经济转向市场经济的过程中，中国共产党在不断推进改革开放的同时逐步实现了从革命党向执政党、从管理国家到治理国家的身份转换，为改革开放提供理论支持的政治理念和政治哲学也随之实现了由斗争向治理的转换。

在理论上验证中国共产党推进国家治理的历史必然性的同时，中国共产党理论建构的特殊经历也为治理提供了政治土壤。中国共产党从一开始就意识到，中国革命是在一个工人阶级不占多数的落后农业国家中进行，为了最大限度的凝聚民众的共识和认同，在实践中更需要超越阶级意识，致力于建构更为宏大的国家意识、民族意识和人民意识。这一理念在建立抗日民族统一战线中得到了最为直接的体现，在新中国成立过程中，中国共产党积极推动各党派、各团体、全体人民共同参与政治协商，中华人民共和国从成立的一开始就是一个超越政治差异、达成政治共识的政治共同体。正因如此，新中国成立前夕的《中国人民政治协商会议共同纲领》宣布，“中华人民共和国的国家政权属于人民”（第十二条）；1954 年颁布的中华人民共和国第一部《宪法》在第二条进一步确认了这一表述；1982 年宪法不仅延续了上述表述，更明确宣示，“中国人民掌握了国家权力，成为国家的主人”。这表明，即使在强调阶级和对抗的政治时代，中国也自觉地确立了“人民”的核心理念，强调我们的国家权力同样来自于人民。中国共产党是人民的先锋队，代表人民行使国家权力。这就在国家层面阐释了党作为人民代表的执政合法性，消弭了国家和人民之间在理论上出现像西方那样的对抗性。当然，在一度的历史实践中，由于阶级的划分和对斗争的强调淡化了国家和人民一体性共存的理念，但随着改革开放以来执政党意识的逐步增强，中共重塑了作为人民代表和人民先锋这一一体性的政治身份。在此基础上，一体共存的党（国家）和人民之间非对抗性的民主制度本质决定了社会主义政治学的核心问题不是权力的制约和平衡，国家治理作为社会主义政治学核心问题的命题由此自然生成。

在治理的政治逻辑下，社会主义国家的本质是党始终坚持人民当家作主的根本宗旨，推进依法治国，把“以人民为中心”作为检验国家治理成效的最高标准，最终实现让发展成果惠及全体人民的建设社会主义现代化国家目标。在学理逻辑上，当国家脱离了资本的控制和阶级对抗的意识后，以治理为核心的政治学遵循着几条根本的政治法则：

第一，党和人民的共生关系。中国共产党生存于人民之中，中共党员也是人民的一部分，从不脱离人民而孤立存在。中国共产党代表人民行使国家权力，保证国家的政治安全、社会稳定、经济发展，为人民创造幸福生活。人民在党的领导下主动参与政治、经济和社会生活，通过投票选举自己的代表，共享经济社会发展成果。

第二，资本不能干预政治。国家对市场经济的确认决定了资本存在的合法性，但同时，国家的人民性本质又决定了由少数人掌握的资本不能凌驾于人民之上，国家承认公民合法的财产所有权，但严格把资本的活动限制在市场范畴之内，尤其是不能干预国家政治生活。

第三，党的自我革新和自我完善。党要得到人民支持，始终需要保持自己的纯洁性和先锋队地位，以此确保政权不因时代变迁而被异化，这就需要在党内不断进行自我的革新和自我的完善。基本途径是：一是自我完善。强化选举为核心的政治民主（包括党内逐层选举各级党组织成员直至政治局和总书记），通过各层级人大产生政府，形成党的领导下人大、政府、政协等各司其职的治理体系；二是自我净化。不断用理想道德信念塑造自己，维持先进性和纯洁性形象；三是自我约束。构建和完善各方面、各种形式的内部和外部监督体系，对腐败保持零容忍。

第四，培养和教育民众。在中国这样一个拥有十三亿人口的超大型国家，培育民众的共识度和认同感是治理得以推行的重要前提，其所遵循的基本理念是，民众当然可以有自己的价值观和宗教信仰，但对核心价值体系必须保持尊重和接受，必须遵守国家法律和社会公序良俗，尤其不能抗衡核心价值和核心政治理念。

二、概念与价值

在证明了治理作为政治学的核心问题的基础上，需要对治理概念及其内在蕴涵的政治理念和价值取向进行一些必要的界定和分析，尤其需要区别中西方对治理在理解和认知上的异同。毫无疑问，在当代中国，治理以及正在推进的国家治理体系和治理能力现代化凸显着典型的中国特色，本书所研究的治理，就是在中国的政治逻辑和政治语境下的治理及治理蕴涵的政治价值。

如前所述，在近代以来政治学理论的历史演进中，治理并不是一直受到广泛重视的政治命题。在西方，治理理论是随着20世纪八九十年代兴起的、以弱化政府权力为主张的新公共管理理论的兴起而出现的，以此为起点，区别于“统治”“管理”等传统国家运作方式的“治理”（Governance）才作为一种政府与民众协同的公共事务理念逐步受到重视。如美国学者詹姆斯·N·罗西瑙认为，治理是“通行于规制空隙之间的那些制度安排，或许更重要的是当两个或更多规制出现重叠、冲突时，或者在相互竞争的利益之间需要调解时才发挥作用的原则、规范、规则和决策程序。”[①] 而在一般公认对治理概念进行了较为合理的界定的全球治理委员会定义中，“治理是或公或私的个人和机构经营管理相同事务的诸多方式的总和。它是使相互冲突或不同的利益得以调和并且采取联合行动的持续的过程。它包括有权迫使人们服从的正式机构和规章制度，以及种种非正式安排。而凡此种种均由人民和机构或者同意、或者认为符合他们的利益而授予其权力。它有四个特征：治理不是一套规则条例，也不是一种活动，而是一个过程；治理的建立不以支配为基础，而以调和为基础；治理同时涉及公、私部门；治理并不意味着一种正式制度，而确实有赖于持续的相互作用。”[②]

值得注意的是，全球治理委员会的定义赋予治理在政治学意义上的四

---

① ［美］詹姆斯·N. 罗西瑙：《没有政府的治理》，中译本，江西人民出版社，2001年版，第9页。

② 转引自俞可平：《治理与善治》，社会科学文献出版社，2000年版，第270—271页。

个特征：治理不是一整套规则，也不是一种活动，而是一个过程；治理过程的基础不是控制，而是协调；治理既涉及公共部门，也包括私人部门；治理不是一种正式的制度，而是持续的互动。这是一个弱政治学的理念，它小心翼翼地回避了国家、强制性、互动的不对称性等更为本质的政治强制性问题。因此，去权威性的治理理念更容易为大多数人认同，同时，这也决定了治理在国际社会中常常只能存在于基层政治（如社区治理）或国家间政治领域，基层政治日益不需要强制性的管理，而国家间政治则因其无法根除的无政府状态和国家利益最大化而无法进行管理。

治理之于中国是一个古老的政治命题。众所周知，早在《道德经》中，老子就已提出“治大国若烹小鲜”的著名治理理念，荀子的《君道》则提出，“明分职，序事业，材技官能，莫不治理，则公道达而私门塞矣，公义明而私事息矣”。《孔子家语·贤君》也有“吾欲使官府治理，为之奈何?”的表述。由此可见，治理是中国长期以来的治国之道，蕴涵中国政治传统的内在价值导向。只不过在传统的封建专制时代，治理在统治者那里更多的是用来有效驾驭国家运行的方式和手段，是对暴力化的统治和单向度管理的一种政治柔化。

显然，当代中国的治理理念从一开始就是从中国特色社会主义现代化国家建设的现实需要出发进行建构的，既不同于西方学者的社区自治性观点，也完全有别于古代中国的工具性理念。在中国政治学的话语体系下，大致可以将治理界定为：治理是具有中国特色的政治概念，是党和国家从建设社会主义现代化国家的目标出发进行的“治国”“理政”行为，它围绕以人民为中心的核心理念，不断推进国家治理体系和治理能力的现代化，努力完善和发展中国特色社会主义制度，把中国建设成为一个富强民主文明和谐美丽的社会主义现代化强国。

基于治理的政治逻辑，中国特色的政治学蕴涵着一系列与传统政治理论不尽相同的政治价值和政治理念：

第一，治理重构了国家理论的核心问题。传统政治学的核心问题是国家的本质和制度安排，是在不可证的假设条件下进行静态的逻辑演绎，社会主义治理政治学的核心则是国家的能力和运行，是基于现实的政治实践进行的动态的规律性抽象，凸显了国家的能力。在国家内生的对抗性与协同性的政治逻辑中，名义上拥有主权的人民在制度中处于被统治或者被管理的被安排者角色，而在治理的政治逻辑中，国家与人民之间是非对抗的共生关系，人民不是完全被动的统治对象，而是国家重大事务主动的协同参与者，有权充分发表自己的意见和建议，对政府行使权力的状况进行监督。

第二，治理蕴涵政治学发展的最新理念。政治的本质不仅是要建构国家，对国家的制度和体制做出安排，也要求在实践和运作中保持既定的价值理念，提升人们对自由、民主、人权等政治理念的重新认识。在治理理念的推动下，国家消解了对于阶级、权力、革命、暴力等问题的固守和坚持，作为政治共同体的内生性和自为性逐步外化出来。

第三，治理对政权与人民的关系进行了新的阐释。在治理的理念下，代表国家的政权与人民之间不再是对立的统治与被统治、管理与被管理的政治关系，而是基于共同的理念和目标而形成共同协作的关系，国家与人民在治理中构成了相互依存的政治命运共同体，共治、共享、共荣成为国家治理的共同价值。

第四，治理是全球化和世界政治发展的紧迫要求。近年来，全球治理日益成为国际政治的重大问题，尽管这凸显了全球化进程启动以来世界市场乃至国际政治的无序状况，但无序本身构成了全球治理的内在动力，现今世界如不在全球治理上加快达成共识并在公正合理的轨道上加以推进，世界的混乱、无序、暴力局面将无法得到有效控制。

三、实践导向

20 世纪 90 年代以来，随着经济全球化的兴起和发展，国际政治领域也在给予治理高度的关注，全球治理不仅已经成为国际政治中重要的理论分支，更成为广受关注的政治实践。从 20 国集团到金砖国家会议，多边治理的成效正逐步得到发挥。但是，主权国家仍然是当今世界最主要的行为主体，以超国家理念为支撑的全球治理仍然存在许多难以逾越的制度性障碍，难以真正发挥约束性效力。因此，中国理念下的国家治理就成为一种真正有价值的高层级政治实践，它遵循中国特色政治学的理论指导，演绎中国自身政治发展的内在逻辑，展示建设社会主义现代化国家的国家价值。在此意义上，国家治理是一个典型的中国特色政治命题，需要从中国的国情和实践中加以持续的现代化推进。

自中国共产党成立90多年、新中国成立70年、改革开放40年、中国共产党十九大确定的“新时代”历史进程中，中国的政治逻辑和国家治理理念不断发生着适应性变化。中国共产党成立的前28年中，革命党的地位虽然决定了它无法决定当时的国家治理形态，但持续的党内治理以及根据地时期初步的政治治理实践实际上已经不断提升了政党的治理能力，在某种意义上，正是基于这一能力，中国共产党才能不断削弱当时的国家政权，最终建立起由自己领导的人民当家作主的新中国。新中国成立后，中国共产党开始了自觉不自觉的国家治理实践，在一度的曲折中逐步探索出一条与中国国情相适应的治理道路，改革开放以来，尤其是十八大以来，中共明确提出了推进国家治理体系和治理能力现代化的目标，中国正日益向社会主义现代化国家迈进。

近年来，中国的经济社会发展开始进入一个转型期，国家治理面临的治理环境、治理目标和任务、治理对象以及治理平台等日益发生重大变化，这些变化不仅是国家治理在当前暴露出诸多弊端和不适应性的根源所在，也凸显出传统的国家治理方式已不足以为经济发展、社会建设提供充足的支持和保障，中国没有时间可以迟疑和等待，与新的历史使命相适应的现代化国家治理理念已经外化为“治国理政”这一宏大的治理图景。面对新的历史环境，党的十八大提出了2020年全面建成小康社会、2050年建成社会主义现代化国家的新目标。这一目标的提出，意味着国家治理的任务更加繁重，传统粗放式、运动式的治理越来越难以适应新目标和新任务，只有通过不断推进治理现代化，才能妥善应对新的国家建设任务对国家治理提出的新要求：

第一，经济持续健康发展需要国家在市场领域的治理进行重新定位。在经历了30年的超高速发展之后，中国经济开始进入一个新的转型时期，打造中国经济“升级版”成为紧迫任务，需要把市场的权力更多地还给市场，但同时对市场与生俱来的弊端不能放任自流，如何更好地处理好治理与市场之间的关系随之成为重要的课题。

第二，扩大人民民主要求国家治理更加注重以民主的方式进行，温饱问题得到解决的民众将更加关注维护自己的合法权益，这使他们的民主参与意识越来越强烈，希望通过自己的有序参与推动国家政治生活民主化水平不断提高。

第三，社会主义文化强国的新任务要求在国家治理中注重提升软实力，不仅着眼于通过改进方式来提升治理能力，更要把改进治理的出发点和落脚点归属到增进凝聚力，提高民众对国家治理的理性共识和行动认同上来。

第四，随着人民生活水平全面提高、全体人民公平分享经济发展成果的治理宗旨需要国家不断改善收入分配方式，提升民众的公平感、获得感和尊严感，防止社会的碎片化和离心取向对国家治理潜在的不利影响。

第五，生态建设需要进一步改变粗放型的治理方式，在经济建设中更加注重平衡发展和生态承受能力，建设系统完善的生态文明制度体系，提升生态治理的能力。

在国家治理的现实实践中，互联网在中国的迅速发展具有特别重要的双重意义，2017 年，中国的网民总数已经超过 7.5 亿，成为世界上网民人数最多的国家，尤其是近年来兴起的微博、微信用户在短时间内迅速成为一个数量庞大的内部互动人群，网络的自由传播功能使其成为每个人都可以任意发布信息的所谓“自媒体”，孕育着潜在的无组织力量，如何加强网络管理，推进网络依法规范有序运行，对互联网治理乃至整个国家治理提出了严峻的挑战。

从本质上说，互联网至少在目前而言还主要是一种工具性的技术手段和信息交流平台，其本身对国家治理并无所谓“好”或者“坏”之分，它构成机遇还是挑战根本上取决于是否能够善加利用。在此意义上，有必要首先以善意的态度来对待互联网在中国的高速发展，将其视为国家治理日益走向现代化的新的平台和渠道。

其一，有助于提高治理效率。互联网是便捷的通讯、沟通、资料收集、信息发布平台，通过这一平台，国家政策可以得到及时的发布，决策合理性可以得到迅速的反馈、政策执行可以更好的进行监控、社会各界的监督作用也可以更加有效的发挥。

其二，有助于更加便捷地增强政府与民众之间的互动和沟通，更加及时了解民情的瞬间变化，及时制订合理的应对措施或处理手段，防止因信息掌握的滞后而导致政策因应的失措。

其三，决策的科学性和民主性更加凸显。应该看到，网络言论并不都是非理性的一味指责政府决策，许多网民更愿意从理性的立场出发对公共政策提供建设性的思考和建议，从大量的建设性意见中，政府在决策时可以更加充分的吸纳民间智慧。

其四，有助于政府在重大公共事件中及时利用互联网发布权威信息，消除网络谣言的不良影响。网络既是大量谣言的滋生场所，但同时也是正面信息的发布场所，只要政府更加重视运用这一高效的信息发布手段，就能更好地及时消除谣言的不良后果。

另一方面，互联网的主要特质之一在于它的可控性更加弱化，这对长期以来形成的控制性的治理理念提出了严峻的挑战。一直以来，中国在治理过程中遵循的是可控性的理念，无论经济、社会事务的发展和改革都必须在可控的前提下进行，这一思路固然有力地保证了中国在经济发展的同时维持了良好的政治秩序和社会稳定局面，但从长期看，正如国家在发展市场经济的同时越来越难以控制人们的市场行为一样，国家也必须面对客观趋势是越来越难以控制人们通过互联网表达自己价值判断、发表非主流言论乃至散布谣言、诋毁政府和社会的行为。如果政府不能改变互联网的这一状况，或许控制性干预就是低效乃至无效的，政府必须做出新的选择，可能的有效方式是一方面防止互联网与主流舆论的合谋，导致网络言论成为现实生活的主导话题和主流判断；另一方面，将互联网言论纳入有效的法律规范，对一切违反法律的言行进行及时的制止和惩治。

简言之，当代中国推进国家治理的根本目标是建设中国特色社会主义现代化国家，实现“中国梦”。在中国推进国家治理，首先必须服从中国特色社会主义现代化这一国家建设的整体需要，纳入社会主义事业发展的整体布局，没有这一前提性的限制，中国的国家治理就不可能形成自己的特色，也不可能沿着正确的方向发展去走出一条新型的治理道路。进而言之，中国推行国家治理是在特定的国情条件下进行，任何形式的治理行为都不能离开中国的基本国情。中国是一个社会主义国家，同时又是一个发展中的世界性大国，这一现实不可避免地会在国家治理中体现出来。同时，中国是一个具有悠久历史却缺乏民主传统的国家，5000 年的专制政治传统在中国社会的思想、观念、心理等方面都刻上了深刻的烙印，决定了中国的治理现代化进程是在大多数人都没有理性认同的条件下起步的，中国推进治理现代化必须是一个渐进的过程，必须不断探索与中国国情相适应的方式和路径。

四、治理的政治逻辑

在国家治理的核心理念下，中国话语体系中的政治学蕴涵的基本逻辑是党的领导、人民当家作主、依法治国的有机统一，这既是中国作为社会主义国家的政治本质，也从根本上界定了国家治理内在的价值基点。简言之，治理的基本逻辑可以大致概括为党不断巩固和加强对国家的领导，在依法治国的原则下实现国家治理现代化，从而充分保证人民在国家中当家作主的权利，进而把中国建设成为一个社会主义现代化国家。在这一治理逻辑中，党的领导是前提和核心，在政治实践中既体现为坚持走社会主义政治发展道路，也需要全面深化改革，还必须强化政党内部的治理；依法治国是党治理国家的基本方略，同时党也适应中国的历史文化传统推行以德治国，实现法治与德治的有机融合；在党的领导和依法治国的双重保障下，人民当家作主的地位得以充分体现，人民的幸福感和获得感不断加强；这一切，经由实践检验和国家比较，验证了中国道路和中国方案具有的普遍性价值。本书的研究思路和分析框架，将从上述逻辑展开。

以治理为核心命题的政治学是植根于中国的政治土壤、与中国的政治和国家生态相适应的新政治学，在实践中，它不断形成和丰富着治理的中国方案；在理论上，它呈现出鲜明的中国特色，与中国特色社会主义现代化的整体理论塑造相一致，对中国社会主义话语体系构建、提升中国在全球治理事务中的国际话语权也发挥着积极的支持作用。

经过半个多世纪的探索，中国已经初步探索出了一条与国情相适应的具有中国特色的国家治理道路，经过长期的实践检验，国家治理在理念上是合理的，在功能上是运行有效的，日益符合治理现代化的普遍要求，从根本上保证了国家在稳定基础上的不断发展和日益强大。用发展的眼光看，近年来国家治理的科学化、民主化和法治化的水平都在不断提高，以此为保障，当前国家治理的体系更加趋于合理，治理能力在总体上也处于逐步提高之中。近年来，中国共产党提出了坚定道路自信、理论自信、制度自信和文化自信的目标，而这四个自信的出发点和归宿点，就是治理自信，是对以中国方式治理国家的中国方案的自信。一个国家、一个政党只有首先对自己治理国家的合法性和能力保持自信，才可能真正对与之相关的道路、理论、制度和文化建构出发源于内心的自信，其间，治理的政治逻辑体现为：

第一，强有力的政党领导。中国共产党领导地位的确定不是任何人为因素强加的结果，而是中国人民的历史选择。换言之，不是中国共产党自己选择了在中国进行国家治理，而是中国必然选择中国共产党治理中国。这一前提性的判断包含几点重要的内涵：一是中国共产党在中国的领导地位和治理行为具有现实的合理性，与国家和民族发展的要求和目标一致；二是中国共产党的领导地位是历史选择的结果，具有历史的必然性；三是中国共产党的领导地位得到大多数中国人民的支持，这一地位的确立虽然不像一些国家那样通过有竞争的选择来体现合法性，但它是绝大多数民众支持的结果；四是中国共产党是在中国这一拥有5000千年文明和世界上1/4人口的特定土壤上进行治理的，这决定了它的治理理念和治理方式从一开始就注定是具有特殊性的，必须适应国家建设和国家成长的需要。

第二，在人民民主的基础上高效率行使国家权力。这是中国的国家治理方式具有的首要优势。新中国成立以来，中国始终面临着来自外部的巨大政权威胁，同时现代化国家建设的任务十分紧迫，这就要求在国家治理的过程中必须注重对国家权力的高效率运用，努力维护国家的安全、统一和快速发展。如果说改革开放前中国更多的在应对外部威胁时强调治理效率的话，改革开放以来，经济建设成为中国体现治理效率的中心任务。事实证明，通过30多年的高效率治理，中国极大地浓缩了国家的现代化进程，实现了其他现代化国家3个世纪才能实现的发展目标，成为世界上第二大经济强国。今后一个时期，中国在推进国家治理方式现代化的过程中固然需要更多强调维护公平和正义，但决不能因此以放弃这一最大的优势为代价。

第三，充分发挥制度优势，集中资源加快国家现代化建设步伐。中国的经济发展和国家建设是在一个十分落后的起点上开始进行的，这一状况决定中国不可能在国家经济建设的各个方面同步推进发展进程，在有限的财力和物力条件下，必须选择一些优先发展的地区和领域，集中资源进行重点突破，以部分产业和部分项目的优先发展带动整个国民经济的发展，甚至在必要的情况下可以暂时以牺牲部分地区和部分民众的发展利益为代价。这样的发展方式在其他国家是不可想象的，只有中国才有可能做出这样的选择，进而为国家建设的高速推进提供了可靠的支持和保障。

第四，有效应对公共危机和自然灾害。中国是一个自然灾害多发频发的国家，高速发展过程中制度规范的相对滞后又导致公共危机的发生难以避免，因此，中国自古以来都不得不选择大一统的治理方式来有效应对，新中国成立以来中国采取的单一制国家结构的合理性和现实性在很大程度上也在于此。无论从1997年的抗洪救灾到2008年汶川地震后的及时救助，都充分体现了中国的治理方式是适合中国的自然和社会条件的。大多数国家，尤其是有着长期制度经验的发达国家也不可能取得这样的成就，美国“卡特里娜”飓风后联邦政府的低效率救助行动、日本大地震后引发的福岛核危机、欧洲福利制度在金融危机冲击下难以为继、各国面对难民涌入的束手无措等等都是明显的反衬。

第五，通过自上而下的权力运行方式确保政令畅通。中国的治理体制在西方学者那里通常被称为威权体制，一些西方国家常常批评这样的国家体制忽视了民主和公平，但在中国长期的国家治理实践中，不论是出于加快国家建设步伐的需要还是为了有效应对危机，政令畅通都是必须的前提。换言之，自上而下的治理充分保障了中央政府的意志能够得到及时执行，极大地提高了治理效率。当然，这其中社会和民众参与不足的问题近年来已经引起高度重视，国家已经意识到需要逐步建立一种自下而上的辅助性治理机制，从而在自上而下与自下而上的有机结合中进一步凸显国家治理的优越性。

第六，多种民主形式的协调发展，整合为一种新的民主形态。将协商民主列为中国基本的民主制度形式，体现出中国对民主治理比西方国家有更加全面和辩证的认识。西方国家对民主的理解历来比较工具化，就是以是否进行公开而有竞争的选举作为判断民主的唯一标准。相比之下，中国的优势在于广泛的发展各种民主形式，在以选举作为基本民主形式的基础上发展起了协商民主、党内民主、基层民主乃至企业民主等民主形式，把民主的精神贯穿到了政治、经济和社会生活的各个方面。只要中国坚持推进并使这些民主形式更加实体化和规范化，国家治理将进一步得到极大的优化，真正在中国创造出一种全新的、具有普遍性意义的民主形态，为国际社会普遍接受和认同。

第七，注重凝聚政治共识，广泛吸纳和整合治理资源。中国共产党之所以能够从一个最初仅有数十名成员的小党成长为一个拥有长期治理地位的超大政党，不仅在它内部有着高度统一性和凝聚力，也在于它长期以来始终重视发挥统一战线的功能，在中国社会各阶层凝聚起了对中国共产党治理的高度共识，不断将非中国共产党的国家治理资源纳入治理体系之中，形成了中国共产党领导、社会力量协同、民众广泛支持的新型国家治理形态。当前的中国已经进入一个敏感的转型时期，由于核心价值体系的相对模糊、经济发展的成果分享不够公平、社会结构的多元化趋势加速等日益造成了整个国家在价值共识和权力认同方面呈现出一定的碎片化取向，民众，尤其是知识精英阶层的认同度有所下降，党内的凝聚力和党风党纪有所涣散，一些党员干部严重丧失对党的信心。面对这一状况，推进国家治理方式现代化进程有必要强化传统的思想教育和利用信念养成方面的历史优势，通过整肃党纪、强化认同，首先在党内重新凝聚起高度的治理共识，特别是着力提升各级党组织的执行力，在此基础上逐步整合社会和民众的认同，有效地整合非执政党的治理资源，形成国家治理的整体合力。这一点，既是中国长期以来在治理上的重要优势，也是今后必须坚持和强化的基本方面，直接关系到国家治理现代化的整体目标能否得到更好的实现。

第一章

从革命者到治理者：中国共产党的身份转换

中国共产党成立近百年来最根本的一次身份变化，是从初期的革命党成功夺取政权成为共和国的缔造者和执政者，然而长期以来，这一根本性的变化没有得到足够的重视。由于革命的成功，新中国成立后一段时间里，党不自觉地延续着革命者的身份理念，遵循革命的理念治理国家，国家的核心宗旨仍然是阶级斗争，计划和管理型的思路导致国家建设相对滞后。改革开放后，执政党的理念逐步树立，党的政治身份彻底摆脱革命者，日益转换为执政者和国家建设的治理者。随着身份转换的成功实现，国家政治的核心宗旨转变为和平与发展，以改革开放促进现代化国家建设成为新的使命，党致力于治理国家，由此，中国经济奇迹得以缔造，社会主义现代化国家的治理目标正在逐步实现。

第一节　历史必然性

传统中国到现代中国之变，实际上是在从革命、解放，到发展、治理与民主的历史逻辑中展开的，这个历史逻辑在塑造了中国共产党的革命党身份的同时，也将国家治理作为当前中国国家建设的时代主题置于前所未有的重要地位，由此产生了中国共产党从革命者到治理者的身份和角色转变的强烈需求。从理论上来说，马克思主义政治学关于“社会共和国”的思想以及中国化马克思主义关于中国共产党领导与执政方式的理论资源，现代政治科学对当代世界各国政党政治变革和政党执政方式变革的理论探讨，以及对中国政治发展中政党转型与调适的理论建构，为中国共产党实现从革命党到执政党的转型、实现执政党执政方式的现代化提供了重要理论支持。从经验上来说，当前中国国家治理体制既有其独特的六大优势，也面临若干现实挑战。以中国共产党为中心的国家治理体系既需要针对这些挑战做策略上的有效应对，同时也需要超脱出来做战略上的有效规划。从战略高度来说，在当前中国国家治理现代化过程中，必须“着手于政党、着眼于国家”，合理运用政策、制度、法律三种治理工具，充分尊重社会、政党、国家三大治理主体，有效协调生活世界、政治世界、知识世界“三个治理场域”，紧紧围绕从执政党政治再平衡能力构建到国家政治再平衡能力构建这条主线，去撬动国家治理体系的整体布局和国家治理能力的整体建构。

政党是现代政治中的普遍现象，是政治现代性的集中体现。中国政党的产生，既具有政党发生的一般逻辑，又具有近代中国以来特殊政治环境所造成的独特逻辑。所谓一般的政党逻辑，是指政党具有其他政治组织所难以替代的代表功能和团结功能。这种代表功能和团结功能对于现代国家的产生具有重要意义，因而政党的产生在传统国家到现代国家的转变中具有独特作用：代表功能对于民意的沟通、聚合、凝练与表达，团结功能对于社会政治动员和社会政治运动乃至革命运动的组织与促进，都是传统国家范畴内的传统政治组织和政治力量所难以承担的。故此，政党的产生具有必然性。所谓独特的政党逻辑，是指中国政党的产生形态经历了从君主立宪型政党、旧革命党、议会型政党到新革命党的不同政党类型的演化与更替。无论是从政党发生的一般逻辑还是中国政党的独特逻辑来看，有一点是共同的：国家是理解政党的重要背景，传统中国到现代中国之变是理解中国共产党这种特殊类型的新革命党的重要线索。同时，理解中国共产党的革命党出身，又是理解当前中国共产党在国家治理中的身份自觉与身份转换的重要前提。

一、革命者时代

众所周知，现代中国的开国立基，是通过从旧民主主义革命到新民主主义革命的历程来达成的。传统中国向现代中国的转变，为什么需要革命？为什么必然发生革命？换言之，现代中国国家建设，为什么必须采取革命建国的方式？很多研究中国现代化历程的学者都注意到传统中国被纳入世界现代化潮流这一事实，这种将传统中国拖入现代化之中的力量，采取了近代中国人不愿意看到的战争方式。传统中国突然面临被殖民、被侵略的危险，而传统中国政治框架内的各种政治力量，无法以传统的组织方式带领中国社会抵御这种外部力量的侵蚀。故而，传统中国要在列强环伺的环境中求得独立，就必须通过内部政治力量之间的分化、组合与重构，来达到增强整合与聚合的目的。但是这种国家内部的重整反应，是否必须通过而且只有通过革命才能达成？其原因何在？

孔飞力在《现代中国国家起源》一书中认为，自晚清以来，中国现代国家建设起源于对三个根本性质的政治议程的回应：政治参与与合法性问题、政治竞争与公共利益问题、央地（财政）关系与政治控制问题[①]。孔飞力同时指出，直到中国进入改革开放时期，关于现代国家的建制议程的讨论“依然包括着如何确定政治参与的边际、如何界定公共和私人利益之间的恰当关系、如何协调中央政府和地方社会之间的需求这些老问题”。传统的国家形式无法解决这三个关乎现代国家建设的根本问题，于是就形成了近代中国所面临的“总体危机”[②]，特别是形成了现代化研究范式所揭示的晚清以来中国国家建设所面临的两大政治危机——权威危机与权力危机。面对这两大危机，中国必须构建新的国家形式，而欲构建新的国家形式，就必须向传统国家与传统制度寻求突破与解放。从现代国家建设的意义上说，这种解放具有多重含义：第一，民族解放与民族国家建构。民族解放既对外又对内，对外是指中华民族自求解放；对内是指国内各被压迫民族反抗、推翻满清部族政权。第二，民权从传统政治制度下获得解放，制度革命是政治革命的题中之义，否则政治革命只能沦为改朝换代。第三，国民或人民登上政治舞台的中心，平民阶级和劳动阶级翻身做主，这是政治价值领域的大解放。第四，国民和人民作为一个整体，必须经由政党的组织化整合，这是从传统政治组织形式到现代组织形式的重大突破。

解放必须由革命行动来完成，革命行动必须由革命理论与战略来指导。自近代中国以来，革命涵义的确立经历了若干历史过程。首先，在与立宪派的论争之中，革命话语取得了在思想世界中的优势地位。革命话语优势地位的确立，意味着主流思想世界对传统政治制度和制度背后的政治价值的否定。其次，对于革命后国家建设方案的设计，不同的革命派有不同的主张，也就是说，革命目标和理想各自不同。因为革命目标和理想不

① 孔飞力：《中国现代国家的起源》，陈兼、陈之宏译，三联书店，2013 年版。

② 诒谠：《二十世纪中国政治》，牛津大学出版社（香港），1994 年版，第 69—72 页。

同，革命领导力量、依靠力量、革命过程与革命策略也不同。革命浪潮此起彼伏、新旧相替，种种不同的革命主张中分化合流，逐渐汇集为两种主要的革命主张，那就是中国国民党主张的民主革命与中国共产党主张的民主革命。之所以称之为民主革命，乃是因为这种摧毁旧制度的革命并非如传统时代那种简单的政权交替，而是一种面向世界、面向现代的政治变革，这种变革的核心在于不同于传统政治之专制精神与传统中国之专制制度的民主价值和民主制度。历史将这种前后相续的革命运动区分为旧民主主义革命和新民主主义革命。事实上，对于革命对象而言，比如对于晚清政权和军绅政权而言，革命之主张自然都是指向一个新的政治世界。从这个意义上说，孙中山所领导的（旧）民主主义革命，依然是新的，只不过相对于中国共产党所领导的所接续的革命运动来说，它体现为一种旧民主主义革命的色彩。概言之，所谓旧民主主义革命，其与新民主主义革命之区别，不在于其反对晚清政权及其遗留的割据军阀，而在于其革命之最后目标与革命进程中的策略。

旧民主主义革命为什么是不够彻底的？为什么还要有新民主主义革命？这是否仅仅是一种激进化的不断旋转？总的来说，旧民主主义革命的基本逻辑在于：推翻君主专制统治（政权）和君主专制制度，从民权出发，渐次建立一个军政、训政和宪政的现代民主国家，以革命党来建国、以革命党来治国，党的组织包容国家，党的主义指导国家。在经济社会政策方面，吸取社会主义的部分主张，但以资本主义的经济逻辑为基础而加以改进，形成所谓平均地权、节制资本的经济社会取向。因此，相对于旧国家即封建专制国家而言，旧民主主义在理论上体现为彻底的、不妥协的革命主张；但相对于建设一个新社会和新国家而言，旧民主主义奉行的是改善、节制的策略和精英主义取向，缺乏一个彻底的经济社会主张和严密、笃实、系统的从世界观到革命论的一贯的革命思想。正因为如此，旧民主主义革命在孙中山去世后，很容易被各种利益集团绑架而走向违背孙先生革命精神的现实方向。正如一些学者所指出的，孙中山先生“党治国家”构想的历史合理性，却未能在现实中有效贯彻下去。党治国家在现实中使形式上的民主共和政体出现了严重变形。这种变形集中表现为宪法虚文化、议会边缘化、国家全能化①，并使党治国家自身出现了难以应对的政治困境。

继起的新民主主义革命是有明确革命蓝图的革命运动。这种革命蓝图是由马列主义经典作家为代表的科学社会主义所造成。仍然是在批判传统政治、建立现代国家的框架下，继起的以毛泽东为代表的中国共产党人主张的“人民共和国”完成了从理论到实践上对“民国”的超越，这种超越在理论上表现为“人民民主”对孙中山“民权”政治设计的继承、修正和超越；在实践上表现为中国共产党领导的人民民主专政国家形态对国民党党治国家形式的跨越。不同于旧民主主义革命不断失败、不断试错，亦即建立在经验、反省和总结基础上的目标调适性革命特征，新民主主义的最终革命目标从未动摇也从未调适，所调适的只是科学社会主义所绘制的这张蓝图在近现代中国如何实现的路线图。新民主主义革命一开始就是中国社会主义革命的先导，为社会主义革命而生。这种作为社会主义革命之铺垫的新民主主义革命，一开始就受到科学社会主义的政治、经济、社会主张的巨大影响。如果说旧民主主义主义革命是不断前进，逐步在失败中逼近新民主主义革命的若干主张，那么新民主主义主义革命就其在近代中国的现实形态而言，毋宁说是科学社会主义主张凌空而降，不断寻找其革命条件、革命基础的现实化的过程。社会主义的价值规定性决定了新民主主义革命始终将“解放”放在革命的首要位置，并且确立了从政治解放到社会解放和劳动解放的类型发展，确立了从民族解放、阶级解放到个体解放的过程发展。

总之，解放的逻辑选择了革命的类型，革命塑造了在现代中国政治变迁中居于核心地位的政党类型，革命运动与革命党相互需要、相互给予、相互支持。所以，现代中国为什么最终会选择中国共产党这样一种特殊的政党类型，应当从解放和革命的逻辑中去理解。孙中山晚年所领导的奉行“三大政策”的改组后的国民党，以及中国共产党都属于新革命党的类型。中国共产党更属于信仰科学社会主义的马克思列宁主义政党，归属于新革

---

① 姜义华：《现代性：中国重撰》，北京师范大学出版社，2008 年，第 124—126 页；另见高华对国民党党治国家模式的分析，许纪霖、陈达凯主编：《中国现代化史》第一卷（1800—1949），学林出版社，2006 年版，第 351—372 页。

命党中的特殊类型，具有彻底的革命性。要理解作为革命党的中国共产党，就必须从革命党的政党类型归属中去理解。首先，与立宪党不同的是，革命党旨在推翻现存政治制度与政治体制，即破除一个旧社会、旧国家、旧文化；其次，与议会型政党不同，新革命党不是仅仅通过在议会范围内和宪制内的有限活动来完成其使命，而是通过动员社会大众、促成社会政治运动包括军事行动来达成其革命理想；再次，与旧革命党相比，新革命党在精神信仰、组织纪律、党军关系等方面都有巨大的变化，这些新的政党要素，都归因于建设一个新的国家和新的社会的历史使命感和现实政治、军事斗争的内在需求。正如旧民主主义革命塑造了中国国民党一样，新民主主义革命和社会主义革命取向也塑造了中国共产党。“中国共产党的出现，可以视为对国民革命不彻底的批判性回应，以及对国民党革命话语权的全面夺取”，因此中国共产党作为革命党的本质特征，也应当从其与革命的内在关联中去发现。这些特征，正如陈明明教授所归纳的，主要包括：第一，革命党的价值与主义、理论与学说、战略与策略；第二，战争与暴力、党与军队关系；第三，群众运动与政治动员；第四，组织与纪律等若干方面[①]。

二、塑造“治理者”身份

随着从建国到治国、从“局部执政”到“全国范围内执政”的发展，作为主导这一历史进程的革命党，中国共产党在面对新的历史任务和时代环境时并非没有主动变革的自觉意识。然而，革命党思维的延续和革命党思维对国家治理的影响却成为新中国成立后30年一个明显的时代特征。革命建国如何塑造了革命党治国思维？其一，从运动建国到运动治国。其二，从党建国家到党治国家，忽略了现代国家的自主性和现代国家本身的建设。其三，从重视党组织到“踢开党委闹革命”，这是所谓“无产阶级专政下继续革命”理论的必然行动逻辑；从重视制度、法制建设到肆意突破宪法与法律体系的约束，这是革命逻辑在全国执政形势下的扭曲发展。其四，虽然有当时国际政治格局的现实制约，但是革命党思维显然在一定

---

① 陈明明：《在革命与现代化之间——关于党治国家的一个观察和讨论》，复旦大学出版社，2015年版，第66、76页。

程度上制约了中国与世界之间的国际交往。革命党治国思维的现实困境是改革开放启动的重要原因。改革开放既是当时中国现实政治、经济、社会发展中解决应时性问题的现实之策，更是中国现代国家建设在新历史阶段和历史条件下的内在要求。从这个意义上说，改革开放盘活了现代中国国家建设的基本逻辑，打通了现代中国政治发展逻辑中滞碍不通的关节点，既接续了革命和解放的传统，又将这种传统导向一个广阔的发展空间。改革开放的巨大成功，客观上形成了现代中国政治发展的完整的逻辑链，那就是：解放——发展——治理（民主）[①]。

第一，向解放寻求现代。1949 年中华人民共和国的成立无疑是现代中国历史上具有划时代意义的历史事件，但却绝非是截断历史众流的产物。现代中国政治发展，首先要解决的是如何突破传统政治限制、建构现代政治的问题。换言之，即如何化解传统国家在“政治参与、政治竞争与政治控制”等方面的政治危机、建构现代国家的问题。这种新旧国家之间的转换，是通过前后相续的革命形式完成的，就革命指向的新国家形态而言，则以“解放型政治”为基本特征。从革命的连续性和超越性来说，正如毛泽东在评论孙中山所谓“国民党之民权主义”时所指出的，“只许为一般平民所共有，不许为资产阶级所私有的国家制度，如果加上工人阶级的领导，就是人民民主专政的国家制度了”。因此，从政治形态的转换来说，1949 年以后新中国前三十年可以视为“解放型政治形态”的延续，其基本逻辑是中国共产党通过其所领导的民族革命、民主革命和社会革命，对外求得国家与民族之独立，对内求得被压迫阶级之解放，由此建立新型的政治国家；通过新国家来改造和创建新的社会基础与新的经济基础，通过上层建筑与生产关系的变革，来达到解放生产力之目的，从而建立新的国家制度、新的经济制度与新的社会制度。在整个建国过程中，政党—国家—社会的逻辑非常清晰。建国之后总体上进入和平时代，解放型国家在相当大程度上仍然沿用了解放型政治的逻辑，来推动经济与社会发展，虽然在一定意义上适应了解放初期的政治、经济与社会环境，初步构建了中国现代化初期的工业基础和产业体系，构筑了现代中国作为社会主义国家的制

① 张树平：《当代中国政治：逻辑在历史中展开》，《社会科学报》，2017 年 4 月 13 日第 5 版。

度基础，从而巩固了新生的国家政权，其所创造的党对国家的一元化领导、经济上的公有制、社会管理体制上的单位制构成了“解放型政治形态”的基本特征。但是时易世变，随着中国社会政治经济状况的变化，旧有的治国方式因循未改，在现代化建设中重政策而轻制度建设、重政治动员而轻常态管理。轻制度建设而忽视长期法治建设，最终经济发展缺乏足够的持续性的动力，社会成长在泛政治化环境中也缺乏活力，这些问题终于演化成政治形态的病变。

第二，向发展寻求解放。改革开放以来，中国政治、经济与社会进入一个新的发展时期。改革开放时代的中国政治形态，是否可以归入“发展型国家”基本类型，学界颇有争议。但是，如果从“发展主义意识形态、经济国家主义、地方政商合作、国家合作主义”等基本特征来说，改革开放以来，中国确实逐渐变成了新形态的发展型国家。在这一历史阶段，中国实现了执政党和国家工作重心向经济建设为中心的转移，并由此带来一系列具有重要意义的政治、经济和社会领域的方向性转变。在政治领域，国家重启民主与法治进程；在经济领域，最终形成了社会主义市场经济体制改革目标；在社会领域，“放权让利”的改革激发了社会活力，重启了社会自主成长之路。在这一时期，中国国家建设中对于制度与法制问题的重视，成为鲜明的时代特征；同时，国家权力和公共权力仍然在客观上主导着以“分权”为核心的改革过程，这种分权改革释放了经济动力与社会活力，并为下一阶段的国家建设埋下了伏笔。从政治逻辑来看，这一时期仍然沿袭着“政党—国家—社会”权力运作顺序，但与前一个阶段不同的是，从重新整顿政党开始的“党和国家领导制度改革”，将经济发展与社会成长本身作为时代的中心任务，将政治体制改革作为经济、社会发展的最大红利。

第三，向治理寻求发展。大致自 2002 年以来，特别是自党的十八大以来，中国正处在超越“发展型国家”的历史进程中，其主要的超越方式是通过服务型政府建设、政府与市场关系调整、公民社会的培育和法治的健全来最终达到重构国家、市场与社会间关系的目的。自 2002 年中共十六大提出“全面建设小康社会”以来，中国的发展逻辑开始有所变化，超越“发展型国家”的征程开始启动。此后，科学发展观、和谐社会、社会管理创新、包容性发展、“共享改革成果”等一系列导向性思想和行动实践的推出，成为超越“发展型”国家的具体部署。中共十八大之后，由于内外环境的变化以及国家顶层战略谋划的推动，执政党迅速形成包括“全面建成小康社会、全面深化改革、全面依法治国、全面从严治党”的“四个全面”战略布局和“五大发展理念”，中国改革的协同性、系统性、关联性极大增强，中国超越“发展型国家”的未来之路呼之欲出，那就是走向“基于发展的新治理型国家”。从大的历史角度看，这种“新治理型国家”在某种程度上同时呈现出一种“复归”和超越的双重取向，亦即同时存在对传统治理型国家的某种借鉴与对传统国家的现代超越。从这个意义上说，这种“复归”绝非复古。这种“新治理型国家”的要义在于：以发展为国家治理之基础；以民主为传统政治与现代政治之界限；以法治为治国第一方略；以中国共产党为国家治理结构体系之枢纽；以数字治理为时代特征；以市场为基础性治理机制；以政府治理优化为国家治理优化之抓手；以“建设型反腐”为政治发展战略之重要组成部分；以社会全面发展和人的发展为政治发展之目的。

第四，向民主寻求治理。从“解放型政治”到“发展型政治”，再到“新治理型政治”，其间既有重要的转变，又有深刻的逻辑关联。此种对中国政治近70年的宏观把握，目的并不在于截断新中国政治发展史上的若干阶段，或者否定某一历史阶段，而是想着重指出：向发展去求解放、向治理去求发展，已经成为改革开放以来中国政治建设中最为重要的基本经验和历史启示。如果我们再将历史视野拓宽一点，那么我们就不应该遗忘现代中国政治起源于“向解放寻求现代”的政治逻辑；如果我们秉持一贯的历史意识，那么我们就不应该将“新治理型政治”作一狭隘和固化的理解。民主既是“新治理型政治”应有的题中之义，未来中国政治的发展很可能在“新治理型国家”建设中，逐渐凸显“向民主寻求治理”的政治逻辑，亦即在民主的治理效应与治理的民主动力之间实现民主与治理的协同。此一政治逻辑与“向解放寻求现代”的政治逻辑之间，显然遥相呼应，而这才是当代中国政治发展逻辑在历史中的完整呈现。

从革命党到执政党，从革命到治理，并非是要截断中国共产党作为一个革命党的历程，或者否认中国共产党作为一个革命党的底色，而是说在当代中国国家建设的时代条件下，必须高度重视革命（解放）—发展—治理（民主）的完整的历史逻辑和政治逻辑，必须高度重视从传统治理型国家到“基于发展的新治理型国家”建构的历史逻辑和文化逻辑。换言之，必须在中国共产党的建设中高度重视现代中国国家建设对中国共产党的内在要求，特别是现代国家建设在当前的时代任务对中国共产党的内在要求。

三、内在要求与历史需求

这种内在要求既是一种现实需求，又是一种历史需求。因为治理既是当前中国接续发展主题之后的国家政治建设的时代主题，亦即一种解决当代中国现实发展问题的战略策略；同时治理本身也是中国历史长波段和中波段演进的一个自然结果，国家治理主题的提出，客观上要求当代中国国家建设顺应中国历史演进的内在逻辑和趋势。因而，探讨国家治理对中国共产党的内在要求，就必须同时从这种现实需求和历史需求出发。现实需求要求作为当代中国国家治理之核心主体的中国共产党改进其执政方式，重建其有效的执政体系；历史需求则要求作为现代中国权力与权威之轴心的中国共产党，从解放—发展—治理的历史链条出发，从传统治理型国家—基于发展的新治理型国家建构出发，有所借鉴、有所超越，着力构建其有效性与合法性的统一，融有效性于合法性之中，寓现实性于历史性之中。这两种内在需求是统一的，如果分裂于现实的中国共产党建设实践，则基于现实需求的党的建设难免沦为无头绪的策论或者权宜之计，基于历史需求的党的建设也将不免于一种历史想象而蹈空。

因此，作为治理者的中国共产党，在实现其从革命党到执政党的政党转型时，必须同时兼顾执政党本身和执政内涵本身的历史变化，而不能仅仅止步于谈论革命党到执政党的转型。否则，这种转型是无法从根本上说清楚的。治理是现代国家建设发展的当前历史阶段，也是对传统治理型国家的一种回应、一种超越。必须从这一点出发，亦即从现代国家建设的内在需求出发去审视治理问题以及中国共产党在国家治理框架下的建设问题。中国共产党作为治理者的身份转换，以及由此而来的党的建设，既要有助于促进当前中国国家治理体系和治理能力的增强，同时又不能因为这种治理体系的强化和治理能力的增强而牺牲或者延缓现代中国的发展问题，更不能妨害现代中国的社会主义价值取向和现代民主（人民民主）价值取向。

概言之，现代中国国家治理对中国共产党的内在要求有两个方面：第一，坚持中国共产党的马克思主义政党性质，并在此基础上实现政党现代化。中国国家治理对中国共产党的历史需求提醒我们，必须高度重视中国共产党作为马克思主义政党的类型归属，并根据这一政党类型归属加强其以组织建设为中心的政党建设，而不能走“议会型政党”和议会民主的路子。议会型政党在民国初期的勃兴及其最后的失败，带给我们深深的警醒。“集会结社，犹如疯狂，而政党之名，如春草怒生，为数几至近百。”[①] 民国初年的政党数量繁多，据不完全统计，自武昌起义至1913年底，新成立的公开团体就有682个，其中政治类团体312个，主要集中在京、津、沪、南京、广州等地，而京、沪两地又占了1/2以上[②]。然而，仅仅数年之后，议会政党与国会民主之价值已经“绝鲜有人称述”“当国民政府的军队开入北京时，中国国会民主的实验便告结束”。[③] 现代中国国家建设需要一个什么样的政党，现代中国国家治理需要一个什么样的政党，历史已经给出了选择、给出了答案。在现代中国国家治理体系和能力现代化建设中坚持中国共产党的马克思主义政党性质，并不意味着在党的建设中泥常不变；相反，只有坚持以创新精神不断开创党的建设新局面、新境界，才能在新的历史条件下保持马克思主义政党的性质和本色，而这也是国家治理对中国共产党之现实需求的重要表现。

第二，以构建“基于发展的新治理型国家”为国家治理现代化的基本目标。中国作为一个有厚重历史文化传统的国家，其历史传统事实上就给我们从长波段理解中国政治变迁以及当代中国政治发展提供了一个极有价

---

① 善哉：《民国一年来之政党》，《国是》，1913年第1期。

② 朱建华：《中国近代政党史》，吉林大学出版社，1990年版，第247页。

③ ［美］费正清主编：《剑桥中华民国史》第一部，章建刚等译，上海人民出版社，1991年版，第297页。

值的视角。传统中国曾经是一个典型的治理型国家①，当前中国在政治发展进程中超越“发展型国家”的政治建构，在演进的意义上呈现为一种向“治理型国家”回归的态势。这绝非是说，当代中国政治建设有任何复古的倾向。如果我们抛开价值判断和意识形态因素，从长波段的角度来看，针对当下中国具体问题的政治建构行动，可能将中国政治发展导向一个新的治理型国家，这个新的治理型国家与中国传统治理型国家在结构上有若干可比性，在经验上可以有若干借鉴性。这也是当前中国在推进国家治理现代化过程中可以吸纳中国传统治国理政之经验与智慧的重要依据。但另一方面，远比这种新旧“治理型国家”之间形式上的相似性更为重要的是，这种新治理型国家在何种意义上超越了传统治理型国家。从传统中国到现代中国之变的意义上来说，在当代中国，“发展”依然是最为夺目的时代主题，问题只是在于如何发展而已。因此，当代中国超越“发展型国家”，回归“治理型国家”的历程，并不能否定发展，而是基于发展。换言之，新的治理型国家形态，首先是一种现代国家形态，是一种“基于发展的治理型国家”形态。这种“基于发展的治理型国家”，至少在以下几个方面与传统治理型国家有别：第一，发展，以经济社会全面发展和人的发展为国家治理之基础，发展是国家目标；第二，民主，民主是传统政治与现代政治的分界线；第三，法治，法治取代人治和礼治成为治国第一方略；第四，数字治理或者数据治理，基于数字或者数据的科学治理日益成为现代国家治理的基本特征；第五，政党，政党是现代政治文明的产物，

---

① 传统治理型国家的基本特征包括：第一，在政治系统的目标追求上，不以经济发展为主要目标，而以“长治久安”的政治秩序的维持为首要目标；第二，经济结构—社会结构—政治结构之间相互支撑、高度契合，特别是在作为政治统治之社会基础的社会结构方面，政治系统致力于维持社会结构的平衡与秩序，并保持社会阶层之间以及社会精英向政治体系的流动性，同时在政治统治中预留了某种程度上的社会自治空间；第三，存在一个作为社会共识，并在相当大程度上为国家、社会及个体所共享的意识形态，并且这种意识形态具有价值恒定特征；第四，在合法性认同方面，为政之道，高度重视民心、民情和社会主要阶层的情感取向，其施政之方以获取社会主要阶层的情感支持为优势性考量；第五，在国家治理结构与体系中，存在一个枢纽性的政治组织，或者政治力量，或者政治角色，作为政治权力和政治权威的来源；第六，在政治思维上，权变、互动、辩证、中庸思维在政治设计和政策运用中占有重要地位；第七，在支撑传统政治形态的政治制度中，存在着历史悠久的若干支柱性制度，比如科举制度、监察制度等等。

尤其是中国共产党作为一种特殊类型的政党，在现代中国国家治理结构与体系中具有无可替代的功能；第六，市场、市场经济成为现代中国国家建设的经济基础，市场机制成为国家治理中的重要机制；第七，社会，尤其是公民社会与公共领域的成长正在重组现代中国的政治结构。

既接续传统又超越传统，引领当代中国走向“基于发展的治理型”国家的关键，仍在中国共产党。正如前文指出的，中国共产党是一个结合了中国特性和现代要素的特殊政党类型，而这种政党类型也是近代以来中国国家建设的内在需求和历史选择。中国共产党身上这种看似传统性的诸多手段，比如强调纪律、强调献身精神和党的宗旨原则，强调集体意志的力量和党的优良作风，强调与人民群众的血肉联系等等方面，都是为了因应中国现代国家建设的内在需求。换言之，中共继承了历史与传统，并将这些历史与传统释放于现代目标的达成，不使中国在现代国家建设中发生与自身历史与文化的断裂，这一点正是中国现代政治建设与国家治理最为内核的机制之一。

第二节　理论阐析

从革命党到执政党的转型是中国共产党作为治理者的身份自觉和身份转换的前提，这种转型既是当代中国改革开放事业和现代化事业的重要组成部分；同时，基于中国共产党与国家之间的关系，又是现代中国国家建设和现代中国国家治理体系建设的有机组成部分。基于执政党变革与发展而获得的领导能力与执政能力，就成为当代中国国家治理能力中最具有关键性和积极效应的组成部分。从这个意义上来说，理解中国共产党在当下中国所面临的责任、挑战与问题，理解中国共产党基于这种责任、挑战与问题而触发的政党变革，是理解当代中国国家治理现代化的关键。这种理解，需要站在世界的高度、同时站在中国的立场，需要从世界之中国的角度去理解中国共产党的建设与发展。现实的政党建设与政党变革总是基于理论的指导和影响，对于处于改革开放新阶段的中国共产党来说，这种对于现实实践具有重要影响的理论资源，主要来源于马克思主义政治学传统、西方政治学和当代中国政治学的相关理论建构。

一、革命者与治理者身份的统一

如果不是出于有意无意地对马克思主义经典政治学理论的误读，那么就应当承认在马克思主义经典作家的语境中，共产党不仅仅是革命者的身份，还包括治理者的身份。其革命者的身份主要相对于资本主义国家而言，其治理者身份主要相对于超越于资本主义国家形态的“社会共和国”而言。从马克思主义政治学理论来说，作为治理者身份的执政党建设，是建设现代社会主义国家形态和政治形态的关键，在这个意义上共产党建设与国家治理之间的关系是马克思主义政治学的一个重要理论命题。

既然政党是现代社会政治生活中不可或缺的政治角色，那么马克思主义政党在社会主义国家政治结构与政治过程中的地位、作用和功能及其变迁就显然构成马克思主义政治学的当然内容。正如熊彼特所指出的，马克思深刻地站在自己所处的时代当中（资产阶级物质成就的顶点，同时又是资产阶级文明极度衰落的时代），同时又面向未来提出作为“地球上人类的天堂”的社会主义的可能性①。虽然马克思本人“明智地”没有详细描述社会主义的细节，但通过其对现实政治与社会的理性批判，社会主义国家政治的基本原则已经呼之欲出：即以“社会共和国”取代资产阶级国家，在这个社会共和国中，新的真正的民主的国家政权恢复其作为社会工具的本来意义，民主制度被建立起来以保障人民的自主权并防范社会公仆变为社会的主人。在这里，马克思主义经典作家提出了构建社会主义新型国家形态的历史性课题，对于社会主义国家的执政党来说，共产党作为一个治理主体的自身建设就内含其中。换言之，共产党作为国家治理之主体的建设必须遵循“社会共和国”基本政治原则，必须有助于社会主义新型国家形态的建构过程，从这个意义上说，没有一个擅长革命的共产党就不会有无产阶级专政的新国家的创建，同样，没有一个善于治理的共产党也不会有成熟的社会主义国家形式和社会主义政治形态。

以毛泽东、邓小平、江泽民、胡锦涛、习近平为代表的共产党人，在新中国成立后近70年治国理政的实践中，将马克思主义基本原理与中国社

① ［美］J·A. 熊彼特：《从马克思到凯恩斯》，韩宏等译，江苏人民出版社，2003年版，第1—58页。

会主义革命和建设相结合，不断开创中国特色社会主义理论和实践的新境界，实现了马克思主义政治学理论在中国的一次又一次飞跃，极大地补充和完善了经典马克思主义作家关于社会主义国家治理的理论体系，特别是极大地开拓了共产党如何在社会主义国家治理中实现有效领导和有效执政的理论体系。

由于中国共产党的成立及其早期活动深受同时代国际共产主义运动的影响，因此列宁等国际共产主义运动领袖关于共产党领导、执政与治理方式的论述，比如列宁关于通过共产党领导实现无产阶级专政[①]，通过政策、组织管理及党员的先锋模范作用等来加强党的领导权，在共产党政权体制内建立权力监督和制约机制以及坚持民主与法治、大力发展党内民主等思想，就为早期中共活动及其发展提供了某种理论依据。随着中共在较长时期区域执政经验的增长以及第一代领导人在理论、战略上的成熟，中共对领导方式与执政方式的自主探索显得越来越重要。围绕建立一个什么样的国家以及如何建国的核心问题，毛泽东通过对党的纪律与党内民主（1938年）[②]、以党的政策和模范工作实现党的领导权（1940年）[③]以及以物质福利和政治教育实现党的领导权（1948年）[④]、以民主政治和人民监督政府跳出历史“周期律”（1945年）[⑤]等重要问题的论述，对党的领导方式和执政方式问题进行了开创性的理论探索。

围绕着全党工作重心的转移和改革开放的启动，第二代领导集体从理论和实践两方面开启了新时期中国共产党从革命党向执政党转变的历史进程：（1）厘清党政关系的初步探索；（2）对民主与现代化关系的理性思考；（3）领导与执政的法律化、制度化建构。在继承和发展改革开放前正

---

① 列宁：《俄共布第十次代表大会》，《列宁全集》第41卷，人民出版社，1986年版，第85页。

② 《中国共产党在民族战争中的地位》，《毛泽东选集》第二卷，人民出版社，1991年版，第528—529页。

③ 《抗日根据地的政权问题》，《毛泽东选集》第二卷，人民出版社，1991年版，第742页。

④ 《关于目前党的政策中的几个重要问题》，《毛泽东选集》第四卷，人民出版社，1991年版，第1273页。

⑤ 黄炎培：《八十年来——黄炎培自述》，文汇出版社，2000年版，第204—205页。

确党建思想的基础上[1]，邓小平指出，为了充分发挥社会主义优越性和促进现代化发展，必须改革党和国家领导制度；制度相对于个人更带有根本性、全局性、稳定性和长期性，必须以制度建设和法制建设破除官僚主义、权力过分集中等弊端（1980 年）[2]；必须一方面在政治上发展民主，一方面在经济上进行改革（1985 年）[3]，而经济体制改革的深入又必然呼唤政治体制改革，进行政治体制改革就必须处理好法治与人治、党和政府的关系（1986 年）；民主是解放思想的重要条件（1978 年），调动人民和基层单位积极性是最大的民主（1987 年），为了听到更多人特别是人民群众意见，就必须使党的生活民主化，使国家政治生活民主化（1987 年）[4]。

建设社会主义市场经济体制和全面建设小康社会的历史任务为第三代领导集体持续推进中国共产党执政与治理方式现代化转型提供了契机。十三届四中全会以来中共中央先后提出“加强党的执政地位和领导作用，改善党的领导方式和活动方式”（1989 年）[5]，从思想、作风、组织建设推进党的建设新的伟大工程（十四届四中全会）、以领导干部“三讲”教育推进党的建设（1995 年、1999 年）[6]、新时期党的建设总目标和“提高党的领导水平和执政水平、提高拒腐防变和抵御风险能力”两大历史性课题（十四届四中全会、十五大报告）、全面贯彻“三个代表”重要思想与保持党的先进性（2000 年、2001 年、2002 年）[7]、依法治国基本方略以及“发展社会主义民主政治，实现党的领导、人民当家作主和依法治国的有机统

---

① 比如邓小平在《党与抗日民主政权》中对“以党治国”的批评、在《建设一个成熟的有战斗力的党》中关于成熟政党的标准的科学论断等，详见《邓小平文选》第一卷，1994 年版，第 8—21 页、第 338—348 页。

② 《党和国家领导制度的改革》，《邓小平文选》第二卷，1994 年版，第 8—21 页、第 320—343 页。

③ 《政治上发展民主、经济上实行改革》《关于政治体制改革问题》，《邓小平文选》第三卷，人民出版社，1993 年版，第 115—118 页、176—180 页。

④ 《邓小平文选》第二卷，1994 年，第 144 页；《邓小平文选》第三卷，人民出版社，1993 年版，第 242、259 页。

⑤ 《江泽民文选》第一卷，人民出版社，2006 年版，第 91—93、403—412 页。

⑥ 《江泽民文选》第一卷，人民出版社，2006 年版，第 483—486 页；《江泽民文选》第二卷，人民出版社，2006 年版，第 358—370 页。

⑦ 《江泽民文选》第三卷，人民出版社，2006 年版，第 1—33、264—299、536—542 页。

一”的政治体制改革原则（十五大、十六大）。这表明，党的执政方式发生了重大变革，即由过去主要依靠政策领导逐步转到了民主执政、依法执政、规范执政的方向上来。

中共十六大以来，围绕科学发展和构建社会主义和谐社会的时代课题，中共执政方式现代化的步伐开始加快。此一阶段执政方式转型的复杂性、系统性、自主性上升，概括地说，其主要进展是：（1）正如要推进国家的现代化就必须实现执政党本身的现代化一样，科学发展内在地要求科学执政，因而在科学发展观指导下对新形势下科学执政的规律、体制与方式的探索就成为必要，比如对权力运行方式、信息化时代新执政方式的探索；（2）对民主执政的理解更为深入，“坚持和发展社会主义制度下的人民民主……是中国共产党始终保持同人民群众的血肉联系、永远保持马克思主义政党的性质和作风的必由之路”[①]，因而“人民民主是社会主义的生命，发展社会主义民主政治是我们党始终不渝的奋斗目标。”（3）中国特色社会主义法律体系初步建成，依法执政上了一个新台阶；（4）形成了执政方式变革的系统思维，反映在执政党的“五种能力”（十六届四中全会）、“四大考验”与“四大危险”等科学论述上[②]。

2008年9月，习近平在中央党校发表“改革开放30年党的建设回顾与思考”重要讲话，精辟总结了中共30年来提高党的执政能力、加强和改善党的领导方式与执政方式的历史进程。习近平指出，在制度创新方面，“根据党章精神，适应科学执政、民主执政、依法执政的要求，我们党不断完善人民代表大会制度、中国共产党领导的多党合作和政治协商制度、民族区域自治制度以及基层群众自治制度，在改革和完善党的领导方式和执政方式、领导体制和工作制度上取得新进展”，“党的代表大会制度

---

① 胡锦涛：《在首都各界纪念全国人民代表大会成立50周年大会上的讲话》，《人民日报》，2004年9月16日第1版。

② 2004年，中共十六届四中全会提出要不断提高执政党的五种能力，即“驾驭社会主义市场经济的能力、发展社会主义民主政治的能力、建设社会主义先进文化的能力、构建社会主义和谐社会的能力、应对国际局势和处理国际事务的能力”（《中共中央关于加强党的执政能力建设的决定》）。2011年，胡锦涛《在庆祝中国共产党成立90周年大会上的讲话》中指出，执政考验、改革开放考验、市场经济考验、外部环境考验是长期的、复杂的、严峻的。精神懈怠的危险，能力不足的危险，脱离群众的危险，消极腐败的危险，更加尖锐地摆在全党面前。

得到健全、党内选举制度不断完善，党的集体领导制度更加规范”。在理论创新方面，“我们党……在改革和完善党的领导制度、领导方式和执政方式上提出了许多新思想。我们党明确提出，党的领导是政治、思想和组织领导，通过制定大政方针、提出立法建议、推荐重要干部、进行思想宣传、发挥党组织和党员的作用、坚持依法执政，实施党对国家和社会的领导；明确提出党委要在同级各种组织中发挥领导核心作用，集中精力抓大事，支持各方独立负责、协调一致地开展工作；明确提出按照党总揽全局、协调各方的原则，规范党委与人大、政府、政协以及人民团体的关系；明确提出要坚持科学执政、民主执政、依法执政，党的全部执政活动都要尊重客观规律，尊重人民意愿，遵守法定程序，严格接受监督。这些重要思想，丰富和发展了马克思主义国家学说。”2012 年中共十八大前后，中国社会各界对中国共产党执政与治理问题的重视和关注达到了一个新的高度。十八大报告明确指出，“要更加注重改进党的领导方式和执政方式，保证党领导人民有效治理国家”，历史呈现出新的篇章。

二、调整治理方式

中国共产党既具有由其政党本质、执政环境和使命所决定的中国性，又具有其作为现代政党的一般性。从政党的一般性来说，在世界范围内政党如何维持其作为各国政治体系和政治过程中最具主动性、积极性的政治角色和政治功能，执政党如何改进其国家治理，是包括中国共产党在内的当今世界各国执政党所共同面对的一个世界性难题，它在一般意义上首先表现为现代政党在全新生态环境中（为求生存、求调适）实现自我变革的现实策略。换言之，政党生存是政党执政的前提。《布莱克威尔政治学百科全书》将政党主要功能归结为：目标制定、利益表达、社会化和动员、精英形成与录用。[①] Stefano Bartolini 和 Peter Mair 将其简化为两类，即代表性功能和制度性功能。[②] 在当代世界，随着全球化、个体化以及信息化等大众传播技术的发展，不少国家的执政党面临政党忠诚和政党认同度降

① ［英］戴维·米勒，韦农·波格丹诺：《布莱克维尔政治学百科全书》，邓正来等译，中国政法大学出版社，2002 年版，第 562 页。

② ［美］拉里·戴蒙德、理查德·冈瑟：《政党与民主》，徐琳译，上海人民出版社，2012 年版，第 356、358 页。

低，选举投票率低，新政党、小党和反党政党势力上升等挑战，显示出政党代表性功能（政治整合功能）的下降，与政党社会生存的危机，生存危机随之带来执政危机。面对挑战，包括西方国家在内的世界各国政党也在积极谋求应对之方，从政党类型的改变到执政理念的创新，从扩大意识形态包容性到政党运作的媒体化，这种努力全面展现了现代政党变革和优化其国家治理的自觉意识。

所谓治理方式，是指“一个合法拥有国家政权的政党为巩固其生存和发展，履行其历史使命和时代责任，在既定的政治价值规范和社会基本制度框架下，通过选择适当的路径、构建合理的体制机制来治理国家的方式和方法”。狭义地讲，执政方式就是执政党构建和运作国家政治过程的工具、手段、技术或者艺术。所谓执政方式现代化，是指执政党在新的执政环境中对自身（要素、构成、组织方式、活动方式）的现代化变革以及在此基础上对执政行为、体系、资源及过程进行的现代化调适。执政党的执政方式，一头牵连着执政党，一头牵连着国家或者社会。因而从理论上说，当（1）政党本身发生变化；（2）国家形态发生变化；（3）社会（组织原则与组织方式）发生新的变化时，执政方式就有可能发生变革。从西方政党发展的“大历史”来看，政党类型似乎存在一种时序的变化，一种主张是“精英型政党——大众型政党——全方位型政党——卡特尔型政党”的演进与替代关系[①]。政党类型的变化必然带来治理方式的变化，正如一些研究者所指出的，现代西方政党在治理理念、意识形态、媒体运作、网络执政等方面正在经历影响深远的变革。虽然政党形态的未来形式不甚明朗，但确定无疑的是政党治理方式的变革速率正在加快。

从世界经验来看，除了政党自身类型的转变之外，当一个国家的制度环境——尤其是政治制度和法律体系——发生改变时，当一个国家发展的中心任务转变时，当社会的组织、沟通与表达技术（如新社会组织的兴起、新媒体与互联网的发展）发生变化时，当全球化发展对民族国家的形式与功能带来某种微调时，政党的治理方式就面临严峻的现实挑战。一些政党会成功地应对这种挑战，另一些政党可能会失败。苏联和东欧社会主

① Peter Mair, *Party System Change: Approaches and Interpretations*, Oxford: Clarendon Press, 1997.

义国家的例子提醒我们，当代西方世界执政党自我变革的经历启示我们，主动性、自觉性和系统性思维可能有助于增加治理现代化变革成功的机会。就其变革的方向和原则来说，由于政党本身具有政治与社会双重属性，具有“代表”与“制度”双重功能，因而治理现代化就必然包括：（1）调整国家政治过程或程序；（2）增强政党的社会参与及社会存在感；（3）为达成上述两方面而进行的政党自身（要素、结构、体制、资源）建设与变革。

具体来说，在这种世界性的变革浪潮中，国外政党特别是西方政党治理方式出现了一些值得注意的演化方向：（1）政党政治法律化、政党竞争格局多极化、大党意识形态和政策中间化、政党运作媒体化、政党政治区域化和国际化。（2）从“阶级党”向“人民党”转变，做全民族利益的代表；扩大意识形态的包容性，使之适应社会整合的需要；政党制度的选择必须适应特定的政治生态环境；发挥兼容和同化的政治功能，建立制度化的政治参与体系；厘清各政治要素之间的法理关系，加强对权力的监督和制约①。有必要指出的是，在全球化程度日益加深的背景下，这种变革往往超越了民族国家的界限而具有世界性的影响力。在全球化时代，中国共产党本身并不能自外于这种时代挑战，而中国共产党本身的特性显然又加剧了克服挑战的难度。正如习近平同志所指出的，我们党历经革命、建设和改革，已经成为世界上党员数量最多的特大型政党。这就使得党要管党、从严治党的任务更加艰巨繁重。在立足中国共产党自身主体性的前提下，如何借鉴、吸收当代世界各国执政党变革的经验与教训，就成为当前中国执政党建设的一个重要命题。

三、治理者身份变革

当前中国的政党建设问题处在不同时空交错的政治学语境下，从马克思主义政治学语境来说，中国共产党如何通过自身建设撬动现代国家治理体系建设，以建构一个超越资本主义国家的新型国家；从现代政治学的语境来说，中国共产党如何应对在一定程度上属于普遍性挑战的“政党衰落”现象，巩固和完善政党在国家和社会发展中的中心地位。这些问题都

---

① 徐觉哉：《国外政党执政方式初探》，《毛泽东邓小平理论研究》，2003年第5期。

属于理论问题与现实问题的交汇。然而，另一个语境——当代中国政治发展的语境则更为重要，当前中国共产党的建设如何因应伴随着改革与发展而来的若干治理性难题，换言之如何通过包括中国共产党建设在内的国家治理体系建设破解当前中国直接面对的治理难题，这是以中国政治发展为直接研究对象的政治学理论建构所应关注的主要学理性问题之一。

在中国现代化国家建设的历程中，中国共产党从革命党到区别于革命党的执政党的转变，既存在于党的领导人的自觉意识和主观意志之中，又存在于党的建设的实践之中。早在1949年中共七届二中全会上，毛泽东就系统论述了中国共产党从领导乡村的政党向领导城市的政党、从熟悉革命战争的政党向熟悉国家管理的政党的转变方向，明确指出“党的工作重心由乡村转移到了城市……必须用极大的努力去学会管理城市和建设城市”，否则“我们就不能维持政权，我们就会站不住脚，我们就会失败”①。但是，由于前文述及的原因，在新中国成立之后的三十年，实际上这种政党转型是不成功的，“党不转型，自然就在革命的逻辑中领导中国现代化建设，结果，既扭曲了党的领导，也扭曲了国家建设。”② 改革开放伊始，邓小平就重提党的转型问题：“我们要学会用经济方法管理经济。自己不懂就要向懂行的人学习，向外国的先进管理方法学习……各条战线的各级党委的领导，也都要用类似这样的标准来衡量。这就是今后主要的政治。”③由此开启了当代中国共产党在国家建设和社会发展基础上转型的实际历史进程。对于这种政党转型，有学者认为可分为两个阶段：第一次转型即从革命党到执政党的转型已基本成功，第二次转型即从行政治理向政治治理的转型还在进行之中④。

不过，对于中国共产党的这种自我变革，政治学界有一些不同的归纳和分析。海外中国学或者海外中共学的部分研究从比较政治和比较政党研

---

① 毛泽东：《在中国共产党第七届中央委员会第二次全体会议上的报告》，《毛泽东选集》第四卷，人民出版社，1991年版，第1426—1427页。

② 林尚立：《当代中国政治：基础与发展》，中国大百科全书出版社，2017年版，第120页。

③ 邓小平：《解放思想，实事求是，团结一致向前看》，《邓小平文选》第二卷，人民出版社，1994年版，第150页。

④ 郑永年：《中国模式——经验与困局》，浙江人民出版社，2010年版，第58页。

究的角度出发，聚焦于中国共产党在变革时代的适应能力和调整能力，提出了诸如“弹性威权主义”“组织吸纳”“收缩与调适”等分析视角[①]。国内学者王长江教授认为，中国共产党从革命党到执政党的转变过程，实际上就是政党现代化的过程，所谓政党现代化，就是“政党适应客观环境及其变化的需要，适应社会发展进程，使其自身机构、功能、机制和活动方式不断制度化、规范化、科学化的过程”[②]。陈明明教授则提出了一个更为精细化的政党转型的“三分法”，即从革命党、统治党到执政党的转变逻辑，并明确指出，“对以列宁主义方式夺取国家政权的政党以及以此为基础构建的政治形态而言，由统治党向执政党的转型是政党革新的真正命题”“不是从革命党走向执政党，而是从统治党走向执政党，政党革新的目的不是盘点过去革命的结果，而是寻求与现代政治文明对接的统治的新方式”，因此，“从统治党到执政党”的变革，必须注意以下三点：第一，党要重视政党生活的一般形态；第二，党要强调“合法进入、合法运作国家”的政党行动逻辑；第三，党要确立“党在国中、党在法下”的现代执政理念[③]。

第三节　治理现代化

正如我们所一再强调的，现代中国国家建设和中国共产党的建设二者

---

① Andrew J. Nathan, “Authoritarian Resilience”, *the Journal of Democracy*, Vol. 14, No. 1 (January, 2003); Bruce J. Dickson, *Red Capitalists in China: the Party, Private Entrepreneurs, and Prospects for Political Change* (New York: Cambridge, 2003); ［美］沈大伟：《中国共产党：收缩与调适》，吕增奎、王新颖等译，中央编译出版社，2011 年版。值得一提的是，沈大伟后来的观点有所变化。关于海外中国学和海外中共学对中国共产党建设、发展、转型、调适的研究，李春峰有较为详细的梳理，可参阅李春峰：《变化环境中的中国共产党调适性——海外中国学研究的视角》，《经济社会体制比较》，2012 年第 2 期；李春峰：《中国共产党的自我调适：多种研究路径的述评》，景跃进、张小劲、余逊达主编：《理解中国政治——关键词的方法》，中国社会科学出版社，2012 年版。

② 王长江：《政党现代化论》，江苏人民出版社，2004 年版，第 29 页；另可参阅王长江：《政党论》，人民出版社，2009 年版。

③ 陈明明：《在革命与现代化之间——关于党治国家的一个观察和讨论》，复旦大学出版社，2015 年版，第 119 页、第 228—230 页。

之间是一种相互需求的关系。当国家治理现代化成为当前中国国家建设的时代主题之时，中国共产党的建设就需要着眼于国家治理体系和治理能力现代化的内在需求，以政党现代化助推国家治理现代化、以领导体系和执政体系现代化助力国家治理体系现代化，以执政能力现代化撬动国家治理能力现代化。为此，执政党的建设需要但决不能固守传统党建的一隅之地，而应深刻把握当前中国国家治理的本质要求，从国家治理原则、理念、路径、目标出发，为政党建设谋篇布局。简言之，不能把握当前中国国家治理的精准内涵，就不能把握执政党建设的基本方向。

一、治理现代化的涵义

从治理的原初涵义来说，治理是在众多不同利益共同发挥作用的领域建立一致或取得认同，以便实施某项计划。按全球委员会的最初定义，治理（Governance）是指各种公共的或私人的机构管理其共同事务的诸多方式的总和，它是使相互冲突的或需求不同的利益得以调和并采取联合行动的持续性过程。国家治理是指国家作为公共权威为了实现公共目标特别是国家目标而进行的管理活动和管理过程。一个有效的国家治理有三个特征：现代治理手段或工具、有效的治理活动与过程、理想的治理状态或结果。中国语境下的国家治理现代化致力于从传统治理方式、低效或者无效的治理活动，以及非持续性的治理状态向现代国家治理体系、结构与能力的转型。从统治、管理到治理，言辞微变之下涌动的，是一场国家、社会、公民从着眼于对立对抗到侧重于交互联动再到致力于合作共赢而实现善治的思想革命；是一次政府、市场、社会从配置的结构性变化引发现实的功能性变化再到民主参与的主体性变化的制度型塑。具体说来，中国语境下的国家治理现代化，其内在要求包括：

第一，能动性与有效性，是国家治理现代化的基本原则。即保持国家在治理体系中的能动性，确保政治系统对其他领域的有效性。对当代中国来说，从统治、管理到治理，并不意味着国家在治理结构与体系中的能力、意愿、作用的萎缩，更不意味着国家在社会成长、公民自治条件下的被动防守。作为最大的发展中国家，中国在实现治理现代化过程中，必须首先确保国家在治理体系中的能动性和进取性，确保政治体系对经济、社会、文化等其他领域的权威性和有效性。

第二，“中心政党”的领导地位，是国家治理现代化的前提。无论从历史还是现实来看，在现代中国国家建设与现代政党建设之间都存在内在的紧密联系。在中国政治民主化进程和包括革命与改革在内的现代中国国家建设的整个历程中，建设一个能够主导中国社会变革进程的“中心政党”至关重要。没有“中心政党”，就没有现代中国；这个中心政党，就是中国共产党。中心政党意味着执政党在中国政治系统中居于政治权力体系的中心，并有能力持续提供“权威”这项政治产品。国家治理现代化并不意味着取消或者削弱中共的“中心政党”地位，相反，通过改进党的领导方式、执政方式来巩固和加强中共“中心政党”地位，是国家治理现代化的前提。

第三，社会成长与社会自治，是国家治理现代化的动力。中国政治语境中的国家治理现代化话语，与20世纪90年代以后英语世界治理话语的兴起，其背后的政治进化逻辑有相似的一面。比如，在西方国家治理实践中，体现了从封建国家、绝对主义国家到人民主权，从人民主权到公民权利的发展脉络；同时，西方社会对理性官僚制的反思以及大众民主的进一步发展，都促进了治理话语的兴起。而在现代中国政治发展中，也存在一个从阶级解放到个体解放的社会成长过程。当前，随着市场经济的深入发展，以及基于公民权利基础上的社会（主体）成长及其重新组织化，中国社会的民主与自治也开启了不可逆的发展进程。没有社会成长与自治，就谈不上从管理到治理的发展，而国家治理体系如何接纳和整合社会成长与自治，是中国国家治理现代化的核心内容。

第四，合作治理，是国家治理现代化的主要路径。治理理论的基本内涵在于多中心、合作以及参与者自主网络的形成。在社会成长与发育的条件下，改变传统的单中心治理模式，增进多种层次和多种形式的合作治理（把利益整合起来，形成从利益、权利到权力的政治过程，形成理性、宽容、合作、协商的政治文化氛围，在合作治理中把民主政治的基本原则植入进来）、多方利益相关者治理，是国家治理现代化的主要方式。

第五，分责治理，是国家治理现代化的衡量标准。在国家治理现代化过程中，必须建立起一种风险分散、责任分担的治理体系，在这种治理体系中，从横向来看，执政党、政府，包括人大、政协、司法机关，以及市场与社会，从纵向来看中央政府、地方政府、基层政府应当共担风险、分担责任、各司其职。不能将责任与风险过多地集中于党和政府，否则只能降低党的领导能力与执政能力，降低政府公信力。因此，国家治理现代化过程是否真正培育了各负其责的经济、社会和政治主体，就成为衡量其成败的重要标准之一。

第六，宪政与法治，是国家治理现代化的基本方略。宪政是一种现代治理结构，法治是一种现代治理手段。中国国家治理现代化，既然无法回避法治问题，那就同样无法回避宪政问题。一个有效的宪法对现代国家治理的政治功能主要体现在以下方面：宪法可以作为现代国家的一个象征；宪法可以以根本大法的形式提出国家发展的目标；宪法的核心内容是规范政治主体之间权力、责任关系，即规范政治关系；宪法可以凝聚社会共识，体现核心政治价值；有效宪法应当起到弥合社会冲突的作用。因此，中国国家治理现代化必须建构行之有效的社会主义宪政体制和法治体系，使宪法与法治既能够支撑和约束公共权力的规范化运行，也能支撑和约束日益高涨的政治参与和协商民主。唯有如此，中国式宪政法治才可能真正成为转型中国化解风险的防火墙，成为国家治理的基本方略和基本工具。

二、治理优势及挑战

毫无疑问，中国共产党领导中国人民通过新民主主义革命和社会主义革命所创建的社会主义国家，内在地要求中国共产党在国家治理中扮演核心和枢纽的角色。换言之，中国共产党在当代中国国家治理体系中的中心地位是有效的国家治理的前提和基础，也是当代中国国家治理体制的基本特征。这种以中国共产党为中心的独特国家治理体制的理论合理性，已为当代中国国家治理的经验实践所验证，并在比较意义上通过其在国家治理过程中的六大优势体现出来：

国家优势。这是基于社会主义国家性质而言。社会主义国家作为超越资本主义国家的一种新的国家形态，其潜在的和现实的国家优越性不应当是一种空话。尤其是国家的相对自主性和包括财政汲取、政策贯彻等能力在内的国家政治能力、国家的社会基础和社会认同、国家对公平正义和劳动解放的追求等等，这些基于国家的社会主义性质的国家特质和国家取向，是现代中国国家治理体系具有优越性的源泉。

制度优势。“议行合一”的权力结构关系和制度设计、中国共产党领导的多党合作与政治协商制度、单一制的国家结构形式和央地关系格局、民主集中制的政党组织方式等等制度形式，都为“集中力量办大事”的社会主义政治优越性提供了制度支撑。中国共产党领导国家的制度体系建设、当代中国国家制度本身的完善以及社会制度的成长，从根本上来说确保了中国国家治理中的效率优势、资源聚合与分配优势的实现。

价值优势。现代中国既具有中国传统优秀政治文化的积淀和传承，又对世界政治文明的优秀成果持开放学习的态度。更为重要的是，作为领导者与执政者的中国共产党所信仰的马克思主义，成为当代中国意识形态鲜明的、集中的组织化表达，成为当代中国价值领域整合与发展的定盘之星。中国共产党在治国理政的实践中将马克思主义与中国实际相结合所形成的中国特色社会主义理论体系，成为当前中国进一步推进国家治理现代化的理论指导。这种中国化的马克思主义，囊括了从世界观、方法论到共同理想、核心价值、道德信仰以及当代中国如何建设、如何改革、如何发展的一系列理论叙述，成为当前中国国家治理最为宝贵的理论资源和价值资源。

组织优势。无论是相对于传统中国还是相对于西方世界，当代中国以中国共产党的组织体系为核心的组织制度都具有其独特优势，虽然这并不意味着这种组织体系和组织制度不需要优化。中国共产党从其本质来讲就是一个特殊的政治组织，其力量根本上来源于其组织体系的完备程度和有力程度。因此这种组织优势的内涵在于：执政党自身的组织建设、执政党联系社会的组织制度建设以及执政党运作国家权力的组织制度建设三个方面。近年来，“非典”“汶川地震”等一系列公共事件充分展示了以中共组织为核心的国家治理体制的强大组织优势。如何在当前中国国家治理的全领域中、在国家治理现代化的进程中善用这种组织优势，直接关系到当代中国政治长治久安的实现。

战略优势。强大的战略规划能力是确保当代中国实现跨越式发展的基本政治能力之一。当前中国正在进行的全面深化改革、全面建成小康社会，对于一种兼具理性和持续性的战略规划能力具有直接需求，以便在当代中国的全面发展中实现战略规划与发展规律的统一。中国共产党领导中国社会进行革命、建设和改革的历程，一定程度上就是一部战略规划与实施的历史。成功的战略规划需要执政党和国家从战略高度深刻把握世情、国情和党情的变化，有赖于中国共产党和国家相关部门战略规划制度的保障。当前，中国共产党已经形成了一套相对完善的战略规划制度和相对成熟的战略规划形态：长期、中期和短期发展规划的配合；中央与地方规划的结合；七大建设领域的专项规划；有效的、持续的五年规划制度；从基本路线到各项具体方针、政策的完整规划形态等等，由此展示出举世瞩目的规划能力。

人才优势。党管干部、选贤与能的选任制度从整体上保障了执政党的各级干部和国家的各级公职人员的政治素养、专业能力和执行力。中国共产党有一整套干部制度，涉及干部储备、培训、选任、管理、监督等各个环节，执政党的组织部门、纪检部门和政府系统的人事部门共同参与干部管理过程；从中央到地方的党校、行政学院和相关高校成为干部教育和培训的有力制度保障[①]。从根本上来说，传统政治文化中的“治国平天下”“以天下为己任”的理念与中国共产党提倡的担当精神的有机结合，传统的“贤能政治”取向与现代公务员制度的有机结合，将有助于形成（执政党在）中国国家治理中的人才优势。

然而，事情的另一面是，从理论上来说具有上述优势的中国共产党和现代中国国家体系，为何在不同历史时期具有不同的治理表现？更具体地说，在20世纪50年代中后期以至于“文化大革命”时期，中国共产党和中国国家体系在国家治理实践中为何会遭遇挫折？同样从理论上来说，世界范围内的社会主义运动和世界范围的社会主义国家及其执政的各国共产党，为何会有不同的执政表现？这些历史事实提醒我们，理论上的优势并不天然和自然等同于现实中的优势，理论上社会主义国家及其执政党所具备的治理优势，必须经由各国现实的治理实践和行动才能体现出来，而这种现实实践和行动，均是基于对现实治理问题、危机与挑战的战略应对和自主行动而产生的。看不到当代中国以中国共产党为核心的治理体系的独特优势，就会缺乏“四个自信”；而看不到上述优势基于问题、危机与挑战而生的经验背景，中国国家治理的优势就难以实现，“四个自信”就会沦为没有价值的盲目自信。

---

① 林尚立：《当代中国政治：基础与发展》，中国大百科全书出版社，2017年版，第127页。

当前中国推进国家治理现代化的过程，适逢当代中国全面深化改革加速推进的历史时期，从理论上来说，全面深化改革的总目标就是国家治理现代化，两者是统一的。但是，伴随着当代中国全面深化改革的若干风险，可能对当前中国国家治理现代化构成挑战与考验，这一点必须引起注意。在当前中国建立以执政党为中心的现代国家治理体系，培养以执政能力为中心的现代国家治理能力的过程中，必须高度重视以下十个方面的现实挑战并以合理的策略应对之：

挑战之一：无序民主化的可能。策略：加强国家对民主化进程的引导，使有序民主化成为全面深化改革的政治资源。包括经济民主、社会民主和政治民主在内的民主化，应当成为释放改革动力和社会活力的政治资源，为此，执政党必须利用其组织资源和执政资源，坚定推进社会主义市场经济体制改革，推进较为成熟的社会领域的成长，进一步推进包括选举民主、协商民主等多种形式的人民民主的发展，通过党内民主的示范，有效引导和控制中国民主化进程的节奏与方向，既使民主化进程有益于全面改革的推进，又使民主、平等、秩序等现代价值相互协调、相互包容、相互支撑。

挑战之二：四大危险导致执政党衰弱的可能。策略：在新形势下加强党的组织建设，全面提高执政党组织化的社会参与能力。严格贯彻“党要管党、从严治党”原则，大力加强党的组织工作对新经济组织和新社会组织的全覆盖，加强新技术、新媒体在党的组织工作中的应用，优化党的各级领导干部选任机制和考核标准，畅通党的干部交流、培训、升迁、奖惩机制与渠道，改进党作为一个承担特殊政治功能的政治组织的结构、规模与组织行动力，全面提升党员干部的素质与能力，加强各级党组织与其外围组织、枢纽型社会组织之间的制度化联系。

挑战之三：无效或低效的国家治理体系与软弱的国家治理能力无法支撑中国的转型发展。策略：全面推进国家治理体系与治理能力现代化，以治理方式现代化助推国家治理现代化。从本质上说，党的执政体系是国家治理体系的核心，党的治理能力是国家治理能力的核心。改进党的执政方式绝不仅仅是一些治理技术的移植与引进，也不是以局部的修修补补替代理性的系统设计，相反，改进党的治理方式是一项复杂的系统工程，是当前中国国家治理体系中最具能动性的部分。开放、规范和创新是新形势下执政党改进治理方式的基本方向，从电子政务、微博问政、新媒体党建到党的领导与执政的制度化、规范化都是治理方式现代化的重要内容。

挑战之四：国家意识形态的衰弱与破碎无法凝聚发展共识。策略：加强国家意识形态工作，提高社会合法性认同。全面深化改革时期必须高度重视党的意识形态工作，加强执政党的“主义”建设，以中国特色社会主义理论创新引领中国社会主流意识形态建设，同时有区别、有鉴别地弘扬中国传统文化中的优秀资源，取鉴世界人类文明成果为我所用，改进国家意识形态工作的方式与技术，真正使意识形态建构能够凝聚人心、助力改革、推进发展，提高社会对党和国家的合法性认同，提高政府公信力。

挑战之五：基层政治不稳。策略：大力发展基层群众自治，探索完善基层治理体系。基层群众自治制度是当代中国基本政治制度之一，村民自治和城市社区自治是当前中国民主成长的重要战略空间。当前，随着全面深化改革的推进，农村和城市基层的变化对国家基层治理提出了各种挑战，执政党和国家必须学会协调基层自治、基层政府与基层党组织之间的关系。全面改革所带来的变化和挑战往往首先从基层发生，而国家治理必须从基层做起，从这个意义上说，基层治理体系具有超越基层的普遍意义。

挑战之六：政府角色的错位、失位、越位削弱政府能力。策略：继续推进行政改革，真正建立“受约束的服务型政府形态”。实现有效的公共治理，是现代政府当仁不让的基本职责。对于发展中国家而言，政府治理仍然是现代国家治理体系中最具能动性、权威性的部分。随着经济、社会条件的变化，为了实现有效的政府治理，就有必要对政府本身以及行政过程、机制进行改革与优化。从根本上说，政府的这种自我改革，必然聚焦于两个重要问题：一是基于塑造政府、市场、社会现代关系的政府职能转变；二是塑造以分离与制约为核心的现代行政权力运行机制。当然，这两方面都与政府机构改革密切相关。

挑战之七：虚置或空转的政治制度损害党与政的协同。策略：充分开发基本政治制度功能，切实提高执政党“制度化地运作国家权力”的能力。执政党对国家和社会的领导必须通过国家制度的运作体现出来，在推进国家治理体系和治理能力现代化的改革过程中，执政党必须摒弃在国家制度水平较低的状态下简单的、传统的领导方式和执政方式，逐渐习惯在国家制度功能充分发挥的条件下领导国家、执掌政权，换言之，在复杂状态下或者在约束条件下的领导与执政将成为一种常态。这就需要大力加强人大制度、多党合作与政治协商等基本政治制度的功能开发，使国家制度真正运转起来，真正发挥出来。

挑战之八：法治原则不能贯彻到底。策略：全面推进法治化进程，进一步厘清党的领导和依法治国之间的关系。要在全面深化改革的过程中加强和改善党的领导，就有必要切实提升党的领导的法理支撑，换言之，党的领导必须从法治化进程中得到支持而不是削弱。这就规定了中国法治化的重要内容、基本定位和根本目标不同于西方国家。另一方面，执政党也必须厘清加强党的领导和维护司法独立之间的关系，在领导和执政的过程中充分尊重法治规律，切实推进司法改革，维护司法公正，使法治和司法真正成为维护公平正义、化解社会矛盾、促进国家治理的天然屏障。

挑战之九：不良党风政风败坏政治生态。策略：扎实践行党的群众路线教育实践活动，切实改进党风政风。在全面深化改革的过程中，党建的细节问题极容易被放大，执政党的作风问题无小事。将党的作风问题上升为政党建设的战略问题，是十八大以来执政党建设的重要特征和重要思路。党的群众路线教育实践活动聚焦于整顿“四风”即党内不同程度上现实存在的形式主义、官僚主义、享乐主义、奢靡之风，极具现实性、针对性和迫切性。这场新的“整风运动”，使得执政党得以接续和发扬党的光辉历史和优良传统，而且，使作风问题背后更为深刻的体制机制问题凸显出来，使党的优良传统激活起来，是这场活动更为重要的方面。

挑战之十：腐败削弱政治信任。策略：加强执政党主导的“体系化反腐”策略，坚持破立结合的“建设型反腐”战略。在全面深化改革的过程中，必须防止腐败问题对国家治理能力的损害，防止腐败现象对全面改革事业的损害。为此，有必要坚持以执政党为中心的反腐策略，即坚持“高层反腐与基层反腐、组织反腐与法制反腐、权力反腐与权利反腐、专项反腐与常态反腐”的有机结合，坚决贯彻新一届领导人“标本兼治”、治标为治本赢得时间的反腐策略。另一方面，必须坚持破立结合，寓“建设”于反腐败工作之中，在反腐倡廉工作中大力推进相关体制机制改革和制度、法制建设。从一定意义上说，在全面深化改革过程中，有效抑制腐败就是在有效地增强执政党和国家的合法性、认同感和领导能力。

三、构建政治再平衡能力

当前中国国家治理现代化，既需要针对上述具体问题与挑战，以合理的策略和精准的行动加以应对；又需要再进一步，从顶层规划的高度把握当前中国国家治理现代化过程中的主线与战略，化繁为简、执简驭繁。事实上，上述十大挑战及其应对从根本上说来源于当前中国政治、经济、社会治理领域中若干失衡现象和平衡议题的提出①。因此，从当前中国国家建设、社会发展和改革开放的历史方位而言，中国国家治理现代化的关键在于构建一种特定的国家政治能力——国家政治再平衡能力；而基于中国共产党在国家治理体系中的特殊地位，这种国家政治再平衡能力的构建必须从执政党政治再平衡能力构建出发。构建当下中国共产党政治再平衡能力的关键又在于在新形势下重构中国共产党组织化与现代化之间的平衡。因此，从执政体系构建国家治理体系、从执政能力构建国家治理能力、从执政党政治再平衡能力构建国家政治再平衡能力，就成为当下中国国家治理现代化的主线。这条主线再次明确了中国国家治理现代化历程中“着手于政党、着眼于国家”的政治逻辑。

从理论上来说，马克思主义政治学理论特别是其国家理论，从经济基础与上层建筑之间的矛盾运动中来揭示社会形态和国家形态的演进与变迁，进一步从经济世界的矛盾运动中去寻找社会力量之间的矛盾与冲突的根源，因而，国家能否平衡政治与经济之间的关系就成为国家能否解决社会矛盾与社会冲突的前提与关键。从经验上来说，近年来，中国政治建设与政治发展的国际国内环境都发生着深刻变迁。从世界范围来说，全球化

---

① 新常态下的经济发展客观上要求建构新的政治经济学，其核心在于实现新经济与新政治的平衡；基于改革开放以来社会成长基础上的社会建设，客观上提出了一系列新的政治社会学议题，其核心在于实现社会自治与政治支撑之间的平衡；为了因应新经济常态与新社会发展，行政改革着力推进，其核心在于实现约束条件与政府能力的平衡；全面深化改革客观上要求全面推进执政党建设，其核心在于执政党组织化与现代化的平衡，亦即从严治党与从优治党的有机结合；国家治理现代化内在地要求稳步推进国家制度建设尤其是国家基本政治制度建设，其核心在于实现制度逻辑与制度厚度的平衡；依法治国全面推进，其核心在于实现“法律共同体”与“政治共同体”的平衡；正风反腐强力推进，其核心在于实现“治标”与“治本”的平衡，亦即“破”与“立”的平衡。

的进一步发展与“逆全球化”现象并存，中国深度参与全球治理所产生的机遇与中国所面临的国际挑战与压力并存，这使得平衡国际与国内发展成为当前中国国家发展的前提之一。然而平衡国际与国内发展的关键却在于国内经济—社会与政治之间的平衡，如此方能使国家作为一个整体在国际范围内进行合作与竞争；进而，经济—社会与政治系统之间的平衡，其关键又在于政治系统本身的结构、功能及其整合，换言之，在于政治系统本身的适应性、一体化及其提供公共产品的能力。从这个意义上说，政治平衡能力是现代化国家政治建设与国家治理的重要内容，尤其是当国家现代化处于转型、过渡等新旧转换的历史时期，政治平衡能力就显得尤为重要。

由于经济与社会发展的原因，政治平衡能力的构建不能一蹴而就，更无法一劳永逸。当前，中国政治建设与政治发展面临的一个核心任务就是构建中国政治的再平衡能力。之所以称之为“再平衡”：一是因为在现代中国政治发展史上，中国政治、经济、社会曾经达到过平衡状态（姑且不论这种平衡的客观后果），当这种平衡状态因为经济水平与经济体制、社会结构与社会组织方式的深刻变化而打破的时候，中国政治建设与政治发展需要跟进、调整而达致新的平衡；二是因为这种新的平衡绝非旧平衡模式的简单复归，而是具有崭新的时代内容与独特的政治逻辑。在当代中国政治语境下，所谓中国政治再平衡能力，是指政治体系通过自身的变革以及自身的有效作为（主要是通过资源的汲取与分配、政治诉求的输入与容纳以及公共产品的输出与供给）化解经济领域和社会领域内部、经济与社会之间结构（失衡）问题，以及在变革中的经济—社会基础与政治回应之间建立均衡的一种政治能力。

政治平衡能力是现代化进程中至关重要的国家能力之一，政治平衡能力的承载主体是国家，政治平衡能力有待于国家的主动建构。这并非是说，其他政治主体，比如执政党或者政府，不需要或者不能够建构其政治平衡能力，毋宁是说，这种以国家为承载主体的政治平衡能力对于一国的现代化建设以及在现代化建设进程中的现代国家治理来说，具有关键性的影响力；而在这个国家政治场域中，执政党也好、政府也罢，都需要从国家政治平衡能力构建的需要出发去构建自身政治平衡能力，因而，国家的政治平衡能力既是构成这个国家的政治要素——比如政党与政府——的政治能力的叠加与综合，又是诸如政府与政党政治能力的出发点与归宿。从这个意义上说，在后发国家之中，政党可以建构国家、领导国家，但其在现代化进程中的这种建构与领导行动、建构与领导能力却必须契合于国家的需要。同样，在现代化发展的某一阶段，执政党政治平衡能力的建设，也必须契合于国家政治平衡能力的建构这个整体逻辑。执政党可以是超越性的，但国家是现实性的；执政党的这种超越性及其限度，必须从当代国家建设的现实需要出发。执政党可以主导国家政治平衡能力建构的进程，但真正对国家现代化建设事业之成败负责的，仍然是国家能力本身，在当下中国，也就是国家政治再平衡能力本身，因而，执政党必须高度重视国家政治再平衡能力的整体建构。

政治平衡能力源自于政治与经济—社会之间的互动关系，究其本质而言属于一种超越时空的普遍性的政治功能之一。然而对于处于现代化进程中的国家而言，这种能力却具有特殊性：第一，在现代政治文明的基本规范与基础框架下，与传统社会不同的是，国家构建与获得政治平衡能力的前提条件已经发生了重要改变，那就是国家正在面临一个主张权利的社会的成长，正在面临一个以市场经济为治理机制的经济领域的成长，因而国家“获得与储存配置性资源与权威性资源”的能力与方式不可避免地受到约束；第二，在后发国家现代化过程中，经济基础与社会条件在较为短促的时间之内发生着急剧的变迁，这种经济—社会变迁的影响力可能是多方面的，一方面可能重构新政治的经济—社会基础，另一方面则可能挑战和瓦解着现存政治权威；第三，现代化进程中的国家本身更容易受到其他政治行动者——从全球或者区域国家体系中的域外国家，到国内各种“亚政治”领域的兴起——的压力、竞争与挑战；第四，现代化的内涵与维度在不断发生变化，比如传统的现代化概念，主要是指向工业化与城市化，而在当代，处于现代化进程中的国家至少要同时面对工业化、城市化、市场化、信息化、全球化等日益扩容的现代化任务。

因此，所谓“再平衡”能力，不仅仅是时间上或者数量上的再一次平衡，而是一种基于独特内在规定性的平衡能力，在这个意义上，现代化进程中的国家政治再平衡能力，事实上构成一种具有普遍意义的国家能力的类型学划分。当政治原则、经济—社会基础、潜在的多元政治主体以及现代化内涵发生深刻变化的时候，国家的政治再平衡力就不仅仅是以往历史或者发达国家已经走过的现代化历史的一种简单重复，而是一种新的建构与新的创造，因而是现代国家建设与现代国家治理中的一种事关全局的新议程。对当前中国而言，如何建构和增强其国家政治平衡能力，或者说当前中国政治再平衡能力作为一种国家能力的构建，必须合理运用政策、制度、法律三种工具，充分尊重社会、政党、国家三大主体，有效协调生活世界、政治世界、知识世界“三个世界”。这三个方面事实上也构成了当前中国国家治理现代化的三大战略议题：

第一，合理运用政策、制度、法律三种治理工具。在新中国的政治发展史上，曾经不太重视政治制度的建设，更遑论法制建设和法治建设。改革开放之前的相当长一段时期，中国国家治理逻辑近乎“政策治国”，而对于一个成熟的现代国家来说，行之有效的政治制度体系和完备且得到全社会遵循的法律体系，是“治理型国家”建成的重要标志。这并非是说，“治理型国家”不要政策或者轻视政策的治理功能，毋宁说，现代国家首先需要在国家治理中对政策、制度与法律各自的定位、优势作出逻辑清晰的界分，在此基础上才能谈及政策、制度与法律的配合问题。改革开放之前中国国家建设的成就不容抹杀，但同时我们需要看到，在建国之后的30年间，政策过多地承载了制度乃至法律应当承担的功能，这不仅对于政治制度建设和法治建设来说客观上不利，而且影响到政策效果本身。改革开放之后，中国在国家治理方式上做了具有重要意义的调整，那就是高度重视制度和法律在中国经济、政治和社会生活中的治理功能，也就是邓小平所指出的“制度问题更具有根本性、长期性”，因此一方面恢复制度，另一方面发展法制；同时，我们应该指出的是，由于法律体系本身并未成熟，实际上“制度、体制和机制”又代行了某些法律功能，因而在客观上可能带来“制度超载”问题。这一时期，各种制度创新层出不穷，各种制度创新主体极为活跃，这既是理解中国改革开放取得重要成就的一条基本线索，同时也是理解诸如“地方政府创新动力不足”以及制度创新绩效问题的关键。法治问题终究不能用制度建设来取代，1997年中共十五大报告明确提出“依法治国，建设社会主义法治国家”，并明确“到2010年形成有中国特色社会主义法律体系”；2011年初，时任全国人大常委会委员长吴邦国庄严宣告中国特色社会主义法律体系如期形成；2014年，中共十八届四中全会通过《中共中央关于全面推进依法治国若干重大问题的决定》，明确提出“坚持走中国特色社会主义法治道路，建设中国特色社会主义法治体系”。

从政治学的角度来看，在当前中国国家治理中，一方面要注意合理区分政策、制度、法律三种“治国之具”的作用场域、优势领域，使政策、制度与法律各自归位、不相僭越；另一方面，又有必要合而观之，使政策、制度与法律互为奥援、相互支持、协同发力，如此方能平衡“政策体系”“制度体系”“法治体系”的治理功能。对于“政策体系”来说，灵活、便捷、高效是其优势，此即2016年中央经济工作会议所表述的“宏观政策要稳、产业政策要准、微观政策要活、改革政策要实、社会政策要托底的政策思路”；从政治学来说，国家治理中最为重要的依然是“制度体系”尤其是作为基础和枢纽的“政治制度体系”，“制度体系”本质上是中国政治结构和一般政治过程的基本规范，在这一点上务必坚持中国政治制度的独特价值与比较优势，制度创新务须着眼于基本政治制度的功能提升，“法治体系”建设需要全面推进，但不宜平均用力，当下中国法治建设有两个关键和重点：一是“法典化”问题；二是法治政府建设问题。如能较好解决这两个问题，中国法治进程将再上一个新台阶。从“政策体系”“制度体系”“法治体系”三者的关联来看，应当努力做到：以制度体系支撑政策体系，以法治体系支撑制度体系；同时以“政治制度体系”平衡“法治体系”，以避免在现代化过程中“法律成为僵硬性之源”[①] 的陷阱。

第二，充分尊重社会、政党、国家三大治理主体。在当代中国国家建设与国家治理现代化的历程中，最具主动性的政治力量是政党，最具变化性的因素在于社会，而决定国家建设与国家治理整体水平的因素在于国家（能力）。何以言之？从新中国的创建来说，“政党创建国家，国家改造社会”是建国的基本政治逻辑，正是在这个意义上，有学者将现代中国国家治理模式称之为“党治国家”。随着经济基础和社会基础的变化，传统的“党治国家”面临变革国家治理方式的历史任务。改革开放以来，经济发展和社会成长逐渐改变了政党、国家与社会的基本关系格局，从“政党—

① ［美］鲁恂·W．派伊：《政治发展面面观》，任晓、王元译，天津人民出版社，2009年版，第134—147页。

国家—社会”的政治逻辑逐渐衍生出“社会—国家—政党”以及“社会—政党—国家”的发展逻辑。国家与社会，本是政治学中一对基本的逻辑范畴，对于现代化进程中的国家来说，社会的成长总是伴随着国家的放权和分权，但是国家面向社会的放权与分权，却并非自动达成而毫无风险的：这种风险一方面来源于社会政治参与的急剧增加，另一方面也有可能来源于国家的迟钝、滞后或僵化。对于现代中国来说，执政的中国共产党是平衡和化解“国家—社会”权力关系的中介，因而也是化解现代化过程中可能出现的政治风险的枢纽。

然而政党何以能够化解国家与社会之间可能出现的紧张关系？对中国共产党来说，党既是一种活跃于政治世界中的政治组织，又是一种扎根于社会之中的政治组织，因而党既具有政治属性，又具有社会属性。一方面，执政党通过全方位、全覆盖的党建工作，牢牢扎根于社会之中，既把握社会发展的脉搏，又因应社会变化的诉求，既引导和改变社会，又优化自身组织建设；另一方面，执政的中国共产党，通过制度化地运作国家权力的方式，促动国家建设与社会诉求之间的对接，促进国家政治制度体系的现代化，同时也是促成执政党自身执政方式的现代化。因而，在当前中国政党、国家与社会关系中，全面从严治党具有关键性作用：即通过政党组织化建设以确保执政党的行动能力和变革能力，通过政党现代化建设以因应现代社会、建构现代国家。

但同时必须指出的是，随着现代政治文明的发展和时代条件的变化，在当前中国国家建设中，国家能力越来越成为中国全面发展最为重要的决定性因素，越来越成为全球舞台大国竞争与合作的关键性因素。强大的国家不能仅仅只有强大的政党，还必须建构一个有机团结的社会，还必须实现“国家全要素”的综合提升尤其是国家政治能力的提升。因而，对于执政的中国共产党来说，如何通过执政党组织化与现代化建设促成强大的政党能力，并将之转化和释放于国家政治能力的培育，一定意义上决定着当前中国政治再平衡能力构建的成效。

第三，有效协调生活世界、政治世界、知识世界三个“治理场域”。这三个世界从国家治理的角度看，实际上是三个“治理场域”。无论是构建“基于发展的新治理型国家”，还是构建中国政治再平衡能力，都涉及到重构上述“三个世界”的平衡问题，亦即现代政治的基础、目的与政治自身的平衡问题：生活世界解决的是现代政治的经济与社会基础问题，知识世界应对的是现代政治的目的、模式、合法性与合理性论证的问题。一方面，对于现代中国来说，当历史从“全能政治”“泛政治化”中走出来的时候，就需要思考重建政治的生活基础的历史性课题。尤其是在市场化、全球化、信息化、城市化、工业化迅速发展的今天，在市场经济与社会变革引起社会生活方式急剧变动之时，如何保卫和重建现代人的生活世界，就成为中国政治建设中一个极为现实的命题。面对伴随着城镇化而来的某些地区“乡村凋敝”现象，面对当前中国基层治理的若干困境，我们如何重建农村、重建城市社区，如何拓展现代人的生活空间，如何确保社会不在急剧变迁中撕裂，如何重构和巩固政治的社会基础？另一方面，政治除了其物理世界，还有其“精神世界”。我们一直在谈“现代中国”，可是，“我们的中国”从何而来、往何处去？当西方主流的政治学理论无法解释现代中国的发展轨迹之时，我们应当用怎样的理论把中国发展解释清楚并呈现于世界？只有在中国的知识世界中解决了这些问题，我们才谈得上真正的“理论自信”和“文化自信”。

政治世界既需要从生活世界中获得基础，又需要从知识世界中获得规范。“以人民为中心的发展”，前提在于“以人民为中心的政治”；而“以人民为中心的政治”，关键又在于政治知识世界对现代政治理论、马克思主义政治学和中国传统政治思想的凝练与创造，这种凝练与创造必须建立在中国经验的基础上向世界对话，必须为中国未来的实践所验证同时为中国社会所广泛认同。正如2016年5月，习近平在哲学社会科学工作座谈会上的讲话中所指出的，“当代中国正经历着我国历史上最为广泛而深刻的社会变革，也正在进行着人类历史上最为宏大而独特的实践创新。……这是一个需要理论而且一定能够产生理论的时代，这是一个需要思想而且一定能够产生思想的时代。”概言之，再平衡离不开再创造，再创造既包括生活世界的再造，也包括知识世界的再造，以及在生活世界再造和知识世界再造基础上的政治发展本身。

第二章

治理之魂：建设中国特色社会主义

中国特色社会主义是国家治理的灵魂，它融入国家治理的生动实践，贯穿国家治理的浩瀚历程，从根本上引导并规范着国家治理，确保国家治理的人民性、科学性、有效性、合理性。反过来说，推进国家治理，实现治理体系和能力的现代化，根本而言是要完善和发展中国特色社会主义制度，让中国特色社会主义事业展示出更加广阔的前景。

第一节　思想源泉

中国特色社会主义的理论与实践从根本上来源于马克思主义，是马克思主义与中国革命和建设实践相结合的产物。马克思、恩格斯、列宁等经典马克思主义作家关于国家起源、国家性质、国家职能形式的理论论述，为中国特色社会主义现代化事业、也为我们推进国家治理提供了丰富的思想源泉。正如习近平指出："我们要及时总结党领导人民创造的新鲜经验，不断开辟马克思主义中国化新境界，让当代中国马克思主义放射出更加灿烂的真理光芒。"

一、阶级与革命观

阶级理论是马克思主义政治学的基础。17 世纪英国的亚当·斯密、大卫·李嘉图等人，曾对资本主义阶级关系作出过经济剖析。19 世纪 20 年代，法国的梯叶里、米涅、基佐等人，也曾将阶级斗争作为考察英法资产阶级革命的一把钥匙。空想社会主义理论家也提到了阶级问题，但没有进行系统分析。马克思从唯物史观出发，建构了马克思主义的阶级理论，这种理论认为：（1）阶级的存在仅仅同生产发展的一定历史阶段相联系；（2）阶级斗争必然要导致无产阶级专政；（3）这个专政不过是达到消灭一切阶级和进入无阶级社会的过渡。①

列宁进一步完善了马克思的阶级理论，他于1919年在《伟大的创举》中给阶级下了一个完整而又经典的定义："所谓阶级，就是这样一些大的集团，这些集团在历史上一定的社会生产体系中所处的地位不同，同生产资料的关系（这种关系大部分是在法律上明文规定了的）不同，在社会劳动组织中所起的作用不同，因而取得归自己支配的那份社会财富的方式和多寡也不同。所谓阶级，就是这样一些集团，由于他们在一定社会经济结构中所处的地位不同，其中一个集团能够占有另一个集团的劳动。"②

马克思主义认为，由于社会阶级利益的对立，阶级矛盾与阶级冲突也成为阶级社会的必然结果。人类有史以来的一切社会历史，都是阶级斗争的历史。阶级斗争构成了社会历史发展的主题，也在客观上形成了人类历史发展的伟大动力。革命是阶级斗争的集中体现与最高形式。马克思指出，"革命是历史的火车头"，"每一次革命都破坏旧社会，所以它是社会的，每一次革命都推翻旧政权，所以它具有政治性"。③ 这意味着，革命包含了政治革命与社会革命两种，政治革命解决的是政权问题，社会革命解决的则是生产关系问题。

马克思主义对革命的论断主要有：（1）革命的实质是先进阶级推翻反动阶级统治，打碎旧的政治上层建筑，用先进的社会制度代替腐朽的社会制度，实现经济、政治制度的根本变革，解放生产力，促进社会的发展。"从马克思主义观点来看，革命究竟是什么意思呢？这就是用暴力打碎陈旧的政治上层建筑，即打碎那种由于同新的生产关系发生矛盾而到一定的时候就要瓦解的上层建筑。"④ （2）革命的根本问题是政权问题。列宁认为，"一切革命的根本问题是国家政权问题"，"无论从革命这一概念的严格科学意义来讲，或是从实际政治意义来讲，国家政权从一个阶级手里转到另一个阶级手里，都是革命首要的、基本的标志。"⑤ 国家政权从反动阶

---

① 《马克思恩格斯选集》（第4卷），北京：人民出版社，1995年版，第547页。

② 《列宁选集》（第4卷），北京：人民出版社，1995年版，第11页。

③ 《马克思恩格斯全集》（第1卷），北京：人民出版社，中文第1版，1956年12月版，第488页。

④ 《列宁选集》（第1卷），北京：人民出版社，1995年版，第631页。

⑤ 《列宁选集》（第3卷），北京：人民出版社，1995年版，第19、25页。

级手中转到革命阶级手里，它对于确立新的生产关系和解放生产力起着决定性作用。(3) 革命一般是通过暴力手段来实现的，因为反动统治阶级一般不会主动交出政权。马克思主义对革命的这些论断对后来的无产阶级革命与社会主义政权建设都产生了深刻影响。

二、国家观

西方学者倾向于将国家理解为“契约论”的产物，这就好比将国家视为一种超阶级的社会共同体，反而回避了国家的阶级性。在马克思主义的政治逻辑里，国家是最能体现阶级斗争的地方，它实质是阶级斗争的工具。国家的本质就是阶级性质，即哪个阶级是统治阶级。

恩格斯指出，国家并不是外部强加于社会的一种力量，它是随着阶级的产生而进入历史舞台的；国家是社会发展到一定阶段的产物，它起源于社会分裂为不可调和的对立面，分裂为经济利益互相冲突的阶级。“国家是承认：这个社会陷入了不可解决的自我矛盾，分裂为不可调和的对立面而又无力摆脱这些对立面。而为了使这些对立面，这些经济利益互相冲突的阶级，不致在无谓的斗争中把自己和社会消灭，就需要有一种表面上凌驾于社会之上的力量，这种力量应当缓和冲突，把冲突保持在‘秩序’范围以内；这种从社会中产生但又自居于社会之上并且日益同社会相异化的力量，就是国家。”① 列宁也指出，“国家是阶级矛盾不可调和的产物和表现”，“在阶级矛盾客观上不能调和的地方、时候和条件下，便产生国家”，“国家是阶级统治的机关，是一个阶级压迫另一个阶级的机关，是建立一种‘秩序’来抑制阶级冲突，使这种压迫合法化、固定化”。②

恩格斯在《家庭、私有制和国家的起源》中提到，国家同旧的氏族组织的不同在于：(1) 国家按照地区而不是像氏族组织那样按血缘来划分国民。(2) 国家设立了氏族公社所没有的公共权力，比如监狱、军队等。为了维持这种公共权力，国家需要征税。(3) 官吏既然掌握着公共权力与征税权，他们作为社会机关就不可避免凌驾于社会之上。(4) 国家照例是最强大、经济上占统治地位的阶级的国家，这个阶级借助国家在政治上也成

---

① 《马克思恩格斯选集》(第4卷)，北京：人民出版社，1995年版，第170页。

② 《马克思恩格斯选集》(第3卷)，北京：人民出版社，1995年版，第114页。

为统治阶级，并且获得了镇压和剥削被压迫阶级的新手段。(5) 在历史上大多数国家中，公民权利是按照财产状况分级规定的。这直接宣告了国家是有产阶级防御无产阶级的组织。即便是资产阶级民主共和国不再正式讲财产差别，但财富仍然是间接地而且更可靠地运用它的权力。①

因而，马克思主义认为，国家的本质是一个阶级用来镇压另一个阶级的工具。人类有史以来的一切国家都是有阶级的国家，无一例外地实行的是特定阶级的统治。列宁指出，“一个政府不管它的管理形式如何，总是代表一定阶级的利益”。② 人类历史上先后出现了奴隶社会、封建社会、资本主义社会，与此同时分别形成了奴隶主专政国家、封建主专政国家、资产阶级专政国家。马克思主义认为，无产阶级要建立的是一种“新型民主”与“新型专政”的国家，即“社会共和国”，它是无产阶级统治的特殊政治形式。无产阶级与农民阶级的革命联合是无产阶级国家政权的阶级基础。工人阶级只有联合农民阶级才能实现对少数剥削阶级的专政，才能建立无产阶级专政的国家，并在治理国家的过程中，创造出高于和优于资本主义社会的民主制度。

在马克思主义看来，未来的人类社会必将进入共产主义社会。在人类社会的高级阶段，阶级不复存在，国家也将随着阶级的消亡而最终消亡。“国家并不是从来就有的。曾经有过不需要国家，而且根本不知国家和国家权力为何物的社会。在经济发展到一定阶段而必然使社会分裂为阶级时，国家就由于这种分裂而成为必要了。……随着阶级的消失，国家也不可避免地要消失。”③

三、国家的双重职能

国家职能是国家在社会中所承担的责任以及所发挥的作用，它表现为国家政权机关对社会经济所实施的系统的治理活动。在马克思主义看来，国家职能主要分为“统治职能”与“管理职能”两类。统治职能主要是压迫敌对阶级、敌对分子，反抗外来入侵。管理职能是对社会、经济、文化

---

① 《马克思恩格斯选集》（第 4 卷），北京：人民出版社，1995 年版，第 170 ~ 173 页。

② 《列宁全集》（第 30 卷），北京：人民出版社，中文第 2 版，第 250 页。

③ 《马克思恩格斯选集》（第 4 卷），北京：人民出版社，1995 年版，第 174 页。

和各种公共事务的管理活动。

马克思在《资本论》中提到，在专制国家中，“政府的监督劳动和全面干涉包括两方面：既包括执行由一切社会的性质产生的各种公共事务，又包括由政府同人民大众相对立而产生的各种特殊职能。”[①] 马克思这里实际上将国家职能分成了两种：一种是一切社会所共有的职能，即公共管理职能；一种是实现阶级压迫而产生的职能，即统治职能。在《反杜林论》中，恩格斯也明确地提到了国家的“政治统治职能”和“社会职能”，并且指明了这两种职能的相互关系：“政治统治到处都是以执行某种社会职能为基础，而且政治统治只有在它执行了它的这种社会职能时才能持续下去。”[②] 这里的“政治统治职能”亦即统治职能，“社会职能”亦即管理职能。这两个职能既相互依赖，又存在一定的张力。

对于社会主义国家的职能，经典马克思主义作家也多有阐述。《共产党宣言》中就包含了无产阶级政权的政治使命，即无产阶级将利用自己的政治统治，一步一步地夺取资产阶级的全部资本，把一切生产工具集中在国家即组织成为统治阶级的无产阶级手里，并且尽可能快地增加生产力的总量。马克思在总结巴黎公社经验时也指出：“旧政权的纯属压迫性质的机关予以铲除，而旧政权的合理职能则从僭越和凌驾于社会之上的当局那里夺取过来，归还给社会的负责任的勤务员。”[③] 因而，公社所接管的政府职能主要还是包括两个方面：镇压资产阶级的反抗和管理公共事务。

国家的统治职能与管理职能在不同历史时期存在着彼此消长的关系。当国内阶级斗争异常尖锐时，国家的统治职能更显重要；而在和平发展时期，国家的管理职能则相对突出。社会主义国家在不同历史发展阶段的工作重心变化，体现了国家职能的某种调整。

第二节　中国特色社会主义理论与实践

新中国成立以来，中国的国家治理基本沿循中国特色社会主义的价值

---

① 《马克思恩格斯全集》（第25卷），北京：人民出版社，中文第2版，第432页。

② 《马克思恩格斯选集》（第3卷），北京：人民出版社，1995年版，第523页。

③ 《马克思恩格斯选集》（第3卷），北京：人民出版社，1995年版，第57页。

取向、规范体系、模式向导与行为范式，特别是改革开放以来，中国特色社会主义的道路越来越清晰，中国特色社会主义理论越来越明确，中国特色社会主义制度越来越巩固，与此相应，中国特色社会主义的道路自信、理论自信、制度自信、文化自信越来越强。

一、中国特色社会主义的初期探索

新中国成立后，在一个人口众多、生产力低下、地区发展不平衡、社会非均质化程度高的大国，如何实现良治，如何构建有序的公共生活，是摆在中国共产党面前的现实问题。对无产阶级政权而言，国家治理首要的是国体与政体的设计。国体即国家的阶级性质，它表明由哪个阶级实行统治。政体即政权的组织形式，它表明这个阶级如何实行统治。

（一）建立人民民主专政的国家政权

马克思主义的阶级斗争理论与国家学说为中国的新民主主义革命提供了思想指引。无产阶级专政在不同的国家可以有不同的形式，中国共产党将马克思主义与中国实践相结合，创造了适合中国国情的国体——人民民主专政。

在长期的革命斗争中，以毛泽东为核心的第一代中共领导集体逐步形成了新民主主义革命理论。毛泽东将中国革命分为新民主主义革命和社会主义革命两个步骤：新民主主义革命是要改变旧中国殖民地、半殖民地、半封建的社会形态，使之变成一个独立的民主主义社会；社会主义革命是要建立一个社会主义社会。新民主主义革命所要建立的政权就是人民民主专政。毛泽东多次论述了工人阶级领导的以工农联盟为基础的人民民主专政思想。毛泽东明确提出，“总结我们的经验，集中到一点，就是工人阶级（经过共产党）领导的以工农联盟为基础的人民民主专政”，“对人民内部的民主方面和对反动派的专政方面，互相结合起来，就是人民民主专政”。[①] 因而，人民民主专政是辩证的统一。1949 年 10 月成立的中华人民共和国正是按照人民民主专政理论组建国家政权的。

新中国成立初期，人民民主专政是与国家所面临的过渡期形势相适应的，它的主要任务除了要继续完成新民主主义革命，还要对整个社会进行

---

① 《毛泽东选集》（第 4 卷），北京：人民出版社，1991 年版，第 1480、1475 页。

社会主义改造，消除私有制，实现由新民主主义向社会主义的过渡。随着社会主义改造的完成，剥削阶级作为整个阶级已经不复存在，原来这些阶级的成员绝大多数成为自食其力的劳动者。在社会主义制度确立后，人民民主专政实质上是一种无产阶级专政，是社会主义性质的国家政权。

新中国成立初期非常重视政府在社会主义建设中的重要作用。在新政协筹备会上，毛泽东就提出，国家的工作重点除了肃清反动派的残余，镇压反动派的搞乱外，就是尽一切可能用极大力量从事人民经济事业的恢复和发展，同时恢复和发展人民的文化教育事业。在《论人民民主专政》中，毛泽东提出，人民民主专政的国家，必须有步骤地解决国家工业化的问题。随后，他又在《中国人民政治协商会议第一届全体会议宣言》中提出，中国人民业已有了自己的中央政府，这个政府“将领导全国人民克服一切困难，进行大规模的经济建设和文化建设，扫除旧中国所留下来的贫困和愚昧，逐步地改善人民的物质生活和提高人民的文化生活”。

在社会主义改造基本完成后的1957年，毛泽东在《关于正确处理人民内部矛盾的问题》一文中论述了人民民主专政国家的两个作用：一是“压迫国家内部的反动阶级、反动派和反抗社会主义革命的剥削者，压迫那些对于社会主义建设的破坏者”；二是“防御国家外部敌人的颠覆活动和可能的侵略”。“专政的目的是为了保卫全体人民进行和平劳动，将我国建设成为一个具有现代工业、现代农业和现代科学文化的社会主义国家。”①

（二）实行人民代表大会制度

马克思主义认为，特定的国家本质、特定的阶级专政，都需要通过特定的政治形式加以实现。换言之，国体决定政体，而政体又是国体的实现形式，为国体服务。

根据马克思、恩格斯等经典作家的相关论述，社会主义国家的政体是一种民主共和政体。“如果说有什么勿庸置疑的，那就是，我们的党和工人阶级只有在民主共和国这种政治形式下，才能取得统治。民主共和国甚

① 《毛泽东选集》（第5卷），北京：人民出版社，1977年版，第366页。

至是无产阶级专政的特殊形式……”[①]“对无产阶级来说，共和国和君主国不同的地方仅仅在于，共和国是无产阶级将来进行统治的现成的政治形式。”[②] 以毛泽东为核心的中共第一代领导集体以马克思主义为指导，结合中国自身实际，创立了中国特色社会主义的政体，即人民代表大会制度。

早在1940年，毛泽东在《新民主主义论》中就提到了新中国的国体与政体问题。“没有适当形式的政权机关，就不能代表国家”，“中国现在可以采取全国人民代表大会、省人民代表大会、县人民代表大会、区人民代表大会直到乡人民代表大会的系统，并由各级代表大会选举政府……这种制度即是民主集中制。”[③] 1945年，毛泽东又在《论联合政府》中提到，“新民主主义的政权组织，应该采取民主集中制，由各级人民代表大会决定大政方针，选举政府。它是民主的，又是集中的，就是说，在民主基础上的集中，在集中指导下的民主。只有这个制度，才既能表现广泛的民主，使各级人民代表大会有高度的权力；又能集中处理国事，使各级政府能集中地处理被各级人民代表大会所委托的一切事务，并保障人民的一切必要的民主活动。”[④] 可见，人民代表大会制度的政体是按照民主集中制的原则创设的。

新中国确立的人民代表大会制度正是基于这些构想。人民代表大会制度就是全国各族人民按照民主集中制原则，定期选举产生各级人民代表大会，作为国家权力机关，并由人民代表大会产生其他国家机关，以实现人民管理国家的一种政治制度。全国各族人民通过人民代表大会制度构成一个统一整体，共同行使管理国家、管理社会事务的权力。1954年9月，第一届全国人大第一次会议召开，标志着人民代表大会制度正式确立。1954年《宪法》明确规定：“中华人民共和国的一切权力属于人民”，“人民行使国家权力的机关是全国人民代表大会和地方各级人民代表大会”，“全国人民代表大会、地方各级人民代表大会和其他国家机关，一律实行民主集中制”。

---

① 《马克思恩格斯全集》（第22卷），北京：人民出版社，中文第二版，第274页。

② 《马克思恩格斯选集》（第4卷），北京：人民出版社，1995年版，第734页。

③ 《毛泽东选集》（第2卷），北京：人民出版社，1991年版，第677页。

④ 《毛泽东选集》（第3卷），北京：人民出版社，1991年版，第1057页。

除了作为政体的人民代表大会制度，新中国还形成了中共领导下的多党合作与政治协商制度、民族区域自治制度、基层群众自治制度。这一系列政治制度的确立为新中国的国家治理乃至新时期中国特色社会主义的开创与发展都奠定了制度基础与政治前提。

“中国特色社会主义”意味着从中国大陆社会的实际出发、创造具有中国特点的社会主义社会，建造具有中国特点的社会主义国家。“中国”指明适用对象与作用领域是除港、澳、台之外的中国大陆区域；“特色”意味着具有自身的特点；“社会主义”则表明政权性质、国家性质甚至是社会性质。尽管“中国特色社会主义”理论最早明确提出于改革开放初期，然而在此之前，新中国已经开始以中国特色社会主义的思路探索中国的国体、政体以及国家治理的路径。

新中国的国家治理首先表现为国体与政体的确立以及在此基础上所进行的社会主义建设。人民民主专政的国体与人民代表大会制度的政体不仅是中国特色社会主义的创新成果，而且也为新时期中国特色社会主义的全面发展提供了政治前提与制度基础。建国初期的社会主义建设取得了巨大成就，建立了相对完整的工业体系，人民物质文化水平有了提高。不过由于左倾冒进错误，之后的社会主义建设以及对国家治理的探索遭受挫折，特别是在十年动乱期间，由于夸大了阶级斗争的形势，国内出现了以阶级斗争为纲、“上纲上线”的政治局面，国家的阶级镇压职能被过分的强调，管理职能却被人为地压制甚至破坏，人民代表大会制度陷入停摆，社会主义现代化建设受到挫折，人民正常的物质文化生活也遭到破坏。直到党的十一届三中全会，这一局面才得到彻底扭转。

总体而言，以毛泽东为核心的中国共产党第一代领导集体带领全党全国各族人民建立了人民民主专政的国家政权，确立了社会主义基本制度，为新时期中国特色社会主义的开创与发展提供了宝贵的历史经验、理论准备、物质基础与政治条件。

二、改革开放

在十年“文革”结束后，以邓小平为核心的中国共产党第二代领导集体带领全国各族人民深刻总结社会主义建设正反两方面的经验，借鉴世界社会主义的历史经验，作出把党和国家工作中心转移到经济建设上来、实行改革开放的历史性决策，开创了中国特色社会主义理论。虽然新中国成立后已然走上了中国特色社会主义的道路，但“中国特色社会主义”概念却是在改革开放时期才被明确提出[①]，相应地，中国特色社会主义理论也逐步形成。邓小平开创的中国特色社会主义理论对国家治理提供了更加体系化、更加科学化的指导，这主要表现在：

（一）国家治理要以经济建设为中心

在社会主义改造基本完成以后，中国社会的主要矛盾已经变成了人民群众日益增长的物质文化需要同落后的社会生产之间的矛盾，这就要求国家治理以经济建设为中心。以邓小平为核心的中共第二代领导集体正是带着这种共识，解放思想、实事求是，将党和国家工作的重心转移到以经济建设为中心的社会主义现代化建设上来，从而开创了中国特色社会主义。

邓小平总结了新中国成立三十年的经验教训：第一，不要离开现实和超越阶段采取一些“左”的办法，这样是搞不成社会主义的。第二，不管你搞什么，一定要有利于发展生产力。发展生产力要讲究经济效果。只有在发展生产力的基础上才能随之逐步增加人民的收入。[②]“革命是要搞阶级斗争，但革命不只是搞阶级斗争。生产力方面的革命也是革命，而且是很重要的革命，从历史的发展来讲是最根本的革命。”[③]

针对“两个凡是”的错误方针，邓小平提出，要完整准确地理解毛泽东思想，实践才是检验真理的唯一标准。“一个党，一个国家，一个民族，如果一切从本本出发，思想僵化，迷信盛行，那它就不能前进，它的生机就停止了，就要亡党亡国。”“只有解放思想，坚持实事求是，一切从实际出发，理论联系实际，我们的社会主义现代化建设才能顺利进行，我们党的马列主义、毛泽东思想的理论也才能顺利发展。”[④]

---

① “中国特色社会主义”概念最早是在1982年9月党的十二大会议上明确提出的。1982年，邓小平在中国共产党第十二次全国代表大会开幕词中提到：“把马克思主义的普遍真理同我国的具体实际结合起来，走自己的道路，建设有中国特色的社会主义，这就是我们总结长期历史经验得出的基本结论”。参见《邓小平文选》（第3卷），北京：人民出版社，1993年版，第3页。

② 《邓小平文选》（第2卷），北京：人民出版社，1994年版，第312~313页。

③ 《邓小平文选》（第2卷），北京：人民出版社，1994年版，第311页。

④ 《邓小平文选》（第2卷），北京：人民出版社，1994年版，第143页。

解放思想、实事求是尤其表现在对社会主义本质的创造性认识上。“社会主义是一个很好的名词，但是如果搞不好，不能正确理解，不能采取正确的政策，那就体现不出社会主义的本质。”[①] 邓小平提出，社会主义的本质是解放与发展生产力。“马克思主义最注重发展生产力……所以社会主义阶段的最根本任务就是发展生产力，社会主义的优越性归根到底要体现在它的生产力比资本主义发展得更快一些、更高一些，并且在发展生产力的基础上不断改善人民的物质文化生活。”[②] “社会主义的首要任务是发展生产力，逐步提高人民的物质和文化生活水平……贫穷不是社会主义，社会主义要消灭贫穷”，“不发展生产力，不提高人民的生活水平，不能说是符合社会主义要求的。”[③]

邓小平多次提到，经济建设与现代化才是今后相当长历史时期的最大政治。“我们当前以及今后相当长一个历史时期的主要任务是什么？一句话，就是搞现代化建设。能否实现四个现代化，决定着我们国家的命运、民族的命运。在中国的现实条件下，搞好社会主义的四个现代化，就是坚持马克思主义，就是高举毛泽东思想伟大旗帜。你不抓住四个现代化，不从这个实际出发，就是脱离马克思主义，就是空谈马克思主义。社会主义现代化建设是我们当前最大的政治，因为它代表着人民的最大的利益、最根本的利益。”[④] “经济工作是当前最大的政治，经济问题是压倒一切的政治问题。不只是当前，恐怕今后长期的工作重点都要放在经济工作上面”，“所谓政治，就是四个现代化。我们开了大口，本世纪末实现四个现代化”。[⑤]

正是在邓小平的积极推动下，中共十一届三中全会果断地停止了使用“以阶级斗争为纲”和“无产阶级专政下继续革命”的口号，提出把工作重点转移到社会主义现代化建设上来，提出健全社会主义民主和加强社会主义法制的任务，并作出了实行改革开放的重大决策。十一届三中全会是新中国成立以来中国共产党历史上的伟大转折，它使中国进入了改革开放

① 《邓小平文选》（第2卷），北京：人民出版社，1994年版，第313页。
② 《邓小平文选》（第3卷），北京：人民出版社，1993年版，第63页。
③ 《邓小平文选》（第3卷），北京：人民出版社，1993年版，第116页。
④ 《邓小平文选》（第2卷），北京：人民出版社，1994年版，第162~163页。
⑤ 《邓小平文选》（第2卷），北京：人民出版社，1994年版，第194页。

与社会主义现代化建设的新时期。

（二）国家治理要从基本国情出发

在社会主义建设新时期，党对社会主义发展阶段的认识经历了一个过程。党的十一届三中全会后，邓小平就提出，底子薄、人口多、生产力落后，这是中国的现实国情，强调中国的现代化建设必然是长期的。叶剑英在庆祝建国30周年大会的讲话中也指出，我国社会主义制度还处在幼年时期，还不成熟、不完善，在我国实现现代化，必然要有一个初级到高级的过程。1981年党的十一届六中全会通过的《关于建国以来党的若干历史问题的决议》，第一次提出我国社会主义制度还处于初级阶段。

在党的十三大召开前夕，邓小平强调指出："党的十三大要阐述中国社会主义是处在一个什么阶段，就是处在初级阶段，是初级阶段的社会主义。社会主义本身是共产主义的初级阶段，而我们中国又处在社会主义的初级阶段，就是不发达的阶段。一切都要从这个实际出发，根据这个实际来制定规划。"[①] 这个论述，第一次把社会主义初级阶段作为事关全局的基本国情加以把握，明确了这一问题是党制定路线、方针、政策的出发点和根本依据。

正是在邓小平的提议下，党的十三大对社会主义初级阶段和党的基本路线进行了系统阐述，这也标志着党对社会主义和中国国情认识上的一次飞跃。

党的十三大报告提到，中国正处于社会主义初级阶段，这包括两层含义：第一，我国社会已经是社会主义社会。我们必须坚持而不能离开社会主义。第二，我国的社会主义还在初级阶段。我们必须从这个实际出发，而不能超越这个阶段。前一层含义阐明的是初级阶段的社会性质，后一层含义则阐明了我国现实中社会主义社会的发展程度。社会主义的初级阶段"不是泛指任何国家进入社会主义都会经历的起始阶段，而是特指我国在生产力落后、商品经济不发达条件下建设社会主义必然要经历的特定阶段。我国从50年代生产资料私有制的社会主义改造基本完成，到社会主义现代化的基本实现，至少需要上百年时间，都属于社会主义初级阶段。这个阶段，既不同于社会主义经济基础尚未奠定的过渡时期，又不同于已经

---

① 《邓小平文选》（第3卷），北京：人民出版社，1993年版，第252页。

实现社会主义现代化的阶段。”

这一阶段所面临的主要矛盾，是人民日益增长的物质文化需要同落后的社会生产之间的矛盾。为了解决现阶段的主要矛盾，就必须大力发展商品经济，提高劳动生产率，逐步实现工业、农业、国防和科学技术的现代化，并且为此而改革生产关系和上层建筑中不适应生产力发展的部分。

基于此，党在社会主义初级阶段的基本路线是：领导和团结全国各族人民，以经济建设为中心，坚持四项基本原则，坚持改革开放，自力更生，艰苦创业，为把我国建设成为富强、民主、文明的社会主义现代化国家而奋斗。以经济建设为中心，是在对中国社会主义建设经验教训科学总结的基础上作出的正确选择，充分体现了社会主义本质的要求，是解决中国现阶段社会主要矛盾的根本途径。坚持社会主义道路、坚持人民民主专政、坚持中国共产党的领导、坚持马克思列宁主义毛泽东思想这四项基本原则，是立国之本。“在中国实现四个现代化，必须在思想政治上坚持四项基本原则。这是实现四个现代化的根本前提。”① 坚持改革开放是实现我国现阶段奋斗目标的必由之路。坚持四项基本原则和坚持改革开放这两个基本点，相互贯通，相互依存，统一于建设有中国特色的社会主义的实践。党的基本路线的核心内容也被称为“一个中心，两个基本点”。

（三）国家治理要发展社会主义市场经济

传统经济学理论，包括西方经济学理论和马克思经济学理论，都不认为社会主义能搞市场经济。西方经济学理论认为，商品交换和市场经济都是建立在私有制的基础上的，社会主义国家只要坚持搞公有制，就不能搞市场经济。马克思、恩格斯曾设想，在消灭了资本主义私有制以后，未来社会将不存在商品货币关系，“一旦社会占有了生产资料，商品生产就将被消除，而产品对生产者的统治也将随之消除。”②

在邓小平看来，计划与市场都只是实现经济发展的一种手段，不是区分社会主义和资本主义的标志。计划经济和市场经济不属于社会基本制度的范畴，而只是资源配置方式的不同。不能把计划经济与社会主义划等号，也不能把市场经济与资本主义划等号。“为什么一谈市场就说是资本

① 《邓小平文选》（第2卷），北京：人民出版社，1994年版，第164页。

② 《马克思恩格斯选集》（第3卷），北京：人民出版社，1995年版，第633页。

主义，只有计划才是社会主义呢？计划和市场都是方法嘛。只要对发展生产力有好处，就可以利用。它为社会主义服务，就是社会主义的；为资本主义服务，就是资本主义的。”① “计划多一点还是市场多一点，不是社会主义与资本主义的本质区别。计划经济不等于社会主义，资本主义也有计划；市场经济不等于资本主义，社会主义也有市场。计划和市场都是经济手段。社会主义的本质，是解放生产力，发展生产力，消灭剥削，消除两极分化，最终达到共同富裕。”② 因而，资本主义可以搞市场经济，社会主义也可以搞市场经济。“说市场经济只存在于资本主义社会，只有资本主义的市场经济，这肯定是不正确的。社会主义为什么不可以搞市场经济，这个不能说是资本主义。我们是计划经济为主，也结合市场经济，但这是社会主义的市场经济。”③ “社会主义和市场经济之间不存在根本矛盾。问题是用什么方法才能更有力地发展社会生产力。”④

邓小平提出，社会主义社会的根本任务是发展生产力，传统的计划经济体制恰恰阻碍了生产力的发展，而实行市场经济可以解放与发展生产力。“我们过去一直搞计划经济，但多年的实践证明，在某种意义上说，只搞计划经济会束缚生产力的发展。把计划经济和市场经济结合起来，就更能解放生产力，加速经济发展。”⑤ 因而，邓小平将建立社会主义市场经济作为中国计划经济体制改革的方向。

1981 年，党的十一届六中全会通过的《关于建国以来党的若干历史问题的决议》中提出“以计划经济为主，市场调节为辅”的理论，尽管这一理论仍然坚持计划经济的总框架不变，但是，必须按照尊重和利用价值规律的要求来进行经济活动已开始成为人们的共识，从而现实经济活动也逐步纳入了真正意义上的商品经济的发展轨道。1987 年，党的十三大提出“社会主义有计划商品经济的体制应该是计划与市场内在统一的体制”的观点。1992 年，党的十四大正式确立“我国经济体制改革的目标是建立社会主义市场经济体制”。1993 年，党的十四届三中全会作出了《关于建立

---

① 《邓小平文选》(第 3 卷)，北京：人民出版社，1993 年版，第 203 页。
② 《邓小平文选》(第 3 卷)，北京：人民出版社，1993 年版，第 373 页。
③ 《邓小平文选》(第 2 卷)，北京：人民出版社，1994 年版，第 236 页。
④ 《邓小平文选》(第 3 卷)，北京：人民出版社，1993 年版，第 148 ~ 149 页。
⑤ 《邓小平文选》(第 3 卷)，北京：人民出版社，1993 年版，第 148 ~ 149 页。

社会主义市场经济体制若干问题的决定》。《决定》基于当时对社会主义市场经济的认识，设计了社会主义市场经济体制的基本框架，确立了社会主义市场经济体制改革的各项任务。2002 年 10 月，党的十六大正式宣告我国社会主义市场经济体制初步建立。2003 年，党的十六届三中全会通过了《中共中央关于完善社会主义市场经济体制若干问题的决定》，标志着中国经济体制改革进入完善社会主义市场经济体制的新时期。

(四) 国家治理要反对阶级斗争扩大化

1956 底社会主义改造的基本完成，意味着剥削阶级作为整个阶级已经被消灭，他们中的绝大多数成为自食其力的劳动者。因而，阶级斗争已经不是社会的主要矛盾，社会的主要矛盾是人民日益增长的物质文化需要同落后的社会生产之间的矛盾。在十年“文化大革命”期间，阶级斗争被扩大化，党和国家遭受了严重损失。粉碎“四人帮”以后，国家的工作重心转移到经济建设上来，放弃了“以阶级斗争为纲”的方针，对社会主义新时期的阶级斗争有了重新认识。

邓小平提出，社会主义社会虽然存在阶级斗争，但却是一种“特殊形式的阶级斗争”，“我们反对把阶级斗争扩大化，不认为党内有一个资产阶级，也不认为在社会主义制度下，在确已消灭了剥削阶级和剥削条件之后还会产生一个资产阶级或其他剥削阶级。但是我们必须看到，在社会主义社会，仍然有反革命分子，有敌特分子，有各种破坏社会主义秩序的刑事犯罪分子和其他坏分子，有贪污盗窃、投机倒把的新剥削分子，并且这种现象在长时期内不可能完全消灭。同他们的斗争不同于过去历史上的阶级对阶级的斗争（他们不可能形成一个公开的完整的阶级），但仍然是一种特殊形式的阶级斗争，或者说是历史上的阶级斗争在社会主义条件下的特殊形式的遗留。对于这一切反社会主义的分子仍然必须实行专政。”① 因而，既要反对将阶级斗争扩大化，又要反对阶级斗争熄灭论。“社会主义社会中的阶级斗争是一个客观存在，不应该缩小，也不应该夸大。实践证明，无论缩小或者夸大，两者都要犯严重的错误。……社会主义社会目前和今后的阶级斗争，显然不同于过去历史上阶级社会的阶级斗争，这也是

① 《邓小平文选》（第 2 卷），北京：人民出版社，1994 年版，第 168～169 页。

客观的事实，我们不能否认，否认了也要犯严重的错误。”①

概言之，由于国内的因素和国际的影响，阶级斗争还将在一定范围内长期存在，在某种条件下还有可能激化。对敌视社会主义的分子在政治上、经济上、思想文化上、社会生活上进行的各种破坏活动，必须保持高度警惕和进行有效的斗争。必须正确认识我国社会内部大量存在的不属于阶级斗争范围的人民内部矛盾，要采取不同于阶级斗争的方法来正确地加以解决，否则也会危害社会的安定团结。一定要毫不动摇地团结一切可以团结的力量，巩固和扩大爱国统一战线。

（五）国家治理要坚持民主、法制两手抓

邓小平在深刻总结十年动乱的历史教训后提出，要发展社会主义民主、健全社会主义法制。“我们这个国家有几千年封建社会的历史，缺乏社会主义的民主和社会主义的法制。现在我们要认真建立社会主义的民主制度和社会主义法制。只有这样，才能解决问题。”② “我们过去发生的各种错误，固然与某些领导人的思想、作风有关，但是组织制度、工作制度方面的问题更重要。这些方面的制度好可以使坏人无法任意横行，制度不好可以使好人无法充分做好事，甚至会走向反面。”③ “民主和法制，这两个方面都应该加强，过去我们都不足。要加强民主就要加强法制。没有广泛的民主是不行的，没有健全的法制也是不行的。我们吃够了动乱的苦头。”④ “为了保障人民民主，必须加强法制。必须使民主制度化、法律化，使这种制度和法律不因领导人的改变而改变，不因领导人的看法和注意力的改变而改变。”⑤ “在党内和人民内部的政治生活中，只能采取民主手段，不能采取压制、打击的手段。宪法和党章规定的公民权利、党员权利、党委委员的权利，必须坚决保障，任何人不得侵犯。”⑥

不过，邓小平多次强调，中国的民主只能是社会主义民主，而非资产阶级的民主。“中国人民今天所需要的民主，只能是社会主义民主或称人

---

① 《邓小平文选》（第2卷），北京：人民出版社，1994年版，第182页。
② 《邓小平文选》（第2卷），北京：人民出版社，1994年版，第348页。
③ 《邓小平文选》（第2卷），北京：人民出版社，1994年版，第333页。
④ 《邓小平文选》（第2卷），北京：人民出版社，1994年版，第189页。
⑤ 《邓小平文选》（第2卷），北京：人民出版社，1994年版，第146页。
⑥ 《邓小平文选》（第2卷），北京：人民出版社，1994年版，第144页。

民民主，而不是资产阶级的个人主义的民主。人民的民主同对敌人的专政分不开，同民主基础上的集中也分不开。我们实行的是民主集中制，这就是民主基础上的集中和集中指导下的民主相结合。”① “我们必须进行政治体制改革，而这种改革又不能搬用西方那一套所谓的民主，不能搬用他们的三权鼎立，不能搬用他们的资本主义制度，而要搞社会主义民主。”② 中国的民主如果照搬西方的模式，就又回到动乱的老路。“中国人多，如果今天这个示威，明天那个示威，三百六十五天，天天会有示威游行，那么就根本谈不上搞经济建设了。我们是要发展社会主义民主，但匆匆忙忙地搞不行，搞西方那一套更不行。如果我们现在十亿人搞多党竞选，一定会出现‘文化大革命’中那样‘全面内战’的混乱局面。内战不一定都是用枪炮，动拳头、木棒也打得很凶。民主是我们的目标，但国家必须保持稳定。”③

（六）“一国两制”：创新国家治理

“一个国家，两种制度”的战略构想，是以邓小平为代表的中国共产党人，在新的历史条件下，为和平解决香港、澳门、台湾问题，实现祖国和平统一，把马克思主义的基本原理同中国实际相结合的产物。

20 世纪 70 年代末，随着国家工作重心转移到经济建设上来，以和平方式解决台湾问题也提上了议事日程。1979 年 1 月 1 日，全国人民代表大会常务委员会发表《告台湾同胞书》，郑重宣告了中国政府和平解决台湾问题的大政方针，呼吁两岸就结束军事对峙状态进行商谈，表示在实现国家统一时，一定“尊重台湾现状和台湾各界人士的意见，采取合情合理的政策和办法”。1981 年 9 月 30 日，全国人民代表大会常务委员会委员长叶剑英发表谈话，进一步阐明解决台湾问题的方针政策，表示“国家实现统一后，台湾可作为特别行政区，享有高度的自治权”，并建议由两岸执政的国共两党举行对等谈判。1982 年 1 月 11 日，中国领导人邓小平就叶剑英的上述谈话指出，这实际上就是“一个国家、两种制度”，在国家实现统一的大前提下，国家主体实行社会主义制度，台湾实行资本主义制度。

---

① 《邓小平文选》（第 2 卷），北京：人民出版社，1994 年版，第 175 页。
② 《邓小平文选》（第 3 卷），北京：人民出版社，1993 年版，第 240 ~ 241 页。
③ 《邓小平文选》（第 3 卷），北京：人民出版社，1993 年版，第 285 页。

“一国两制”的战略构想包含了一种“和而不同”的政治智慧，切合中国实际，有利于实现祖国的和平统一。邓小平这样说道：“中国有香港、台湾问题，解决这个问题的出路何在呢？是社会主义吞掉台湾，还是台湾宣扬的‘三民主义’吞掉大陆？谁也不好吞掉谁。如果不能和平解决，只有用武力解决，这对各方都是不利的……怎么解决这个问题，我看只有实行‘一个国家，两种制度’。”①“‘一国两制’的方式，你不吃掉我，我不吃掉你，这不很好吗？”②

概括地说，“一国两制”包含了以下基本内容：1.“一个国家”是“一国两制”的核心，是实现和平统一的基础和前提。“一个国家”即中华人民共和国，中华人民共和国中央人民政府是国家主权的实体，香港、澳门、台湾是统一国家下的地方行政区域。外交权属于中央人民政府，在国际上代表中国的只能是中央人民政府。2.“两种制度”即主体的社会主义制度与特别行政区的资本主义制度共存于一个主权之下，国家主体的社会主义性质不变，特别行政区的资本主义制度也将长期不变。3. 除了外交权归中央政府所有，特别行政区享有高度的自治权，主要包括：（1）特别行政区立法、行政、司法机构均由当地人组成，管理本地区事务，具有立法权。全国的法律，除有关国防、外交的法律及其他有关体现国家统一和领土完整，并且不属于特别行政区自治范围的法律外，其他均不在特别行政区实施。（2）特别行政区实行独立的税收制度，其财政收入全部用于自身需要，中央人民政府不在特别行政区征税。（3）中央政府不向特别行政区派驻管理人员，特别行政区领导人和各界代表人士可以参与国家管理。（4）特别行政区享有充分的外事权，可以“中国台湾”“中国香港”“中国澳门”的名义单独同各国各地区及有关国际组织保持和发展经济、文化联系，签订经济、文化、科技协定，参加民间国际组织，还可以自行签发出入本特别行政区的旅行证件。（5）台湾特别行政区可以保留自己的军队。

当然，中国大陆坚持用和平的方式解决台湾问题，但并不承诺放弃非和平方式。邓小平这样说道：“绝不能轻易使用武力，因为我们精力要花

---

①《邓小平文选》（第3卷），北京：人民出版社，1993年版，第59页。

②《邓小平文选》（第3卷），北京：人民出版社，1993年版，第86页。

在经济建设上，统一问题晚一些解决无伤大局。但是，不能排除使用武力，我们要记住这一点……这是一种战略考虑。”[①]

迄今为止，“一国两制”的战略构想已经得到了部分落实。1997 年 7 月 1 日，中国在香港恢复行使主权。1999 年 12 月 20 日，中国在澳门恢复行使主权。事实证明，“一国两制”显示出伟大的生命力。今后，中国仍将按照“一国两制”的构想解决台湾问题，最终实现祖国的完全统一。

三、理论发展与实践推进

中国特色社会主义理论的形成是党与国家领导人以马克思主义为指导、从中国实际出发、实事求是的结果，是党与国家领导人艰苦摸索、反复试错、积极学习、不断领悟、在经验中不断开拓创新的结果。20 世纪 90 年代以来，国际形势风云变幻，历届中共领导集体坚持马克思主义、毛泽东思想、邓小平理论，以经济建设为中心，持续深化改革、扩大开放，在全面推进中国特色社会主义的同时，以“三个代表”重要思想、科学发展观等进一步丰富了中国特色社会主义的理论体系。

（一）以“三个代表”重要思想引领国家治理

20 世纪 90 年代初，国内发生严重政治风波，国际上东欧剧变、苏联解体，世界社会主义出现严重曲折，我国社会主义事业的发展面临空前巨大的困难和压力。以江泽民为核心的中国共产党第三代领导集体，创造性地提出“三个代表”重要思想，并以此引领国家治理，开创了中国特色社会主义事业新局面。

“三个代表”重要思想主要有以下基本内涵：（1）中国共产党要始终代表中国先进生产力的发展要求，就是党的理论、路线、纲领、方针、政策和各项工作，必须努力符合生产力发展的规律，体现不断推动社会生产力的解放和发展的要求，尤其要体现推动先进生产力发展的要求，通过发展生产力不断提高人民群众的生活水平。（2）中国共产党要始终代表中国先进文化的前进方向，就是党的理论、路线、纲领、方针、政策和各项工作，必须努力体现发展面向现代化、面向世界、面向未来的，民族的科学的大众的社会主义文化的要求，促进全民族思想道德素质和科学文化素质

① 《邓小平文选》（第 3 卷），北京：人民出版社，1993 年版，第 87 页。

的不断提高，为我国经济发展和社会进步提供精神动力和智力支持。(3)中国共产党要始终代表中国最广大人民的根本利益，就是党的理论、路线、纲领、方针、政策和各项工作，必须坚持把人民的根本利益作为出发点和归宿，充分发挥人民群众的积极性主动性创造性，在社会不断发展进步的基础上，使人民群众不断获得切实的经济、政治、文化利益。

“三个代表”重要思想同马克思列宁主义、毛泽东思想和邓小平理论是一脉相承而又与时俱进的科学体系，它是马克思主义在中国发展的一个新成果，丰富、发展了中国特色社会主义的理论体系。总体而言，“三个代表”重要思想对国家治理的引导意义主要体现在以下几个方面：

(1)“三个代表”重要思想明确了国家治理的关键。国家治理的关键在于坚持与改善党的领导，在于始终保持党的先进性。“三个代表”是中国共产党的立党之本。中国共产党自成立之日起，就是走在中国社会发展前列的先进政党。中国共产党的党章规定，中国共产党是中国工人阶级的先锋队。中国共产党的历史使命、历史地位、历史作用，始终是与中国共产党的先进性联系在一起的。坚持并做到“三个代表”，国家治理就会得到根本的政治保障，就会得到人民群众的拥护，就经得起任何风浪的冲击。

(2)“三个代表”重要思想指出了国家治理的工作方向。国家治理是一个系统工程，包含了社会、经济、政治、文化、外交等多方面。“三个代表”重要思想为国家治理提供了三个工作方向：即致力于中国先进生产力的发展，致力于中国先进文化的发展，致力于中国最广大人民的根本利益的保障。只有在国家治理中坚持“三个代表”，当好“三个代表”，中国共产党才能始终用好人民赋予的执政权力，无愧于历史赋予的执政地位；才能不断提高中国共产党的执政水平，巩固中国共产党的执政基础。

(3)“三个代表”重要思想提出了国家治理的基本要求。中国共产党执政的内容和任务，就是要在国家治理中不断解放和发展中国社会的生产力，增强综合国力，推进社会发展；就是要不断建设和发展面向现代化、面向世界、面向未来的民族的、科学的、大众的社会主义文化，培育“四有”公民，弘扬民族精神；就是要全心全意为人民服务，维护最广大人民的根本利益，不断满足人民群众日益增长的物质文化需要。

以江泽民为核心的中国共产党第三代领导集体以“三个代表”重要思

想引领国家治理，取得社会主义现代化建设的新成就：中国综合国力大幅度跃升，人民生活总体上实现了由温饱到小康的历史性跨越，香港、澳门回到祖国怀抱，中国社会长期保持安定团结，国际影响力显著扩大，中华民族以崭新的面貌自立于世界民族之林。

（二）以科学发展观推进国家治理的科学性

党的十六大以来，以胡锦涛为总书记的党中央，高举中国特色社会主义伟大旗帜，以邓小平理论和“三个代表”重要思想为指导，立足社会主义初级阶段基本国情，总结中国发展实践，借鉴国外发展经验，适应中国发展要求，提出了科学发展观这一重大战略思想，进一步充实了中国特色社会主义理论体系，推进了国家治理的科学性与系统性。

科学发展观，是对党的三代中央领导集体关于发展的重要思想的继承和发展，是马克思主义关于发展的世界观和方法论的集中体现，是同马克思列宁主义、毛泽东思想、邓小平理论和“三个代表”重要思想既一脉相承又与时俱进的科学理论，是中国经济社会发展的重要指导方针，是国家治理必须坚持和贯彻的重大战略思想。科学发展观对国家治理的指导意义在于：

（1）国家治理要坚持把发展作为第一要务。国家治理要牢牢抓住经济建设这个中心，坚持聚精会神搞建设、一心一意谋发展，不断解放和发展社会生产力。要着力把握发展规律、创新发展理念、转变发展方式、破解发展难题，提高发展质量和效益，实现又好又快发展。

（2）国家治理必须坚持以人为本。要始终把实现好、维护好、发展好最广大人民的根本利益作为国家治理的出发点和落脚点，尊重人民主体地位，发挥人民首创精神，保障人民各项权益，走共同富裕道路，促进人的全面发展，做到发展为了人民、发展依靠人民、发展成果由人民共享。

（3）国家治理必须坚持全面协调可持续发展。要按照中国特色社会主义事业总体布局，全面推进经济建设、政治建设、文化建设、社会建设，促进现代化建设各个环节、各个方面相协调，促进生产关系与生产力、上层建筑与经济基础相协调。

（4）国家治理必须坚持统筹兼顾。要正确认识和妥善处理中国特色社会主义事业中的重大关系，统筹个人利益和集体利益、局部利益和整体利益、当前利益和长远利益，充分调动各方面积极性。既要总揽全局、统筹规划，又要抓住牵动全局的主要工作、事关群众利益的突出问题，着力推进、重点突破。

以胡锦涛为总书记的党中央全面贯彻落实科学发展观，不断推动国家治理的科学性与系统性，在经济、政治、文化、社会和生态文明治理方面取得了有目共睹的成就，中国保持了长期的高速增长，成为世界上仅次于美国的第二经济大国。

第三节　新时代、新思想

中共十八大以来，中国特色社会主义事业进入新时代，以习近平为核心的党中央，开辟了中国特色社会主义的新实践、新局面、新境界，形成了一系列治国理政的新思想、新战略、新理念。从推进国家治理体系和治理能力现代化到“中国梦”，从“五位一体”总体布局到“四个全面”战略布局，从贯彻稳中求进工作总基调到把握经济发展新常态，从五大新发展理念到坚持以推进供给侧结构性改革为主线，治国理政新理念新思想不断完善，中国特色社会主义理论体系不断注入新的时代内涵。2017 年中共十九大期间，习近平“新时代中国特色社会主义思想”正式写入党章，中国特色社会主义现代化建设走到了新的历史起点。

一、理论创新和实践推进

改革开放以来，中国的国家治理已经积累了丰富的理论成果和实践经验。不过，相比中国经济社会发展的要求，相比人民群众的期待，相比当今世界日趋激烈的国际竞争，相比实现国家长治久安，中国在国家治理体系和治理能力方面还有许多不足，有许多亟待改进的地方。正是在这个意义上，以习近平为核心的党中央在总结古今中外治国理政经验教训，特别是中共领导人民进行革命、建设、改革的伟大实践所取得的宝贵经验的基础上，提出了“推进国家治理体系和治理能力现代化”的战略思想。这是对马克思主义国家学说的创造性运用和发展，标志着党对人类社会发展规律、社会主义建设规律、共产党执政规律和国家治理规律的认识达到了一个新的高度。

2014 年 2 月，习近平在省部级主要领导干部研讨班开班式上强调，要完善和发展中国特色社会主义制度，推进国家治理体系和治理能力现代化，这是坚持和发展中国特色社会主义的必然要求，也是实现社会主义现代化的应有之义。习近平提到，国家治理体系和治理能力是一个国家的制度和制度执行能力的集中体现，两者相辅相成。中国的国家治理体系和治理能力总体上不错，具有独特优势，基本适应中国国情和发展要求。同时，我们在国家治理体系和治理能力方面还有许多亟待改进的地方，在提高国家治理能力上需要下更大气力。只有以提高党的执政能力为重点，尽快把我们各级干部、各方面管理者的思想政治素质、科学文化素质、工作本领都提高起来，尽快把党和国家机关、企事业单位、人民团体、社会组织等的工作能力都提高起来，国家治理体系才能更加有效运转。

习近平指出，推进国家治理体系和治理能力现代化，必须完整理解和把握全面深化改革的总目标，这是两句话组成的一个整体，即完善和发展中国特色社会主义制度、推进国家治理体系和治理能力现代化。我们的方向就是中国特色社会主义道路。习近平强调，一个国家选择什么样的治理体系，是由这个国家的历史传承、文化传统、经济社会发展水平决定的，是由这个国家的人民决定的。我国今天的国家治理体系，是在我国历史传承、文化传统、经济社会发展的基础上长期发展、渐进改进、内生性演化的结果。我国国家治理体系需要改进和完善，但怎么改、怎么完善，我们要有主张、有定力。中华民族是一个兼容并蓄、海纳百川的民族，在漫长历史进程中，不断学习他人的好东西，把他人的好东西化成我们自己的东西，这才形成我们的民族特色。没有坚定的制度自信就不可能有全面深化改革的勇气，同样，离开不断改革，制度自信也不可能彻底、不可能久远。我们全面深化改革，是要使中国特色社会主义制度更好；我们说坚定制度自信，不是要固步自封，而是要不断革除体制机制弊端，让我们的制度成熟而持久。

习近平指出，推进国家治理体系和治理能力现代化，要大力培育和弘扬社会主义核心价值体系和核心价值观，加快构建充分反映中国特色、民族特性、时代特征的价值体系。坚守我们的价值体系，坚守我们的核心价值观，必须发挥文化的作用。民族文化是一个民族区别于其他民族的独特标识。要加强对中华优秀传统文化的挖掘和阐发，努力实现中华传统美德的创造性转化、创新性发展，把跨越时空、超越国度、富有永恒魅力、具有当代价值的文化精神弘扬起来，把继承优秀传统文化又弘扬时代精神、立足本国又面向世界的当代中国文化创新成果传播出去。只要中华民族一代接着一代追求美好崇高的道德境界，我们的民族就永远充满希望。

二、治国新理念

十八大以来，习近平在治国理政中所彰显的治国理念，概括起来就是“为民”“担当”“发展”。其中，为民是核心价值理念，担当是政治责任理念，发展是第一要务理念。①

为民理念即“为人民服务”，它指明了国家治理为谁服务，是国家治理首先要回答的问题。习近平总书记明确把“为人民服务”摆在执政理念的首要位置，将其作为党治国理政的核心价值理念，始终站在最广大人民的立场上，紧紧围绕最广大人民的根本利益治国理政。以习近平为核心的党中央经常把“人民”挂在心上，多次强调“人民对美好生活的向往就是我们的奋斗目标”，“始终把人民放在心中最高的位置”，“坚持以人民为中心的发展思想”，“民心是最大的政治”。这种为民理念已经融入到国家治理之中，融入到党的路线方针和政策之中。

担当理念即“敢于担当”。习近平总书记经常强调，领导干部要“敢于担当”，要有“铁一般担当”，明确把“敢于担当”列为“好干部”应有的标准要求之一。习总书记在“敢于担当”方面还身体力行，以打铁就靠自身硬的豪气和胆气，勇敢担当起从严治党的历史使命，不畏艰险敢于解决现实的老大难问题，敢于同歪风邪气进行斗争。

发展理念即“创新、协调、绿色、开放、共享”。国家治理的一切活动，都可归结到谋求和促进生产力发展上来，归结到促进人民幸福上来。国家治理必须以发展为第一要务，而发展又要坚持新的理念，具体表现为创新、协调、绿色、开放、共享这五大理念。习总书记强调：“这五大发展理念，是‘十三五’乃至更长时期我国发展思路、发展方向、发展着力点的集中体现，也是改革开放30多年来我国发展经验的集中体现，反映出我们党对我国发展规律的新认识。”这五大理念中，创新是引领发展的第

① 毕京京：《全面把握十八大以来党中央治国理政新理念新思想新战略的基本内涵》，《光明日报》，2016年3月21日。

一动力，协调是持续健康发展的内在要求，绿色是永续发展的必要条件和人民对美好生活追求的重要体现，开放是国家繁荣发展的必由之路，共享是中国特色社会主义的本质要求。这五大理念相互映衬、有机联系在一起，为国家治理提出了具体要求。

三、中国梦

以习近平同志为核心的党中央在新的实践基础上大力推进理论创新，创造性提出并深刻阐述了“中国梦”这一重大的指导思想和执政理念，用以引领国家治理。

习近平把“中国梦”定义为“实现中华民族伟大复兴，就是中华民族近代以来最伟大的梦想”，并且表示这个梦“一定能实现”。“中国梦”关乎中国未来的发展方向，凝聚了中国人民对中华民族伟大复兴的憧憬和期待；它是整个中华民族不断追求的梦想，是亿万人民世代相传的夙愿，每个中国人都是中国梦的参与者、创造者。习近平强调，“中国梦归根到底是人民的梦，必须紧紧依靠人民来实现，必须不断为人民造福。”“中国梦”的核心目标也可以概括为“两个一百年”的目标，也就是：到2021年中国共产党成立100周年和2049年中华人民共和国成立100周年时，逐步并最终顺利实现中华民族的伟大复兴，具体表现是国家富强、民族振兴、人民幸福，实现途径是走中国特色的社会主义道路、坚持中国特色社会主义理论体系、弘扬民族精神、凝聚中国力量，实施手段是政治、经济、文化、社会、生态文明五位一体建设。

“中国梦”思想以全新的视角深化了对国家治理规律、中国共产党执政规律、社会主义建设规律、人类社会发展规律的认识，从理论和实践结合上系统回答了在中国这样人口多底子薄的东方大国建设什么样的社会主义、怎样建设社会主义这个根本问题。中国梦的最终指向是实现国家富强、民族复兴、人民幸福。习近平洞察并牢牢把握中国特色社会主义的基本规律，以形象化的表达承载着“两个一百年”的宏伟目标，用中国梦深刻回答了对“树立什么样的理想、怎样实现理想”，“实现什么样的目标、怎样实现目标”这一关乎党和国家命运的根本问题，明确了在中国特色社会主义总布局下推进改革和建设的新要求。

归根到底，党的治国理念的根本指导还是“中国特色社会主义”。中国特色社会主义是道路、理论、制度的三位一体。中国特色社会主义道路是实现途径，中国特色社会主义理论体系是行动指南，中国特色社会主义制度是根本保障，三者统一于中国特色社会主义伟大实践。改革开放以来，中国特色社会主义的道路越来越清晰，中国特色社会主义理论越来越明确，中国特色社会主义制度越来越巩固，与此相应，中国特色的中国治理也越发迸发出活力与自信。

第三章

治理之旨：加强党的领导

党的领导是社会主义政治学的起点和归宿。先有中国共产党的领导而后有国家制度和国家建设，这是中国在国家治理中与其他国家最为本质的区别。作为宪法规定的唯一合法的执政党，中国共产党的领导决定着国家治理的理念、制度、方式、路径，同时，党也需要通过自我完善、自我净化、自我改革来不断优化领导方式和治理方式，增进和巩固领导地位，不断促进中国特色现代化事业的发展。故此，国家治理的根本要旨，是坚持和加强党的领导。

第一节　党的领导核心地位

中国共产党是中国工人阶级的先锋队，同时是中国人民和中华民族的先锋队，是中国特色社会主义事业的领导核心。在当代，中国共产党担负着领导民族复兴和国家富强的历史使命，强有力的中国共产党领导是中国保持稳定的前提，也是中国发展的基础。诚如习近平指出，“坚持党的领导，是党和国家的根本所在、命脉所在，是全国各族人民的利益所系、幸福所系”[①]。

一、历史的必然

政党是现代国家中政治生活的核心力量。虽然目前世界上政党政治存在着一系列问题，但没有任何人或者组织可以取代或者忽视现代政党组织，可以说没有政党就无法有效运作现代国家。“那些在实际上已经达到或者可以被认为达到政治高度稳定的处于现代化之中的国家，至少拥有一

---

① 中共中央宣传部：《习近平总书记系列重要讲话读本》，北京：人民出版社，2016 年版，第 102 页。

个强大的政党。"[①]

现代政党的产生主要有两种情形：一是政党是现代国家制度发展的产物，政党是在现代国家制度基本定型之后而逐渐发展起来。对于大部分欧美国家来说都属于此类型。例如，英国的政党是在议会制度运行中逐渐产生和发展起来的，政党的作用相比政治制度的传承和延续是第二位的，是补充制度的力量。政党虽然晚于国家而产生，但是现代政党的产生推动了现代国家制度的民主化进程，通过政党政治，能够参政、议政的群体从皇权向贵族阶层、资产阶层、工人阶层以及妇女、少数民族、黑人奴隶等边缘化人口扩展，有力推动了现代国家的民主化进程。二是政党是现代国家制度的奠基者，政党通过革命创立了现代国家制度。对于许多发展中国家来说都属于这种类型。这些发展中国家的政党是为了建设现代国家制度而诞生的，在这种情况下，政党先于国家而产生，是现代国家制度的创立者，其结果就是政党在国家中的力量强大，政体的稳定直接依靠政党的力量。

中国是一个有着悠久历史的国家。中华帝国以儒家文化为主要价值支撑，形成了皇权、文武官僚队伍、乡绅士人阶层、宗族家庭等社会组织在内的稳定的治理结构。但是传统帝国在晚清之后无法有效回应西方现代文明的冲击，无法维护主权与领土的完整而丧失国家主权，沦为殖民地。孙中山领导辛亥革命推翻了中国传统的君主专制统治，使帝国体系彻底瓦解，建立起民主共和，因此国民党也是以党建国家的政权模式。但是由于国民党的阶级力量支持仅限于地主、资本家，缺乏足够的阶级力量支持而无法巩固党建国家和党治国家的模式。中国共产党以马列主义为指导，建立了革命的武装，领导工人、农民阶级进行革命，并形成了广泛的联合阵线，从而建立了中华人民共和国。因此，这种先有中国共产党，而后建立国家制度的历史决定了中国共产党对于国家政权建设有着决定性的作用。在中国共产党的领导下，中国改变了国家面貌，重塑了国家形象，增强了国家实力，赢得了国家声誉，不可否认的事实向人们展示了一个道理：中国每一个发展进步都离不开中国共产党的领导。中国共产党是领导社会主

---

① ［美］塞缪尔·P. 亨廷顿：《变化社会中的政治秩序》，王冠华、刘为等译，上海人民出版社，2008 年版，第 341 页。

义建设的核心力量。

中国共产党特殊的以党建国的革命历程，是中国共产党区别于西方政党的鲜明特征。西方国家的政党多是从议会中形成的，是由于国家的允许，由于国家政权运作的需要才发展起来的，是为了证明国家政权的合法性而其本身并不是合法性的源泉。中国共产党是通过革命取得胜利并建立国家的政党，国家政权是中国共产党的缔造物，党成为国家政权合法性的来源。由于这种转变是在一个后发外生型的现代化处境中逐渐达成的，因此，不同于原发内生型现代化国家直接以民族作为国家建构的基础，它是由组织严密的政党作为国家建构的基础。这种党建国家的逻辑决定了中国不同于西方政党政治，在中国，中国共产党不仅仅是执政党，也是领导型政党。在社会主义国家，党在政治生活中实际上承担了双重角色：一是领导核心；二是执政力量。①

中国共产党的领导核心地位不同于西方政党的地方在于中国共产党的领导者和执政者的双重角色：第一，国家与社会的领导者。领导者的角色是由中国共产党的性质、宗旨、历史使命以及它在领导国家和社会的革命、建设、改革中的历史地位和成就决定的。中国共产党领导中国这样的一个历史大国进行国家现代化建设，首要的前提条件就是中国共产党必须有强大的对国家和对社会的领导力，这种领导力表现为党的国家发展战略、民族复兴计划、对社会的关怀和整合能力。第二，掌握国家政权的执政者。执政者说的是中国共产党与国家政权的关系，在中国，中国共产党是唯一合法掌握政权的执政党。这两种角色有着十分重要的相互关联：中国共产党之所以能够成为现代中国合法掌握政权的唯一执政党，是由中国共产党是国家与社会的领导者这一角色决定的。党的领导是党执政的政治前提，没有党的领导地位，就没有党的执政地位；同时国家政权的执政者角色也会反作用于党的国家和社会的领导者角色：中国共产党能够有效执政时，执政者的角色将加强和巩固国家和社会领导者角色，反之，则会削弱党领导者的角色。

---

① 林尚立：《领导与执政：党、国家与社会关系转型的政治学分析》，《毛泽东邓小平理论研究》，2001 年第 6 期。

二、人民的选择

合法性在政治学中通常指一个政权为民众所认可的程度。对合法性最经典的概括和分析是马克斯·韦伯所作的，他认为，“一个政权通常需要得到大多数民众的认可才能维持其权力，若要维持统治的持久存在，必须唤起合法性的信仰。”① 韦伯认为政权合法性的来源一般可以分为三个类型：传统型，合法性来自于传统的神圣性和传统受命实施权威的统治者，如中外封建王国政权合法性来自“君权神授”或“奉天承命”；魅力型，来自于英雄化的领袖人物的个人魅力；法理型，合法性来自于法律制度，比如通过民主制度的权力授受获得。当然，这三种类型都是理想类型，历史上的合法性形式都是这三种类型不同程度的混合。美国学者李普塞特则从人们对政治制度的信仰方面进行定义。他认为合法性是指政治系统使人们产生和坚持现存政治制度是社会的最适宜制度之信仰的能力。也就是说，合法性意味着人民对政治制度的认同、接受和信仰。

执政合法性的来源有诸多方面，意识形态、领袖魅力、统治绩效、民主选举等诸多的方面。这诸多的方面同样是中国共产党受到人民普遍拥戴、获取执政合法性的重要资源和主要途径：

第一，马克思主义的意识形态。在共产党执政之后，执政合法性的有效支撑来源于马克思主义的理论体系，来源于共产主义的理想等意识形态方面。马列主义、毛泽东思想在革命战争年代和计划经济时代成为凝聚全国人民思想和行动的重要意识形态。当然，随着改革开放，马列主义的意识形态虽然依然是中国官方和主流的意识形态，但其在社会的信仰和凝聚力一度有所弱化，当前，中国化马克思主义的兴起使马克思主义在中国仍然充满生机。

第二，革命建国历史合法性。中国共产党领导全国人民推翻了三座大山，建立了领土、主权完整的人民共和国，这种领导人民革命建国的历史构成了中国共产党重要的历史合法性。

第三，国家领导人的个人魅力。卡里斯玛型的领袖虽然不是现代国家

---

① 马克斯·韦伯：《经济与社会》，北京：商务印书馆，1997 年版，第 239 ~ 241 页。

政权和分析的主要来源，但是一些有魅力的党和国家的领袖人物还是可以通过个人魅力形成人民对政权统治合法性的认可。作为国家的开国领袖的毛泽东、周恩来以及改革开放的设计师邓小平身上都有这种领袖型的人格魅力。

第四，改革开放带来的绩效合法性。改革开放以来的40年里，中国经济持续快速增长，经济绩效构成了中国共产党执政合法性的一个重要来源。但是经济增长具有一定的周期性，如果党的执政合法性主要由经济增长和经济绩效来支撑，这种合法性来源就会缺乏稳定性和持续性，没有任何人和任何政权可以确保经济的长期增长。因此如何把合法性的基础从建立在经济发展的合法性上逐步发展到执政的程序合法性上是共产党所面临的一个重大考验。

应该说党的合法性来源是多样的，基础是巩固的，广大人民群众基于历史和现实达成的基本认识就是：在中国，中国共产党，也只有中国共产党有能力成为国家和政权的领导者。当然，中国共产党的领导也面临一系列的挑战，特别是随着中国的对外开放与世界各国的联系更加密切，国际环境对中国的影响也成为中国共产党执政过程中重要的外部环境因素。党也必须顺应趋势，加强党的领导，深入推进政治体制改革，切实使民众的知情权、参与权、表达权、监督权在国家政治生活中落到实处，进一步推进协商民主，让发展成果更多更公平地惠及全体人民。

三、国家建设的要求

中国经济的发展，公民意识的增加以及政治体制在运作中的诸多弊端，都直接或间接地要求把政治体制改革推向历史和时代的前台。解决经济增长带来的“政绩合法性困境”①，巩固和增强党的执政基础，以党的领导体制改革为重点的政治体制改革就成为焦点。

坚持党的领导与改善党的领导体制是不同的范畴。坚持共产党的领导是社会主义社会的本质规定，这是马克思列宁主义国家学说和党的学说早已阐明的基本原则。在这个基本原则之下，领导体制本身又有相应的领导

① ［美］塞缪尔·P. 亨廷顿，《第三波——20世纪后期民主化浪潮》（中译本），三联书店，1998年5月版，第59页。

原则。前者是要不要共产党领导的问题，属于政治制度范畴；后者是共产党如何领导的问题，属于领导体制范畴。党的领导体制可以大体概括为以下方面：

1. 以党委制为中枢的领导体制。党委制指党的各级委员会实施的集体领导和个人分工负责相结合的制度。党委制是委员制，是集体领导制，这有别于一长制的首长负责制。集体领导是党委制最重要的特点，要求各委员之间民主、平等，按照多数决定的原则讨论决定各项事务。当然，在实际的运行中，以书记为主的“一头多元”格局更为普遍。[①]

2. 集体领导与个人分工负责结合。党委成员既参与集体领导，又对所分管的部门和事务分工负责。这有利于督促执行党委常委会成员除参与集体决策外，相互之间有明确的分工，每名常委对分管的各工作部门，负责协调相互关系，组织实施党委布置的工作任务，督促其认真完成。针对事项的实施情况和成效，实行督查和评估，一般由党委办公室跟踪督查决策的执行情况，事项承办单位对决策实施情况进行评估，并向党委报告。明确的责任分工和督查反馈制度，有利于政策的执行和工作任务的完成。

3. 党委制与国家政治体制紧密结合。表现为两个方面：一方面是通过对国家机构内部设立的党组实行功能性集权；另一方面，党委尤其是其常委会的组成人员与党的职能机构、政府部门、人大、政协等领导人员身份重叠、交叉任职。这样的交叉任职的人员配置可以使这些领导人在参与党委集体决策时，既从全局通盘考虑整体利益，也代表了其所任职的部门和地区的局部利益。这种人员配置基础上的领导体制和决策机制，在党委制的平台上把利益综合与利益表达的功能统一起来。

4. 党的代表大会制度是党委领导体制的权力基础。由选举产生的党的各级代表大会体现了党内民主原则和党员的主体地位。党的各级委员会由同级党代会选举产生并对其负责。党委还通过下级组织服从上级组织、全党服从中央的原则实行层级性集权，与功能性集权结合，保证了党的集中统一和方针政策的贯彻落实，是党委领导体制的执行保障。

5. 民主集中制的组织原则和领导原则。民主集中制强调民主基础上的集中和贯彻集中意志时铁的纪律和高度的服从，具体表现为：个人服从组

---

① 胡伟：《政府过程》，浙江人民出版社，1998 年版，第 41 页。

织；少数服从多数；下级服从上级；全党服从中央。

党的领导体制形成了一种横向权力集中于党的系统，纵向权力集中于中央，党内权力集中于领导者个人的权力配置结构。这种权力结构存在如下弊端：

第一，在党内权力配置问题上，最值得注意的是"一把手"的权力集中问题。从1957年开始，毛泽东同志特别强调"书记挂帅"，他多次说过诸如"书记要抓财政、抓计划"一类的话。于是，书记挂帅成为广泛流行的观念。这个观念突出了个人在决策过程中的作用。在这个观念的影响下，从中央到地方各级党的机关的决策权集中于第一把手。"文化大革命"的发生也与毛泽东个人权力不受制约，党的集体领导体制被打破有着直接的关系。正如邓小平同志所说："权力过分集中的现象，就是在加强党的一元化领导的口号下，不适当地、不加分析地把一切权力集中于党委，党委的权力又往往集中于几个书记，特别是集中于第一书记，什么事都要第一书记挂帅、拍板。党的一元化领导，往往因此而变成了个人领导。"① 领导者个人可以就一个部门、一个地区以至整个国家的重大事务作出最后决策。个人决策排斥了集体领导，使领导体制带上浓重的"人治"色彩，并产生个人专断现象。

第二，横向权力集中于党的系统。横向高度集中，在社会主义建设过程中产生种种弊病。首先，是党的机构国家化、行政化，党不管党。党的各级机构不得不以极大精力处理日常行政的具体事务，党的各级职能部门不能不转化为类似政府性质的业务机关，而党本身的建设及在大政方针上的科学决策反倒无暇顾及。其次，是办事效率和处理政务的质量低下。由于只有党的机关具有最后决策权，因此纷繁复杂的各种问题都集中于党的各级机构，而这些机构又不可能有效、及时加以处理和解决。另外，党委对于各个政府部门的业务工作的了解和熟悉程度有限，处理政务的质量往往得不到保证。"改革开放以前，两位一体的实质是党政合一，党及其各级组织和机构直接代替政府行使行政权力，政府只不过是革命目标下的一

---

① 《邓小平文选》（第2卷），北京：人民出版社，1994年版，第328页。

种工具性存在。”[①]

第三，纵向权力集中于中央。我国领导体制的权力配置还有一大特征，即权力过分集中于上层。领导层次越高，权力越多；领导层次越低，权力越少。对于这种情况，党中央曾经有所认识，在50年代后期还进行过以权力下放为中心的行政体制的改革，这项改革曾把一部分集中在中央的权力下放给了地方。

针对这些问题，领导体制改革和领导方式改革提到了议事日程。邓小平同志在讲话中指出：“我们过去发生的各种错误，固然与某些领导人的思想、作风有关，但是组织制度、工作制度方面的问题更重要。”与人的思想因素相比，“领导制度、组织制度问题更带有根本性、全局性、稳定性和长期性。这种制度问题，关系到党和国家是否改变颜色，必须引起全党的高度重视”。[②] 邓小平同志特别阐明了改善党的领导对于坚持党的领导的重要意义，他说：“怎样改善党的领导，这个重大问题摆在我们的面前。不好好研究这个问题，不解决这个问题，坚持不了党的领导，提高不了党的威信。”[③] 1980年8月，邓小平同志在中共中央政治局扩大会议上作《党和国家领导制度的改革》的讲话，提出要解决党和国家现行的一些具体制度，如党和国家的领导制度、干部制度等问题，成为我国党和国家领导体制以至整个政治体制改革的先声。党的领导体制和领导方式改革也因此开启。

第一，发展党内民主，规范党的内部权力。发展党内民主，从体制和程序上保障党员的知情权、参与权、选择权、监督权等民主权利；为党的基层组织和地方组织参与党内重大问题的讨论和决策提供制度化的渠道；实行党内民主选举，更好地发挥党的各级代表大会和党代会代表的作用等；推进决策的科学化和民主化。

第二，党政之间在经济、社会事务中的职责逐步开始规范化。这主要表现为：一是以党章的形式明确规定，党必须在宪法和法律的范围内活动，任何组织和个人不得凌驾于宪法与法律之上。党必须保证国家立法、

① 刘杰：《党政关系的历史变迁与国家治理逻辑的变革》，《社会科学》，2011年第12期。

② 《邓小平文选》（第2卷），北京：人民出版社，1994年版，第320页。

③ 《邓小平文选》（第2卷），北京：人民出版社，1994年版，第235页。

司法、行政机关，经济、文化组织和人民团体积极主动地、独立负责地、协调一致地工作。二是党政领导实行分任制。中央政治局和书记处的一部分成员不再兼任国务院领导工作；地方党委第一书记不再兼任政府主要负责人；各企事业基层单位的党委书记不再兼任主要行政负责职务；党委的工作部门不再一一对应政府工作部门进行工作指导。各级人民政府和企事业单位开始实行行政首长负责制。三是政府决策由各级政府自行发布而不再由中共中央或地方党委以党的文件的形式加以发布。四是建立和完善行政首长负责制，行政首长在各级国家行政机关中处于核心地位，拥有最高决策权和领导权，国有企业实行厂长（经理）负责制，事业单位视不同情况实行行政领导人负责制或党委领导下的行政领导人负责制。“改革开放以来，党政关系逐步变革为嵌入式的融合形态，党不再直接介入政府事务，对政府的领导也逐步转变为以总揽全局和协调关系为主要方式。在国家治理的实践过程中，政府逐步成为基本主体。”①

第三，要切实转变党的领导方式，确定党的中央、地方、基层三级组织的不同职责及发挥作用的形式，使党对国家事务的领导真正成为政治原则、政治方向及重大政策的领导。进一步下放权力，主要是理顺中央政府与地方政府的关系、政府与基层企业的关系。在保证中央政令统一的前提下，划清中央和地方的职权范围，实行凡适宜地方办的事情都由地方去决定和执行的原则，中央不具体干预。同时，通过制定法规、制度和加强监督等办法，解决好政府向基层企业进一步下放经营管理权等问题。

从上面的领导体制改革可以看到，中国的领导体制改革主要针对权力过分集中的现象展开，通过党内民主，集体领导等来分散和制约一把手权力过分集中的问题；通过党政分工，来分散权力在党的体系的过分集中；通过下放中央的权力，给地方更大的自主裁量权。通过一系列领导体制的改革，形成了一个更加具有活力的，集权与分权相互制约的权力体系，也更加有助于党的执政能力的提高。

---

① 刘杰：《党政关系的历史变迁与国家治理逻辑的变革》，《社会科学》，2011 年第 12 期。

第二节　党的集中统一领导

治理现代化是中国共产党领导和推动的一场系统化的全面的现代化制度建设。在此过程中，中国共产党是全面深化改革的领导者，党中央的集中统一领导是推动国家治理现代化改革的引擎和发动机，中央的集中统一领导也是推行深化改革的前提和保障。

一、单一制国家

中国实行的是单一制国家结构，自上而下的权力集中是国家治理的基本特征。自人类社会进入近代以来，集权一度是各国现代化的前提条件，没有一个强大的中央政府，既不能有效地捍卫国家的主权，也不能保障社会的稳定与发展，更谈不上实现现代化。新中国成立以来，党根据我国经济社会发展需要，多次调整中央与地方的权限，在一定程度上调动了地方的积极性，促进了经济的发展。

中国是一个经济发展不平衡的大国，在市场经济条件下，中央与地方之间的博弈关系不可避免，必须建立健全中央与地方之间矛盾争端的解决机制和冲突协调机制，保证社会的稳定发展。从中国历史演进过程看，中央集权与地方分权相比，具有明显的进步性与合理性。在大一统局面下，强大的中央是必然选择，否则就会出现地方割据局面。但是一旦中央集权过度，影响地方的建设与发展，必然破坏中央集权的合理性依据。在中央政府与地方政府的权力分配上，应是既能保证中央政府有足够的权力统治好全国，又给予地方政府必要的权力建设好地方，形成集权与分权的主辅结合。

中央放权后，地方利益强化和地方意识逐渐确立，各自为阵，弱化了中央调控能力，造成中央调控的困难。根本出路在于保证中央权威，同时给予地方发展必要的自主权力，两者具有同等重要的地位。放权政策，加剧了中央与地方关系的复杂性，加大了中央对地方调控的难度，引发了各级地方政府向中央“讨价还价”，地方保护主义盛行。对于一个致力于和谐发展的超大型社会来说，分殊化政策非常不利，有观点认为相对稳定的央地格局是在改革开放以后才真正形成的，但是这样的理解过于简单了。

正如前面提到的，在一个内部联系松散、政治上四分五裂、地方割据的社会中，根本谈不上分权；民国初年的所谓“地方自治”不过是对地方割据的一种承认，它带来的只是战乱。只有在中央和地方之间建立一种相对稳定且比较紧密的政治关系之后，分权才有可能。1978 年以来总体上的分权化进程中，保证中央的集中统一领导仍然是一个重要的补充性应急措施。例如 1988 年中国经济过热，地方政府地方保护主义盛行，邓小平就强调中央要有权威，强调地方政府不能搞违背中央政策的“下有对策”。

我国既有单一制国家一般意义上的省、直辖市，还有符合我国国情的民族自治区以及保留原有社会制度的特别行政区。我国既不属于拥有成员国和并行宪法的联邦制，同时也与其他各国的单一制存在许多不同，是有中国特色的单一制。单一制的国家结构形式是调整中央与地方关系的先决条件、超大社会的集权与分权之间的平衡。社会资源总量的严重不足是超大社会的中国今后很长时期内面临着的一个突出难题。对于中国这样一个后发国家来说，通过一个强大的中央政府克服资源短缺的矛盾是有效的办法。

二、“总揽全局，协调各方”

在中国，共产党是国家的领导核心和决策制定的中心。但是为了更好地执掌国家政权和进行科学的决策，就必须正确的处理好党与行政、人大、政协等各方面的关系。基于现代民主、科学决策的要求，探索新时期下的党与各方面的关系模式是一个重要的课题。

改革开放以来，党经过长期反复的探索，提出了“按照总揽全局、协调各方”的原则规范党委与同级人大、政府、政协和人民团体的关系的思路，科学地解决了这一难题。所谓“总揽全局”主要是指要发挥党的领导核心作用。具体地说，盯住全局性、战略性、前瞻性的重大问题，把好政治方向、决策重大问题、安排重要人事等保证党的理论路线、方针政策在本地区正确贯彻落实。所谓“协调各方”主要是指协调好党与政府之间、党与人大之间、党与政协之间以及党与司法部门之间的关系，既要加强党对这些机构的坚强领导，又要发挥这些机构的职能作用，使各方面都能各司其职，各尽其责。

从党的十三大开始，党的历次代表大会以及有关中央全会都重申这一原则，使其逐步成为全党的共识。按照这一原则，党委制定重大方针政策，政权机关在各自职责范围内贯彻党委的方针政策，党委在各机关间发挥宏观协调作用；党委的方针政策要在政权机关得到贯彻，不是靠直接向政权机关发号施令，而是通过政权机关中的党组这个桥梁和纽带以及机关中党员的先锋模范作用。这样既坚持了党对政权机关的领导，又保证了这种领导的合法性。作出最为完整概括的是党的十六大报告：“党的领导主要是政治、思想和组织领导，通过制定大政方针，提出立法建议，推荐重要干部，进行思想宣传，发挥党组织和党员的作用，坚持依法执政，实施党对国家和社会的领导。党委在同级各种组织中发挥领导核心作用，集中精力抓好大事，支持各方独立负责、步调一致地开展工作。”①

第一，在工作方法上，党委对人大常委会、政府、政协的领导是通过三个党组来实现的，这三个党组都对党委负责，凡应提请党委讨论的事项，都分别以党组的名义上报党委，这就保证了党委把好方向、抓好大事、出好思路和管好干部。第二，在职责定位上，党委在同级各级组织中是发挥领导核心作用的；人大由党组通过法定程序贯彻党委决议，使党的主张成为法规；政府由党组通过政府决策程序，使党委的决议成为政府的政令；政协由党组通过政治协商，使党的主张成为社会各界的共识。第三，在相互关系上，党委总揽全局但不包揽，协调各方但不取代，党委注重支持人大、政府、政协和人民团体依照法律和章程来开展工作，为发挥同级组织的积极性和主动性创造了条件。

“总揽全局、协调各方”的领导方式理顺了党和人大常委会、政府、政协和各个人民团体的关系领导体制。既保证了党委从政治上、思想上、组织上加强对全局工作的领导，又使各有关方面各司其职，相互协同，形成合力。

三、集中统一领导

就当代中国的国家治理来看，中国共产党扮演着核心角色，党的推动是国家治理现代化的逻辑起点。同时，当前的中国已经进入了全面深化改

① 《中国共产党第十六次全国代表大会文件汇编》，北京：人民出版社，2002年版，第33页。

革的攻坚阶段，这是一次全方面的现代化改革，会遇到各种因素的阻挠和反对。因此，需要加强和提高中央的权威，强调中央的集中统一领导。

改革开放以来，随着经济全球化趋势的迅猛发展，我国成为世界第二大经济体，国际地位和国际影响力显著提升，正处在“由大向强”发展的关键历史阶段。与此同时，中国经济发展进入新常态，全面深化改革开始向纵深发展，中国社会阶级阶层关系和社会结构都发生了前所未有的崭新变化，原有的政党、国家、社会一元化的格局被打破，开始逐步向多元化、工业化、城市化、开放式的现代社会迈进。如何有效治理这样一个现代化大国，建立一个现代化的治理体系，并且生成现代化的治理能力是中国共产党人必须面对的问题。唯一的选择必须是始终坚持和不断强化党中央的集中统一领导。

加强党的集中统一领导是一个体系性的制度安排，实质上就是通过各领域体制机制、法律法规安排，也就是一整套紧密相连、相互协调的国家制度，“为党和国家事业发展、为人民幸福安康、为社会和谐稳定、为国家长治久安提供一整套更完备、更稳定、更管用的制度体系。这项工程极为宏大，必须是全面的系统的改革和改进，是各领域改革和改进的联动和集成，在国家治理体系和治理能力现代化上形成总体效应、取得总体效果。”①

改革开放以来，中国在国家治理中突出强调了效率优先原则，这在促进了经济发展的高速度运行的同时，也在一定程度上导致了分配不公、贫富差距拉大、社会群体之间的紧张关系等一系列问题。尤其是在社会主义市场经济的发展过程中，一些既得利益群体开始形成，利益进一步固化，导致这些既得利益者害怕改革的深入推进会触动他们的既得利益，因此反对进一步深化改革。面对这些错综复杂的利益和利益集团的反对，党深刻认识到，中国的改革已经到了一个改革的深水区。“中国改革已经进入攻坚期和深水区，我们将以壮士断腕的勇气、凤凰涅槃的决心，敢于向积存多年的顽瘴痼疾开刀，敢于触及深层次利益关系和矛盾，把改革进行

---

① 习近平：《完善和发展中国特色社会主义制度，推进国家治理体系和治理能力现代化》，《人民日报》，2014年2月18日第1版。

到底。"[1]

加强党的集中统一领导必须在一个稳定的社会环境下进行，而没有政治权威就无法保障稳定。发展政治学家亨廷顿认为，对于走向现代化的国家和社会来说，“首要的问题不是自由，而是创建一个合法的公共秩序。很显然，人类可以无自由而有秩序，但不能无秩序而有自由。须先有权威，然后才能对它加以限制。”[2] 政治权威的严重流失必将导致混乱、无序、失范等社会政治问题，如亚洲金融危机时期印度尼西亚的经验所表明的，一旦失去基本的政治秩序，原有的发展成果很快付诸东流，苏联的经验也在很大程度上说明了这一点。对于像中国这样的发展中大国来说，社会的发展进步尤其需要政治权威。就当代中国的国家治理改革来看，中国共产党扮演着核心角色，既然是党的推动为逻辑起点的全面深化改革，就需要党的最高层坚信：只要制定了目标，看准了方向就要有强大的能力推行改革，这个过程中会遇到各种阻力，这就需要具有压倒性的，能够力排众议的权力和一定的权威，否则改革将中途而断，无力推行和落实下去。

党的集中统一领导是治理现代化启动的必要阶段。为此，在机构方面设立了中央国家安全委员会、中央全面深化改革领导小组、中央网络安全和信息化领导小组、中央军委审核国防和军队改革领导小组。通过这些机构的设立来保证中央权力的集中统一领导。此外，通过各级巡视机构从上而下的检查、督促地方和部门来贯彻和落实中央的一系列政策和方针。

第三节　政党建设的主题

一、执政能力建设

中国特色社会主义制度下，执政党与国家的紧密关系决定了党的执政能力建设是国家治理现代化的重要组成部分。党的执政能力，就是党提出和运用正确的理论、路线、方针、政策和策略，领导制定和实施宪法和法

---

① 习近平：“中国改革已经进入攻坚期和深水区”，http：//www. news. china. com/focus/2016g20/11183108/20160903/23463871. html.

② ［美］塞缪尔·亨廷顿：《变化社会中的政治秩序》，北京：三联书店，1989年版，第8页。

律，采取科学的领导制度和领导方式，动员和组织人民依法管理国家和社会事务、经济和文化事业，有效治党治国治军，建设社会主义现代化国家的本领。执政能力建设是党执政后的一项根本建设，关系到党能否成功抵御执政风险，关系到党能否巩固执政地位。

20 世纪 80 年代后出现许多大党老党纷纷丧失执政地位，从墨西哥革命制度党、印度国大党以及台湾国民党，到东欧社会主义国家以及苏联共产党，丢掉长期执政地位，这样的事实给中国共产党敲响了警钟，共产党的忧患意识不断增强。“党的执政地位不是与生俱来的，也不是一劳永逸的，过去拥有不等于现在拥有，现在拥有不等于永远拥有。”[①]

加强党的执政能力建设可以从以下方面进行：

第一，执政能力建设需要推进制度建设。现代政治学普遍认为，刚性的制度是民族国家成长的重要动力，在国家的发展进程中起着根本性的作用。亨廷顿指出：“没有强有力的政治制度，社会便缺乏去确定和实现自己共同利益的手段。创建政治制度的能力就是创建公共利益的能力”。[②] 邓小平也明确指出：“制度问题更带有根本性、全局性、稳定性和长期性。”[③] 因此，我们党一方面要遵循制度的内在逻辑，另一方面要坚持根本制度不变。

第二，执政能力建设需要加强法治建设。法治是一个国家现代化和社会文明程度的重要标志之一。任何组织和个人都没有超越法律的特权，都必须严格依照法律体系办事。亚里士多德曾指出法治是优于人类欲望和情感的统治，“法律恰恰正是免除一切情欲影响的神祇和理智的体现”。[④] 实现国家治理现代化，就必须充分发挥法治的维护保证作用。党的十八届四中全会对全面推进依法治国做出部署，再次强调依法治国是党领导人民治理国家的基本方略，展现出我们党对治国理政规律的系统认识。

---

① 习近平：《改革开放 30 年党的建设回顾与思考》，《学习时报》，2008 年 9 月 8 日。

② ［美］塞缪尔·亨廷顿：《变化社会中的政治秩序》，北京：三联书店，1989 年版，第 23 页。

③ 《邓小平文选》（第 2 卷），北京：人民出版社，1994 年版，第 333 页。

④ ［古希腊］亚里士多德：《政治学》，北京：商务印书馆，1965 年版，第 169 页。

第三，执政能力建设需要改革党的领导体制。只有既坚持党的领导，又理顺党、政府、社会三者之间的关系，才能更加有效执政。

第四，执政能力建设需要加强党的建设，特别是党内法规体系的法治化建设。虽然党内法规体系建设的主要目的在于从严治党，但是由于中国共产党在中国政治生活中的核心地位和重要作用，因而它对于中国的政治生态和政治文化都具有根本性的塑造作用。党内法规体系的法治化建设，可以使所有的党员干部逐步认识到制度和规则的重要性。

第五，执政能力建设需要改善党对社会建设的领导方式。要着力改革党与社会整合机制。1. 健全民意表达和综合机制。构建多渠道、网络化、便捷化的诉求表达机制，全面提升党委、人大、政府、政协、人民团体、社会组织的利益综合和政策回应能力。2. 健全群众利益代表机制。推进党代会、人代会，职代会、妇代会、团代会以及基层村民代表大会、居民代表大会等制度的改革，更好地发挥其民意代表的功能。3. 健全领导干部密切联系群众的机制。完善领导干部调查研究制度、与群众协商对话制度、领导干部信访接待日制度、领导批示件督查制度、民主恳谈日制度等一系列行之有效的制度。4. 拓宽党员服务群众渠道，构建党员联系和服务群众工作体系。

二、先进性、纯洁性建设

中国共产党作为推进国家治理现代化的核心领导力量，长期的革命、改革、建设的经历使其获得了丰富的组织、文化、历史等资源，在当代中国只有中国共产党有能力充分调动全社会的资源和力量，这是中国社会任何一支力量所无法企及的。到目前，中国共产党是一个具有 90 多年历史、拥有 8000 多万党员和领导 13 亿中国人进行社会主义现代化建设的大党。更为重要的是，中国共产党是一个有着强烈使命感的政党，不仅要长期执政，更要推进中国特色社会主义事业，把中国建成富强民主文明和谐美丽的社会主义现代化强国，实现中华民族伟大复兴的中国梦，因此，始终保持党的先进性和纯洁性就是必须完成的重大任务。

在一党执政的国家，执政党面临的最大危险就是自身的僵化与停滞。20 世纪 80 年代末 90 年代初以来，世界上一些曾经执政多年的大党、老党特别是原苏联、东欧国家的共产党先后丧失执政地位，原因很多，从根本上说是因为这些政党在广大人民群众的心目中丧失了先进性。

中国共产党是马克思主义政党，先进性是其生命所在。党凝聚了中国社会具有先进觉悟的阶层和力量，中国共产党从成立之日起，就公开宣称自己是中国工人阶级的先锋队，以工人阶级先锋队的本质规定性为标准，与其他任何政党相区分。中国政治生活中党领导与执政的最根本前提就是能不能时刻保持其应有的先进性。党的组织先进性建设对提高党的执政能力具有直接的现实意义。党的执政要全面赢得社会与民众的支持与拥护，重要前提之一就是构成这个党的党员必须是社会中的优秀分子。

同时，中国共产党是一个具有崇高理想和铁的纪律的马克思主义政党，党的纪律是在长期实践中逐步形成的统一全党思想和行动的规范体系，对维护党的团结统一、贯彻落实党的路线方针政策、保持党的纯洁性起重要保证作用。对于中国共产党而言，党的纯洁性的内涵十分丰富，它是囊括党员队伍的整体和党员个人的统一。从整体来讲，党的纯洁性主要表现为思想建设、政治建设、组织建设和作风建设方面。从个体上来说，党的纯洁性体现在每位党员个体上。只有保证每个细胞的纯洁和纯正，才能保证其肌体的纯洁和纯正。我们中国共产党不仅是中国工人阶级的先锋队，而且还是中国人民和中华民族的先锋队，它始终坚持全心全意为人民服务。

正是因为先进性和纯洁性作为马克思主义执政党的根本特征，保持党的先进性和纯洁性才始终是中国共产党自身建设的永恒主题。历史和实践也反复说明，只有始终保持党的先进性和纯洁性，才能赢得人民群众的拥护和支持，巩固党执政基础和执政地位。

第四节　党内政治生活

一、理想信念教育

政党是持相似政治主张的人聚集在一起的工具，各党派因其信奉的政治观点和意识形态的不同而彼此区分开来。因此，政党的意识形态是一个政党的标志，也是人们对一个政党进行认知判断的重要标准。冯伯莫在谈及欧洲政党时说：“在长期的发展过程中，只有那些建立在某种意识形态基础之上的政党能够成功地在政坛立足。”政党的意识具有一定的持久性，政党在建立之初所拥有的价值观和主张具有较长时间的持续性。

现代政治学理论认为，一个政党战斗力的强弱不是取决于其规模的大小，而是取决于其内在的激励措施和凝聚力。目前，在我党内部存在的“信仰危机”、腐败问题、组织纪律性差、观念淡薄等一系列问题，使我党的战斗力面临严峻挑战。也就是说，党的战斗力并没有随着规模的扩大而日渐强大。因此，在壮大政党规模的同时，还应该寻找新的途径，特别是理想信念的吸引力来提升党的战斗力和凝聚力。

中共十八届六中全会提出，共产主义远大理想和中国特色社会主义共同理想，是中国共产党人的精神支柱和政治灵魂，也是保持党的团结统一的思想基础。社会主义是中国人民在对近代以来如何实现民族复兴这一问题的探索中形成的坚定信念。在中国的现代化走什么道路的问题上，我们党一开始就旗帜鲜明地表明了只有社会主义才能救中国和只有社会主义才能发展中国的立场与态度。邓小平曾严肃地指出：“中国要解决十亿人的贫困问题，十亿人的发展问题。如果搞资本主义，可能有少数人富裕起来，但大量的人会长期处于贫困状态，中国就会发生闹革命的问题。中国搞现代化，只能靠社会主义，不能靠资本主义。”① 以此作为社会主义现代化建设的前提，是理解中国正在进行的社会主义现代化建设的起点。

二、民主集中制

民主集中制是党和国家的根本组织制度和领导制度。它既是中国特色社会主义制度的最大特点，也是中国共产党的根本组织原则和领导制度。坚持和完善民主集中制，对于提高我们运用民主集中制治党管党和治理国家的能力，对于推进国家治理体系和治理能力的现代化，都具有十分重要的意义。

民主集中制原则是由无产阶级政党的根本性质所要求的。马克思主义创始人一再强调要无产阶级在强大到足以取得胜利时，必须组成一个不同于其他所有政党并与它们对立的特殊政党，一个自觉的阶级政党。这样一个自觉的阶级政党是根据党的纲领与章程，按照先进的组织原则组织起来

① 《邓小平文选》（第3卷），北京：人民出版社，1993年版，第229页。

的有组织的部队。这种先进的原则就是民主集中制，这种原则的精神就是民主团结、统一纪律。民主集中制作为共产党的组织原则和组织制度，形成于20世纪初期，由俄国社会民主工党所创用。1906年4月，俄国社会民主工党把民主集中制写入了党的章程。

民主集中制传入中国之后，1921年中共一大通过的《中国共产党纲领》明文规定，“承认苏维埃管理制度”“采取苏维埃的形式”。[①] 1927年6月党的中央政治局会议根据五大精神通过的《中国共产党第三次修正章程决案》明确规定，“党部的指导原则为民主集中制”。[②] 此后中国共产党召开的历次代表大会，在制定或修改的党章中都对民主集中制作了阐述。在1937年，毛泽东就论述道，“民主集中制，它是民主的，又是集中的，将民主和集中两个似乎相冲突的东西，在一定形式上统一起来。民主和集中之间并没有不可越过的深沟，对于中国，二者都是必需的。”[③] 民主集中制原则是革命与建设取得胜利的基本保证，毛泽东强调把党的集中、党的纪律与党的民主结合起来。1938年10月他在《中国共产党在民族战争中的地位》一文中就指出：“必须重申党的纪律：（一）个人服从组织。（二）少数服从多数。（三）下级服从上级。（四）全党服从中央。”同时毛泽东同志又指出：“处在伟大斗争面前的中国共产党，要求整个党的领导机关，全党的党员和干部，高度地发挥其积极性……而这些积极性的发挥，有赖于党内生活的民主化。”[④] 1945年，毛泽东在党的七大作《论联合政府》的报告，对民主集中制进一步阐述道，“新民主主义的政权组织，应该采取民主集中制，由各级人民代表大会决定大政方针，选举政府。它是民主的，又是集中的，就是说，在民主基础上的集中，在集中指导下的民主。”这些指导原则，在以后不曾有过改变。

民主集中制是民主基础上的集中和集中指导下的民主相结合、民主和集中两者辩证统一的制度。然而，由于我国是一个有两千多年封建专制主义集权统治历史的国家，再加上革命战争年代长期的残酷斗争环境，以及这一残酷斗争环境下党所处于的“非法”地位和党所采取的秘密的组织形

① 《中国共产党党章汇编》，北京：人民出版社，1979年版，第2页。
② 《中国共产党党章汇编》，北京：人民出版社，1979年版，第23页。
③ 《毛泽东选集》（第2卷），北京：人民出版社，1991年版，第383页。
④ 《毛泽东选集》（第2卷），人民出版社，1991年版，第528页。

式和活动方式，决定了中国共产党在执行民主集中制时往往侧重于集中这个方面。应当说，根据形势和历史条件的特点和实际需要，贯彻执行民主集中制时有所侧重是正确的和必要的。1937 年 5 月，毛泽东在谈到党内民主问题时曾经指出："要党有力量，依靠实行党的民主集中制去发动全党的积极性。在反动和内战时期，集中制表现得多一些。在新时期，集中制应该密切联系于民主制。用民主制的实行，发挥全党的积极性。"[①] 习近平曾经指出："民主集中制是我们党的根本组织制度和领导制度，它正确规范了党内政治生活、处理党内关系的基本准则，是反映、体现全党同志和全国人民利益与愿望，保证党的路线方针政策正确制定和执行的科学的合理的有效率的制度。因此，这是我们党最大的制度优势。"

第一，民主集中制体现了社会主义制度的本质。邓小平指出："民主集中制是社会主义制度的一个不可分的组成部分。在社会主义制度之下，个人利益要服从集体利益，局部利益要服从整体利益，暂时利益要服从长远利益，或者叫做小局服从大局，小道理服从大道理。""民主和集中的关系，权利和义务的关系，归根结底，就是以上所说的各种利益的相互关系在政治上和法律上的表现。"这深刻揭示了民主集中制的本质。

第二，民主集中制保证了党的领导、人民当家作主、依法治国的有机统一。三者的有机统一是我国社会主义政治制度的内在要求。其中，党的领导是核心，就是要坚持党总揽全局、协调各方的领导核心作用。人民当家作主是根本，就是要坚持国家一切权力属于人民，从各个层次、各个领域扩大公民有序政治参与，最广泛地动员和组织人民依法管理国家事务和社会事务、管理经济和文化事业。依法治国是保证，就是要坚持依法治国基本方略，树立社会主义法治理念，实现国家各项工作法治化，保障公民合法权益。三者作用的均衡发挥和有机统一，都有赖于民主集中制的健全和有效运行；离开民主集中制，三者统一就成了无法操作的空洞原则。

第三，民主集中制优化了民主与效率的关系。民主、效率兼收，一直是人类社会制度设计的理想目标。民主集中制的最大优势就是兼取民主和效率两者之所长。

---

① 《毛泽东选集》（第 1 卷），人民出版社，1991 年版，第 278 页。

民主集中制既是党的根本组织制度和领导制度，也是最大的制度优势。然而，这一根本制度要在党内生活和党的全部工作中得到正确贯彻执行，并不是一件容易的事情。在诸多因素影响下，民主集中制在贯彻执行过程中往往容易走样变形，甚至会发生变异。邓小平针对“文化大革命”的教训指出，我们过去“民主集中制没有真正实行，离开民主讲集中，民主太少。”[①] 民主集中制一旦发生变异，势必给党和人民的事业带来严重危害。邓小平曾经尖锐地指出：“民主集中制执行得不好，党是可以变质的，国家也是可以变质的，社会主义也是可以变质的。干部可以变质，个人也可以变质。”[②]

民主集中制之所以会在贯彻执行中发生扭曲和变异，还源于民主集中制本身在具体制度和机制上存在的问题和弊端，也就是邓小平所说的那样：“民主集中制还没有成为严格的制度。”[③] 尽管我们在理论上和党内章程中已经明确了党委书记与党委委员之间的平等关系，但由于缺失具体的保障制度和机制，党委书记与党委委员之间不平等的现象在实际的党内生活中相当普遍地存在。

因此，加强民主集中制需要着重关注的几对关系。1. 民主和集中的关系。正确认识和处理民主和集中的关系是完善民主集中制的基本前提，也是党内民主能否运转起来的关键。民主发挥作用少而集中过多是目前民主集中制中的最大问题和障碍。2. 权利和权力的关系。党员权利和领导干部权力关系的平衡是民主集中制良性运行的前提和保障。而当前民主集中制运行中出现的问题大多源于权力的扩张侵犯了党员的权利并导致二者关系的失衡。3. 权力与责任的关系。权责的对等有利于形成贯彻民主集中制的约束机制。如果权责失衡和不对等，就会阻碍民主集中制的贯彻和党内民主的发展。因此，建设和完善民主集中制的关键还在于能否正确处理好权与责的关系。4. 多数与少数的关系。多数与少数的关系及其处理是民主政治建设如何在坚持“少数服从多数”原则的同时保护少数的权利，就成为民主集中制是否具有“民主”特质的试金石，也是党内民主能否健康发展

---

① 《邓小平文选》（第2卷）北京：人民出版社，1994年版，第144页。
② 《邓小平文选》（第1卷），人民出版社，1994年版，第303页。
③ 《邓小平文选》（第2卷），人民出版社，1994年版，第330页。

的关键。

三、学习型、服务型、创新型政党

建设学习型、服务型、创新型政党是党的十八大提出的党建目标，充分体现了党对内外环境变化的适应性。政党适应性是指政党组织在政治发展过程中所形成的适应环境挑战的能力，是政党组织发展的一种动态过程。亨廷顿认为，适应性在评价政治组织制度化的标准中居于首位，并且给出了三种测量方法：一个组织或程序存在的年代越久，领导人换代的次数越多、组织职能随环境变化而变化的能力越强，政党的调适性越强，政党的制度化程度就越高。[①] 彼得·梅尔对适应性问题也进行了深入探讨，他认为，政党处于不停地持续适应变化着的社会、政治以及政策环境的过程中。政党必须学会适应与控制，适应才能生存，它是政党为了持久发展而必备的柔韧性、灵活性的源泉，否则政党将会面临衰退、毁灭的风险。[②]

各个国家的政党都在为了适应形势的变化，环境的变化而进行相应的调整。例如，英国工党直到1994年仍被看作一个奉行国有化政策的党，这对工党的选举产生不利的影响，工党领袖托尼·布莱尔开启探索之路——重写党章第四条使之不再具有争议性。反对社会变革的英国的保守党也是最具有调整能力的政党之一。不论什么性质的政党想要得到民众的支持，都会随着社会经济政治发展的需要不断调整自己的组织形式、政纲、理论以适应时代和人民发展的需要。

中国共产党从诞生到现在已经有97周年的历史，党的第十九次代表大会已经召开，中国共产党从一个革命型的政党到一个领导现代化建设的执政党，党的组织和理论也在进行着适当的调整。美国学者沈大伟认为，在苏东剧变后乃至更早的时间，中国“政党—国家”体制的演变是一种“萎缩”（atrophy）和“适应”（adaptation）的双重过程，中国共产党采取了

---

① ［美］塞缪尔·P. 亨廷顿：《变革社会中的政治秩序》，李盛平译. 北京：华夏出版社，1988年版，第12页。

② Peter Mair, *Party System Change: Approach and Interpretations*, Clarendon Press Oxford, 1997.

一系列“适应”措施来稳定乃至扭转“萎缩”。[①] 这些调适主要表现在党建目标的更新、组织的功能收缩变化以及手段能力的提升上，这些变化决定着党建科学化水平外延的边界。

党的十八大提出“建设学习型、服务型、创新型的马克思主义执政党”的任务，就是新形势下执政党自我调适与优化的产物，体现了政党现代化的发展方向和现实诉求。

一是建设学习型政党。在全球化、信息化的新形势下，中国共产党面对着瞬息多变的世界，各种不可测因素增多，这不仅需要我们党始终立足中国国情，也需要我们党“开眼看世界”，学习世界其他先进政党治国理政的有益经验，始终确保党执政理念、执政方式走在世界政党的前列。通过学习型政党建设，学习国外政党的适应性理论方法、成败得失和经验教训，学习其他政党适应国际形势，破解国内难题的经验，化解党内危机和挑战的方式方法。

二是建设服务型政党。以人为本、执政为民是我们党执政的基本理念，推进服务型政党建设，把以人为本理念体现在执政过程中。现代社会治理的一个新的发展趋势是从强制管理向提供服务转变，党的十八大把建设服务型政党作为新形势下党的建设的一个重要目标提出，意味着党的职能的重要转变，也意味着党的领导方式和执政方式的重要转变。要把为广大人民群众服务更充分地体现在党的执政行为中。脱离群众是执政党面临的最大危险，当前脱离群众的一个重要原因就是部分党员干部淡化服务意识，缺乏服务能力。因此，建设服务型政党就需要正确理解领导、执政与服务的关系，树立领导和执政需要为人民服务，为人民服务也是领导和执政的理念。

三是建设创新型政党。通过创新型政党建设，提高执政党的适应性能力。执政党要适应变化的外部环境，就必须以改革创新的精神不断加强政党自身建设，通过不断的理论创新、体制机制创新、功能创新、方法创新等自身调适，增强政党适应环境的能力。

调适性是变革型政党治理能力的集中体现。政党回应性是政党根据不

---

① ［美］沈大伟：《中国共产党：收缩与调适》吕增奎，王新颖译，北京：中央编译出版社，2011 年版，第 9 页。

断变化的外部社会经济环境，尤其是人民群众在不同时期多元化的社会需求和政治期望，通过内部治理结构的变革和公共政策的适应性调整，及时满足人们新需求与新期望的能力。建设学习型、服务型、创新型政党，是马克思主义政党加强党的建设和党内治理提出的要求。这既是执政党回应外部变化，进行自身调适的结果，也是提升党的适应能力的重要举措。

第五节　群众路线

从群众中来，到群众中去的群众路线既是我党的工作方法，又是领导方法，群众路线执行的好与坏直接决定了群众对于党的领导的认同程度高与低，影响着党的执政合法性。

一、党的群众路线

群众路线是中国共产党人在长期的革命斗争实践中凝结而成的一笔重要的政治财富。对于正在经历从“革命党”向“执政党”转型的中国共产党来说，群众路线这一传统资源的创造性转化具有深刻的意义。

对于无产阶级政党来说，人民群众是社会物质财富的创造者，是社会精神财富的创作者，是社会变革的决定性力量。人民群众是历史的创作者，这是无产阶级群众观点和群众路线的理论基础。1943 年 6 月 1 日，毛泽东在《关于领导方法的若干问题》一文中首次较为系统地阐述了群众路线的思想：“在我党的一切实际工作中，凡属正确的领导，必须是从群众中来，到群众中去。这就是说，将群众的意见（分散的无系统的意见）集中起来（经过研究，化为集中的系统的意见），又到群众中去作宣传解释，化为群众的意见，使群众坚持下去，见之于行动，并在群众行动中考验这些意见是否正确。然后再从群众中集中起来，再到群众中坚持下去。如此无限循环，一次比一次地更正确、更生动、更丰富。这就是马克思主义的认识论。……从群众中集中起来又到群众中坚持下去，以形成正确的领导意见，这是基本的领导方法。”[①] 在这一著名的论述中，毛泽东显然是从领

① 毛泽东：《关于领导方法的若干问题》，《毛泽东选集》（第 3 卷），北京：人民出版社，1966 年版，第 854～855 页。

导、工作方法的角度来界定群众路线的。1981年6月中央作出的《关于建国以来党的若干历史问题的决议》简明地将群众路线概括为“一切为了群众，一切依靠群众，从群众中来，到群众中去”。[①]

二、坚持走群众路线

在党长期执政和实行改革开放、发展社会主义市场经济的条件下，党群关系面临很多新情况、新挑战：

一是在长期执政的条件下与和平环境中，党员干部密切联系群众的外部压力减小，特别是没有了生死攸关的危险，党群之间相互依赖性减弱。这使得一些党员干部容易淡化群众观点和群众路线的观念，滋生官僚主义、形式主义，出现脱离群众、侵害群众利益等不良现象。

二是年轻党员干部大多数缺乏实践锻炼，缺少与基层群众同甘苦、共命运的体验，做群众工作的能力相对较弱。特别是许多年轻领导干部缺乏基层历练，其思想的纯洁性、对党的忠诚度、宗旨意识和群众观念，尚需进一步提升。

三是随着社会结构深刻变化，既增强了社会流动性、激发了创造活力，又增加了党群关系的复杂性。各社会群体之间及其内部个体之间的利益关系呈现多样化，群众的利益诉求呈现复杂化特征，平衡各种利益诉求难度增大，保持党同各个社会群体的紧密联系难度增大。

从群众中来，到群众中去的群众路线既是我党的工作方法又是领导方法，群众路线执行的好与坏直接决定了群众对于党的领导的认同程度，影响着党的执政合法性。中国特定的政治逻辑和国家形态决定了实现中华民族伟大复兴的中国梦，推进国家治理体系和治理能力现代化必须依靠广大人民群众的积极参与。

第一，坚持群众路线有助于增强党的领导和执政合法性。中国共产党的执政合法性来源不同于西方政党。西方政党的执政合法性来源于选举中选票的获胜，选票是西方政党民意支持的量化标准。西方政党在选举期间

① 中共中央文献研究室：《中国共产党中央委员会关于建国以来党的若干历史问题的决议》，《三中全会以来重要文献选编（下）》，北京：人民出版社，1982年版，第834页。

很热闹，但在选举之后基本进入了休眠期。中共的执政合法性不同于西方政党，虽然不体现在普选的选票上，但并不等于没有民意的制约。中国共产党的执政合法性的取得表现在执政的过程中更好地代表群众、服务群众。

第二，坚持群众路线才能更好地反对官僚主义。群众是否支持与拥护执政党，不是简单取决于执政党在理论上论证自身能够代表人民群众的根本利益，更为重要的是在执政党的执政行为和党员干部的现实表现中的实际作为。过去，我们一致承诺执政党的利益与人民群众利益在本质上是一致的，不存在什么冲突。但是，在现实中两者的利益是否一致，归根到底看执政党的纲领政策和执政党的成员在具体行使公众权力的过程中是否与人民的愿望和利益的预期相符。如果既没有大选的制约，又没有平时群众路线的制约，我们党将会日益脱离群众，很快腐化变质成为一个官僚型政党。“一个缺乏广泛群众参与的政党，就有可能成为一个以少数知识精英为主体的封闭群体，或蜕化为一个狭隘的官僚政客集团”。

第三，坚持群众路线才能更好地调动起人民群众的积极性。人民群众是历史的创造者，只有人民群众积极的参与国家和政权建设，发挥人民群众的智慧和力量，才能真正地推进人民民主的建设。

三、群众团体

组织是现代社会得以存在和发展的前提和基础，也是现代国家治理的基本手段和工具。亨廷顿认为，政治发达社会与政治不发达社会的分水岭就是各自拥有组织的数量、规模和效率。社团缺乏，组织发展层次低下，乃是政治混乱而动荡的社会的特点。①

与中国共产党的群众路线相联系的是一些群众团体。群团组织是我国特定历史、文化、政治条件下形成的特殊组织，包括工会、妇联、共青团等等，具有鲜明的政治性、群众性。十八大以来，以习近平为总书记的党中央高度关注、关怀群团工作。2014 年 12 月 29 日召开的中央政治局会议指出，群团事业是党的事业的重要组成部分，党的群团工作是党治国理政

---

① ［美］塞缪尔·P. 亨廷顿：《变化社会中的政治秩序》，王冠华等译，三联书店，1989 年版，第 29 页。

的一项经常性、基础性工作，是党广泛组织和动员广大人民群众为完成中心任务而奋斗的重要法宝。[①]

群众团体具有社会性，作为一种特殊类型的社会团体，群众团体具备社会团体的普遍性特征——社会性。此外，群众团体还具有鲜明的政治性。政治性是群众团体区别于其他社会团体的独特属性。大部分群众团体的孕育、发育、成长、成熟与中国共产党有着深厚的历史渊源和紧密的现实关联，在某种程度上相当于党的"外围组织"。群众团体是党进行政治整合、社会动员的重要载体。群众团体的特殊政治结构既是历史形成的，也是一种现实政治制度安排。大多数全国性的群众团体由中央书记处领导或由国务院领导同志联系、相关政府部门代管。党委与这些群众性团体也是领导与被领导的关系。

群众团体在其功能定位上被认为是党和政府联系广大人民群众的"桥梁和纽带"。大部分群众团体建构了从中央到省、地（市）、县、乡乃至社区的层级化、网络化的组织结构，并有固定的行政编制。通过群众团体这个桥梁和纽带，可以把分散、原子化的个体进行有机整合，从而实现社会团结。

① 《中共中央政治局召开会议研究部署党风廉政建设和反腐败工作审议〈关于加强社会主义协商民主建设的意见〉、〈关于加强和改进党的群团工作的意见〉》，《人民日报》，2014 年 12 月 30 日。

第四章

治理之基：人民民主

中国共产党的领导，就是支持和保证人民当家作主。与西方基于代议制度和普选形式产生的政党不同，中国共产党并不需要通过选举制度进入国家政权，而是要在夺取国家政权的基础上，构建和保障国家治理的主体，将人民整合起来，掌握国家政权，成为国家的主人。从这个意义上说，人民民主是马克思主义民主理论与中国特色社会主义实践相结合的产物，是对资本主义民主的扬弃和超越。它既是理念也是制度。作为理念，人民民主是宗旨和归宿；作为制度，人民民主决定着治理的组织方式和制度路径，为治理提供了基本的保障。

第一节　人民当家作主

一、制度涵义

人民民主是社会主义的生命，其本质和核心是人民当家作主。马克思主义经典作家在批判现实的同时，提出超越资本主义的唯一政治形式是无产阶级专政。“工人革命的第一步就是使无产阶级上升为统治阶级，争得民主。”[①] 无产阶级是整个社会苦难的缩影，承受着最典型和最严重的资本剥夺。在这里，经典作家实际指出了无产阶级专政同人民民主之间的联系。无产阶级夺取政权，就是以人民的缩影和典型确定国家治理的方向，将国家事务作为自己的事务来处理。

人民是国家立法的参与者、制定者和实践者；国家是服务社会、服务人民的力量，是手段而不是目的。从中国的实践来看，建国之初，党和国家就确立了人民当家作主的核心理念。它要求由人民掌握国家政权，成为

---

① 马克思、恩格斯：《马克思恩格斯选集》（第1卷），北京：人民出版社，1995年版，第293页。

国家的主人。通过这种方式建立的国家与权力不是少数人的统治，而是人民的国家、人民的权力。1954 年第一届全国人民代表大会开始实践人民民主的基本形式。这次会议通过的宪法明确规定："中华人民共和国一切权力属于人民，人民行使国家权力的机关是全国人民代表大会和地方各级人民代表大会"。

在中国共产党的理论中，作为统治阶级的"人民"并不是单一阶级，而是单一阶级领导下的社会各阶级力量的联合。早在 1949 年毛泽东同志《论人民民主专政》一文中，就明确指出："人民是什么？在中国，在现阶段，是工人阶级，农民阶级，城市小资产阶级和民族资产阶级。这些阶级在工人阶级和共产党的领导下，团结起来，组成自己的国家，选举自己的政府，向着帝国主义的走狗即地主阶级和官僚资产阶级以及代表这些阶级的国民党反动派及其帮凶们实行专政，实行独裁。"①

如今，依据宪法精神，人民的范围更为广泛，它不仅包括工人、农民、知识分子，而且包括一切拥护社会主义的爱国者和拥护祖国统一的爱国者。这是因为，在社会主义公有制经济继续发展壮大的同时，个体、私营等非公有制经济迅速发展起来，在经济社会生活中发挥着愈来愈重要的作用。重新确定人民的内涵有利于最广泛、最充分地调动一切积极因素，团结一切可以团结的力量，更全面地凝聚各个方面的积极性和创造性，更好地发挥新的社会阶层在社会主义现代化建设事业中的作用。

不过，工人阶级应当始终是领导阶级。因为它是先进生产力的代表和先进生产关系的体现。但这不是说工人阶级是先进技术的使用者，处于资本社会的生产关系当中；而是说资本社会的生产技术把他们当做工具和手段，资本社会的生产关系损害了他们的身心健康、限制了他们的全面发展。工人阶级的先进性体现在摆脱这种生存状态，摆脱他们承担着的一切社会重负方面。它是社会变革、社会批判的力量，采取共产主义这种辩证的形式，最终目的是要超越资本社会，通向更高阶段的生产方式和生产关系。

这样的先进性是对资本社会的否定，只能通过夺取和巩固国家政权实

① 毛泽东：《毛泽东选集》（第 4 卷），北京：人民出版社，1991 年版，第 1475 页。

现。正如马克思所说：“被压迫阶级的解放必然意味着新社会的建立”[①]。在此基础上，承认每个人（包括工人阶级）追求自我完善和自我发展的合理性，激活人民民主的引擎，成为国家治理源源不断的动力。放权、让利的改革，实际是对人民民主需要的积极响应，是国家治理能力和治理体系现代化的基本要求。它从劳动者发展的内在动力出发，落脚在人民总体的生活富足。而且，这种动力资源的积累，必然形成人民对进一步改革的要求。

放权、让利的过程自然迅速转化为个体对自主权利的追求，这种追求需要国家做出回应，提供政治、社会体制的进一步调整。前者体现为法治国家建设的深化，它为个体权利的保障和实现提供了更为合理的制度空间和法律安排；后者体现为拥有自主权利的各类社会主体的涌现和发展。这就是说，人民民主的整体发展不但获得了内生的社会力量，同时获得了国家的制度支持。两方面的发展切实把人民民主带入到一个全新的历史时期，同国家建设形成了更紧密地联系。

因此，超越利己主义、原子化个人，使国家具有温度、负起责任，使个人成为社会整体的一员，需要人民民主这种政治形式。人民当家作主一方面保证人民通过各种途径和形式管理国家事务、经济事务、社会事务和文化事务；另一方面保证国家尊重人民的权益，人民平等地享有宪法和法律赋予的权利，同时平等地履行宪法和法律规定的义务。中国的实践由于中国共产党——作为先锋队组织——代表人民行使国家权力的逻辑而具有特殊性，它消弭了国家和人民之间可能的对抗，强调了国家和人民一体共存的理念。

二、国家政权性质

人民民主是中国特色社会主义制度的核心，中共十八大强调，“人民民主是社会主义的生命”，国家一切权力属于人民，因而，中国共产党领导中国革命所争得的民主即人民民主，以此为原则建立的国家政权是一种新型的国家政权。它要承认权利的一律平等，承认所有人都有决定国家制

---

① 马克思：《哲学的贫困》，《马克思恩格斯选集》（第 1 卷），北京：人民出版社，1995 年版，第 194 页。

度和管理国家事务的权利。同时，国家要保障人民的权利，同一切破坏人民权利的行为做斗争。“人民民主的内涵决定了人民民主专政的核心价值是：保障并实现人民当家作主的权利，建设和发展最广泛的社会主义民主；而人民民主所体现的民主和专政的有机统一，决定了人民民主专政必须通过有效的社会主义国家政权体系来实现。”[①]

由于中国处于社会主义初级阶段，加强国家建设仍然十分必要，它是建设中国特色社会主义和全面实现社会主义现代化的重要基础。在人民民主国家，治理的目的是为人民提供福祉，从经济增长、教育公平、社会保障到公共安全，使社会生活安定有序，民众对生活感到幸福满意。国家根据发展目标和计划，对所有社会领域进行决策、组织、协调、规范和控制。实现这一目的需要专业性的、职业化的复杂活动，也意味着国家必须具备有效的治理能力，亦即将国家的意志、目标有效转化为现实的能力。

具备这样能力的社会主义国家政权，不但要实现人民的最低生活保障，同时负有使人民生活质量不断增长的责任，这甚至是新型国家政权能够生存的最重要的合法性基础。[②] 公民的、政治的权利是国家赋予的，是国民能够为国家奉献的保障。[③] 而且，作为一个共产党执政的社会主义国家，它内在地负有保障人民生活免遭全面商品化侵蚀，抵制市场原则无限扩张的历史使命。市场化转型形成的并不是完全市场化的经济体制，而是社会主义市场经济，是一种计划与市场并存的混合。[④]

这个过程中，国家权力对社会生产进行干预，不但能够实现社会资源总量的进一步扩张，还能够兼顾到资源分配的正义原则，也就是服从市场的运行逻辑，同时运用国家的力量对市场社会进行一定程度的规范、限制。这就是说，国家政权的人民性本质决定了由少数人掌握的资本不能凌

---

① 林尚立：《论人民民主专政与社会主义国家建设》，《文汇报》，2001 年 5 月 28 日。

② Perry, Elizabeth J. “Chinese Conceptions of ‘Rights’: From Mencius to Mao—and Now.” *Perspectives on Politics*, 2008. 6 (1): pp. 37 – 50；冯仕政：《中国国家运动的形成与变异：基于政体的整体性解释》，载于《开放时代》，2011 年第 1 期，第 73—97 页。

③ Nathan, Andrew J. *Chinese Democracy.* Berkeley: University of California Press. 1985. pp. 107 – 111.

④ Ma, Shuyun. “Understanding China's Reforms: Looking Beyond Neoclassical Explanations.” *World Politics*, 2000. 52 (4): pp. 586 – 603.

驾于人民之上。国家必须严格把资本限制在市场的范围内。即便是在市场化改革之后，国家政权也依然肩负实现社会资源分配正义的道义要求，还具有协调社会冲突、稳定社会秩序的职能需要。

三、辩证统一性

人民民主的关键在于人民如何掌握国家，并让国家服务于人民，表达人民的公共意志和公共利益。但是，人民作为一个整体，不能直接行使对国家的统治，甚至不能行使对国家的领导。所谓国家掌握在人民手中，并不是一个理论问题，而是一个实践问题，即如何操作的问题。在这种情况下，国家权力与人民的关系完全取决于人民自身如何掌握和运行国家，其中最为关键的是政党。于是，人民民主的内在张力实际上最终都将转化为政党与人民之间的张力，需要解决的是政党如何代表人民的问题。

这与现代政治理论并不冲突，因为现代政治都是政党政治。无论资本主义还是社会主义国家，政党都在政治生活中居重要地位，发挥着领导核心作用，差别只在于发挥作用的方式。中国共产党的领导主要是政治领导、思想领导和组织领导，党通过把自己的意志经过法定程序上升为国家意志，来实现自己对国家的领导，从而领导和支持人民群众当家作主。一方面，党要代表工人阶级，是“阶级的先锋队”[①]、是“无产阶级阶级组织的最高形式”[②]；另一方面，党要代表最广大人民群众的根本利益。

为此，党首先要能够凝聚人民，让人民成为一个统一的整体。社会主义与资本主义的最大区别在于：国家权力与生产资料主要掌握在广大人民手中，为广大人民共享，而不为少数人、个别人所有。要让这种区别转变为现实，需要组成社会的各种力量凝聚成一个整体，而不是分裂为一部分人对另一部分人的统治和奴役。为此，社会主义需要一个能够动员社会、团结社会和凝聚社会的领导力量。这个力量就是领导人民进行国家建设的共产党，它没有自己的特殊利益，必须始终代表全体人民的根本利益，不

---

① 列宁：《维·查苏利奇在怎样伤害取消主义》，《列宁全集》（第十九卷），北京：人民出版社，1959 年版，第 407 页。

② 斯大林：《论列宁主义基础》，《斯大林全集》（第六卷），北京：人民出版社，1956 年版，第 155 页。

仅代表现在，而且代表未来。[①]

其次，党自身的存在就是保障的力量、领导的力量。中国共产党是中国特色社会主义事业、中国特色社会主义民主政治建设的领导核心，党的领导是坚持人民民主正确方向的决定性力量，是人民当家作主和依法治国的根本保证。这是因为，社会主义超越资本主义，意味着一个新的发展的起点，迈向每个人得以自由发展的历史阶段。这是一个有目标导向的、有价值要求的历史运动，它需要一个不仅能够代表现在，而且能够代表未来的领导力量，这个领导力量就是始终代表先进生产力的发展方向、代表最广大人民群众根本利益、代表先进文化前进方向的中国共产党。

党的领导的实质就是帮助人民群众认识自己的利益，使人民群众团结起来为自己的利益而奋斗。因此，党的领导当然不是体现为对国家和社会事务的直接干预，而是体现为党的执政活动与宪法规定的国家制度相衔接，与社会生产和生活相协调。它是一套治国理政的体系。因此，坚持和完善党的领导，关键是要发挥党所拥有的治国理政体系的作用，使其在实践中不断健全和完善。正是基于这样一套治国理政体系，党的领导与人民民主保持内在的协调和统一才有了制度条件和实践基础。

这就是说，党既要保证人民对国家的主导，防止国家成为奴役人民的力量，还要保障国家的发展方向，保障国家对经济、社会的有效治理。因此，党是将人民民主与国家治理联系起来的中间环节。它必须不断进行自我建设，以提高自身的组织质量、领导水平与执政能力。党的建设是人民民主的内在要求，既是实践人民意志转变为国家意志，带领人民主导国家发展的内在要求；也是保证自身工人阶级先锋队性质，以先锋队联合人民总体，始终代表最广大人民群众根本利益的内在要求。

党的建设首先要求在党内实现民主，它是党领导和执政的生命。作为领导党，要实现决策的合理、正确必须时刻从理性出发、从科学出发。政党、国家与社会三者的互动，能够实现这一点。但国家与社会毕竟只是外部因素，如果政党的理性和科学缺乏内在动力，这个外部因素的力量也是有限的。因此，党内民主对于保持政党的理性和科学具有根本意义。严肃

---

① 林尚立：《复合民主：人民民主在中国的实践形态》，《中共浙江省委党校学报》，2011 年第 5 期。

党内政治生活，坚持集体领导制度无疑会对社会生活和国家生活产生直接或间接影响。所以，党内民主所产生的效应，不仅在党内，而且在国家和社会。

党的建设还离不开群众路线。它既是党的认识论基础，也是党工作的基本原则和基本方式。就前者而言，群众路线强调群众的实践出真知，党应该充分尊重群众的实践，并从群众的实践中提炼党的执政理论和原则。就后者而言，群众路线强调党要主动关心群众疾苦，听取群众呼声，尽力为群众排忧解难；党的工作要深入实际，要与群众打成一片，以群众的满意度作为一切工作的出发点。通过这种方式，党的领导能够有效避免脱离社会、脱离实际，时刻保持对群众利益的回应、对社会发展的适应。

四、治理的人民性

“人民性”是我国国家性质的根本性特征。我们的国家政权源于人民、为了人民。人民是创设国家制度、形成国家权力的主体；同时也是国家事务治理的主体。这决定了这个国家的一切公共权力及其治理行为都应基于人民的意志、服从人民的意志，这是人民民主的民主实践具有充分的人民性的根本所在。“人民本位”的人民民主在坚持人民主体性的同时，为个体全面发展提供了经济基础、社会条件和法律保障，从而使中国民主走上了以人为本、以人民为主体、以实现人的全面发展为使命的发展道路。

对马克思主义理论和马克思主义政党来说，追求人的全面发展是根本出发点。一旦全社会的生产资料归联合起来的人民所有，劳动在经济上获得解放，人民就真正获得了为自己作主的经济和社会基础。“个体”为自己作主的努力，必须与争取“人民”为自己作主的努力相伴而行，并以后者为前提。因此，当今世界各国的民主发展都面临一个基本问题：如何使人民真正成为推动人与社会全面发展的主导力量，进而以人民整体为国家和社会作主来保障每个人为自己作主？[①]

中国共产党秉承为人民服务的基本宗旨，强调党的领导与执政必须坚持以人为本，既要关注作为整体的人民群众的根本利益，又要关注作为个

---

① 林尚立：《坚持和发展人民民主有理有据有效》，《人民日报》，2016 年 5 月 17 日。

体的人的自由发展权利。中国共产党领导的国家建设，根本任务就是保障人民当家作主，在此基础上为社会主义事业的全面发展提供有效的政治保障。在新的历史条件下，坚持人民民主的实质，就是要不断发展社会主义民主，切实保护人民的利益；在国家治理能力和治理体系现代化建设中体现人民的意志和人民的意愿。

这与以个人主义为基础的理论有根本的不同。市场经济在人与人之间建立起全面的、单一的经济关系，将人们从固有的社会关系当中剥离出来，实现了从“身份到契约”[①] 的转变。在交换关系中，在买者和卖者之间，人格的具体差异消失了，只有一件事情至关重要：即这个人有东西可以出售，那个人有钱可以购买。从此，一切传统和权威、一切坚固的东西都被颠覆了，留下来的只是理性这个人类唯一的明灯。[②] 人们不再从属于任何其他关系的束缚，对社会其他个人的情谊也变得广泛而稀薄。

这种基于个体主义的民主虽然肯定和张扬了个体地位，促进了人们契约意识的提高，却导致了共有价值和公共精神的衰减。正像托克维尔所说的那样：“个体主义是一种只顾自己而又心安理得的情感，它使每个公民同其同胞大众隔离，同亲属和朋友疏远。因此，当每个公民各自建立了自己的小社会后，他们就不管大社会而任其自行发展了”[③]。每个人在政治生活中都可以随意发表意见，却没有兴趣听取他人的想法。协商会议往往众说纷纭、讨论热烈，却难以达成共识。

人民民主可以克服个人的这种离散状态、克服那些阻碍他们生命情感发挥的因素。正如弗洛姆所言：“个人通过自发性活动实现自我，并把自己同世界连接起来。他便不再是一个孤立的原子，他与世界成为一个有机整体的一部分；他有自己的合适位置，他对自己及生命意义的怀疑也不复存在”[④]。人们在自发的生存活动中拥抱世界，并与其结为一体，获得个人

---

① Maine, Henry Sumner. *Ancient Law: Its Connection with the Early History of Society and its Relation to Modern Ideas.* New York: Henry Holt and Company, 1906: p. 165.

② ［德］亨利希·海涅：《论德国宗教和哲学的历史》，海安译，北京：商务印书馆，1974 年版，第 54 页。

③ ［法］托克维尔：《论美国的民主》，董果良译，北京：商务印书馆，2011 年版，第 625 页。

④ Fromm, Erich. *The Fear of Freedom*, London & New York: Routledge, 2001, p. 226.

应有的力量和安全。这种力量和安全与原子化个人状态不同，它不植根于免受更高外部权力威胁的保护，也不致力于消除生命中的悲剧品格。

西方个人主义的民主具有历史的必然性，开启了人类现代民主化的进程。但是，它并不意味着人类的民主发展只能有西方一种模式。正如毛泽东在《论人民民主专政》中指出的那样，“人民的国家是保护人民的。有了人民的国家，人民才有可能在全国范围内和全体规模上，用民主的方法，教育自己和改造自己，……向着社会主义和共产主义社会前进。”① 一体共存的党（国家）和人民之间非对抗性的本质决定了我们的核心问题不是权力的制约和平衡，而是国家治理的人民性。

第二节　国家民主

一、代表民主

1948 年 9 月的中央政治局会议上，毛泽东阐述了建立民主集中制的各级人民代表大会问题，确认了新中国既不采用资产阶级的议会制和立法、行政、司法三权分立等，又不照搬苏联的苏维埃政权形式，而应该实行基于民主集中制的人民代表大会制度，由各级人民代表大会决定大政方针，选举政府。所以说，人民代表大会制度是中国共产党领导中国人民独创的政治制度，是马克思主义国家学说与中国政治社会文化实际境况相结合的产物，是中国人民翻身做主人，掌握自己命运的伟大创造。②

在我国，人民当家作主主要通过全国人民代表大会和地方各级人民代表大会实现。人民代表大会制度是体现我国国家性质、保证人民当家作主的根本政治制度，也是党在国家政权中充分发扬民主、贯彻群众路线的最好形式。与西方代议民主相比，人民代表大会制度体现的代表民主具有鲜明的中国特色，其最大的特点是把党的领导、人民当家做主、依法治国三者有机统一起来，统一于党领导人民走中国特色社会主义民主政治道路的实践

---

① 毛泽东：《毛泽东选集》（第 4 卷），北京：人民出版社，1991 年版，第 1476 页。

② 徐显明：《坚持和发展人民当家作主的好制度——写在全国人民代表大会成立 60 周年之际》，《求是》，2014 年第 19 期。

中。其中，党的领导是前提，人民当家做主是根本，依法治国是保障。

代表民主保障了人民在国家生活中的主体地位，保障了人民当家做主。人民通过普遍的民主选举产生自己的代表，组成人民代表大会。各级人民代表大会对人民负责，受人民监督。通过人民代表大会制度，人民享有的民主选举、民主决策、民主管理、民主监督，以及宪法和法律保障的各项权利和自由得到了充分体现。与此同时，人民代表大会制度也动员了全体人民，以国家主人翁身份投身社会主义改革和发展的事业，广泛调动了人民群众投身于建设国家和各项事业的积极性、主动性和创造性。

民主的发展没有止境，民主的创新层出不穷。人民代表大会制度建立以来的历史，就是代表民主不断发展、不断创新的历史。改革开放以来，县级以上各级人民代表大会设立了常委会；全国人大常委会被赋予了经常性的立法权和宪法监督权；省级人大及其常委会与较小的市人大及其常委会被赋予了制定地方性法规的权力；选举制度不断完善，从等额选举发展为差额选举，直接选举从乡级扩大到县级，从城乡按不同人口比例产生人大代表到按相同人口比例产生，实现了一人一票，人人平等。

当前，建设富强、民主、文明、和谐、美丽的社会主义现代化强国，已成为我国人民的共同目标。人民代表大会制度保证了党的主张与人民意志及国家意志的统一，保证了我们少犯错误、少走弯路，为我国经济社会发展和人民安居乐业提供了制度保障。根据十八届三中全会《决定》和习近平总书记在庆祝全国人民代表大会成立60周年大会上重要讲话的要求，坚持和完善人民代表大会制度，要做到“四个必须”：即必须毫不动摇地坚持中国共产党的领导，必须保证和发展人民当家作主，必须全面推进依法治国，必须坚持民主集中制。

代表民主通过权力安排和立法工作体现出来，制度与法治因此是推动人民民主与时俱进的两个轮子。它首先要求坚持由人民代表大会统一行使国家权力，坚持一切权力对人民负责、受人民监督。只有加强和改进监督工作，让人民监督政府，政府才不会懈怠，权力才能够正确行使。人民代表大会制度的重要原则和制度设计的基本要求，就是任何国家机关及其工作人员的权力都要受到制约和监督。各级人大及其常委会都要担负起宪法法律赋予的监督职责，确保法律得到有效实施，确保权力得到正确行使。

加强和改进人大的立法工作，构建以良法、善法为主要内容的社会主义法治体系是推动人民民主与时俱进的另一个轮子。随着法律体系的不断健全，推进科学立法、提高立法质量应该作为完善法律体系的着力点，使制定出来的法律既合乎民意，又合乎规律。增强法律的科学性、针对性、及时性、系统性、可操作性，既要防止部门利益法律化，又要加强重点领域里的立法，还要科学划分中央与地方的立法权限，严格立法权界限，做到依法立法。完善立法体制和程序，努力使每一项立法都符合宪法精神，反映人民意愿，得到人民拥护。

法律体系形成之后，法治建设的主要矛盾将从“无法可依”转变为“有法可依”。法律的生命在于实施，法律的权威在于实施，法律的意义也在于实施。实施法律，包括执法、司法、守法三大环节，要严格执法、公正司法、全民守法，坚决纠正有法不依、执法不严、违法不究的现象；坚决整治以权谋私、以言代法、以权压法、徇私枉法的问题，严格保护群众合法权益。要加快建设法治政府，深化司法体制改革，使人们相信政府、相信法院，相信法律、遵从法律。

二、协商民主

协商民主是中国长期政治实践的结果，经历了中国政治不断探索的检验。它与中国民主政治发展进程相适应，与世界民主发展的普遍趋势相一致，与中国的现代化建设和民族复兴目标相吻合，在中国显示出强大的生命力。[①] 中国共产党在长期的革命和建设实践中认识到，要实现国家的独立、民族的复兴，仅仅依靠自身的力量是不够的，必须在各种不同的情形下团结一切可以团结的力量共同奋斗。协商民主是党执政兴国的重要法宝，党领导的多党合作和政治协商制度是中国的一项基本政治制度。

在经济、社会体制改革不断深化的今天，协商民主的发展进入了关键的历史时期。一方面是人民的民主意识与民主能力不断提高，另一方面是国家对社会力量的尊重和对社会民主的支持与规范。社会力量的壮大以及社会民主的扩大，必然激发出广大人民群众旺盛的政治参与，带来社会与国家关系的紧张。于是，扩大国家与社会之间、社会与社会之间以及民众

---

① 刘杰等著：《中国式民主——一种新型民主形态的兴起和成长》，北京：时事出版社，2014 年版，第 227—228 页。

之间的沟通和协商，就成为维系人民民主发展的必要政治环境和制度资源。通过协商民主，人民群众才能保持充分的凝聚力和整合力。

这种条件下形成的协商民主是社会日益分化、社会力量不断强大的结果；形成的协商体系基于社会生活的改变，但涉及个人、社会与国家三个方面，包括政治协商、社会协商与公民协商三种形式。政治协商存在于党派与界别团体之间，关系国家与社会的整体事务；社会协商存在于政府与社会、政府与民众之间，关系群众的利益、社会发展和政府治理；公民协商存在于公民与社会团体之间，关系公民自我管理、自我服务的事务。[①]这种意义上的协商民主已经超越了传统的政治协商，进入了新的发展阶段。

尽管如此，政治协商与协商民主在根本目标上是一致的，这种协商在今天仍然是协商民主的主要形式。没有政治协商，中国共产党的理想和信念就难以得到全体中国人民的认同和支持，难以动员各民主党派人民团体和各族各界人士汇聚到自己的旗帜下，为共同目标而共同奋斗。尽管政治协商在各个不同的历史时期的工作重心和任务不完全相同，但它对于执政党领导中国革命和建设取得成功、推动中国走向国家富强和民族复兴发挥的作用始终是不可替代的。

中国特色的协商民主从一开始就不是公民偶然的、任性的政治参与，而是在党的领导下有组织、按程序、重协调的民主政治实践。党的领导始终是协商民主有序发展的基本前提和核心保障，否则人民之间的协商就有可能陷入无休止的争议和对立当中，甚至成为少数利益集团借公众权益的名义实现个人利益和团体利益的借口和工具。这与西方协商民主具有根本区别。西方的协商主要以民众或社会组织为主体，他们就社会性的公共事务开展一种自发性的讨论，一般并不直接上升到国家战略的层面。

中国特色的协商民主是多主体共同参与的民主，是国家政治层面的民主形式。这样的协商民主，要义是增进国家与民众之间在重大公共决策和与民众切身利益直接相关的事务上的沟通与交流。参与协商的主体不仅包括国家政权机关、政协组织、党派团体等体制内的机构，也包括社会组织

① 林尚立：《复合民主：人民民主在中国的实践形态》，《中共浙江省委党校学报》，2011 年第 5 期。

和公民个体。而且需要强调的是，在协商民主的实践过程中，这些主体之间在根本上不是利益对立的关系，他们更多是为了实现同一目标而开展相互协调和整合的政治活动。

中国特色的协商民主是全方位、多渠道的民主，是国家制度体系的有机组成部分。尤其作为我国基本政治制度载体的人民政协，是协商民主实现的重要渠道和主要平台。在关于政协民主的理论探讨中，一些学者一度将政协民主的含义限定在人民政协内部的政治协商参与团体、政协委员、国家政权机构之间的政治协商活动方面。但实际上，政协是协商民主实现的重要渠道，但并非唯一的渠道。当然，这不等于弱化了政协民主协商的功能，而是体现了更加开放的思维和更加广阔的民主事业。

中国特色的协商民主的目标是达成广泛的共识，凝聚全体中国人民的力量，共同实现中国梦、实现中华民族的伟大复兴。一般来说，协商民主的目的不一定要像选举民主那样达成一个决定性的结果，它更多的在于通过广泛的意见表达和民意汇集，形成政府、社会和民众之间的集体共识，最大限度地凝聚早日实现中国梦的强大力量，为中国的崛起和民族复兴注入强大的精神动力。

三、基层民主

基层民主是存在于基层政权与基层社会的民主制度和民主生活，主要包括基层政权的民主选举与民主管理、城市的居民自治、农村的村民自治和企事业单位的民主管理制度。[①] 基层民主不仅是一种基层自治和民主管理制度，也是国家民主制度在基层的具体体现，是人民民主广泛而深刻的实践。广大城乡群众通过基层自治制度，依法直接行使民主选举、民主决策、民主管理、民主监督的权利，管理基层公共事务和公益事业，实现自我管理、自我服务、自我教育和自我监督。

基层民主通过选举这种民主自治方式，使公共权力得到广泛的认同、获得相应的权威。在人民物质生活不断丰富、权利意识逐渐增强的时期，城市住房拆迁、村庄社区管理、农村教育医疗、土地承包流转等话题开始通过基层民主这一平台供人民讨论、协商。社会利益格局和群众价值取向

---

① 林尚立：《公民协商与中国基层民主发展》，《学术月刊》，2007 年第 9 期。

变化，促使基层民主依托自治制度得到进一步强化。通过社会基层单位的自治和自主运动，基层群众得以更多地参与公共事务管理，人民的意愿获得了有效的表达渠道，基层治理的压力和紧张得以缓和。

基层民主已经成为我国最直接、最广泛、最生动的民主实践。实现基层民主的基层群众自治制度是中国特色社会主义民主制度的重要内容。发展基层民主，完善基层群众自治制度，是发展社会主义民主的基础性工作，是发展完善中国特色社会主义民主政治的必然趋势和重要基础。作为人民直接行使民主权利的渠道，发展基层民主、实行村民自治和城市居民自治，能够保证人民群众依法直接行使民主权利、管理基层公共事务和公益事业，成为人民当家作主的最有效途径，成为人民群众依法进行自我管理、自我服务和自我发展的主要形式。

一个时期以来，随着改革开放的深入，具有自主地位和自主能力的社会主体日益成熟。基层民主越来越多地体现为人民自治要求的增多和自治能力的提高。这就是说，基层民主将主要围绕协调、整合和实现自治主体的自治利益来展开。[①] 一方面，国家要继续放权，逐渐减少对社会发展的直接控制和干预，改变计划经济管理模式，转变政府职能。另一方面，社会的自主性和独立性要不断提高，要加强社会自我管理、自我协调和自我发展的能力，参与基层民主的社会单位、组织和个人要摆脱对政府的过度依赖。

第二个方面尤其重要，它是基层民主水平继续提升的基础。提高基层群众的自治能力需要构建以社会自治功能为依托的社会组织机制，发挥社会组织的功能。扩大新兴社会组织的自主性、自治权，鼓励人民积极参与这些社会组织的自我管理、自我教育和自我监督，有利于自治主体从单一到多元的转变。此外，还必须完善基层自治程序和自治规则，使基层民主在新的历史时期，沿着更为科学、更为规范的方向前进。在民主实践不断推行的过程中，相关法律内容的广度和深度也在扩展，极大充实了基层民主自治的表达形式。

贯穿基层民主实践的领导核心是中国共产党，这是我国社会主义民主

① 林尚立：《基层群众自治：中国民主政治建设的实践》，《政治学研究》，1999年第4期。

政治的一大特点，也是发展社会主义民主政治的一大优势。坚持中国共产党的领导需要各级党政干部积极重视，建立健全农村和社区党组织领导的充满活力的村民自治机制和居民自治机制，充分发挥党组织的领导核心作用和党员的先锋模范作用。坚持党的领导是基层群众自治坚持正确的政治方向，有计划有步骤地稳定有序发展的根本保证。实践证明，基层民主较好地解决了我国的人民民主发展问题，使广大公民广泛参与的民主政治健康有序地发展。

在不同历史时期，执政党面临不同的执政环境，这些变化促使党在执政理念和执政方式两个方面一同改变。这种顶层设计的变化会导致各项微观政治制度的改变。例如，改革开放之初实行的“包产到户”改变了农村的经济发展路线，也改变了农村原有的治理模式。农民与国家、社队之间建立起了契约关系，依照权利义务进行生产。这种类型的自主生产必然面临社会治安、社会福利、土地管理等公共问题，村民委员会自治模式由此自发产生，群众形成了自我管理的要求，成为基层民主发展的内在动力。

从特点上看，我国基层民主具有广泛的活动主题和多样的参与形式。这一特点使所有群众的利益诉求都能够得到表达，不但涉及群众生活的方方面面，与群众切身利益密切相关，还能够直接反映人民群众的意愿，为利益诉求的满足提供足够多的渠道和途径。通过基层民主，人民群众能够获得看得见、摸得着的利益，能够保护自己的权利不受侵犯。基层民主的这一特点和优势，有利于调动人民群众参与的积极性，增强民主的广泛性和真实性，使自身成为广大人民群众学习民主、实践民主，成本低、效益高的大学校。

直接民主和自我管理是基层民主制度的典型特征。在自治的内容上，民主自治的事务涉及人民群众各个方面的切身利益，这些利益绝大多数与人民群众的民生有关，是他们看得见、摸得着的利益。基层群众通过直接选举居民委员会和村民委员会，决定与自身利益相关的事务，反映自身的利益诉求，维护自身权益。在自治的方式上，基层群众自治制度坚持权力下放。基层群众能够通过选举、决策、管理和监督直接参与基层公共事务和公共事业，体现了民主参与的直接性和有效性。

基层民主的实践不是一蹴而就的，经历了由点到面、由浅入深、由单领域向多领域逐步推进的过程。基层民主自治的各项制度、法律和法规是在不断总结实践经验的基础上，逐步建立和完善的；人民当家作主的能力也是在实践中逐步提高的。正是在基层民主实践的锻炼中，广大人民逐步提高了参政议政能力，学会了依法理性地行使民主权利。这种逐渐推进模式，避免了不切实际的极端冒险，降低了风险和成本，使国家能够集中精力解决发展中碰到的问题，使广大人民能够稳定有序地提高自身素质。

第三节　公民有序政治参与

一、公民政治权利

马克思在《论犹太人问题》中指出：政治解放“把国家事务提升为人民事务，把政治国家确定为普遍事务，即真实的国家；这种革命必然要摧毁一切等级、公会、行帮和特权，因为这些都是使人民摆脱自己政治共同体的各种各样的表现。于是，政治革命也就消灭了市民社会的政治性质。它把市民社会分成两个简单组成部分：一方面是个人，另一方面是构成这些个人生活内容和市民地位的物质要素和精神要素。”[①] 因此，利己的独立个人、经济交换关系和对人的权利的确认，构成了政治国家的前提和基本形态。

公共事务成为每个人的普遍事务，政治职能成为每个人的普遍职能，不过是因为个人要保护他们的独立地位、经济利益和法权身份。它们大体上可以对应马歇尔所说的三种公民权利。[②] 一般公民权对应法权身份保护，包括个人选择的自由、言论和宗教自由、拥有财产的权利、法律面前人人平等的权利等等；政治公民权对应独立地位的保护，意味着每个社会成员都可以作为投票者或者以直接政治实践的方式参与行使政治权力的权利。工业公民权则对应经济利益，关注每个人都享有的生活标准和经济福利。

基于人权的维护与公民权实践而确立起来的现代民主制度，在维护独立个人的自由人权的同时，还必须保障作为人民事务的国家事务能够真正

---

① 马克思：《马克思恩格斯全集》（第 1 卷），北京：人民出版社，1956 年版，第 441 页。

② T. H. Marshall, *Citizenship and Social Class*, *In*: *Inequality and Society*, edited by Jeff Manza and Michael Sauder, New York: W. W. Norton and Co., 2009, pp. 148 – 154.

地体现人民的意志，满足人民的共同需求。然而，现代民主的制度安排和具体实践，更多地将重点放在了前者，而忽视了后者。现代民主制度并没有借助民主这种形式超越利己主义，相反，民主制度却是这种利己主义的保障。它成为国家制度之后，日益与人民相脱离。人民无法有效地在国家生活中决定自己的事务；与此同时，人民也不把国家事务当作自己的事务。①

但是，解决了公民权利的实现问题，并不意味着国家权力归属的问题也一并解决了。中国的人民民主一开始就摆脱了这种混乱和模糊，兼顾了两个方面的问题，从而能在根本上保障人民群众当家作主。② 一方面，人民作为整体掌握国家权力，决定国家事务；另一方面，人民作为个体拥有自由权利，在国家领域中实现全面发展。前者解决国家权力的归属问题；后者解决公民权利的实现问题。社会主义的原则以及中国国家建设的内在逻辑，决定了国家权力的归属：它不能源于人民而归于部分人之手，而应该源于人民同时归于人民。

为了保证国家权力源于人民、归于人民，人民民主的实践必须双向展开：要从解决公民权利的实际出发，整体推进人民民主；同时要从解决国家权力归属全体人民出发，保障人民民主。这就要求人民民主的实践和发展，最大限度地创造个体的独立、自主和全面发展，同时也要最大限度地维系人民的整体性存在，即人民的团结与统一，从而保障国家权力能够掌握在全体人民手中，而不会被部分人掌握。可见，巩固和发展人民的整体性存在，是人民民主发展的前提与使命。

新中国成立之后，中国共产党就确定了国家政权的归属问题，同时也确定了国家政权服务的对象。巩固这种形式的人民民主需要从三个方面出发：一是坚持人民当中的先进阶级——工人阶级的领导；二是强化国家政权，并使国家政权成为服务于人民利益的保障；三是推进国家的工业化建设，使人民民主拥有真正的经济与社会基础。在社会资源严重不足的情况下，中国共产党还采取严格的经济管制来保障人民的基本权利，包括取消

---

① 林尚立：《复合民主：人民民主在中国的实践形态》，《中共浙江省委党校学报》，2011 年第 5 期。

② 林尚立：《人民、政党与国家：人民民主发展的政治学分析》，《复旦学报(社会科学版)》，2011 年第 5 期。

市场、降低人民生活的经济波动、以低水平全覆盖的方式提供社会保障等等。

改革开放的不断深入，同时也是创造独立个人、经济关系和公民身份的过程。也就是说，改革开放重构了国家事务与人民意志之间的联系。尤其是经济体制的变化，要求打破旧有政治身份的束缚，把人们从单位体制、户籍规定中离散出来，为雇佣劳动和经济交换关系提供基础；独立出来的个人的利益要求法律的保护、公民权利的确认，由此，人们之间又建立起一种权利关系。在上述关系中，“把人和社会连接起来的唯一纽带，是天然必然性，是需要和私人利益，是对他们财产和利己主义个人的保护”[①]。

二、公平正义的制度保障

中国的经济体制改革是一体化的改革过程，将具体经济体制和根本经济制度作为两个相互关联的方面整体推进。在对具体经济体制进行改革时，尽可能使市场经济体制服从于我国公有制为主导的根本经济制度，初步建立了对市场经济进行调控的制度。在对根本经济制度进行改革时，不仅建立起以公有制为主导、多种所有制共同发展的基本制度，而且进行了使公有制企业市场化的改革，建立了公有制企业的股权分置制度。[②] 这一改革的策略兼顾了经济的自由与经济的平等。

这个最终目标的实现面临着两个最重要的问题：一个是社会主义公有制和市场经济的结合问题。建设有中国特色的社会主义首先要求社会资源总量的持续扩张，这一基本前提要求充分发挥市场高效配置社会资源的优势。因此，市场的自由、劳动力的流动都要受到保护。政府的责任主要是围绕起点和过程实行公平的政策，从而改善结果的公平。另一个问题是共同富裕与经济发展的不平衡问题。后者决定了共同富裕不可能在全国同步实现，只能从实际出发，使条件好的一部分地区、个人先发展起来，先发展起来的地区和个人带动后发展的地区和个人。

---

① 马克思：《马克思恩格斯全集》（第 1 卷），北京：人民出版社，1956 年版，第 439 页。

② 刘敬鲁：《论我国实现经济平等与经济自由平衡发展的必要性》，《中国人民大学学报》，2009 年第 1 期。

这是一条从“效率优先、兼顾公平”到“更加注重公平”的发展道路。对效率的要求主要贯穿于发展生产、实现社会资源总量扩张的领域。公平的要求则主要体现于资源分配的领域、实现经济平等的领域。就前一方面而言，市场经济要求把质量、效益、效率放在首位，把投入、数量、速度放在适当地位，不是主要靠拼投入、增数量来实现粗放式的经济增长，而是要实现集约型的经济增长。就后一方面而言，初次分配和再分配都要处理好效率和公平的关系。而不是初次分配讲“效率优先”，再分配再讲注重公平。

要发展市场经济、扩充社会资源总量就要实现经济自由。因此国家必须创造良好的经济环境，充分调动各产权主体进行劳动和投资的积极性和创造性。承认个人在生产要素拥有的质和量，以及个人对生产或财富创造上贡献大小的差别，进而承认个人之间劳动收入和要素收入的差别。同时，国家还要通过相应的常规性制度安排和灵活的宏观收入调节政策或再分配手段，来协调社会成员之间的收入差距，把他们之间的收入差距控制在经济上比较合理和社会成员在心理上能够承受的范围内，以始终保证缺乏要素禀赋的社会成员（弱者）的基本生存权和相应的发展权。

公平正义问题，严格来说是政治方面的问题、是政府的职责所在和能力所在。因为政府是市场运行规则的制定者和维护者，是经济权力有秩序运行的守护者，只有它才有能力纠正市场自身逻辑带来的经济权力集中和资源分配失衡。我国实行的社会主义市场经济，坚持以公有制为主体、多种所有制形式并存的经济制度，坚持以按劳分配为主体、多种分配方式并存的分配制度。这在制度上已经保障了各种经济都能够在市场当中产生、发展和相互竞争，各种生产要素的投入都能够依据其对市场销量的贡献获得回报。

此外，围绕国家基本经济制度和分配制度，根据经济社会发展的需要，我国制定了一系列相关的法律、法规，从规则上保证了机会的均等。按照这些法律、法规，人们获得了平等的就业、教育等基础性权利，同时获得了谋求个人生存和发展、获取物质和精神满足的同等机会。在这些平等的规则下，人们在市场竞争中都具有了相对一样的参与机会、获取利益的机会、以及被选择的机会，使每个人都能够在同一起跑线上公平竞争，不存在任何基于个人要素禀赋或竞争能力以外的歧视或制约。

但是，市场进入和市场活动的机会均等仍然会合理地产生结果上的各种差异。一个没有把握住机会，而被市场排斥和抛弃的人，或者缺乏要素禀赋的社会成员（弱势群体）并不必然应该贫穷，更不能被剥夺基本的生存权利。他们虽然不能或很少对资本积累做出贡献，难以进入国民财富增加的经济体系，但这并不表明他们对资本积累和国民财富增加失去了意义。因为极端的贫困是社会动荡的根源之一，它会对稳定的经济秩序造成影响。而财富的过分集聚和集中也可能损害社会的约束机制，从总体上破坏社会的均衡状态。

因此，经济自由造成的严重社会问题必须要民主来弥补。国家应当通过政治权力调节过高收入、规范收入分配，将收入差距控制在经济上比较合理、社会成员普遍可以接受的范围内。平等与效率问题不仅仅是一个经济问题，同时也是涉及社会政治制度和社会意识形态等方面的问题。所以，千方百计地提高我国经济运行效率的同时，毫不犹豫地缩小和消除贫富不均的现象，已经成为我国经济改革过程中所面临的主要课题。[①]

三、公民参与的有序性

人民当家作主最基本的实践是公民参与。其基本形式包括：公民作为权力主体履行对党和国家事务的维护和监督；二是作为权利主体，充分履行宪法和法律所赋予的公民权利和义务。对中国共产党而言，领导人民实践人民民主是党领导和执政的内在使命，扩大公民参与、广泛吸纳群众意见并及时地转化为有效政策，是党领导和执政能力的具体体现。对人民而言，权利履行必然形成对党的事务、国家事务和社会事务的参与，正是在这些参与中，人民当家作主的角色和功能充分体现出来。

因此，人民民主的国家要从各个层次、各个领域扩大公民参与，广泛动员和组织公民依法处理国家事务和社会事务、处理经济和文化事务。公民要积极进行政治参与，并且这种参与随着社会主义民主政治进程的发展还要不断扩大，这是社会主义国家政权的本质所决定的。扩大公民有序政治参与，能够增强社会主义国家政权的活力，促进社会主义国家政权的巩

① 吴平魁：《市场经济与经济民主》，《当代经济科学》，1996 年第 3 期，第 85—88 页。

固和发展。公民与国家之间这种良性互动关系，从根本上取决于社会主义民主政治的本质。同时，党要积极稳妥地推进政治体制改革，使之适应人民政治参与积极性的不断提高。

与一般的公民参与不同，中国公民的政治参与因为党落实群众路线而有其特殊的形式，王绍光称之为“逆向参与模式”①，并认为它有四个支点：一是要求领导干部深入群众，与群众打成一片；二是领导干部要有群众观念，想群众所想，急群众所急，充分考虑群众利益；三是领导干部要进行充分调查研究，真实了解民情民意；四是领导干部要积极吸取民智，以寻求切合实际的政策与办法。这种参与模式实际是一种公民的间接参与：领导干部通过深入群众，向群众学习，从而代表群众进入政治过程。

从实践上看，公民既会因为个人利益而参与政治活动，也会因为公共利益而选择行动。公民参与在形式上具有分散性和自发性，有时会带有盲目性和无序性。克服这种缺陷，使公民权利的履行转化为更为有效的人民民主实践，使其权利履行的效应不仅有利于个体利益和诉求的实现，更有利于公共秩序与公共利益的维护和发展，需要党和国家提供制度和法律资源。依赖党和国家提供的平台，公民在实现参与最大化的同时，还能够实现参与的有序性、规范性。

改革开放以来，我国经济社会发生了深刻的变革，扩大公民有序政治参与的需要不断增强。尤其改革进入深水区，面临许多新情况和新问题，扩大公民政治参与有助于增强党和政府与人民的合力，协同解决这些问题。例如，在需要进一步加大解决民生问题力度、更好地统筹各方面利益关系的时期，通过对话、协商、听证等公民政治参与形式，倾听其意见和建议，有利于提高改革决策的科学性、增强改革措施的协调性。另外，改革越是深化，越需要加强对权力的监督和制约。扩大公民有序的政治参与，有助于加强这种监督和制约。

随着我国民主政治建设的发展，人民群众政治参与的积极性不断提高，其知政、议政、参政能力也逐步增强，这就需要扩大公民有序政治参与，以适应新形势、新要求。为此，要解决好社会主义民主的实现形式问

---

① 王绍光：《公众决策参与机制：一个分析框架》，谭君久主编：《中国式民主的政治学观察》，西安：西北大学出版社，2010 年版，第 1—18 页。

题。缺乏具体形式的民主，只能是一种抽象的民主。要克服轻视民主形式的错误心态，充分认识扩大公民有序政治参与是实现社会主义民主的重要形式，而深化政治体制改革的一项重要任务也就是要探索社会主义民主的实现形式。扩大公民有序政治参与，就是要通过丰富民主形式来适应人民群众政治参与积极性不断提高的要求。

实现公民有序政治参与必须坚持参与的合法性、科学性和自主性。[①]公民有序政治参与首先要遵循政治法律规范。当前，由于改革的深化，在社会利益关系方面存在一些复杂而深刻的矛盾，公民应当通过合法有序的方式来表达利益诉求，而不应以群体性事件向党和政府施压，聚众冲击党政机关，更不应堵塞铁路公路交通，搞打砸抢烧。这些过激的、非常态的政治参与行为，不仅是违法的，而且也不利于问题的解决。扩大公民有序政治参与是在社会主义法制框架内对政治参与的扩大，这就要求公民强化法治观念，依法进行政治参与活动。

公民有序政治参与必须遵循客观规律。宏观来看，扩大公民有序政治参与，应当是中国特色社会主义政治发展道路上的政治参与，既要有利于坚持党的领导，又要体现人民当家作主，还要符合依法治国方略的要求。微观来看，政治参与作为普通公民的政治活动，涉及到政治参与的方式、程度、程序、规则、作用、时机、效果等多种因素。分析这些因素对政治参与的影响，揭示这些因素相互之间的联系，研究这些因素随时空条件变化而发生的变化，就能够发现微观层面政治参与的规律性问题。

公民有序政治参与需要逐步把动员式参与转变为自主式参与，提高公民政治参与水平，并在高一级层次上实现政治参与的有序性。我国公民政治参与率一直比较高，如基层普选人大代表和开展某些社会公益性活动等参加人数都很多。但这主要是政治动员的结果，主动参与者还不是太多，由此所表现出来的有序性也具有外在动员性因素。扩大公民有序政治参与，不仅是政治参与量的增加，更重要的是质的提高，亦即自主式政治参与率的提高。只有当公民能够自主参与政治时，社会主义民主的本质才能真正体现出来，政治参与的有序性也才更具实质性意义。

---

① 王真：《扩大公民有序政治参与》，《大连日报》，2008年3月5日。

第五章

治理之维：党与国家、社会、市场关系

社会主义政治学的核心命题既然界定为治理，相应的问题是要回答治理的主体和对象之间的相互关系。在大多数国家，国家治理的主体通常是获得民众授权的政府，中国的特色则在于党是治理的不变主体，这进而导致了治理对象的内在嬗变，国家政权机关首先成为治理的对象，在此基础上，党还承担社会治理和市场治理的双重职责，由此，党对国家、党对社会、党对市场的治理构成了政治的三个基本维度。在中国的基本政治架构下，党对国家、社会和市场的治理在历史中呈现不断演变的政治形态。在革命战争年代，迫于外部环境的高压，党对革命根据地的政府治理是通过对其进行全方位领导来实现的，从而形成了一元化的领导方式和“合一型”的党政关系；这个时期党对革命根据地社会的治理，主要体现在通过党的组织整合体系和统战整合体系来进行社会整合，从而动员和凝聚整个社会来为革命战争服务。在计划经济体制时期，党对国家和社会形成了一种“党全面领导国家、国家全面主导社会、党通过国家或自身组织领导社会”的治理格局，党、国家和社会之间形成一种“三位一体”的权力关系。在市场经济体制时期，随着国家和社会逐步脱离党的全面主导，随着社会组织和市场经济的逐步兴起和发展，国家、社会和市场三者作为治理主体的地位开始形成，党对国家、社会和市场三者的治理必须以尊重它们自身的治理主体地位为前提。此时，党对国家的治理开始呈现出一种嵌入式的特征，党对社会的治理范围从全面走向收缩，党对市场的治理采取了一条逐步扩大市场调节范围、逐步提升市场在资源配置中的作用的渐进路径。

第一节 党与国家

一、党领导国家

中国共产党在当代中国政治中的领导核心地位，以及由这种领导核心地位所主导的一整套党政体制，必须被置入世界现代化进程的历史语境中来理解和分析。“党政体制”是理解中国政治的最重要关键词，其含义可以被理解为“中国共产党领导的政治体制”。这个概念之所以如此重要，是因为关于中国政治的一个最显著事实就是：中国共产党是中华人民共和国的领导核心，是当代中国政治体制的中轴。[①]

近代中国在鸦片战争之后被迫卷入世界现代化的历史浪潮，在内忧外患之下开始了国家的现代转型与建构。然而，中国传统社会的组织方式与阶级结构，使之丧失了依靠任何既存的阶级和社会力量来推动国家现代转型的可能性。而作为后发型的现代化国家，中国也无法像原发型的现代化国家那样依靠经济与社会发展所孕育的新生阶级与社会力量来推动国家的现代转型。支撑现代转型的主体力量的缺失，导致了传统中华帝国政治体系自我转型的最终失败。[②] 辛亥革命尽管结束了王朝国家的政治形态，但同时也进一步加剧了传统中国的组织资源匮乏。虽然传统中国是一个高度中央集权的官僚制帝国，但帝国的政权系统只达到县级，县以下不设职能性的官员和机构，因此基层社会的组织相当分散化。由于“分散化的组织原则极大地抑制了统治者创造各种有效组织手段的动力，也极大地限制了统治者开发各种组织资源的能力”，[③] 国家的组织和动员能力自然就极其低下。辛亥革命不仅没能扭转晚清以来地方军阀势力割据、中央权威衰落的颓势，它所导致的中华帝制的瓦解反而催生了“大大小小的传统型权力中心”；这进一步加重了中央政治权威的危机、加深了传统中国政治秩序的解体，从而在很大程度上恶化了传统中国社会的低组织化状态，形成了孙中山先生所谓的“一盘散沙”的局面。[④]

由于任何一个国家的现代化建设都需要一个支撑性的主体力量，当时

---

① 景跃进、陈明明、肖滨：《当代中国政府与政治》，北京：中国人民大学出版社，2016 年版，第 3、6 页。

② 林尚立：《当代中国政治：基础与发展》，北京：中国大百科全书出版社，2017 年版，第 70、106—109 页。

③ 陈明明：“党治国家的理由、形态与限度——关于中国现代国家建设的一个讨论”，载陈明明编：《共和国制度成长的政治基础》（复旦政治学评论），上海人民出版社，2009 年版，第 216 页。

④ 陈明明：“在革命与现代化之间”，载陈明明编：《革命后社会的政治与现代化》（复旦政治学评论），上海辞书出版社，2002 年版，第 232 页。

中国的低组织化状态便成为国家现代转型过程中必须面对的首要问题。既然当时的中国不存在可以推动国家现代化的任何现成社会力量，那么唯一的出路就是人为地去组织和创造这样一个力量，以便实现整个国家和社会的有效整合。而组织政党，便是当时最直接、最有效而且也最具现代性的组织化方式。于是，在民国初期曾经兴起过一段短暂的多党政治时期，但多党体系的软弱无力加剧了社会和国家的非组织化，最终败于以超越法律和程序的强力左右政治进程的政治强人。因此，当时中国社会的特殊性质包含着“一种集权政治的逻辑：分散的社会需要强有力的政治才能整合，强大的专制需要更强大的力量才能制服，在政党来临的时代，要形成更强大的力量，只能组织更强大的政党”。[①] 正是基于这个逻辑，在经历了多党政治的失败之后，孙中山开始“以俄为师”对国民党进行改制。改组之后的国民党形成了以党政合一、党国合一为典型特征的“党国体制”政治形态，“党治国家”被载入训政时期最重要的宪法性文件和法律文件。然而，国民党的“党国体制”存在一些其自身无法克服的体制性矛盾：中央层面实行党政一体化与地方层面实行党政二元化的并存；“党国体制”在城市的稳步推行与在乡村的难以扎根的并存；党国在政治层面的不容挑战和质疑的排他性、独占性与全权性，与非政治层面的管束松懈并存。这些矛盾极大削弱了国民党“党国体制”的效能，使之无法有效组织和动员整个社会的资源来进行自上而下的现代化并实现向现代国家结构的转变，这是国民党最终丧失中国现代化进程的领导权的重要因素。[②]

中国共产党在国民党败北之后，成为中国现代国家转型与建构的坚强领导核心和支撑力量。事实上，早在革命战争年代，由于意识形态的规定性和革命环境的强制性，中国共产党已经确立了“党内自上而下的一体化组织结构、党同外部环境互动的一体化动员结构”，即通常所称的“一元化领导”，由此建构了一种具有高度“渗透性、辐射性、内聚性和整合性”

---

① 陈明明：“党治国家的理由、形态与限度——关于中国现代国家建设的一个讨论”，载陈明明编：《共和国制度成长的政治基础》（复旦政治学评论），2009年版，第219—222页。

② 陈明明：“党治国家的理由、形态与限度——关于中国现代国家建设的一个讨论”，2009年版，第224—231页；“在革命与现代化之间”，载陈明明：《革命后社会的政治与现代化》（复旦政治学评论），2002年版，第231页。

的党政体制，其强度和效能是国民党统治地区的党国体制无法望其项背的。[①] 新中国成立之后，党的这种“一元化领导”方式也随之被应用于国家社会政治事务的领导和管理。党政体制形成了一种“一元闭合的系统”，在中央和地方、城市和乡村、政治和非政治层面形成了一种相互支持和协调一致的机制。这种体制的优越性在于，“它在资源提取、社会调控、管制整合、合法化论证等方面具有前所未有的强大能力”，[②] 因此不仅适应了中国作为后发现代化国家赶超先进工业国家的迫切需求，而且能够支撑社会主义现代化建设的历史任务。

经历了从革命战争时期、到计划经济体制时期、再到市场经济体制时期的历史发展，中国共产党的党政体制已经形成了一套相对成熟稳定的制度架构。这种“党政体制”的核心特征在于：它是一种复合结构，是一种由政府官僚等级体系和政党组织等级体系构成的双重层级组织，从中央到地方不同层级的党组织与政府组织相依并存；同时，作为官僚制的政党结构通过各种机制嵌入并且重组国家和政府的结构，由此来建构一个以政党为核心和中轴的国家政权结构。[③]

具体来说，党借以领导国家政治生活（尤其是政府机关）的那些重要体制包括：首先，作为权力中心机制的“党委、党组”制度，是党领导国家政治生活的基本制度形式。党在国家机关、军队、人民团体和企事业单位内部普遍建立党委或党组，其根本职能是发挥“总揽全局、协调各方”的领导核心作用。其次，作为全面控制机制的“归口管理”制度，是通过以党中央的某个直属部门为主导、并整合部分政府机构，来建构一个“局部性的复合体”，从而实现对国家政治生活特定领域的领导和管理。这个制度的重要功能在于，使党政体制下的双重官僚体系融合成为一个整体。第三，作为精英管理机制的“党管干部”制度，为党的各级委员会赋予了

---

① 陈明明：“党治国家的理由、形态与限度——关于中国现代国家建设的一个讨论”，2009年版，第231页；陈明明：“在革命与现代化之间”，载陈明明：《革命后社会的政治与现代化》2002年版，第195页；景跃进、陈明明、肖滨：《当代中国政府与政治》。北京：中国人民大学出版社，2016版，第18页。

② 陈明明：“党治国家的理由、形态与限度——关于中国现代国家建设的一个讨论”，2009年版，第234，243页。

③ 景跃进、陈明明、肖滨：《当代中国政府与政治》，北京：中国人民大学出版社，2016年版，第6—7页。

在干部的考察、推荐、任免、调配和使用上的排他性权力。其目的是为了保证国家和社会的管理精英能够符合党的要求、服从党的意志并执行党的决定，由此实现党对国家和社会的领导权。第四，作为沟通吸纳机制的“政治协商”制度，旨在使执政党同各民主党派、各界爱国人士就国家大政方针和重要事务等问题进行讨论协商，以便达成共识，从而推动党和国家重大决策贯彻执行的政治过程。第五，作为思想统一机制的意识形态，为党的路线、方针、政策提供了合法性依据。第六，作为社会整合机制的“统一战线”制度，不仅包含传统的政党制度、民族区域自治制度、宗教制度和海外华人统战工作制度，而且近些年来愈发重视由市场体制所催生的社会结构分化和新社会阶层。这项制度旨在建立广泛的联盟，从而把各种力量吸纳进中国社会主义的建设事业。最后，作为政治动员机制的“群众路线”，是修复党和群众的信任基础、维护党的路线方针政策的公信力、加强群众对党的领导的政治认同、提高党的科学决策和民主决策能力的重要步骤。①

二、合一型党政关系

在中国共产党的党政体制中，党在国家政治权力结构当中始终处于领导核心的地位，而这种突出地位必然导致党政关系成为中国政治生活中最重要的政治关系。“党政关系”顾名思义就是“党”与“政”之间的关系，其中“党”专指“中国共产党”，而“政”在狭义上可以被理解为“政府”，在广义上则被理解为一个涵盖“政权”“政府”“政协”“政法”以及担负一定“政治任务”的人民团体等多种含义的概念。因此，广义上的党政关系并不是一种单一的政治关系，而是一组政治关系。② 其中，最重要的关系包括：党与人民代表大会的关系、党与中央及地方政府的关系以及党与国家司法机关的关系。

要正确理解中国的党政关系，就必须意识到它包含了两个方面的问题：一方面，党政关系的根本原则是党的“一元化领导”，用官方话语来

① 景跃进、陈明明、肖滨：《当代中国政府与政治》，北京：中国人民大学出版社，2016 年版，第 23—26 页。

② 朱光磊：《当代中国政府过程》，天津：天津人民出版社，2008 年版，第 48 页。

表述就是“坚持党的领导”。这个原则的本质是权力中心的唯一性，它所体现的是党在政治社会经济生活中的核心地位，因此，这个原则从革命战争时期到社会主义建设时期始终保持不变。党政关系的另一个方面涉及的是党的领导方式和领导体制，它所回答的是党如何领导的问题。无论选择何种领导体制，其前提都是坚持党的一元化领导，其目的都是为了加强和改善党的领导。不同于党的一元化领导原则保持不变，党的领导体制一直随着历史环境的变迁而进行调适和革新，体现为从传统的“合一型”党政关系到改革开放后的“嵌入型”党政关系的历史转变。改革开放前的传统党政关系是以“党政合一”为特征的，“党及其各级组织和机构直接代替政府行使行政权力”；而改革开放后的党政关系逐步转变为“嵌入式的融合形态，党不再直接介入政府事务，对政府的领导也逐步转变为以总揽全局和协调关系为主要方式”。[①]

传统的“合一型”党政关系，可以追溯到新民主主义革命时期中国共产党所建立的革命政权的局部执政经验。在大革命失败后，中国共产党依照共产国际的指示，根据俄国革命的政权形式组建起中华苏维埃工农民主政权。在政权组建之初，党就意识到既应当避免苏联革命经验中以政代党的危险，也要避免出现以党代政的危险。一方面，党必须坚持对政权的领导，不容许以政代党、削弱或离开党的领导，因此中共六大《苏维埃政权组织问题决议案》明确提出“苏维埃政权之正确的组织，是要以党的坚固的指导为条件的”。另一方面，必须充分发挥政权的作用，不能以党代政，因此《决议》指明了“党是苏维埃思想上的领导者，应经过党团指导苏维埃”的基本原则。[②] 这种理念在组织设计上的反映是：一方面，为了实现对苏维埃政权的绝对领导，中央苏区不仅建立了与政权平行的党的组织系统，使该组织系统的每一层级分别将同级政权置于自己的领导之下，而且还规定必须在政权和各种非党机关内部组建党团、并使党团在政权中起核

---

① 刘杰：“党政关系的历史变迁与国家治理逻辑的变革”，载《社会科学》，2011年第12期，第4页。

② 艾立华、刘云龙：“第二次国内革命战争时期党是如何处理苏区党政关系的”，载《长白学刊》，1988年第4期，第45页；于化民：“论1927—1929年间中共对工农政权建设的理论探索”，载《晋阳学刊》，2017年第1期，第39页。

心作用；[①] 另一方面，为了避免以党代政，中共中央强调要严格划分党与政权的工作系统，并且要求建立起自上而下的、强而有工作能力的苏维埃政府。[②] 然而，由于党在革命战争中所形成的威望远高于刚刚建立的苏维埃政府的威望，由于某些苏维埃政府在初建时机构不健全、未建立日常工作秩序、缺乏有执行力的干部，由于党政机关的各自职能尚未通过制度化的形式确立下来，最重要的是，由于苏区始终处于严酷的战争环境之下、许多工作需要协调统一并高效完成，因此，苏区事实上在很多情况下实行的是党政合一或党政军合一的领导方式。[③]

一元化领导的根本原则在抗日战争期间得以延续，并得到中共中央的正式认可。在20世纪40年代初抗日战争形势恶化的情况下，为了协调党政军民的关系、使各种组织之间更加密切配合，为了使党政军系统中的党员干部严格服从党的纪律和执行党的决定，从而使党的政策能够得到贯彻执行，中共中央正式认可了“根据地领导的统一与一元化”原则[④]。其本质内容在于：“在党政军群组织间，以党的中央局和地方党委为最高领导机关，它们做出的决议、决定和指示，军队的军政委员会以及政府、民众团体的党员均须无条件执行。”[⑤] 必须强调的一点是，党同时明确指出：一元化领导体制并不意味着党政不分、以党代政和由党委包办政权机关的工作；党的领导是原则、政策和大政方针上的领导，而不是事事干涉和代替包办；党对政权的领导，应当通过政权机关中党团和党员的活动贯彻党委的决议和决定来实现。[⑥] 从这个意义上说，中国共产党在新民主主义革命

---

① 张玉龙、佟德元：“中央苏区时期中共的党组织系统、党员结构与党政关系”，载《苏区研究》，2015年第1期，第83—84页。

② 杨会清：“革命动员视角下的党政关系调适——以土地革命时期为中心”，载《赣南师范学院学报》，2010年第4期，第43—44页。

③ 艾立华、刘云龙：“第二次国内革命战争时期党是如何处理苏区党政关系的”，载《长白学刊》，1988年第4期，第45—46页。

④ 《关于统一抗日根据地党的领导及调整各组织间关系的决定》，参见中共中央文献研究室、中央档案馆：《建党以来重要文献选编》第1册，北京：中央文献出版社，2011年版。

⑤ 杨光斌：《当代中国政治制度导论》，北京：中国人民大学出版社，2015年版，第38页。

⑥ 王海军：“中国共产党党政关系的历史发展与现实思考”，载《中国特色社会主义研究》，2006年第6期。

期间，始终对防止党政不分和以党代政保持着高度敏感。然而，在外部环境的高压之下，这个时期党的一元化领导仍然伴随着党包办和代替政府的工作、并导致政府权力虚化和丧失威信的现象，呈现出党政合一的典型特征。尽管如此，这种“合一型”的党政关系，通过其强大的资源整合和社会动员能力为革命战争的胜利提供了组织保障，因此在当时特定的历史条件下具有其合理性。

由于新民主主义革命的最终胜利，“合一型”党政关系作为一种有效经验产生了强大的制度惯性，在革命战争结束后被植入全面执政时期的建国实践当中。它不仅被视作推动社会主义现代化建设、赶超先进工业国家的组织保障，而且与中国共产党所选择的计划经济发展模式高度契合。由于“计划经济体制本身是一种纵向集权（地方服从中央）和横向集权（中央政府和国家计委掌控各部门各行业的政策制定和资源分配）同步进行的过程”，因此，“合一型”党政关系与计划经济的发展模式本身是相适应的，二者是一个“双向互动、相互影响的过程”。[①] 为了向计划经济体制的运行提供政治上的保证和支持，“合一型”党政关系得到持续加强。于是，此时的党政关系呈现出如下重要特征[②]：首先是权力中心的唯一性，中央是最高的决策中心，“只有一个‘政治设计院’，没有两个‘政治设计院’。”[③] 其次是权力结构的集中性，政府所有重要事项均须请示中央、并经过中央讨论批准后才能执行[④]。第三是权力形态的统合性，政府不仅受其内部党组的领导，而且受其外部同级党委的领导[⑤]，政府完全成为党的组织体系的组成部分。第四是党的领导代行国家管理社会的功能，“大政

---

① 赵绪生：“我国计划经济体制时期的党政关系评析及启示”，载《理论学刊》，2014 年第 2 期，第 43—44 页。

② 景跃进、陈明明、肖滨：《当代中国政府与政治》，北京：中国人民大学出版社，2016 年版，第 18—19 页。

③ 《中共中央关于成立财经、政法、外交、科学、文教各小组的通知》，参见《建国以来毛泽东文稿》第 7 卷，北京：中央文献出版社，1992 年版，第 268—269 页。

④ 《关于加强中央人民政府系统各部门向中央请示报告制度及加强中央对于政府工作领导的决定（草案）》，参见《建国以来重要文献选编》第 4 卷，北京：中央文献出版社，1993 年版，第 67 页。

⑤ 《关于在中央人民政府内组织中国共产党党委会的决定》和《关于在中央人民政府内建立中国共产党党组织的决定》。

方针和具体部署，都是一元化，党政不分”①，政党和国家的界限日趋模糊。最后是党的权力超越了国家法律，党的决定和政策代替了国家法律，立法机关和司法机关也被置于党委的绝对领导之下。

20 世纪 50 年代中期以后在全国范围内最终确立的这种合一型党政关系，是合乎历史逻辑的。它维系了国家的团结和统一，推动了赶超型的发展战略，并且保证了长期的社会政治稳定，从而为国家现代化建设的顺利进行提供了有利环境。然而，由于党对国家政权实行全面而强势的领导，由于党的高度集中权力没有受到法律的有效约束，当国家治理的核心目标从社会经济建设转变为“以阶级斗争为纲”时，国家政权机关的制度建设和发展逐步遭到削弱，甚至陷入了停滞和衰退，而合一型党政关系也陷入了自身的危机之中。在继续革命的逻辑之下，整个国家的社会生活处于高度政治化的状态，专业精神和专业能力逐步萎缩，社会缺乏创造精神和活力，国家治理的效能趋于低下。其中的根本原因在于，随着社会主义建设的逐步推进，基于革命经验的合一型党政关系逐步表现出与社会经济建设之间的不适应性。

三、构建嵌入型党政关系

革命逻辑与建设逻辑之间的这种内在张力，触发了改革开放以来在党政关系改革方面的持续探索。随着市场经济体制的建立，市场和社会逐渐发育成长，国家和社会关系逐步产生分离，党的一元化领导的范围、形式和强度也在发生变化。这种变化的一个重要信号来自 1980 年 8 月 18 日邓小平在政治局扩大会议上发表的《党和国家领导制度的改革》讲话。在讲话中，他否定了党政不分、以党代政的合一型党政关系：“在加强党的一元化领导的口号下，不适当地、不加区分地把一切权力集中于党委，党委的权力又往往集中于几个书记，特别是集中于第一书记，什么事都要第一书记挂帅、拍板。党的一元化领导，往往因此而变成了个人领导。”也就是说，这种党政关系容易导致权力在横向上的过分集中，而权力过分集中又会“妨碍社会主义民主制度和党的民主集中制的执行，妨碍社会主义建

① 《中共中央关于成立财经、政法、外交、科学、文教各小组的通知》，参见《建国以来毛泽东文稿》第 7 卷，北京：中央文献出版社，1992 年版，第 268—269 页。

设的发展”。针对这个问题，邓小平提出了如下具体设想：“中央一部分主要领导同志不兼任政府职务，可以集中精力管党，管方针、路线、政策。这样做，有利于加强和改善中央的统一领导，有利于建立各级政府自上而下的强有力的工作系统，负责范围内的工作”。[①] 这与党在改革开放前所提出的“大政方针和具体部署，都是一元化，党政不分”相比产生了重大转变，成为党政关系调适和革新——即从传统的“合一型”转变为“嵌入型”党政关系——的重要起点。

新的“嵌入型”党政关系旨在通过党和政府在职能上的适度分工，从而改变传统“合一型”党政关系中存在的党政不分和以党代政。必须注意的是，这种变革仅仅涉及党的领导方式和领导体制的变革，而不涉及“坚持党的领导”这个党政关系的根本原则。正如邓小平在上述讲话中所指出的：“改革党和国家的领导制度，不是要削弱党的领导，涣散党的纪律，而正是为了坚持和加强党的领导，坚持和加强党的纪律。”[②] 因此，“嵌入型”党政关系的特征是“在以党的领导为前提下，党的各级组织与政府各层级之间在职能上有所分工、各司其职但相互协调”，其核心是“党不再直接替代政府的行政职责，而是主要通过制度性嵌入、功能性嵌入、主体性嵌入、过程性嵌入等方式介入国家治理过程”。[③] 在这个转变过程中，党政之间的关系从原先在组织结构和职能上都高度融合和重叠的状态，演变成一种局部交叠、相互协调合作的状态。

所谓制度性嵌入，是指在国家制度层面上明确规定“党拥有决定国家建设方针、主导基本社会制度、部署国家发展战略等一系列国家治理的最高权力。从改革开放决策的制定到科学发展观的提出，从以经济建设中心的确立到转变经济发展方式，所有重大的经济和社会发展决策都是首先以党的文件形式决定的，政府必须无条件地加以贯彻落实”。制度性嵌入保证了党对中国社会未来发展方向的重要规划能够通过政府得到有效的执行。所谓主体性嵌入，是指“包括政府机构、国有企业和事业单位在内的

---

① 《邓小平文选》第二卷，北京：人民出版社，1993 年版，第 328—329，321 页。

② 《邓小平文选》第二卷，北京：人民出版社，1993 年版，第 341 页。

③ 刘杰：“党政关系的历史变迁与国家治理逻辑的变革”，载《社会科学》，2011 年第 12 期，第 5、7 页。

所有公共部门，都必须设立不同层级的党组织，这些党组织虽然并不直接干涉行政事务，但仍然扮演着把关者和监督者等主体性角色”。这种主体性嵌入是功能性嵌入和过程性嵌入的必要条件。所谓功能性嵌入，是指“党在不直接介入政府内部事务的同时，仍然承担着重要的政府性治理功能，尤其是政府内部的党组织仍然是实质上的决策者，政府公务人员中的党员、尤其是党员干部更以双重身份承担着管理经济社会事务的具体功能”。党的这种功能性嵌入与政府职能的相互协作，能够保证党的路线方针政策在各基层单位中落实到位。所谓过程性嵌入，是指“政府运作的全过程都贯穿着党的存在，防止政府过程偏离党的预期方向”。[①] 过程性嵌入事实上就是党的功能性嵌入在政治过程中的具体表现。

党政关系的上述变迁，体现为从党政不分、以党代政的领导方式转变为“政治领导、思想领导和组织领导”的领导方式，后者构成了改革开放以来党的三大政治功能。首先，政治领导是指“规定国家性质和发展方向，制定国家大政的方针、路线和政策，协调政治主体间的关系，并确立党在权力结构中的核心地位”。为了确保国家的社会主义性质和发展方向、党在国家政治生活中不可动摇的领导地位、以及国家现代化的平稳发展，党提出了“总揽全局、协调各方”的原则。总揽全局，就是要求各级党组织担负起领导责任，集中精力处理好带有全局性、战略性、根本性和前瞻性的重大问题。协调各方，就是要求各级党组织从推进全局整体工作的要求出发，不仅协调好党的组织的内部关系，而且协调好各级党组织与其他政治主体之间的关系，使各个政治主体都能各司其职、各尽其责、相互配合、形成合力。其次，组织领导是指：在国家层面上，通过建立党的各级组织、以及向政权机关推荐党的重要干部来掌握国家权力；在社会层面上，通过建立党的各级组织、以及发挥党组织的领导核心作用来整合社会力量。必须强调的一点是，在依法治国的原则下，党组织所推荐的人选必须经过法定程序才能成为国家机关的领导人员。最后，思想领导是指坚持马克思主义在意识形态领域的指导地位，通过党的意识形态宣传部门和党的理论创新工作，使马克思主义成为国家和社会的主流思想，使党的主张

① 刘杰：“党政关系的历史变迁与国家治理逻辑的变革”，载《社会科学》，2011年第12期，第7—8页。

被人民所接受并转化为人民的自觉行动。在人民思想活动的独立性、选择性、多变性和差异性不断增强，以及价值日趋多元甚至彼此冲突的时代，在思想上建立对社会主义意识形态的广泛社会心理认同，对于巩固党的政治领导和组织领导来说是不可或缺的。①

第二节　党与社会

一、社会建构与整合

除了党政关系，国家与社会之间的关系是现代政治生活中的另一个非常重要的关系。对于现代中国而言，由于共产党是中国社会主义事业的领导核心，在中国政治权力结构中处于绝对主导的地位，因此，党对国家与社会的关系起到了决定性的作用。于是，中国共产党的地位与作用应当被纳入关于中国国家与社会关系的思考，对于国家与社会关系的思考应当被合理地转化为关于党、国家与社会三者之间关系的考量，其中既包含党与社会之间的直接关系，也包含党通过国家从而与社会形成的间接关系。

如前所述，近代中国所面临的两个主要问题是革命与现代化，而要在以低组织化为核心特征的旧中国夺取革命的胜利、并推动以社会主义为总体目标的现代化建设，首要的任务就是克服整个社会的散漫无组织状态。在中国特定的历史条件下，唯有借助中国共产党的组织力量来对中国社会进行全面的组织改造，才能实现社会的重新建构与整合。于是，党的组织网络成为党和国家有效组织社会的网络机制，也成为党和国家政治权力作用于社会的组织基础和核心渠道。通过这个从中央到基层的严密组织网络，党和国家的政治权力就能十分有效地渗透到社会各个角落，使整个社会依附于这个权力网络从而实现自身的组织化。②

作为中国社会主义事业的领导核心，党既是执政的力量，同时也是领导的力量。一方面，作为领导的力量，党不依赖于国家制度而拥有实际的

---

①　景跃进、陈明明、肖滨：《当代中国政府与政治》，北京：中国人民大学出版社，2016年版，第52—53页。

②　林尚立：《中国共产党与国家建设》，天津：天津人民出版社，2009年版，第159—160页。

政治权威，因此可以通过自身的组织来从事社会整合。在长期的革命和建设实践中，党形成了整合中国社会的两大体系：其一是党的“组织整合体系”，依托从中央到基层的各级党组织、党在各级政府和企事业单位中设立的党组；其二是党的“统战整合体系”，依托党自身的组织和统战部门、国家的政治协商制度、工青妇等人民团体、以及其他一切可以调动的积极因素。另一方面，作为执政的力量，党是国家制度的建立者和实际操作者，因此还可以通过国家制度来进行社会整合。在领导中国人民当家作主建设国家的过程中，党形成了整合中国社会的第三个体系，即基于国家政治制度的“制度整合体系”，依托从中央到基层的各级政府以及各种派出机构和组织。① 从党的革命和建设的历史实践来看，这三个体系在不同历史时期扮演了各自不同的角色，其合力作用确实有效地推动了当代中国迫切需要的社会重建与整合。

在改革开放前后，中国的政党、国家和社会之关系经历了重要的变革，计划体制时期“三位一体”的同构关系在经历改革开放之后逐渐分野化。这种变革源自中国社会向市场经济体制的转变，党与国家逐渐从社会领域中退缩，社会拥有更多的自主发展空间。社会主体的自主性导致党不再是社会建构的轴心，但在社会整合的过程中仍然处于领导核心的地位；与此相应，党和国家对社会的整合也从“同构性整合”转变为“认同性整合”。

二、党政社“三位一体”关系

中国共产党自诞生之初，便肩负起通过社会整合来获取革命胜利的历史任务。在整个革命战争阶段，由于党尚处于局部执政的状态，并且由于局部执政地区的国家制度建设尚未成熟和健全，因此，党主要是通过自身的组织体系，即通过党的“组织整合体系”和“统战整合体系”，来形成动员和凝聚整个社会的强大力量。在这个过程中，党的组织本身不断发展壮大，形成了一个依据阶级阶层属性的差异而依次聚合在中国共产党这个轴心周围的庞大的外围网络体系，即一种以“强轴心创造大外围”为特征

---

① 林尚立：《中国共产党与国家建设》，天津：天津人民出版社，2009年版，第157、211页。

的轴心—外围结构。[①] 这种特殊结构是通过领导与统战这两大战略实现的。一方面，为了树立和巩固党的领导地位、使党成为革命的中心支柱，坚持不懈地进行党的组织建设、不断深化党对军队的领导、不断深化对工农大众的动员和组织工作就成了党的基本战略选择。另一方面，为了对中国社会形成强大的磁场效应、使整个社会聚合于党的周围，团结一切可以团结的力量来强大自己和削弱敌人的统一战线成为党的另一重要战略选择。因此，在领导革命实践的过程中，党在发展自身组织的基础上，形成了相当丰富庞大的、分布于各社会力量之中的外围组织网络：在农村，党建立了农民协会、农民抗日救国会等各种类型的农民政治组织；在城市，党在中国工人阶级当中成立了自己的工会；除此之外，党还在青年和妇女当中建立共产主义青年团和妇联组织。这个外围组织网络的结构“按照革命的动员和组织逻辑形成，以党的组织为原点，逐渐外推，不断拓展”，使党自身的组织有了不断向社会直接延伸的空间，反过来使整个社会以党为轴心形成一种“向心性的整合”。[②]

与革命战争年代相比，新中国成立后（尤其是社会主义改造之后）社会组织与整合表现出截然不同的特征：社会整合方式从“向心性整合”转变为一种以党政社三位一体为特征的“同构性整合”；相应地，社会整合体系主要表现为党的“组织整合体系”与国家的“制度整合体系”相互重叠。

从各治理主体之间的权力关系角度来看，在计划经济时代，政党、国家与社会通过权力组织网络形成了这样一种基本关系，即“党全面领导国家、国家全面主导社会、党通过国家或自身组织领导社会”[③]。在这三重关系中，首先，党对国家的全面领导是国家全面主导社会的前提和基础，前者为后者提供了丰富的组织资源和体制资源。在党全面领导国家的条件下，政府内的许多关系（尤其是中央与地方的关系）都具有党内组织关系

---

① 林尚立：《中国共产党与国家建设》，天津：天津人民出版社，2009 年版，第 201 页。

② 林尚立：《中国共产党与国家建设》，天津：天津人民出版社，2009 年版，第 199—203 页。

③ 林尚立：《中国共产党与国家建设》，天津：天津人民出版社，2009 年版，第 163 页。

的性质，党内组织间的领导与服从关系易于促成政府间的领导与服从关系，由此形成一个政令畅通的政府体系，以便快速有效地实现社会整合。其次，党通过自身组织对社会的全面领导产生了对社会的有效组织，使“整个社会形成一个有机整体，共同凝聚于党组织的周围，并直接接受党的逐级领导”。这“不仅为国家主导社会提供了良好的社会前提，而且为国家政治权力作用于社会提供了良好的组织网络”。[①] 总之，党通过自身组织以及国家政治制度对整个社会产生了一种全面而强大的控制，从而使党、国家和社会三者之间的权力关系变成一种“三位一体”的特殊关系。[②]

从党和国家对社会进行整合的方式来看，社会主义改造之后的社会整合呈现出一种“同构性”的特征。众所周知，新中国成立初期党在全国范围内对农业、手工业和资本主义工商业进行了全面改造，旨在打碎旧中国的一切传统社会关系和社会结构，并在此基础上重新整合社会和建构新型社会体系。在苏联模式的影响下，党确立了公有制的所有制结构和单位制的社会生产组织体系，以便全面推行社会主义计划经济。这种新型社会体系的组织原则是：首先，把所有劳动者都纳入生产单位或事业单位之中；其次，在所有单位组织当中建立党的基层组织，使所有单位都以党的组织为其组织和领导核心；最后，所有单位都成为党和政府管理国家、组织社会的实际行动主体。于是，“遍及所有单位组织的党的领导组织和基层组织，在党中央的组织和领导下形成党领导和组织中国社会的组织体系”。[③] 在通过这个组织体系使整个国家与社会网络化的过程中，党对社会的组织与党对国家的组织是完全同构的，因为党是以组织国家的同样结构方式来组织社会的。于是，在基层的生产单位和事业单位组织中，形成了与党领导国家的组织体系基本相似的党的领导和组织体系。[④] 事实上，从中央到

---

① 林尚立：《中国共产党与国家建设》，天津：天津人民出版社，2009 年版，第 163 页。

② 林尚立：《中国共产党与国家建设》，天津：天津人民出版社，2009 年版，第 170 页。

③ 林尚立：《中国共产党与国家建设》，天津：天津人民出版社，2009 年版，第 187，204 页；林尚立：《当代中国政治：基础与发展》，北京：中国大百科全书出版社，2017 年版，第 256 页。

④ 林尚立：《中国共产党与国家建设》，天津：天津人民出版社，2009 年版，第 204 页。

基层，国家与社会的组织体系都是依据同样的结构形态来建立和运行的，这使计划经济体制时期的社会整合呈现出一种“同构性”的特征。

通过这种同构性的社会整合模式，整个社会的成员几乎都被吸纳到各种单位组织中，单位组织成为党和国家控制和整合社会的重要媒介，中国社会也从家族社会进入到单位社会。这种以单位而不是个人为社会基本单元的社会组织形态，与以公有制和计划管理为核心特征的社会主义经济体制是相匹配的。在社会主义公有制下，政府代表社会拥有生产资料的所有权，因此也就拥有企业的所有权；在计划管理体制之下，政府是社会化大生产的组织者和管理者，因而也就拥有企业的管理权。这使得政府和企业合为一体，企业成为政府的生产部门。[①] 不仅如此，计划经济体制时代的党政关系也体现出合二为一的特征。于是，在生产单位中就自然而然形成了一种党政企合一的组织形态，这是政党、国家和社会的“三位一体”权力关系在生产单位当中的组织体现，也是党作为执政力量力图通过国家的“制度整合体系”来进行社会重建与整合的重要表现。另一方面，由于党在生产单位中普遍建立了自己的基层组织，因此，党可以在国家政治制度之外直接确立对各种社会单位的领导地位。党的领导组织与社会生产单位所建立的这种密切组织联系和政治联系，是党作为领导力量力图通过党的“组织整合体系”来重建整个社会的重要表现。事实上，在许多情况下，党对社会的这种直接领导是非常强有力的，以至于政府对社会生产单位的作用往往被虚化，国家的“制度整合体系”常常被党的“组织整合体系”所替代。

党与国家对社会的全面整合、党政社的三位一体也同样鲜明体现在农村地区的人民公社与大队建制当中。新中国成立以后，党和国家通过各种运动打破了宗族村落下的土地制度和社会分化格局。在宗族组织日益衰败的情况下，国家行政组织逐步向乡村社会基层延伸，与此同时中共党支部也逐步在大队一级普遍建立。于是，在中国农村逐渐形成了这样一种村政格局：以生产队为农村集体经济的基本核算单位，以生产大队为党政社合

---

① 林尚立：《中国共产党与国家建设》，天津：天津人民出版社，2009 年版，第 173 页。

一的农村基本社会单位。[1] 这种党政合一、政社合一的制度，曾经在人民公社化运动的纲领性文件中得到正式确认：人民公社“要实行政社合一，乡党委就是社党委，乡人民委员会就是社务委员会”。[2] 以乡、社党委为轴心的权力机构，不仅管理本社范围内的一切政治事务，而且管理工农业生产和交换等一系列社会经济事务，形成“工农商学兵”合一的社会结构。人民公社既是全公社的领导者又是组织者，这种双重身份必然导致党政不分、政社不分的局面，导致人民公社成为一种政党领导权力、国家行政权力和社会权力高度统一的基层政权形式。这种基层政权形式，可以说是党的“组织整合体系”与国家的“制度整合体系”共同作用的结果。

借助城市地区的单位制度和农村地区的人民公社制度，党和国家的权力渗透到城市和乡村的基层组织，成功地把整个中国社会整合为一体。在这同一过程中，社会也和政党、国家完全融为一体，受到党和国家的全面主导和控制，因此几乎完全丧失了其自主活动的空间。在这种以政党为核心的组织化社会建构中，“个体的解放被阶级的解放所替代，个体的社会存在被个体的组织存在所替代，组织的社会特性被组织的政党特性所替代。社会实现了组织化，但个体与组织失去了自主化”。[3] 其必然结果是，社会逐渐失去了自主生存与发展的社会空间。这个问题最直接的体现是，由个体在自发的社会经济交往中所产生的各类社团组织产生了严重的萎缩，其中的大部分自我解散或者被取缔，而留存下来的一小部分则必须接受重新改造或受到严格限制。那些留存下来的社团组织被称作人民群众团体，包括中华全国总工会、中国共产主义青年团、中华全国妇女联合会等社团组织。它们基本上都是已经被政党化和政治化的社团组织，其核心特征包含这样三个方面：其一，它们和政党一样成为“一种高度行政化、科层化的组织机构”；其二，它们受到来自政党或政府（而非社会）的管理

---

① 杨光斌：《当代中国政治制度导论》，北京：中国人民大学出版社，2015 年版，第 176—177 页。

② 《中共中央关于在农村建立人民公社问题的决议》，参见王智《当代中国政治结构变迁——以执政党为中心的政党—政府—社会》，北京：中国社会科学出版社，2010 年版，第 125 页。

③ 林尚立：《中国共产党与国家建设》，天津：天津人民出版社，2009 年版，第 187 页。

者的控制，因此成为政党或政府的官办组织；其三，它们的功能要么萎缩，要么被政党或政府所取代。[①] 在这种情况下，这些组织虽然仍然处于党的组织的外围，但已从原来党的组织必须依靠的组织力量，变为现在依附于党的组织的力量。当整个社会已经以高度统一、高度组织化的方式围绕在党的组织的周围，当党和国家的组织力量已经没有继续向外围拓展和延伸的空间，革命战争时期动态的轴心—外围结构也就静态化和固定化了。

三、党政社关系的嬗变

党政社高度一体化的社会建构模式，在一定的社会历史条件下具有其合理性：它与社会主义公有制和计划经济体制相适应，通过强大的组织动员能力有力推动了社会主义初期的政治、社会和经济建设。然而，随着中国社会和经济的不断发展，这种一体化社会结构的弊端逐渐显露出来：社会成员高度依赖于单位的资源，而单位又依赖于计划经济下的资源分配，因此社会的自组织性和自组织能力严重弱化；社会生活被高度政治化和行政化，社会各系统均被纳入政府体系，缺乏其独立运作的条件；身份制度使得社会阶层流动困难，从而导致社会结构的严重僵化；最重要的是，政府的行政等级关系渗透到社会各个角落，形成普遍的个人动力不足、整个社会缺乏足够发展动力的局面，并由此引发了个人和社会的民生危机。[②]

正是这种民生危机促使党把国家工作的重心重新转移到经济建设上，并在改革开放政策的引导下逐步以市场经济取代原有的中央高度集权的计划经济体制。经济体制的改革必然会带来政党、国家与社会之间关系的变动和转型，党政社之间高度集中的权力关系开始出现分离，党政社高度同构的组织方式开始产生差异，党和国家对社会的整合方式逐渐从“同构性整合”转变为“认同性整合”。

改革开放以来，政党、国家和社会这三个治理主体之间的权力关系受到了冲击，三者之间逐步产生了一定程度的分权，而这种分权最突出地体

① 林尚立：《中国共产党与国家建设》，天津：天津人民出版社，2009 年版，第 187 页。

② 杨光斌：《当代中国政治制度导论》，北京：中国人民大学出版社，2015 年版，第 179—180 页。

现在由经济分权所产生的国家与社会的分权上。在改革开放领导人邓小平看来，面对高度集权的传统体制，无论是民主建设还是利益保障，都需要分权。民主建设，直接需要党和国家的分权；利益保障，直接需要国家与社会的分权。为了在改革过程中有效保证整个经济、政治和社会的稳定，先着手经济分权、再由经济分权推动政治分权便成为中国改革的一项战略选择。在传统计划经济管理体制的背景下，经济分权主要表现为政府在三个层面上对经济管理权力的下放：第一个层面是中央政府向地方分权，旨在激发地方政府和企业的活力。无论是在干部管理权、行政管理权和社会管理权方面，还是在政治决策与经济决策方面，各级政府的权力都得到极大增加。第二个层面是在中央政府向地方分权的基础上，政府向生产单位分权，旨在放活生产单位和生产者。这种分权在农村体现为对人民公社实行的政社合一体制进行全面改革，实行政社分设，从而促进农村合作经济的迅速发展；在城市则表现为推行政企分开，实行企业所有权和经营权“两权分离”，初步明确政府与企业各自的权力范围以及企业的自主空间。第三个层面是在政府向生产单位分权的基础上，生产单位或集体向个体分权。这种分权的代表是农村家庭联产承包责任制的确立和全面推广，而各种非公有制的经济形式也是这种分权的直接产物。[①] 在这个过程中，改革开放前的全能政府在职能上产生了极大转变，其经济职能和社会职能被不断弱化，其行政管理职能则得到不断强化。其结果是生产经营和公共事业方面的大部分事务逐渐交由社会本身来管理和承担，国家对社会的权力范围逐步收缩，社会从传统的国家控制体系中独立出来并成为相对自主的力量。在这种情况下，国家与社会产生了一定程度的二元分化，二者之间的关系从原来的国家全面主导社会的关系，发展为“经济条件下以社会相对自主为前提的国家与社会相互作用的关系”。[②]

市场经济改革过程中的这种经济分权，不仅引起了国家与社会之间关系的调整，而且引发了社会建构方式的转型，最终导致了党与社会之间关系的重要调适性变革。在改革开放的时代，计划经济管理体制下的单位组

---

① 林尚立：《中国共产党与国家建设》，天津：天津人民出版社，2009 年版，第 176—178 页。

② 林尚立：《当代中国政治形态研究》，天津：天津人民出版社，2000 年版，第 421 页。

织开始松懈：其中一大部分单位，虽然其组织模式仍然得到保留，但它们的政治功能已经逐渐淡化，对个人的控制范围也逐渐减少；另外有不少单位组织最终走向了解体。与之相伴随的是，“个体日益从原来的单位组织中获得独立，成为能够决定自身命运的社会独立主体。”“个体的独立与社会的自主，从根本上冲破了改革前的社会结构体系与社会组织方式。日益活跃的个体和各种社会力量开始自觉、自主地成为建构自己社会的主体力量，并把从国家控制中独立出来的个体与社会重新组织起来。”[①] 原先被整合和固定于单位组织当中的大量人口在涌入社会之后，创造了庞大的劳动力市场，同时孕育了许多非单位制的、非公有制的经济组织；同时，个体在自发的社会联系和交往中形成了大量具有自主性的新兴社会组织。在这种历史背景下，中国的社会建构方式经历了根本的转型，即从传统的“组织化社会的社会建构体系”转变为新的“社会组织化的社会建构体系”。这两个体系的一个显著差异是，政党在其中的地位与作用截然不同：传统的社会建构体系是通过党的组织体制和组织网络为基础来建构和整合社会的，因此党在社会当中处于轴心地位；新的社会建构体系则是基于独立个体、自由资本、多元网络等现代社会要素来建构和整合社会，因此党可以保持对社会的领导核心地位，但不再是社会建构的轴心力量。[②]

尽管在市场经济的时代，党不再是社会建构过程中的轴心力量，但它仍然在社会整合过程中发挥着轴心作用。随着党和社会之间关系的深刻变革，党对社会的整合也从改革前的“同构性整合”转变为“认同性整合”。新的整合目标和整合方式在于，“在党的领导和推动下，在现代国家建设的框架内，把日益自主化、多样化的社会整合为一个和谐统一的有机共同体”。这一方面体现为党获得各社会力量的认同，从而保持其在整合社会的轴心地位与功能；另一方面体现为党与各社会力量（各社会阶层、各社会组织）的和谐统一，各社会力量围绕着政党这个中心，同时党与各社会力量之间建立广泛而深入的联系。这种整合与改革前的同构性整合的最大差别在于，它是“从发育社会、协调多元、创造一体的国家建设出发，追

---

① 林尚立：《中国共产党与国家建设》，天津：天津人民出版社，2009年版，第188页。

② 林尚立：《中国共产党与国家建设》，天津：天津人民出版社，2009年版，第188—189页。

求社会多元化发展与国家一体化建设之间的有机统一”。[1] 因此，这种整合方式的重要前提是对社会自主发展本身的尊重、保护和培育：它不再试图以党和国家代替社会，不再试图通过使所有社会组织政党化来抑制社会的自主发展，而是要保持社会组织本身的社会化，让社会组织真正拥有和维持服务社会、协调社会的功能。在这样的前提下，党的轴心地位和作用就不应该仅仅体现为党对各类外围社会组织的政治吸纳，而是应该更多地体现为日益自主、独立和多元的社会对党的广泛认同。而党如果要获得广泛的社会认同，不仅要保持自身对社会主义理想与价值的不懈追求，更重要一点的是要与各类社会力量进行交互作用：“政党参与社会，从而形成社会基础；政党服务社会，从而赢得社会认同；政党培育社会，从而与社会成为一体”。[2] 在这个意义上，市场经济时期党对社会的整合，是一种以轴心与外围交互作用为组织特征的“认同性整合”。

从社会整合的战略角度来看，在社会主义市场经济时期，为了实现上述认同性整合，党的“组织整合体系”与国家的“制度整合体系”仍然扮演着重要角色，同时党的“统战整合体系”也在社会整合、尤其是对新兴社会组织的整合中被赋予了日益突出的重要作用。如前所述，改革开放政策和社会主义市场经济催生了众多新兴的社会阶层和社会组织，形成了一个有相对独立自主性的社会网络，在整个社会领域中占据了一个尚未被党政组织渗透的庞大空间。因此，协调好党政组织与新兴社会组织之间的关系，对这些新兴社会组织进行有效整合，是党和国家在新时期的重要任务之一。首先，党力图通过自身的“组织整合体系”来实现这一任务，即通过自身的组织力量来加强对各类新兴社会组织的领导与引导，以保证党在政治上对这个新兴社会组织的影响作用。其主要方式就是在各类新兴社会组织当中建立党的组织。[3] 其次，党力图通过国家的“制度整合体系”来规范新社会组织，即要求各类新兴社会组织重新登记，从而把它们纳入政府统一管理的范围。从整体上说，政府管理社会组织的手段不是单一的、

① 林尚立：《中国共产党与国家建设》，天津：天津人民出版社，2009 年版，第 207—208 页。

② 林尚立：《中国共产党与国家建设》，天津：天津人民出版社，2009 年版，第 208 页。

③ 参见 2000 年 7 月发布的《关于加强社会团体党的建设工作的意见》。

而是多元的，即国家采取一种分类控制的体系，对不同社会组织采取不同的管理方式。[①] 最后，也是最重要的，党积极运用自身的“统战整合体系”，即在“不求同一，但求认同；不求依附，但求团结；不求一体，但求联合”的原则之下，通过统一战线的建设和发展使各个新兴阶层和新社会组织在党的领导下和谐共存、共同发展。为此，党必须通过自身的组织和统战部门、国家的政治协商制度、工青妇等人民团体、以及其他一切可以调动的积极因素，去“主动、全面、及时地联络、团结、吸纳和整合各种新生的社会力量、社会组织以及社会精英”。[②]

第三节　党与市场

在现代国家的治理体系中，市场是除政党、政府和社会之外另一个极其重要的治理主体，在经济领域的治理中发挥着不可替代的作用。在中国特殊的党政体制下，党与市场之间存在复杂而深刻的联系。在对社会主义经济体制的漫长历史探索过程中，党对市场的认识经历了几次重要转变。在改革开放以前，市场被认为是资本主义的本质特征，是政府计划的干扰因素，是社会主义的对立物，因此遭到否定和排斥，最后被完全取消。市场的取消，以及与之伴随的社会主义所有制改造的完成和计划管理体系的建立，使社会主义计划经济体制得以确立。但中国实行计划经济体制的历史经验表明，完全取消市场的、高度集中的指令性计划经济体制存在许多难以克服的弊端。

这促使以邓小平为核心的第二代中央领导集体开始思考是否应该重新引入市场、以及市场在社会主义经济体制中的地位问题。早在改革开放初期，邓小平就已经多次指出：市场经济既可以在资本主义社会中、也可以在社会主义社会中存在；完全取消市场的计划经济只会束缚生产力的发展，而计划经济和市场经济的结合更能解放生产力和加快经济发展；计划和市场是政府用于推动经济发展的两种手段，而不是资本主义与社会主义

---

① 参见1998年10月颁布的《社会团体登记管理条例》；康晓光、韩恒：“分类控制：当前中国大陆国家与社会关系研究”，载《开放时代》，2008年第2期。

② 林尚立：《中国共产党与国家建设》，天津：天津人民出版社，2009年版，第212—220页。

的本质区分。[①] 这从根本上破除了把社会主义与市场经济相对立的思想束缚，为市场的重新引入打开了重要的理论空间。为了保持社会经济的稳定发展，党采取了一条逐步扩大市场调节范围、逐步增强市场调节地位的渐进路径。与此同时，党也同样采取一种渐进的、增量的方式进行所有制改革，逐步发展各种非公有制经济成分，最终形成“一主多元”的所有制结构。

一、社会主义所有制改造

中国共产党在获取解放战争胜利、接管国家政权之后，确立了社会主义经济建设的目标，即全面取消市场经济、建立计划经济体制、由国家取代市场来承担经济活动的组织工作。这大致通过如下两个方面来完成。第一个方面是国家逐步垄断生产要素市场，包括金融市场、劳动力市场、生产资料市场、主要农产品市场，将主要的生产要素集中于国家。第二个方面是对农业、手工业和私营工商业实行社会主义改造，即消灭生产资料私有制、在所有行业实行公有制，把私有制企业和个体生产者改造为国家所有的、或者受国家直接控制的生产经营组织。[②] 这种以计划管理体制和单一公有制为取向的经济改造，是由当时特定的历史条件所决定的。一方面，受苏联模式的影响，计划管理体制和生产资料的公有制在当时被视作社会主义生产关系的本质特征，有利于社会生产力的迅速向前发展。另一方面，当时中国的国民经济基础十分薄弱，要在这个条件下展开大规模经济建设，国家必然选择优先发展重工业的赶超战略，而这一战略的实施就要求加强资源配置的计划管理、建立全面的计划管理体制。由于过去的多种经济成分并存的所有制结构与计划经济体制不相适应，把原先的所有制结构转变为单一的社会主义公有制就成为一个必要前提。[③]

国家取消市场的第一个重大步骤是垄断金融市场，其方式是通过中共

---

① 《邓小平文选》(第三卷)，北京：人民出版社，1993 年版，第 148、364、373 页。

② 曹正汉：《国家与市场关系的政治逻辑——当代中国国家与市场关系的演变(1949—2008)》，北京：中国社会科学出版社，2014 年版，第 13—14 页。

③ 桑东华：“新中国成立以来党的所有制政策的演变与我国所有制结构的变迁”，载《中共党史研究》，2010 年第 7 期，第 52—53 页。

中央成立的中国人民银行，先后接管了国民政府的国家银行和地方银行，把整个私营金融业改造为公私合营、并且并入中国人民银行系统，由此完全垄断了金融市场。第二个重大步骤是控制重要的生产资料，即对生产资料实行统一调拨和计划分配。随着国家基本建设和工业建设的大规模展开，大部分生产资料被纳入计划管理，自由交易的生产资料市场逐渐消失。第三个重大步骤是对主要农产品实行统购统销，即由国家垄断农产品的收购和销售市场。这个政策意味着政府掌握了整个轻工业和全国人民的经济命脉，为日后建立全面的计划经济体制和实行公有化奠定了基础。第四个重要步骤是对劳动力市场进行控制，即在城市实行从统一介绍就业过渡到国家统一调配劳动力的政策，在农村则通过实行人民公社和土地公有来限制农村人口的流动。由此，城市和农村劳动力都掌握在国家手中，劳动力市场基本消失。①

在逐步取消市场的期间，国家开始着手进行所有制的社会主义改造。这体现在党提出的过渡时期的总路线和总任务，即“大概十年到十五年或者更多一些时间内，基本完成国家工业化和对农业、手工业、资本主义工商业的社会主义改造”。就私营工业而言，国家主要是通过公私合营的形式来对其进行所有制改造，从而导致私营工业的基本消失；就私营商业而言，国家以国营批发企业逐步排挤和淘汰私营批发商，并对私营零售商实行全行业公私合营、使之成为国营商业或供销合作社的一部分，由此基本上消灭了私营商业。对于农业而言，国家实行社会主义改造的主要方式是建立政府领导下的农业生产合作社。通过农业合作化运动，合作社（高级社）把社员私有的生产资料转化为合作社集体所有，并且组织集体劳动，实行“各尽所能，按劳分配”制度。此后，各合作社开始组建更大规模的人民公社，中国农村实现人民公社化。从本质上说，人民公社是一种集行政管理、社会控制、生产经营和基层武装为一体的农村基层政权组织，它把农村地区的政权力量、经济活动、社会活动和人民生活全面纳入其掌控之中。② 在这种“工农商学兵”合一的复合结构中，农业完成了其社会主

---

① 曹正汉：《国家与市场关系的政治逻辑——当代中国国家与市场关系的演变(1949—2008)》，北京：中国社会科学出版社，2014 年版，第 14—18 页。

② 曹正汉：《国家与市场关系的政治逻辑——当代中国国家与市场关系的演变(1949—2008)》，北京：中国社会科学出版社，2014 年版，第 19—22 页。

义改造。由此，过渡时期多种经济成分并存的所有制结构，逐步转变为单一的公有制结构，公有制经济开始在国民经济中占据绝对优势，几乎成为国家和社会的唯一经济基础。

国家在消灭市场和改造所有制的过程中，逐步开始建立计划管理体制；到社会主义改造完成之时，计划管理体制也已经比较完整地建立起来了。由于受到苏联模式的影响，中国的计划管理体制在建立之初带有明显的中央集权特征。中央人民政府政务院于1950年3月所颁布的《关于统一国家财政经济工作的决定》是中央集权计划管理体制的肇始。这项决定出台了三个方面的政策：统一全国财政收支，并且把绝大部分财政收支集中到中央财政直接管理之下；统一全国物资调度，使国家所有重要物资从分散状态集中起来，由中央贸易部直接管理全国国营商业的主要物资的调度与进销；统一全国现金管理，把所有属于政府但又分散在各单位的现金存入中国人民银行，以便进行统一管理和集中调度。其结果是“迅速形成了从地方分散管理的体制向高度集中统一管理的体制的转变，形成了由国家通过行政系统直接调拨企业的资金和物资的‘供给制’的、中央统一管理的经济体制”。另外，在就业方面，劳动力由国家统一调配，工资标准由国家统一制定，工资调整由国家统一安排，形成了国家统包劳动就业、统一调配劳动力、统一工资标准的劳动工资制度。[①] 由此，国家建立起以高度集中统一为特征的指令性计划经济体制，整个国家的社会经济生活的方方面面都被纳入该体制的控制和管理当中。

要支撑起这个庞大的计划经济体系、使之开始有效运作，必然需要依靠政府的组织和指挥。于是，中央人民政府开始不断扩充自身的组织机构，增设了包括国家计划委员会、国家经济委员会、国家建设委员会在内的一系列部委机构，在中央一级形成了对于经济工作的庞大领导机构。随后，中央政府又将这些机构延伸到各省、地（市）、县，形成了一个纵向贯通的、纵向高度集中的、庞大的政府经济管理体制。[②] 全国从中央到地方先后设立计划委员会，中央各部门和地方政府各厅局也相应建立计划司

① 杨欢进、何焱、高钟庭：《党领导经济工作的体制机制和方式研究》，石家庄：河北人民出版社，2006年版，第22、28页。

② 杨欢进、何焱、高钟庭：《党领导经济工作的体制机制和方式研究》，石家庄：河北人民出版社，2006年版，第23—24页。

和计划工作机构，负责编制各地区、各部门和各行业的国民经济计划。其计划内容涵盖了经济系统运作的各个方面，包括产品生产计划、劳动用工计划、原材料供应计划、产品分配计划等。①

在整个计划经济体制的建立过程中，中国共产党发挥了重要作用。这种领导核心作用首先表现在党的政治领导上，即根据社会主义意识形态的规定性和建国后特殊的社会经济形势，确定了这个时期的总路线和总任务。由此，党为这个时期的社会主义经济建设指明了方向：确立了社会主义计划经济管理体系；通过对农业、手工业和资本主义工商业的社会主义改造，实现把生产资料私有制转变为社会主义公有制的任务；通过制定实施国民经济第一个五年计划，着手以优先发展重工业为中心的社会主义工业化建设。不仅如此，党还负责制定了一些具体问题的方针政策，例如，中共中央发布了一系列关于对各项具体生活资料实行计划收购和计划供应的决议和决定。

其次，党的重要作用还表现在其组织功能上。为了反对分散主义和地方主义，保证党的路线方针政策得到有效落实，毛泽东提出了“大权独揽、小权分散”、一切重大问题都要由各级党委决定的原则。为此，中共中央于1955年批准了中共中央组织部的工作报告，报告规定在各级党委增设新的党委工作机构。党的这些工作部门，与政府的相关工作部门相对应，并对相应的政府工作部门履行如下职责：管理干部；检查党的决议、政策和指示的执行情况；管理党的基层组织；指导工作。中央国家机关及其各部门设在地方的下属机关和企事业单位，不仅受中央主管部门的领导，同时又受所在地方党委的指导。于是，在这一原则的指导下，各省、地（市）、县的党委都分别设立了计划工作部、工业交通部、财政贸易部、农村经济工作部等经济工作指导部门，对应管理各省、地（市）、县的人民政府增设的众多经济管理工作部门。对于经济工作的最基层——即企业，中共中央于1956年正式否定了曾在全国国营企业中推行的厂长负责制，明确提出在国营企业的领导制度上实行“党委领导下的厂长负责

① 曹正汉：《国家与市场关系的政治逻辑——当代中国国家与市场关系的演变（1949—2008）》，北京：中国社会科学出版社，2014年版，第23页。

制”。[1] 1958年，中共中央成立了中央财经领导小组，直接隶属于中央政治局和书记处。其职能是直接、全面领导全国的财经工作，因此，党中央经济工作部门的职能也随之扩展，由主要管理干部转变为主要管理业务。于是，党中央形成了一套几乎与国务院完全对应的行政性管理机构，中央财经小组与国务院财贸办公室和工交办公室相对应。[2] 由此形成了党直接领导所有重大经济工作的领导体制：从中央到地方的各级国家机关、到最基层的企业，每一层级的权力都横向集中于党委；从纵向上看，地方权力层层向上集中于中央。这种领导体制是合一型党政关系在经济领域的体现。它导致党、政府与企业之间的职能分工不清，加深了党在具体经济事务上对企业的直接干预，而这既削弱了政府对经济工作的管理职能，也在很大程度上限制了生产单位的经营自主权。

从总体上说，计划经济管理体制与那个阶段中国的财政经济状况是相适应的：它使分散的国家财力物力集中统一于中央和各大行政区，迅速扭转了国家财政入不敷出的状况，有效遏制了旧中国延续多年的恶性通货膨胀，使市场的物价逐渐趋于稳定，并在一定时期内解决了劳动力就业的问题。然而，随着中国社会经济的发展，计划经济管理体制的弊端也逐渐显露出来：以计划手段而非市场手段来进行资源配置，导致资源配置效率低下；以非经济手段来管理经济，压抑了企业和劳动者的积极性，导致整个国民经济活力不足；党政不分、以党代政，在各级党组织内部设立领导经济工作的部门，对经济实行直接管理，造成职能错位、机构重叠、管理效率低下；政企不分，导致政府的综合经济管理部门直接进行微观经济决策，政府的行业管理部门既是职能部门又是管理单位；经济工作领导体制上的条块分割，各地方、各部门在经济上自成体系、重复投资、重复建设；分配制度上的平均主义，造成经济发展动力不足、技术进步缓慢。[3] 这些弊端最终导致整个国家的经济效益低下，进而引发了严重的民生危

---

① 杨欢进、何焱、高钟庭：《党领导经济工作的体制机制和方式研究》，石家庄：河北人民出版社，2006年版，第24—25页。

② 杨光斌：《当代中国政治制度导论》，北京：中国人民大学出版社，2015年版，第42页。

③ 杨欢进、何焱、高钟庭：《党领导经济工作的体制机制和方式研究》，石家庄：河北人民出版社，2006年版，第22、35页。

机，因此计划经济体制已经难以为继，改革势在必行。

二、市场的重新引入

自改革开放以来，党对市场在资源配置中作用的认识经历了四次重要的历史演变过程，这些演变的最直接原因是改革认识与改革实践之间的良性互动。

第一次转变（1979—1983 年）是从改革开放前认为在资源配置方面市场对政府计划产生“破坏性作用”的认识，转变为市场在资源配置中起“辅助性作用”的观点。党的十一届六中全会明确指出“必须在公有制基础上实行计划经济，同时发挥市场调节的辅助作用”，党的十二大正式提出要贯彻“计划经济为主、市场调节为辅”的原则，这在改革实践中起了重要作用。伴随农村联产承包责任制的实施和人民公社体制的解体，农业生产指令性计划逐步取消，农村经济商品化和市场化程度迅速提高。对企业进行放权让利的改革以及对商业流通领域体制的改革，使市场机制开始在小商品领域和消费品领域发挥调节作用。“辅助性作用”认识在传统指令性计划经济体制中打开了缺口，促使市场因素开始成长。这种改革模式旨在完善计划经济体制，但在计划经济体制的弊端已经充分暴露的情况下，这种改革模式便充满了内在矛盾。[①] 这促使党对市场的认识和改革产生了第二次历史转变。

第二个转变阶段（1984—1991 年）是从“辅助性作用”的认识转变为“工具性作用”的认识。党的十二届三中全会明确提出“在公有制基础上的有计划的商品经济”，并且指出经济发展无法单纯依靠行政手段和指令性计划，必须运用经济杠杆和市场调节的重要作用。党的十三大进一步提出，计划调节和市场调节都是经济发展的重要形式或手段，这就确立了市场在资源配置中起“工具性作用”的认识。这极大推动了全面经济体制改革的进程：企业的自主权不断扩大，企业的市场主体性逐渐增强；市场迅速发展，基本形成了比较成熟的商品市场体系。由此可见，在“工具性作用”认识的引领下，经济体制和资源配置方式已经发生了深刻的变革。

① 史蕾：“从‘辅助性作用’到‘决定性作用’——党对市场在资源配置中作用的认识演变”，载《学习与实践》，2014 年第 2 期，第 43—45 页。

然而，这种认识仍然把计划等于社会主义、把市场等于资本主义，因此从根本上限制了市场发挥作用的范围和程度。[①] 这推动了党对市场的认识和改革进入第三个历史阶段。

第三次历史转变（1992—2012 年）是从“工具性作用”认识转变为“基础性作用”的认识。这个阶段始于邓小平在南方讲话中否认了计划与市场是社会主义与资本主义本质区别的观点，从而破除了把社会主义与市场经济相对立的思想束缚。在这个基础上，中共十四大明确提出，中国经济体制改革的目标是建立社会主义市场经济体制，使市场在社会主义国家宏观调控下对资源配置起基础性作用。这标志着市场在资源配置中的作用从“工具性作用”上升到“基础性作用”。这种新认识推动了中国经济体制从计划经济体制向市场经济体制的全面转轨，中国经济建设取得了长足进步；不仅如此，在中国加入 WTO 之后，国内市场体系与国际市场接轨的步伐加快，中国市场体系开始成为国际市场体系的重要组成部分。到党的十八大召开之前，中国的市场经济体制已经逐步完善。[②]

尽管如此，随着完善社会主义市场经济体制和全面深化改革的任务的提出，上述“基础性作用”的认识应该得到进一步完善。从理论上说，这种认识不足以体现市场经济的内在要求，因为市场经济本质上就是市场在资源配置中起决定性作用的经济。从实践上看，“基础性作用”并不意味着决定性作用，这就为政府直接配置资源留下了空间，这导致了产业结构趋同、产能过剩等一系列问题。[③] 于是，党的十八届三中全会提出，要紧紧围绕使市场在资源配置中起决定作用来深化经济体制改革。这是党对市场在资源配置中作用的全新认识，也是党对市场作用认识的第四次转变，即从“基础性作用”上升为“决定性作用”。

市场的引入必然伴随着所有制结构的适应性调整。从改革开放初期到 80 年代，所有制结构的调整以增量改革为基本特征，即在原国有经济中逐

---

① 史蕾：“从‘辅助性作用’到‘决定性作用’——党对市场在资源配置中作用的认识演变”，载《学习与实践》，2014 年第 2 期，第 44—46 页。

② 史蕾：“从‘辅助性作用’到‘决定性作用’——党对市场在资源配置中作用的认识演变”，载《学习与实践》，2014 年第 2 期，第 44—46 页。

③ 史蕾：“从‘辅助性作用’到‘决定性作用’——党对市场在资源配置中作用的认识演变”，载《学习与实践》，2014 年第 2 期，第 46 页。

步发展新的非国有经济成分。这些经济成分在党的所有制政策引导下不断成长，促使中国的所有制结构发生重大变革，形成了以公有制为主体、非公有制经济为补充的所有制格局。首先，农村家庭联产承包责任制的普遍推行，使生产力得到极大解放，农村经济与市场的联系开始密切，最终推动了乡镇企业的蓬勃发展。其次，中共中央明确提出“一定范围的劳动者个体经济是公有制经济的必要补充”，个体经济不仅获得了合法地位，而且在党和国家的鼓励和扶植下迅速发展。第三，中共中央调整了对外经济政策，要求公有制企业“积极发展同世界各国平等互利的经济合作”，并肯定了外资企业是“对我国社会主义经济必要的有益的补充”，这导致了中外合资、中外合作以及外商独资等新经济形式的兴起和发展。最后，在经历了长期而艰巨的探索过程之后，私营经济作为“公有制经济必要的和有益的补充”的地位也得到了认可。[①] 于是，原先单一的公有制结构转变为“一主多元”的所有制结构：国有经济的主导地位继续加强，集体经济迅速发展，个体经济、私营经济和外资经济等非公有制经济成分也取得了令人瞩目的发展。

在经历了20年的发展之后，改革开放后所形成的这种“一主多元”所有制结构，在党的十五大被正式确立为社会主义初级阶段的一项基本经济制度。首先，“公有制为主体、多种所有制经济共同发展”从以往的方针政策，上升为具有稳定性、长期性的制度安排。其次，非公有制经济从以往作为“公有制必要的有益的补充”的地位，上升为社会主义市场经济的“重要组成部分”。第三，公有制的主体地位取决于国家控制国民经济命脉、以及国有经济的控制力和竞争力的增强，因此国有经济比重的减少不会影响社会主义性质。最后，公有制的实现形式可以而且应当多样化，一切反映社会化生产规律、能够极大促进生产力发展的经营方式和组织方式都可以大胆利用。正是在这些新观念的指导下，“一主多元”的所有制结构之后得到了进一步的发展和完善：一方面坚持公有制经济为主体，继续探索公有制与市场经济相结合的有效途径，通过国有企业改革进一步增强国有经济的总体实力、巩固公有制经济的主体地位；另一方面坚持多种

---

① 桑东华：“新中国成立以来党的所有制政策的演变与我国所有制结构的变迁”，载《中共党史研究》，2010年第7期，第54—56页。

所有制经济共同发展，通过鼓励、支持、引导和大力推动非公有制经济的发展，使非公有制经济在国民经济中的份额快速增长，成为支撑中国经济增长的基础性力量。[①] 在目前中国生产力总体水平仍然不高、社会生产力结构仍然不平衡的情况下，实行符合中国国情的多样化的所有制结构具有根本的重要性。

在从计划到市场、从单一公有制到"公有制为主体、多种所有制经济共同发展"的所有制结构的转变过程中，中国经济体制成功地完成了自身的转轨。中国社会主义市场经济制度的确立，带来了中国社会经济的飞速发展，也使市场本身越来越成为具有独立自主性的主体。这必然要求党对自身与经济的关系进行适应性的调整，以便在市场经济治理过程中发挥更好的领导核心作用。根据发展社会主义市场经济本身的要求，党在领导经济工作的过程中主要应该发挥好五大职能，即"决策职能、贯彻职能、保证职能、协调职能、监督职能"。[②] 党的这些职能应该在宏观层面、中观层面和微观层面得到体现。

从宏观层面来看，党领导经济工作就是"把握方向、谋划全局、提出战略、制定政策、推动立法和营造良好环境"。首先，党领导经济工作的关键职责就是把握国家经济发展的大方向，确立正确的基本经济制度、经济体制模式、经济发展路径、对外关系总格局等根本性的制度和目标。其次，党具有谋划全局的职责：即对国家经济社会发展的长远目标和阶段性任务进行规划，研究和提出关于国民经济和社会发展的比例、结构和速度，以及作为配套实施的基本经济政策；对关系国民经济和社会发展全局的重大问题进行深入研究、提出解决思路并做出总体安排。第三，提出战略是党领导经济工作的另一重要职能。这既包括按照国家经济协调发展的总体目标和阶段性任务提出经济发展、经济改革、对外开放等总体战略，也包括针对重点领域、重点行业和重点地区的问题提出区域发展和行业发展的战略。党领导经济工作的第四个重要职能是制定政策：重点是制定促进经济发展和社会进步的总方针、总政策，以及解决关系全局的重大问题

---

① 桑东华："新中国成立以来党的所有制政策的演变与我国所有制结构的变迁"，载《中共党史研究》，2010 年第 7 期，第 57—58 页。

② 尹德慈："执政党领导经济工作的历史变迁及启示"，载《探求》，2011 年第 03 期，第 8 页。

的大政策，比如产业政策、发展政策、经济社会协调发展政策等。对于那些属于政府职能范围内的工作，党主要是提出政策建议。第五，党具有推动立法的重要职能。由于建立适合社会主义市场经济的法律法规制度是保障国民经济健康运行的必然要求，因此，党应该继续按照依法治国的基本方略来确立制度、规范权责、保障权益和推动立法，进一步加快立法进程。最后，党必须为经济发展和社会进步营造公平公正的法制环境、竞争有序的市场环境和诚实守信的社会环境。从中观层面来看，党领导经济工作就是要确保中央的路线方针政策和各项重大部署在地方得到贯彻落实。在这个层面上，地方党委应该起领导核心作用：结合本地实际，确定经济社会发展的基本思路和工作重点，加强和改进对经济社会重大事务的综合协调，确保中央的方针政策和各项部署得到贯彻落实。最后，从微观层面来看，党领导经济工作就是要通过充分发挥基层党组织的作用来实施对企业微观行为的领导。企业党组织应该充分发挥政治核心作用，有效参与企业重大问题的决策，为企业重大问题的正确决策和实施提供坚强有力的思想保障、组织保障和纪律保障。[①]

① 尹德慈："执政党领导经济工作的历史变迁及启示"，载《探求》，2011 年第 3 期，第 8—10 页。

第六章

治理之核：依法治国

依法治国是治理的基本方式和核心理念，法治化作为培育良好政治生态基本途径是指我们必须牢固树立法治精神，树立社会主义主义法治理念，善于运用法治思维和法治方式来深化改革、推动发展、化解政治生活中存在的矛盾和问题、维护社会稳定。换言之，只有在充分的法律保障并使法律精神在政治过程中得到有效发挥的法治轨道上，培育良好政治生态的目标才能逐步实现。这一点，既是我们长期以来政治生态建设的基本经验，也在国际社会的普遍规律中得到了充分的验证。

第一节　治国理政的基本方式

法治是现代国家治理的基本方式，实行法治是国家治理现代化的内在要求。党的十八届三中全会通过的《中共中央关于全面深化改革若干重大问题的决定》，将推进国家治理体系和治理能力现代化纳入我国全面深化改革的总目标之中。十八届四中全会通过的《中共中央关于全面推进依法治国若干重大问题的决定》明确提出，依法治国是实现国家治理体系和治理能力现代化的必然要求。可见，法治是治国理政的基本手段。加快法治建设，对于全面推进依法治国、建设中国特色社会主义法治体系、建设社会主义法治国家，具有决定性意义。

一、法治的历史必然性

1997 年，中共十五大从建设中国特色社会主义政治、继续推进政治体制改革的高度，在党的历史上第一次把“依法治国，建设社会主义法治国家”，作为当代中国的治国基本方略正式确立下来。1999 年，全国人大九届二次会议通过的宪法修正案，又把“依法治国，建设社会主义法治国家”写入宪法，使其上升为国家意志。依法治国基本方略的提出，是中国共产党领导方式、执政方式、治国方略的重大进步，标志着中国社会主义法治建设进入了一个新的历史时期。

（一）“人治”的历史传统

中国缺乏法治传统，几千年的封建王朝的统治方式都是“人治”。自秦始皇统一中国以及西汉统治者“罢黜百家，独尊儒术”以来，中国的政治和法律制度都建立在封建专制和农耕经济的基础上，具有“皇权至上”“言出法随”“诸法合一”“严刑峻法”等特点。“权大于法”“言大于法”“法因人设、因人废”的现象成为社会常态。

以 1840 年鸦片战争为标志，西方列强凭借国际贸易和船坚炮利敲开了中国古老的大门，给中国社会造成巨大的冲击乃至颠覆。倡导“师夷长技以制夷”“中体西用”的洋务运动，并没有因为引进西方的器物和技术而改变中国的命运。持续的沉沦和失败，促进国人认识到制度变革的重要性，从而催生了用西方法律和制度改革传统旧制的“戊戌变法”运动以及推翻封建帝制的“辛亥革命”。

1911 年辛亥革命后建立的中华民国，废除了传统的封建法统，并以西方法制为蓝本，试图建立起全新的现代法制。然而，中国国内的军阀混战、国内革命、抗日战争以及随后的解放战争，使得建立现代法制的目标和蓝图没有得到全面推行和落实。政治、经济发展不平衡的社会现实，使中国法律和制度成为一个独特的混杂体，其中既有大城市中西方法律的雏形，又有广大农村地区半封建的统制。

上述发生的一系列变革并没有孕育出现代法治的理念和制度。辛亥革命并未从根本上改变人治的状况，而是以“党国”的形式沿袭了传统的人治。国民党虽然接受了西方国家的法律制度，但是从来就没有真正建立起一个现代化的法治国家。中国共产党第一代领导人也并未彻底摆脱传统的强权法制和人治的影响。他们在长期的革命实践中确立了“魅力型领袖”的权威，最终导致个人崇拜，个人权力高于法律，从而难以形成法治存在的思想和文化根基。

进行彻底的法制变革期待着新的历史机遇。

（二）新中国法制建设的艰难曲折

新中国成立后并没有明确的法制建设目标和蓝图，在很长一段时间内，对法制建设采取了忽视甚至蔑视的态度。新中国成立伊始，新政权废除了国民党的旧法统，但是中国共产党并没有在心态上和执政方式上实现从“革命党”到“执政党”的转变，并没有真正致力于新法律体系和制度的建设，而采取了“头疼医头、脚疼医脚”的应对策略。这是因为，中国共产党是革命战争年代建立的革命党，长期残酷的武装斗争使其坚信“枪杆子里出政权”，轻视依法治国的法治理念。由于“路径依赖”的原因，中国共产党掌握政权后，也没有按照其地位的变化而转变其执政理念和执政方式，仍然沿用革命战争和阶级斗争的手段来行使执政权力，视法律为束缚手脚的清规戒律。加上新中国成立后需要应对恢复经济、稳定新政权和抗美援朝战争等一系列接踵而至的压力，法制建设并没有成为国家的中心工作，也没有相应的规划。

此后，由于执政党在指导思想和对形势判断上出现严重失误，刚刚起步的法制建设出现了停滞甚至倒退。“以阶级斗争为纲”和“加强无产阶级专政”被奉为马克思主义放之四海而皆准的治国方针，“群众运动”和“群众专政”被奉为最有效的治国方式。严峻的国内外形势致使领导人判断出现失误，把民主参政议政当作“右派”进攻，把党和政府内持不同意见的人当作要“搞修正主义的走资派”，因此大搞阶级斗争。从20世纪50年代初的“镇压反革命”“三反五反”“社会主义所有制改造”“反右”“四清”“社教”，直至“文化大革命”，群众运动接连不断，法治存在的社会基础荡然无存。

1957年的“反右运动”使我国法制建设进入停滞时期。这场运动开了不按法律规定剥夺部分公民政治权利和基本权利、用政治运动代替法律程序的先例，堵塞了言路，破坏了法制，造成了严重的政治后果。这场运动标志着新中国刚刚起步的新法制遭到打击，使我国的法制建设受到严重影响。法制建设的停滞强化了权力的高度集中和人治的倾向。“文化大革命”的十年浩劫，使处于初创时期的法制探索遭到彻底破坏，“人治”完全取代十分脆弱的法律制度，公民权利遭到压制和剥夺，民主和法制不复存在。

20世纪70年代后期，经过“拨乱反正”和“解放思想”运动，广大人民通过对历史的深刻反思和批判，以及对其他国家经验的借鉴和对世界发展趋势的分析，逐渐明白一个道理，即社会的发展和稳定必须依靠民主和法治。由此，执政党和政府作出了“必须加强法制”“必须使民主制度化、法律化”的决策，引导中国进入改革开放的历史新时期。从此，中国社会迈上了建立法治国家的历程。

二、依法治国方略

为了避免国家重蹈权力高度集中的“人治”覆辙，防止权大于法、以一人意志左右国家命运的状况重演，1978 年 12 月，邓小平在中央工作会议上明确提出：“为了保障人民民主，必须加强法制。必须使民主制度化、法律化，使这种制度和法律不因领导人的改变而改变，不因领导人的看法和注意力的改变而改变。”[①] 他把健全法制的基本要求概括为 16 个字，即“有法可依，有法必依，执法必严，违法必究”。这个讲话为加强社会主义法制建设指明了前进的道路。

中共十一届三中全会完全采纳了邓小平同志建设社会主义法制的思想。这具有扭转乾坤的划时代意义。十一届三中全会坚决批判了“两个凡是”[②] 的错误方针，确定了“解放思想，实事求是”的思想方针；果断地停止使用“以阶级斗争为纲”和“无产阶级专政下继续革命”的口号，作出把工作重心转移到社会主义现代化建设上来的战略决策，并明确提出了在各个方面进行改革的任务；提出了要健全社会主义民主和加强社会主义法制的任务；从根本上冲破了长期“左”倾错误的严重束缚，确立了正确路线，揭开了从“人治”向“法治”过渡的序幕。

这个路线很快就被全国人民代表大会所采纳，并上升为全国人大制定的国家政策。1982 年制定的新宪法以国家最高法律的形式把这一历史性转变确定下来。它规定，“今后国家的根本任务是集中力量进行社会主义现代化建设”，中国将致力于“发展社会主义民主，健全社会主义法制”，“一切国家机关和武装力量、各政党和各社会团体、各企业事业组织都必须遵守宪法和法律”。

尽管中共十一届三中全会以后，我国已经提出了要加强社会主义法制建设，但在一段时期内，依法治国、建设社会主义法治国家并没有受到真

---

① 邓小平：《解放思想，实事求是，团结一致向前看》，《邓小平文选》（第二卷），人民出版社，1978 年版，第 146 页。

② “两个凡是”即“凡是毛主席作出的决策，我们都坚决维护；凡是毛主席的指示，我们都始终不渝地遵循”。

正的重视。这一观念真正被人民普遍接受，是在建立社会主义市场经济体制的目标被提出来以后。另外，稍加留意可以发现，中共十一届三中全会至20世纪90年代初，党和国家的文献使用的概念是“法制”，而不是“法治”。[①] 我国对于“法制”和“法治”两个概念的使用，有一个认识上的转变过程。

“制”和“治”看起来只是一字之差，其实是一次重大的观念变革，表明中国不仅要加强法律制度建设，而且要从治国方式上根本抛弃“人治”传统。[②]

“法制”概念的提出，体现了否定“人治”的愿望。但是它本身又具有一些局限，这使它与“法治”概念有所不同。概括而言，二者的主要区别在于：其一，“法制”是指法律制度的简称，是相对于政治、经济、文化等制度而言，它是个静态的概念，其内涵是指有一套法律规则以及法的制定与实施等各种制度；法治则是相对于“人治”而言，它是个动态的概念，表达的是法律制度运行的状态、方式、程序和过程。其二，法制并不一定包括法治所具有的价值取向和本质内涵，如法律的至上性、公正性、普遍性、平等性、公开性以及法律对权力的制约和对人权的保障等一系列基本理念、原则和制度。其三，法制不像法治那样强调人民主权和法律的治理，因此有可能出现“人治下的法制”现象，法治的目的和功能则是强烈反对个人的专断独裁或者少数人的恣意妄为，强调对公权力的制约和对公民权利的保障。其四，法制是工具性的，可以建立在各种经济基础上，可以服务于各种政治体制；法治则以自身为目的，它以市场经济和民主政治为基础，是市场经济基础之上、民主政治体制之中的治国方略。

基于以上认识，中国法学界在20世纪70年代末和80年代初进行了一场关于“人治”与“法治”的大讨论。这场讨论集中清算了中国历史上长

---

① “文化大革命”前我国法制一般称为“革命法制”或“人民民主法制”。在20世纪70年代末中共十一届三中全会后，才通称“社会主义法制”。在马克思恩格斯著作中，在不同场合下分别使用过“法治”“法治国”“法制”三个概念。我国解放初期，“法制”和“法治”两个概念在报刊上都出现过，但是以后一般都只用“法制”而不用“法治”。其中的原因是，当时受苏联法学家和“左”倾思想的影响，把“法治”视为西方国家专用的概念。

② 王家福：《关于依法治国，建设社会主义法治国家的理论和实践问题》，载《中共中央法制讲座汇编》，法律出版社，1998年版，第116页。

期存在的人治观，为“法治国家”治国理念的提出奠定了理论基础；并对为什么需要法治而非人治、法治与人治的关系、法治与社会主义制度的关系、法治与执政党的关系、法治的基本理念、法治的运行和保障机制等问题进行了系统深入的讨论。[①]

在这场讨论后，“法治”概念并没有立即得到中央的认可。一些人甚至认为，“法治”的提法是西方观点，有悖于党的领导。20 世纪 90 年代初，社会主义市场经济的建立和法律制度的逐步完善，使人们摆脱了教条主义意识形态的桎梏，不再将法律视为阶级统治的“刀把子”和暴力工具，而是将法律真真切切地融入社会经济生活中去，真真切切地以服务于社会生活中的“人”的权利为目标。在这样的社会条件下，一些法学者进行了锲而不舍的探索和努力，使“法治”概念越来越得到人们的认同和接受。1996 年 2 月，在中央举办的第三次法制讲座上，李步云、王家福等学者明确提出应把“刀”制改为“水”治。这种坚定不移的理论探索和不断深入的法制建设进程，最终推动了 1997 年中共十五大报告把“依法治国，建设社会主义法治国家”的提法正式写入党章。

在中共十五大报告中，“依法治国”被确立为党和人民治理国家的基本方略，同时，把“建设社会主义法制国家”改为“建设社会主义法治国家”，并将其作为社会主义政治发展的目标。报告指出：“我国经济体制改革的深入和社会主义现代化建设跨越世纪的发展，要求我们在坚持四项基本原则的前提下，继续推进政治体制改革，进一步扩大社会主义民主，健全社会主义法制，依法治国，建设社会主义法治国家。”

“所谓依法治国，最简单的说法就是国家要有一套完备的法律，法律要体现人民的意志和愿望，符合时代的精神，符合事物的规律，符合社会主义的理想。有这样一套严谨的法律，并要求所有政党和领导人都按法律办事，这就是依法治国。”[②]

关于依法治国方略的内涵，报告作了准确的概括：“发展民主必须同健全法制紧密结合，实行依法治国。依法治国，就是广大人民群众在党的

---

① 《法治与人治问题讨论集》编辑组：《法治与人治问题讨论集》，社会科学文献出版社，2003 年版。

② 李步云：《依法治国历史进程的回顾与展望》，载《法学论坛》，2010 年第 4 期。

领导下，依照宪法和法律规定，通过各种途径和形式管理国家事务，管理经济文化事业，管理社会事务，保证国家各项工作都依法进行，逐步实现社会主义民主的制度化、法律化，使这种制度和法律不因领导人的改变而改变，不因领导人看法和注意力的改变而改变。"

关于依法治国方略应有的功能和领导核心，报告指出，"依法治国，是党领导人民治理国家的基本方略，是发展社会主义市场经济的客观需要，是社会文明进步的重要标志，是国家长治久安的重要保障。党领导人民制定宪法和法律，并在宪法和法律范围内活动。依法治国把坚持党的领导、发扬人民民主和严格依法办事统一起来，从制度和法律上保证党的基本路线和基本方针的贯彻实施，保证党始终发挥总揽全局、协调各方的领导核心作用。"

1999 年修改宪法时，"依法治国，建设社会主义法治国家"又被载入宪法总纲。至此，"依法治国，建设社会主义法治国家"完成了从理论命题的提出到确立为治国方略的过程，具备了国家根本法的最高效力。

"依法治国"被确立为"治国方略"，是因为相对于党和国家其他的一系列方针和政策，法律和法治本身具有无可比拟的重要性。首先，法治作为人治的对立物，对于治国安邦，具有全局性和根本性意义。其次，在现代法治社会里，任何国家的重大方针政策都必须通过宪法和法律的形式加以认可与具体规范，并运用宪法与法律的权威与机制保障其实施。再次，宪法和法律具有明确、具体、可操作性的特点，政策、道德等却没有这些特点。最后，任何发展战略和方针政策都有一定的时间性，唯有法律同人类社会共始终。①

依法治国基本方略的确立，标志着执政党执政理念的升华，以及其把握时局和把握机遇的执政能力进一步成熟。由此，法治成为中国政治生活和社会生活的最显眼的关键词之一，"依法治国，建设社会主义法治国家"成为全党全国的共识和目标。这是中国历史上社会代价最小、也最为成功的伟大变革。

---

① 李步云：《依法治国历史进程的回顾与展望》，载《法学论坛》，2010 年第 4 期。

三、理论依据和战略目标

实行依法治国，并非一种政策性的临时安排，而是历史发展的客观规律，是社会进步的现实要求，是人类文明的重要标志，是全国人民的共同愿望。依法治国基本方略的确立，对于建设有中国特色社会主义事业具有重大意义。

（一）依法治国的理论依据

首先，依法治国是市场经济的客观要求。依法治国方略是在市场经济体制改革的冲击下引发的。同时，市场经济的改革又为法治社会提供了生长点。通常认为，在现代经济的两种模式（计划经济和市场经济）中，只有市场经济才能生长出现代法治。其原理是，市场经济下经济活动的主体是各自独立、相互平等的，它们又为各自的利益而互相竞争。文明的竞争要求公平。市场经济下经济活动的主体没有等级关系，没有支配与服从的关系。当独立、平等的主体进行经济活动时，首先需要的是法律规则。没有一套公认的法律规则，正当、公正的经济活动就不可能进行。

在市场经济下经济活动的另一个特点是，市场主体为利益所驱动而相互竞争，彼此间有密切的利害关系。这种利害关系有损人利已的倾向。如果没有事先安排的规则去抑制彼此可能造成的损害，市场上的互相倾轧会造成彼此的严重损害，两败俱伤。没有规则的商战就没有安全感。为了市场上的安全和利益的互保，人们需要一套事先明确、共同承认的法律规则。根据这些规则，人们进行自愿、平等、互利、公平的交易。市场经济条件下的法律，使人们能够自由、公平、有序地竞争，从而避免相互损害。以上两点，就是市场经济需要法治的内在机制，是市场主体的共同渴求。市场经济的发展，必然催发法治的生长。

在市场经济体制下，独立、平等的经济主体以经济利益为目的而进行活动，促发了人们的权利意识。每个独立的自然人或法人都有其明确的经济利益，当其利益受侵害时必然要求保护，这是最基本的权利意识。利益是权利的催化剂，利益的不断增长和相互摩擦，必然伴随权利意识的发育壮大。权利意识的实质就是法律意识，公民权利意识的增强必然要求法治的建立和完备。此外，在经济全球化和实行对外开放的背景下，一个国家如果没有完备的法制，就无法吸引国际投资和开展国际贸易。这也决定了依法治国是市场经济的客观要求。

其次，依法治国是民主政治的重要条件。现代民主的理论基础和根本原则是主权在民（对立于封建社会的“主权在君”），用我国宪法的表述，就是国家的一切权力属于人民。民主包含四层内容：一是指公民的民主权利，如选举权和被选举权，参政议政权，检举罢免权，知情权等等，必须得到充分保障。二是指国家政治权力的民主配置，包括执政党和在野党、合作党的关系，执政党和国家机关的关系，国家机关中立法机关、行政机关和司法机关之间的关系，这些权力应当按照分权和制衡这个现代的民主原则来配置。三是指民主程序，要实行民主决策、民主立法、民主执法、民主司法等等。四是指民主方法，包括实行群众路线，实行民主集中制，不搞一言堂，等等。

要实现“主权在民”必须实行代议制，通过选举产生政府，人民把权力交给政府，由政府代表人民行使管理国家的权力。然而，当选举出政府之后，其权力可能是无限的，因而就需要一种制度来防止国家权力的滥用和横暴，宪法及相关法律产生的根本目的就在于此。如果政府严格依照宪法和法律办事，就能从根本上保证人民当家作主，否则，人民当家作主将是一句空话。历史经验也表明，民主制度需要一套完备的法律制度加以规范，用法律的权威加以保障。在我国和西方，都有过这样的成功经验和失败的教训。因此，“依法治国”一个很重要的着眼点，就是为了保障人民民主和公民的各种民主权利不受侵犯。

最后，依法治国是人类社会文明的重要标志。法律具有规范、指引、预测、教育与惩戒等社会功能，它比少数领导人按照自己的观念去理解和处理问题要理性得多，在这种意义上，它不仅是一种社会治理手段，而且也是人类认识和改造世界的手段。

现代法律以实现公平正义为目标，因而更是一种社会文明的表现。人类社会存在着三大基本矛盾，即社会秩序与个人自由之间的矛盾，个人与个人之间在物质利益需求和精神利益需求上的矛盾，以及社会组织和社会成员之间的矛盾。这些基本矛盾需要法律规则进行调整，以实现公平正义的社会目标。法律自身的特点也决定了它是社会文明的一个产物。法律具有一般性、公开性、平等性、不溯及既往性、程序性等五个特点，这就决定了法律自身的性质与公平正义密不可分。

（二）依法治国的战略目标

依法治国基本方略的提出，表明我国在现阶段和以后较长的时期内还不是一个成熟的法治国家。实施依法治国基本方略，在可预见的未来，其总的战略目标是成功地建成社会主义法治国家，在全社会实现法治。具体而言，我国实施依法治国基本方略的战略目标是：①

第一，推动并实现全社会由人治向法治的历史性转型与跨越。我国有着数千年的封建专制历史，人治的文化传统根深蒂固。摒弃人治，确立法治的主导地位，对于我国实现现代化和民族的伟大复兴具有十分重大的历史意义。把依法治国提到“治国基本方略”的高度，就是要在思想、政治和法律上彻底摒弃人治，并通过积极实施依法治国基本方略，大力推动我国社会由人治向法律转型并最终实现法治，即十五大报告所设想的一种理想状态——“制度和法律不因领导人的改变而改变，不因领导人的看法和注意力的改变而改变”。

第二，推动并实现党的领导、人民当家作主和依法治国的完全统一。党的十六大报告提出要把党的领导、人民当家作主和依法治国有机地统一起来，为发展和完善中国的法治理论指明了方向。我国法治发展道路突出地表现为三者之间相辅相成的辩证统一。党的领导是人民当家作主和依法治国的根本保证；人民当家作主是社会主义民主政治的本质要求；依法治国则为党的领导和人民当家作主提供制度安排和保证。我国能否建成社会主义法治国家，取决于党的领导、人民当家作主和依法治国三者之间的关系。其中，党与后二者的关系是关键和核心。一方面，否定和放弃党的领导，不可能建成社会主义的民主和法治。另一方面，需要通过社会主义宪政的制度安排，妥当处理党的依法执政、党的领导权威和法律权威之间的关系、党的领导与权力机关之间的关系等问题。实施依法治国基本方略的战略目标之一，就是要探索并找到在宪法和法律范围内实现党的领导的最佳途径和方式，最终实现三者的有机融合与完全统一。

第三，建成能够有效制约和监督权力的法治体系与法治文化。我国已经通过宪法和法律建立了依法治国的基本体系，然而这一体系远未达到健

---

① 李林主编：《中国法治建设 60 年》，中国社会科学出版社，2010 年版，第 501—502 页。

全和成熟的程度，法治体系的有效性不足，权力不受制约监督的现象还普遍存在。实施依法治国基本方略，不仅要求逐步建成一套足以在体制上机制上有效遏制和消除权力滥用、权力腐败现象的法治体系，而且还要培育保障法治体系有效运转的法治文化，使之成为一种主流社会思潮与社会核心价值。

第四，形成具有中国特色的法治发展道路与法治模式。按照西方经典的法治理论，法治国家只能建立在以多党制和私有制为基础的社会中。我国提出的“社会主义法治国家”的目标模式是史无前例的，没有直接的经验可以借鉴。实现这个目标，关键在于找到“社会主义”与“法治国家”之间的制度结合点。因此，实施依法治国基本方略的战略目标之一，就是要通过成功的法治实践，实现我国法治发展道路的特殊性与法治普遍性的有机统一，从而在理论上回答对中国法治发展道路和模式的疑问，使我国的法治体系、法治道路与法治模式得到全世界的认同。

四、法治国家的基本要求

法治国家作为现代一种最进步的政治法律制度的目标模式，其基本要求是丰富、具体、确定的。“依法治国，建设社会主义法治国家”被载入宪法后，我国最早提出法治和人权思想的学者李步云，曾撰文提出法治国家的 10 条标准原则和要求。[①]

一是法制完备。要求建立一个门类齐全、结构严谨、内部和谐、体例科学、协调发展的法律体系，实现社会生活各个领域都有内容与形式完备、科学的法律可依。有法可依是实行依法治国的前提。我国曾在一个相当长的时期里存在法律虚无主义倾向，以政策代替法律、以领导意志代替法律，这样的观念和做法曾盛行一时。因此，法制完备是实行依法治国最起码的要求。另需注意的是，“法律体系”有其自身的要求，它表明一个国家的法律规则虽然数目繁多，但它们并非是杂乱无章地拼凑在一起，而应是一个有机联系的统一整体。“门类齐全、结构严谨、内部和谐、体例科学、协调发展”就是对法律体系基本特征的概括。只有具备这些特征，

① 李步云：《依法治国历史进程的回顾与展望》，载《法学论坛》，2010 年第 4 期。

才能做到“法制完备”。

今天，中国特色社会主义法律体系已经基本形成，党的十八大报告提出新十六字方针“科学立法，严格执法，公正司法，全民守法”，取代原来的说法“有法可依、有法必依、执法必严、违法必究”，对我国法治建设提出了更高的要求。在建章立制方面，“有法可依”解决的是法律“有和无”的问题，“科学立法”解决的则是法律“好和坏”的问题。这说明党和国家领导人已经充分意识到，单单“有法可依”已经不符合时代的需求，只有通过“科学立法”才能达至“良法善治”，才能确立宪法和法律的权威。①

二是主权在民。要求法律应体现人民的意志和利益；法制应以民主的政治体制为基础；并实现民主的法制化（民主权利的切实保障、国家政治权力的民主配置、民主程序的公正严明、民主方法的科学合理等）和法制的民主化（立法、司法、执法等法制环节要民主）。主权在民是现代民主的核心和基础，因而也应是现代法治的灵魂。法律的人民性是主权在民原则在现代法律制度中的集中体现，而民主的法制化与法制的民主化则是主权在民原则在现代法律制度中的具体实现与展开。

三是人权保障。人权，是人依其自然的和社会的本性所应当享有的权利。其内容包括人身人格权、政治权利与自由以及经济社会文化权利。人权是人的尊严和价值的集中体现，是人的需求和幸福的综合反映。人不是为国家与法律而存在，而是国家与法律为人而存在。法律通过设定权利与义务来保障和调整各法律主体的利益。权利与义务问题实际上是一个人权问题，法律权利是人权的法律化。全面而充分地实现和保障人权，是现代法律的根本目的。2004 年，我国把“国家尊重和保障人权”规定在宪法中，从而开辟了中国保障人权的新阶段。

四是权力制约。现代社会需要一个国家具有深入全面管理和控制社会的能力和权力。但是，国家权力一旦扩张起来，垄断了暴力和以暴力强制规则执行的合法权力，就可能会对社会中的个体构成另一种威胁。因此国

① 例如，2013 年 10 月，中共中央政治局常委、全国人大常委会委员长张德江在全国人大常委会立法工作会议上指出：“现在，全社会对立法质量普遍关注，要求越来越高。人民群众对立法的期盼，已经不是有没有法律法规，而是法律法规好不好、管不管用、能不能解决实际问题。”

家治理和国家权力的运行需要法治的制约。法治，就是要求按照规则办事，要求行为规则是普遍的、统一的，即使公职人员及其代表的国家机关也不能超越规则，而必须依据立法机关已经颁布的规则，对法律认定是同等的人给予法律上的同等对待，等等。因此，法治也构成了对公职人员以及其代表的国家权力的约束。这种约束既防止权力滥用和错误决策，也对这种权力的行使形成引导和支持。

五是法律平等。实体法应体现与保障社会共同创造的物质财富与精神财富在全体社会成员之间进行公平分配；程序法应体现与保障法律面前人人平等，任何人无论其受保护或受惩处都适用同一法律规则，不因其性别、民族、财产状况、社会地位和宗教信仰等方面的差异而有区别。

六是法律至上。要求法律具有至高无上的权威，任何人和任何组织都必须切实遵守宪法和法律。法律至上原则的核心思想是反对少数领导者个人权威至上、权大于法。在任何社会里，法律权威的主要障碍是掌握国家权力的人往往不愿意和不习惯依照法律办事。我国长期以来影响和妨碍法律权威的主要因素是权大于法。当前，如何对各级国家机关、执政党各级组织的领导人加强权力制约和监督力度，已经引起各方面的重视。

七是依法行政。其基本含义是指，“国家行政机关的一切活动都必须要有法律依据，都必须依法进行。”具体包括：职权法定，越权无效；遵循法定程序；不得滥用自由裁量权；违法行政应承担相应的法律责任。之所以强调依法行政，是与行政权的特性及运作分不开的。现代行政权力行使的范围极为广泛，几乎涉及社会生活的所有领域，其行使以国家强制力或暴力威慑为后盾。此外，行政权具有自由裁量性，行政机关及其工作人员在行使自由裁量权时，存在着某种扩张性和随意性。这些特点决定了较之于立法和司法机关，行政部门最有可能违法，因此依法行政就成为法治国家的一个重要标志。

八是司法独立。司法独立是一个具有普遍性的法治原则。它建立在近代分权理论的基础上，是权力分立与互相制衡的制度安排与设计，其作用在于保证司法机关审理案件做到客观、公正、廉洁、高效，同时防止国家权力过分集中于某一机构或某一部分人之手而滥用权力，并对立法权特别是行政权起制衡作用。实现这一体制，需要建立内部与外部的有效监督机制、提高审判人员素质、完善科学的司法组织与程序；此外，还需要防止外界的非法干扰。长期以来，受行政权力的干预、司法行政化、地方保护主义等因素的影响，司法独立一直是我国司法改革的一个特殊难题。

九是程序正当。法律程序是法的生命存在形式。公正的法律程序体现法律的正义。它既体现立法、执法、司法等国家权力的科学配置和程序约束，也体现公民权利在程序中应有的保障。同时，程序正当也是科学地制定与实施法律的重要条件。司法机关要有科学的办案程序才能作出正确的判决与裁定。程序正当包括：民主、公开、公正、严明。明显违反立法程序和司法程序的法律、法规或判决、裁定不应具有法律效力。

十是党要守法。中国共产党在我国的政治生活中占有极为重要的地位，领导人民制定和实施法律，但是党必须在宪法和法律的范围内活动，不经过法律程序，不能改变宪法和法律；党的政策只有经过法律程序上升为国家意志，才具有普遍约束力。

五、法治实践

依法治国基本方略确立和实施20年来，我国的社会主义民主法治建设在许多方面取得了显著成就，主要表现在：立法机关坚持民主立法、科学立法，中国特色社会主义法律体系已经基本形成；行政机关坚持依法行政，不断推进行政体制改革，建设法治政府的目标越走越近；司法机关坚持司法为民，不断深化司法体制和机制改革，高效权威公正的中国特色社会主义司法体制日益完善。依法治国基本方略的持续实施，为中国特色社会主义政治建设、经济建设、社会建设、文化建设和生态文明建设，为维护国家主权和民族团结，保持社会和谐稳定和实现公平正义，为尊重保障人权和实现亿万人民的福祉，提供了良好的法治环境和有力的法治保障。

尽管我国的法治建设已经取得了有目共睹的辉煌成就，但是距离人民群众的期望仍然相距甚远。在政治、经济、社会生活中，各种非法治的观念和现象仍大量存在，公共权力不受节制，滥权渎职；官员贪腐；市场经济领域乱象纷呈；社会矛盾、冲突加剧，等等。这一切充分反映出我国的法治水平还不是很高。为了实事求是和科学地评价依法治国基本方略实施以来我国的法治建设状况，中国社会科学院法学所所长李林，主张根据党中央所作的几个政治报告对依法治国和法治建设战略目标做出的规定或描述，将其中的“依法治国、政治体制改革、执政党依法执政、形成法律体系、加强宪法和法律实施、建设法治政府、推进司法改革、保障民主权利、反腐倡廉、法制宣传教育、维护社会稳定”等11项重大任务作为主要评价对象，对我国法治建设状况进行宏观考察。[①] 依照这个思路和李林研究员的归纳分析（笔者添加了十八大的相关内容），可以从表1的各项对照中看出近20年来我国法治状况的变化。

表1 依法治国基本方略确立以来任务完成情况

任务	十五大报告	十六大报告	十七大报告	十八大报告	完成情况
依法治国	依法治国，就是广大人民群众依照宪法和法律规定，通过各种途径和形式管理国家和社会事务，保证国家各项工作都依法进行，逐步实现社会主义民主的制度化、法律化。	发展社会主义民主政治，最根本的是要把坚持党的领导、人民当家作主和依法治国有机联系起来。	全面落实依法治国基本方略，加快建设社会主义法治国家。	全面推进依法治国。	有所进步，但各种评价均有。
政体改革	政治体制改革的主要任务是：发展民主，加强法制，实行政企分开、精简机构，完善民主监督制度，维护安定团结。	继续积极稳妥地推进政治体制改革，扩大社会主义民主，健全社会主义法制，建设社会主义法治国家。	深化政治体制改革，必须扩大社会主义民主，建设社会主义法治国家，发展社会主义政治文明。	必须继续积极稳妥推进政治体制改革，发展更加广泛、更加充分、更加健全的人民民主。	有所进展，但不够明显。

① 李林：《中国法治的现状、挑战与未来发展》，载《当代马克思主义研究》，2013年第1期。

续表

任务	十五大报告	十六大报告	十七大报告	十八大报告	完成情况
依法执政	党在宪法和法律范围内活动。从制度和法律上保证党的基本路线和基本方针的贯彻实施，保证党始终发挥总揽全局、协调各方的领导核心作用。	党的领导主要是政治、思想和组织领导，通过制定大政方针，提出立法建议，推荐重要干部，进行思想宣传，发挥党组织和党员的作用，坚持依法执政，实施党对国家和社会的领导。	坚持党总揽全局、协调各方的领导核心作用，提高党科学执政、民主执政、依法执政水平，保证党领导人民有效治理国家。	党领导人民制定宪法和法律，党必须在宪法和法律范围内活动。	有所进展，但不够明显。
立法	到2010年形成有中国特色社会主义法律体系。	到2010年形成有中国特色社会主义法律体系。	坚持科学立法、民主立法，完善中国特色社会主义法律体系。	完善中国特色社会主义法律体系，加强重点领域立法，拓展人民有序参与立法途径。	如期完成。
法律实施	维护宪法和法律的尊严，坚持法律面前人人平等，加强对宪法和法律实施的监督，维护国家法制统一。	坚持法律面前人人平等，确保法律的严格实施。	加强宪法和法律实施，坚持公民在法律面前一律平等，维护社会公平正义，维护社会主义法制的统一、尊严、权威。	坚持法律面前人人平等，保证有法必依、执法必严、违法必究。	进展和效果不尽如人意。
政府法治	一切政府机关都必须依法行政，实行执法责任制和评议考核制。实现国家机构组织、职能、编制、工作程序的法定化。	加强对执法活动的监督，推进依法行政，提高执法水平。	推进依法行政。加快行政管理体制改革，建设服务型政府。	推进依法行政，切实做到严格规范公正文明执法。	进展明显，效果尚可。

续表

任务	十五大报告	十六大报告	十七大报告	十八大报告	完成情况
司法改革	推进司法改革，从制度上保证司法机关依法独立公正地行使审判权和检察权。	推进司法体制改革，从制度上保证审判机关和检察机关依法独立公正地行使审判权和检察权。	深化司法体制改革，保证审判机关、检察机关依法独立公正地行使审判权、检察权。	进一步深化司法体制改革，坚持和完善中国特色社会主义司法制度，确保审判机关、检察机关依法独立公正行使审判权、检察权。	进展明显，效果有待观察。
民主权利	实行民主选举、民主决策、民主管理和民主监督，保证人民依法享有广泛的权利和自由，尊重和保障人权。	扩大公民有序的政治参与，保证人民依法实行民主选举、民主决策、民主管理和民主监督，享有广泛的权利和自由，尊重和保障人权。	从各个层次、各个领域扩大公民有序政治参与。保障人民的知情权、参与权、表达权、监督权。尊重和保障人权，依法保证全体社会成员平等参与、平等发展的权利。	更加注重健全民主制度、丰富民主形式，保证人民依法实行民主选举、民主决策、民主管理、民主监督。	有所进展，还需努力。
反腐倡廉	加强对各级干部特别是领导干部的监督，防止滥用权力，严惩执法犯法、贪赃枉法。	加强对权力的制约和监督。建立结构合理、配置科学、程序严密、制约有效的权力运行机制。	完善制约和监督机制，保证人民赋予的权力始终用来为人民谋利益。	健全权力运行制约和监督体系。	力度加大，但成效不明显。

续表

任务	十五大报告	十六大报告	十七大报告	十八大报告	完成情况
法制宣传教育	深入开展普法教育，增强全民的法律意识，着重提高领导干部的法制观念和依法办事能力。	加强法制宣传教育，提高全民法律素质，尤其要增强公职人员的法制观念和依法办事能力。	加强公民意识教育，树立社会主义法治、自由平等、公平正义理念，树立社会主义法治理念。深入开展法制宣传教育，弘扬法治精神，形成自觉学法守法用法的社会氛围。	深入开展法制宣传教育，弘扬社会主义法治精神，树立社会主义法治理念，增强全社会学法尊法守法用法意识。	持续开展了25年，按规划完成了任务，成效有待观察。
维护社会稳定	维护安定团结，对人民内部矛盾，要正确运用经济、行政和法律等手段加以处理，防止矛盾激化。	维护社会稳定，正确运用经济、行政和法律等手段，妥善处理人民内部矛盾特别是涉及群众切身利益的矛盾。	推进社会主义民主政治制度化、规范化、程序化，为党和国家长治久安提供政治和法律制度保障。维护群众合法权益。发挥社会组织在扩大群众参与、反映群众诉求方面的积极作用，增强社会自治功能。	提高领导干部运用法治思维和法治方式深化改革、推动发展、化解矛盾、维护稳定能力。	力度越来越大，矛盾越来越多，任务越来越重。

根据表1的对照和分析，李林认为，在11项主要评价对象中，只有“中国特色社会主义法律体系如期形成”和“法制宣传教育”已经完成任务，其他方面虽然也都取得一定成绩，但尚未完成既定目标。这表明，“依法治国基本方略虽然得到实施，但发展还不平衡；法律体系尽管已然形成，但还需进一步完善和发展；立法尽管成就斐然，但执法、司法、守法和法律监督还不尽如人意；法制宣传教育尽管成绩巨大，但法治环境并

未根本改善。”①

六、挑战和问题

中国法治是一项前无古人的伟业，它不可能一蹴而就，而是需要长期的积累、法律文化的积淀和机构间的磨合。同时，我国法治建设不仅负有创建性的任务，而且还负有改革原来计划经济体制和集权政治体制的任务，这就使得我国法治发展不可避免地存在很多不尽如人意之处，甚至是重大的缺陷。

“法治”观念形成于西方，并且广为接受，具有一定的普适性。我国法治发展固然要借鉴西方法治中具有普世价值的成功经验，但是中国特定的历史文化、社会环境和面临的问题决定了我们不能完全照搬和移植西方模本，而要根据本国国情对现代法治的理念、普遍原则和制度进行具体化和本土化，因此我国法治建设必然有其独特的发展道路。这种独特性表现在，我国的法治建设立足于社会主义制度基础之上，它是中国渐进式改革的一部分，采取的是政府自上而下的推动模式，并且受改革的强烈冲击和影响，从而不可避免地面临着一系列挑战和困难。

第一，建设社会主义法治国家，在世界上并没有成功的先例，这在制度建设方面提出了远比借鉴、采用西方现成经验更为复杂艰巨的任务，需要用创新性知识和实践智慧来探索完成。过去几十年，我国逐步完善了共产党领导下的多党合作政党制度，完善和加强了人民代表大会制度，提出并努力推进包括建立法治政府在内的各种法治建设措施。这些都为建设社会主义法治国家提供了基础性的体制框架。然而，我国仍然面临着下一步要解决的制度性难题，比如如何处理执政党的领导权威与法律权威之间的关系，党的领导与国家权力机关和司法机关之间的关系？党如何实现依法执政等等。总之，如何在制度上和程序上实现坚持党的领导、人民当家作主与依法治国的有机统一，无疑将继续考验中国人民的政治智慧。

第二，复杂的国内和国际因素以及法治本身所肩负的历史使命都给我国的法治建设带来种种制约。中国是一个13亿人口的发展中大国，大国社

---

① 李林：《中国法治的现状、挑战与未来发展》，载《当代马克思主义研究》，2013年第1期。

会转型和体制转轨有着特殊的复杂性和艰巨性，如何通过法治驾驭大国的转型秩序，缓和社会矛盾，减少转型成本，降低和化解各种风险因素，是实施依法治国基本方略所面临的重要任务。同时，我国的法治建设并不单纯是个国内问题，还与复杂的国际政治因素紧密交织。因此，如何处理好法治建设和政治稳定与外部安全的复杂问题，处理好法治建设与国内国际两个层面相互交织的矛盾关系，同样是一种艰巨考验。这些因素都在一定程度上制约着中国法治建设和法律改革的政策空间和改革的时间表，使中国必须谨慎对待任何可能带有冒进性的法律改革措施，必须在确保内部稳定与外部安全的条件下，分步有序地推进法律改革，特别是一些政治领域的法律改革。①

从我国法治发生的社会背景和肩负的历史使命来看，它承担着创建和改革两项任务，这也决定了我国的法治建设必须渐进式推进。“创建”是要形成前所未有的制度和确立新的行为模式，显然需要经历一定时期才能完成；“改革”则需要根据社会心理、物质条件和社会发展水平逐步地改变原有的制度。这两项任务都不可能像革命那样，在较短的时间内以摧枯拉朽的方式完成，而必须采取渐进模式推进。②

渐进式改革的方法是，在基本不触动旧秩序的同时创造条件让新的因素成长起来，待它站稳脚跟并充分显示其优越性的时候，就会更有力地促进对旧秩序的改革。这就是用增量改革促存量改革。这样做的长处是，一方面可以为新因素的成长提供较充分的试错或检验的机会，另一方面又不会因选择失误产生无法挽救的严重后果和巨大的社会震荡，不会把改革赖以进行的基本秩序和基础打破。渐进式改革同时也具有很多缺陷，比如产生“双轨制”（新旧体制并存），造成地区发展不平衡、制度空白和断裂、某些制度滞后等等。这就需要渐进式改革保持不断推进的动力和自我纠正的能力。这种动力和纠偏的能力来自社会发展的内在动力和广大民众的认识。过去，渐进式改革主要依靠执政党和国家领导人决策的正确性；今天，我国的法治发展已经取得巨大成就，改革应当更多地依靠法律框架内

---

① 李林主编：《中国法治建设60年》，中国社会科学出版社，2010年版，第500页。

② 王晨光：《从“人治”到依法治国》，载蔡定剑、王晨光主编：《中国走向法治30年》，社会科学文献出版社，2008年版，第26页。

的制度自我更新和调整能力。然而，由于目前我国政治体制改革具有高度敏感性，以致举步维艰，使得近年来我国法治发展明显遭遇动力不足和自我纠正能力不强的困境。

第三，我国法治采取的是自上而下的发展模式，这给法治建设带来了一些负面效应。我国的改革是要建立全方位的新制度，政府在改革中起到了关键的设计和推动作用，法律则是设计和推动的主要形式。自上而下的发展模式其实就是人治的模式，这种模式带来了高效率，但也付出了权力过于集中、法律权威难以确立的代价。

市场经济和民主政治要求政府权力有限并受法律制约，而我国的社会改革又要求政府起到关键的推动作用。有能力推动社会变革的政府必然是强势政府，即拥有高度决策权和高度治理能力的政府。没有一个强政府就无法应对转型期社会的各种尖锐矛盾和严重挑战，无法保证社会秩序和政治稳定，也无法促进现代化改革顺利地进行。这就形成了一个悖论，即建设法治国家的目标要求政府是一个有限政府，而作为推动社会变革的政府却要强有作为。如果说推动社会变革是一种手段，建立法治国家是一种目标，那么我们就遇到了目标与手段之间的冲突。这种悖论和冲突也成为当前法治发展的内在矛盾，是依法治国面临的又一个深层次问题。

第四，改革会导致社会变动剧烈而频繁，不利于塑造法治建设所需要的稳定环境。法治原则要求法律不仅必须公开，也要保持相当的稳定性，即法律不能朝令夕改、频繁变动；还要保持法律的连续性和一致性，即时间上先后不同的法律，特别是有关基本社会关系的立法之间要彼此衔接，并在根本原则上保持一致。[①] 然而，任何一种改革都会在一定程度上突破既定的制度和法律规范，当前我国的社会转型改革又具有长期性，必然对

① 伯尔曼论述了其中的原因：“一个法律制度的根本转变是一件自相矛盾的事情，因为法律的基本目的之一是提供稳定性和连续性。此外，所有社会中的法律都从它以外的某些东西获得权威性，如果一种法律制度经历了急剧的变化，那么关于法律权威渊源的合法性这一问题便不可避免地随之出现。法律中大规模的突然变化即革命性变化实际上是‘不自然的’。当这样的事情发生，必然采取某些措施防止它再次发生，必须牢固确立新法律；必须防止再次间断的危险发生，必须将进一步的变化限制于渐变的范围内。”［美］哈罗德·J. 伯尔曼：《法律与革命——西方法律传统的形成》，中国大百科全书出版社，1993 年版，第 18—19 页。

现有法律制度造成持久而强烈的冲击。[①] 很多不遵守和违反法律的现象都是打着改革的旗号进行的，这种情况虽然会对社会转型产生积极意义，但是也会危及法律的稳定性和权威性，甚至引发以某种正当的名义通过特殊政策绕过法律或者违反法律等问题。[②]

此外，改革过程中产生的制度弊端会造成权力滥用，这也塑造了不利于法治建设的社会氛围。改革的渐进性必然导致尚未改革的部分与正在或已经改革的部分发生不协调甚至冲突；而且，随着社会改革的速度加快，一些改革措施和规定也会很快成为束缚下一步改革的制约因素。这些因素造成了现行体制的不完善甚至无法可依的状况，给国家机关和官员带来了可以自由发挥的余地，削弱了法律的权威。[③]

第五，由于“无法可依”问题的基本解决，我国今后将长期面临快速建立起来的法律制度与法律秩序和法治精神生长缓慢的矛盾，长期面临法律制度构建与法律绩效“不同步”带来的社会失序问题。20 世纪 80 年代到 90 年代，我国法治发展的重心是立法。90 年代中期，在我国法律的基本框架逐步建立后，法治发展的重心从立法转向执法和司法。这标志着我国的法治建设已经从简单的以立法和机构建设为中心的阶段，发展到了以树立法治观念、确立法治内涵和全面建立法治运行机制为中心的新阶段。

在这个新阶段，迅速建立起来的法律制度难以同步形成相应的法律秩

---

① 我国法律改革往往采取先试点再修法的方式，这进一步增加了维护法律尊严、树立法律权威的困难。例如，在宪法尚未修改“任何组织或者个人不得侵占、买卖、出租或者以其他形式非法转让土地”这一规定时，深圳市政府就已经得到了中央政府的同意，可以就土地的有偿转让进行试点。这一试点引发了法学界关于“良性违宪”的争论。其他类似情况并非个案。

② 2004 年发生在江苏的铁本公司事件和发生在湖南的嘉禾拆迁事件，都突出地反映了这一点。在铁本事件中，地方政府为了规避法律规定的报批制度，把一个应当由中央政府审批的项目化整为零，分散报批。该地政府采取欺骗手段，把投资 100 多亿元、占地 9000 亩的大钢铁项目分为 7 个小项目，分散上报获得批准，并违法强制拆迁当地农民的住房。在嘉禾事件中，地方政府为了建设政绩工程，大规模地强迫居民拆迁，甚至提出侵犯公民权益的口号“谁影响嘉禾一阵子，就影响他一辈子”。

③ 例如，进行政企分家后，在一些垄断性行业中，政府有关部门虽然已经不具有参与经济活动的资格，但是分家后的企业和政府主管部门仍然是一套人马两个牌子，加上经济利益的驱动，政府往往直接参与到经济活动中，运用行政力量影响法律和合同的制度性规定。

序，中国法治建设的主要矛盾是宪法和法律实施的问题，主要表现为普遍存在的有法不依、执法不严、违法不究，许多法律形同虚设。一项来自“中国法学网”的统计数据（参见表2）表明了这一点。此外，地方保护主义、部门保护主义和执行难的问题时有发生；法治缺乏权威，司法缺乏公信力；公民“信权不信法”“信访不信法”“信关系不信法”“小闹小解决，大闹大解决，不闹不解决”等问题还大量存在。传播法治理念、培育法治文化、完善法律运行机制，降低法律运行成本，提高法律实施效能，树立司法公信力，彻底解决有法不依、执法不严、违法不究的问题，仍是一项长期而艰巨的任务，需要付出更多的时间成本（参加表3）。

表2　中国法律实施状况的调查数据

调查项目说明：经过30多年的努力，法治建设中无法可依的问题已基本解决，法律实施成为主要因素。您认为当前我国法律实施的状况（以法律得到实施的百分比来表示）是：

投票项	百分比	得票
很好（90%）	2.9%	808
较好（70%）	3.9%	1090
一般（50%）	14.7%	4099
较差（30%）	20.4%	5681
很差（10%）	58.1%	16156
总投票人数	100%	27834

资料来源：“中国法学网”截止2017年7月10日的统计。

表3　未来中国法治建设重点的调查数据

调查项目说明：改革开放40年来，我国法治建设取得了巨大成绩，但也需要根据十八大部署进一步改革、完善和发展。您认为未来中国法治建设的重点应当是：

投票项	百分比	得票
全面落实依法治国基本方略	10.2%	1340
树立社会主义法治理念	5.4%	708
提高依法执政能力	8.6%	1128
推进民主立法	4.9%	646

续表

投票项	百分比	得票
建立法治政府	10%	1305
深化司法体制改革	11.2%	1469
加强宪法法律实施	25.2%	3306
深化法制宣传教育	2%	260
尊重和保障人权	22.5%	2939
总投票人数	100%	13101

资料来源："中国法学网" 截止 2017 年 7 月 10 日的统计。

尽管中国法治建设面临着各种严峻的挑战，法治现状仍然存在各种问题和缺陷，但是依法治国方略已经牢固确立，法治模式和目标已经得到社会的广泛认同，具有深厚的社会基础。随着社会转型的深入和市场经济的发展，我国建设社会主义法治国家的目标和进程将会不可逆转地向前推进。

第七章

治理之道：以德治国

中国的政治传统和政治哲学以“人性善”为价值基点，认为善的人性可以通过教育、修养以及德化等方式来养成，充分肯定人的道德理性的作用，强调教育的功能，重视精神上的激励。因此，更倾向于通过激励性的“善”来指导政治思维和制度设计，从而将道德作为管理的基础。这一理念投射到现代国家治理方面，我们也更倾向于选择通过“德政”这样的最大限度激发“善”的方式从根本上优化治理，使公共权力的运行更多建筑在官员普遍的政治道德水准之上。这是德治成为现代国家治理构成性要素的前提和基础，也体现了中国在法治之外与其他国家治理相比最为显著的政治特色。

中国共产党深刻吸取数千年来践行德治的智慧与经验，总结改革开放以来我国社会主义建设的成功经验和深刻教训，明确提出要“坚持依法治国和以德治国相结合”，强调“法治和德治必须两手抓、两手都要硬”。这既是历史经验的总结，也是国家治理体系和治理能力现代化建设的进一步完善。党和政府一方面努力提升与社会组织及全体公民协同合作的能力，不断扩大面向社会的法律和制度供给，并以意识形态和科学的价值观、道德观对人们的意识和行为进行理性引导，从而为国家治理的顺利进行扫清道德障碍；另一方面，以自身的思想道德建设提升党的道德领导力，为人民大众做出表率。[①] 作为国家治理手段和方式，德治是指通过道德力量的教化，使社会成员在尽可能大的范围内，达成尽可能多的共识和认同，在共同的精神轨迹上公转，从而实现社会秩序良性演进的状态。作为一种治理能力，德治是指执政党、政府、各社会组织及全体公民协同合作，综合运用经济、法律和制度的规范力量、意识形态和价值观的引导力量以及伦理道德的教化力量，来克服社会发展过程中产生的各种道德问题，为国家

---

① 龙静云：《道德治理：国家治理的重要维度》，《华中师范大学学报（人文社会科学版）》，2015 年 5 月。

的有序、健康发展创造和谐环境与良好政治生态的能力。这两个方面是道德因素在整个治理结构中发挥作用的主要途径，体现了中国推进国家治理现代化过程中理性逻辑和价值理想的结合与统一。

第一节　德治与法治

一、德治的涵义

德治作为一种治国理念和治理方式，在漫长的历史发展过程中，随着社会的变迁和国家的发展，在不断发生变化。同时，德治作为一种国家控制活动，又有其自身的发展规律。根据德治的经济基础、表现形式、实现手段、角色目标等的不同，迄今为止的德治可以分为传统德治与现代德治两种基本类型。传统德治是与传统农业社会相适应的一种国家控制模式，现代德治是与现代工业社会相适应的国家控制模式。传统“德治”这一概念可以从广义和狭义两方面理解。广义的“德治”是指，凡充分发挥道德在社会生活（包括社会的政治生活、经济生活、文化生活）中的应有功能，以达到维护和稳定社会目的的国家控制模式，都可称之为“德治”；狭义的“德治”是指，依靠道德在政治生活中发挥主导作用，来实施统治的国家控制战略。[①] 狭义的“德治”比较强调道德的政治功能，强调“官德”在安邦定国中的作用。从中国历史看，也多从狭义上去理解德治。如周公提出统治者在其政治活动中，要“敬德保民”“明德慎罚”的统治策略；孔子提出的“为政以德”“道之以德，齐之以礼”的治国方略等，都体现了这种德治观。

与传统社会意义上的“德治”相区别，现代“德治”方略实施的基本政治条件发生了明显变化：治理主体由单一的政府转向包含政府的多个主体；主客体界限模糊化，统治者和管理者也是被治理的对象；治理手段由硬变软，强调民主协商、共同参与，不再是简单粗暴的行政命令式的强制执行；主客体关系不再是单向度的而是上下互动合作的关系；治理目的由

---

① 林君一、毛维国：《德法兼济理论及其实践意义》，《山东农业工程学院学报》，2014 年第 1 期。

社会的稳定和效率转向更加关注社会和谐和人民幸福。[①] 传统德治是指统治阶级借助一定的道德手段，利用公共权力来实现和维持正常的社会秩序的政治管理过程，具有强烈的控制性色彩，其核心内容是为了维护人与人之间的不平等和人身依附关系。而现代德治则是对传统的扬弃与超越，“治理”“公民社会”“善治”等构成了现代治理文化系统的核心范畴。现代德治是要建立一套与市场经济相适应的道德规范，规约市场主体的社会行为，为整个社会经济的健康发展提供良好的道德环境，为“依法治国”提供一个良好的法治环境，同时为现代社会的发展提供良好的文化发展环境。它的基点是人与人之间的平等关系，其所提倡的道德必须是适合市场经济发展需要的，有利于人类社会进步的现代道德。

因此，近年来学术界对现代“德治”内涵的界定，注重立足于现代治理理论，以多学科视野审视，结合中国传统及发展的时代背景来进行合理解释。认为“道德治理既是西方现代治理理论在伦理领域的拓展，是对传统‘以德治国’理念的现代转化，也是传统‘礼治’精神的回归与复兴，更是道德建设在社会快速转型时期的新手段与方式，对于转型期的中国社会的道德重建具有重要的理论与现实价值。”[②]

基于以上分析，现代“德治”的涵义是，以自身完善、国家和社会善治为目的，社会多元主体共同参与，在国家治理过程中发挥自身德行并积极运用现代文明的正价值取向，通过多种方式和手段化解社会伦理道德问题，以促进社会与个体共同发展，从而形成向上尚善、相互影响的文明和谐型的现代化善治社会的动态过程。

1. 德治是国家治理体系必要的有机构成部分，这是对德治的定位，是“归属于什么”的问题。习近平总书记指出：“国家治理体系是在党领导下管理国家的制度体系，包括经济、政治、文化、社会、生态文明和党的建设等各领域体制机制、法律法规安排，也就是一整套紧密相连、相互协调的国家制度。”德治既是包含在文化治理中的一个独立性的系统，同时又具体渗入到经济、政治、社会、生态的治理之中。换言之，德治除涉及到

① 凡景强：《现代治理理论视阈下道德治理的价值转向》，《理论与现代化》，2017 年第 2 期。

② 王银春：《道德治理的内涵解析及其时代价值》，《甘肃理论学刊》，2015 年第 5 期。

社会公德、职业道德、家庭道德等道德领域中出现的问题之外，经济治理、政治治理、文化治理、社会治理和生态治理中对本系统的伦理关系、行为规范、个体品德等进行的治理也都涉及道德治理的范畴。[①]

2. 德治的治理对象是社会——伦理——道德问题。德治不仅仅是对孤立的、单一的“道德问题”的治理，还是对表现复杂利益关系的社会（这里的社会是广义的涵义，是包括经济、政治、文化、社会、生态在内的社会）伦理问题的治理。德治还应把其他社会问题作为治理对象。伦理问题和道德问题不是孤立存在的，而是与其他社会问题交织在一起，往往是由多种复杂的社会因素（如社会制度、管理体制、法律制度、文化教育、意识形态、风俗习惯、经济因素、政治因素等）复合而成的，所产生的后果也往往是多方面的。所以任何社会都不存在纯粹的伦理道德问题。道德治理不能仅仅关注道德问题和伦理问题，还应该将视野放在整个社会场域中，与整个社会问题相结合进行治理。

3. 德治是多主体的治理。治理主体是由治理的对象和内容决定的。德治的对象和内容是社会伦理道德问题，而社会伦理道德问题产生的来源及导致的结果均具有多样性；问题相互之间的关联也具有复杂性；这些问题在社会各个领域都不同程度地存在，具有普遍性；但在不同地域和不同时间的表现形式和性质则各不相同，具有特殊性；已经解决的问题在特定社会条件下可能重新出现，具有反复性；某些问题先隐藏后爆发的潜伏性；对社会运行和人们社会生活造成极大威胁和损害，具有破坏性，上述特性决定了任何单一化的主体都无法在功能上和资源上满足对这些问题治理的需要。

4. 德治的治理方式和治理手段具有多样性，这是德治“如何治”的问题，也是治理的核心和关键。在选择德治方式的过程中要综合考量多种因素：治理方式能否适应社会发展的伦理需要、治理手段是否能彰显民主和公正、治理工具是否坚持依法治国原则、治理方法是否能兼顾各方利益以及实现公共利益最大化。在治理手段的选择上，道德治理可以单一或综合运用法律手段、政策手段、道德手段、教育手段、舆论手段等多种手段。

---

① 冯国锋：《道德治理的内涵及其相关概念比较》，《哲学百家》，2016 年总第 515 期。

5. 德治的最终结果是为了促进社会与个体的共同发展，这是德治“达到什么目标”的问题，也是德治的出发点和归宿性问题。运用德治的根本原因是人们基于对现实社会生活中存在的由社会伦理道德问题造成的社会失序与混乱的不满，通过治理活动，以维护社会秩序和稳定和促进社会发展。所以德治的目的非常明确：明确问题，分析成因，制定策略，解决道德冲突和矛盾，改进社会道德状况，提升社会道德水平，进而维护社会秩序、实现社会和谐发展与推动社会进步。

6. 德治是个动态的、不断变化的治理过程，这是针对德治的治理过程而言的，即道德治理具有延续性和发展性。

二、德治与法治

道德与法律作为调整人们行为、维持社会秩序的两种最主要的社会规范，在人类社会发展过程中发挥着重要的作用。道德作为在人类社会中自觉生长的规范，是依靠社会舆论、人们的内心信念及传统的习俗来调整人们的行为并维持基本的社会秩序；而法律则是社会发展到一定阶段，仅仅依靠道德来调整人们的行为不足以维持社会秩序的情况下而产生的，是依靠国家的强制力来保障实施的行为规范。[①] 自道德和法律成为调整社会关系的两大基本手段以来，二者就共同发挥着治理国家和社会的功能。在国家治理领域，道德与法律关系的具体表现就是德治与法治的关系。德治与法治，是人类社会进行自我管理和规制的一对经典关系，也是一道贯穿古今的国家治理难题，《孟子·离娄上》认为“徒善不足以为政，徒法不能以自行”，意为只有道德不足以处理国家的政务，只有法令不能够使之自己发生效力。德治和法治既相互区别又相互联系，两者不可分离、不可偏废。法律的实施有赖于道德支持，道德的践行离不开法律的约束。

对于“德治”与“法治”的关系，中国古代政治家早就进行了宝贵的探索。儒家首先提出“德主刑辅”的治国思想，其后汉武帝提出“德刑兼用”，三国时期王符提出“德刑并举”，唐代李世民提出“明刑弼教”等。但实际上，中国历史上各朝代并没有真正实现“德治”与“法治”的结

---

① 韩克芳：《论国家治理现代化过程中德治与法治的结合》，《学术探索》，2016年第12期。

合，或强调德治，或偏重法治。站在新的历史起点上，中国共产党探索和实践了一条具有中国特色社会主义的治理道路，完整提出了依法治国与以德治国相结合的社会主义治国方略。站在更高、更深的程度上理解和认识法治与德治的关系，认为“德治”与“法治”的关系是辩证统一的，既有区别，又有联系，二者相辅相成，相互促进，达到有机的统一。

（一）德治与法治的区别

德治与法治所属范畴不同。德治属于思想建设，属于精神文明；法治属于政治建设，属于政治文明。德治所依据的道德，主要是关于善与恶、美与丑、公正与偏私、诚实与虚伪等的观念，以及与这些观念相适应的伦理行为规范，其发挥作用的机制主要依靠社会舆论、内心信念和传统习俗等精神力量。道德是软要求，具有感召力和引导力，主要依靠“自律”和内在的自觉来发挥作用；而法律是由国家政权依据占社会主导地位阶级的意识形态而采用规范形式制定的，依靠国家强制力保证实施的行为规范。法律是硬要求，具有强制性和权威性，主要依靠“他律”和外在的强制性来发挥作用，法律发挥作用的机制主要是运用国家强制力把形成法律条文的规范强制性地要求全体社会成员共同遵守。由于人类社会中社会关系和社会生活的极其复杂和多元性、多层次性，我们不可能，也没有必要把所有的社会关系、人们的种种行为都由法律条文来规范，因此，依法治国发挥作用的范围是有限的，而以德治国则主要是通过提高全体社会成员的道德水平，以道德自律来规范人们的行为。由于道德本身就是各种社会关系在人们头脑中的客观反映，是一个多元性、多层次性的思想观念体系，而且道德作用的发挥主要依靠社会舆论、人们的内心信念和传统习俗来维系，因此，道德的作用能够广泛渗透到人们生活的方方面面，其发挥作用的范围极其广泛。

（二）德治与法治的共性

首先，德治与法治的性质相同，二者在本质上都是一种治国理政的方略。道德是内心的法律，德治是一种柔性治理思维，主张靠民众的觉悟来促进和谐；法律是成文的道德，法治是一种刚性的治理路径，强调用铁的纪律保证秩序。德治与法治的内在使命都是为了规范社会行为、调节社会关系、维护社会秩序，它们在国家治理中都有各自不可替代的地位和功能。

其次，德治与法治具有相同目标，都是为了实现国家的善治。法治须是良法，德治须求大德。法安天下，德润人心。国家有了“良法”和“大德”，才能最终实现社会的公平正义、人民的幸福安康，达到善治的和谐状态与良好境界。

（三）德治与法治的相互作用

首先，德治与法治互为基础。道德是法律的主要来源，法律体现道德的最低要求，社会的道德与伦理底线需要法律的刚性守护和坚强维系，法律将最基本的道德规范转化为法律规范，实现道德的法律化。当越来越多的道德规范成为法律，全社会的道德底线越来越被抬高，那么这个社会的法治水平与道德高度也必然是日益增强的。

其次，德治与法治互为支撑。要强化道德对法治的支撑作用，就要重视发挥道德的教化作用和滋养作用，在道德体系中体现法治要求，努力使道德体系同社会主义法律规范相衔接、相协调、相促进，提高全社会文明程度，为全面依法治国创造良好的人文环境；另一方面，要以法治承载道德理念，法律法规要树立鲜明的道德导向，弘扬美德义行，立法、执法、司法都要体现社会主义道德要求，把社会主义核心价值观贯穿其中，使社会主义法治成为良法善治。[①] 全面依法治国要把实践中得到广泛认同、可操作性强的道德要求及时上升为法律规范，引导全社会崇德向善；要在坚持严格执法中，弘扬真善美、打击假恶丑，发挥司法惩恶扬善的功能，实现社会的公平正义。

最后，德治与法治互为灵魂与信仰。德治是法治的灵魂与最高追求，法治的终极目标在于促使所有人遵纪守法，依靠道德而非法律调解关系、规范行为，实现以德治国、以德化人；法治是德治的核心信仰，道德之中深刻孕育着法治内涵，法治信仰、法治观念与法治意识是当代社会道德的核心组成部分。当前，我们要加强运用法治手段解决道德领域的突出问题，要加强相关立法工作，明确对失德行为的惩戒措施，加强对失德行为的整治；另一方面，我们又要不断强化自觉守法的道德教育，引导人们自

① 《法治+德治成就善治》，《瞭望新闻周刊》，http://www.outlookweekly.cn/pinglun/17195.html。

觉履行法定义务、社会责任、家庭责任，努力营造全社会都讲法治、守法治的社会道德环境。[①]

三、德治的中国特色

德治在中国有着悠久的历史，在传统社会中一直被当作最主要的治理手段。我国传统德治通常表现出如下特点：

1. 道德的至上性。在传统德治模式中，道德被作为政治合理性和正当性的根本依据。早在周代，我国就出现了“以德配天”“以敬配命”的命题，认为即便是被赋予“天命”的统治者，如果自身缺乏良好的道德修养，也将失去治理天下的资格。这一传统在我国数千年的政治生活中得到了沿袭和发展。在封建时代，要从事政治生活，首先就必须具备卓越的道德品质。也正因如此，历代统治者和各级官员都力求突出自我的道德优越性，以证明其政治的合法性。

2. 道德的普遍约束性。在传统德治中，道德成为判断是非曲直、规范社会行为的标准，更成为社会评价体系的标杆。在很大程度上，道德取代了法律，成为解决社会矛盾、调和社会关系的主要力量，为社会提供行为规范。社会成员、社会、国家，都是道德的评判对象。更为重要的是，道德评价与社会成员的生活密切相关，在某些时候能够直接决定个人的社会生活状况。在传统社会中，如果一个人获得较低的道德评价，或者被认为做出违反道德的事情，将受到严厉的惩罚。[②]

3. 道德的理想性。传统德治有着鲜明的道德指向性，其所追求的是理想化的道德图景，德治并不是以底线道德作为治理的标准，而是牵引社会追求最高的道德理想。德治在实践过程中，往往不满足于人们对于基本道德规范的遵循，而是将高位道德原则引入社会规范之中。中国古代传统社会通常以“圣人”为道德标杆，鼓励每一位社会成员以君子人格作为自己的道德理想，以崇高的道德来规范自身的行为和思想。《孟子·告子章句下》中认为，“人皆可以为尧舜”，意味着每一个人都具有成为“圣人”

---

① 《法治＋德治成就善治》，《瞭望新闻周刊》，http：//www. outlookweekly. cn/pinglun/17195. html。

② 李建华、周谨平：《国家治理：从传统到现代的转型》，《湖南社会科学》，2015年第1期。

的潜质，也必须以之为修养目标。

新中国成立后，中国共产党在对传统治理方略加以批判继承的同时，结合对建设中国特色社会主义客观规律的认识和发展，始终非常重视德治问题，形成了有别于传统社会的现代的德治理念。毛泽东提出了坚持德才兼备、又红又专的干部标准，其中首要强调的就是干部的德和干部的"红"；周恩来阐述了"政治上可以信任是挑选干部的先决问题"的论断；陈云则强调选拔干部要"德才并重、以德为主"。改革开放以后，邓小平适时提出"四有新人"的道德导向，并强调精神文明建设与物质文明建设"两手抓、两手都要硬"，丰富了社会主义德治思想。进入新世纪之后，面对世情、国情、党情的新变化，中国共产党高度重视以德治国方略的运用，指出"法律与道德作为上层建筑的组成部分，都是维护社会秩序、规范人们思想和行为的重要手段，它们互相联系、互相补充。法治以其权威性和强制手段规范社会成员的行为。德治以其说服力和劝导力提高社会成员的思想认识和道德觉悟。道德规范和法律规范应该互相结合，统一发挥作用。"2001 年，中共中央颁布了《公民道德建设实施纲要》。2003 年，党中央确定每年 9 月 20 日为"公民道德宣传日"。党的十六大报告指出："依法治国与以德治国相辅相成。要建立与社会主义市场经济相适应、与社会主义法律规范相协调、与中华民族传统美德相承接的社会主义思想道德体系。"此后，党的十六届六中全会提出了建设社会主义核心价值体系的要求，并指出，"马克思主义指导思想，中国特色社会主义共同理想，以爱国主义为核心的民族精神和以改革创新为核心的时代精神，社会主义荣辱观，构成社会主义核心价值体系的基本内容。"党的十七大报告指出："社会主义核心价值体系是社会主义意识形态的本质体现。"党的十八大将以德治国提高到更加重要的战略位置，在重申"坚持依法治国和以德治国相结合"的同时，又特别指出，"社会主义核心价值体系是兴国之魂，决定着中国特色社会主义发展方向。"要"用社会主义核心价值体系引领社会思潮、凝聚社会共识。"至此，以德治国被中国共产党作为中国特色社会主义的本质要求之一，促进了柔性治国理政思想的发展与完善。中国共产党的以德治国思想，在继承传统德治思想若干合理成分的同时，又在若干方面超越了古代德治思想，赋予以德治国新的时代内涵。

第二节　德治传统的现代性塑造

传统的德治思想构成了中国古代治国的理论基础，其中包含了许多优秀的价值理念和道德规范。当前，中国进入经济发展的新时期，正确认识传统德治思想，对于当前中国道德建设和社会主义核心价值观的弘扬，对实现全面建成小康社会、实现中华民族伟大复兴有着重大而深远的借鉴意义。

一、德治传统的合理性

德治思想在中国古代的治国方略中占据着重要位置，儒家学说尤其倡导这种治国范式。孔子曾在《论语·为政篇》中明确提出了“为政以德”的主张，“为政以德，譬如北辰，居其所而众星共之”，意为：以道德原则治理国家，就像北极星一样处在一定的位置，所有的星辰都会围绕着它。他毕生强调治理国家要靠道德感化的力量。同时强调统治者要以身作则，以道德感化天下。儒家的“德治”思想体现了怀柔精神与开明思想，是一种典型的“王道”政治。它强调了伦理道德在为政治国中的主导作用，甚至将许多伦理道德规范直接转化为政治统治原则。此外，墨家的“兼爱非攻”思想、道家的“无为而治”思想，其核心要旨也是强调德治。我国古代的德治思想虽然存在着封建社会的深深烙印，但它对调整社会关系、维护社会秩序却发挥了重要作用。

（一）确立执政合法性

在中国传统社会中，德治思想一直被视为王道政治，被统治者大力提倡。对于统治者而言，德治从形而上学的角度赋予了“君权神授”的合法性。一般来说，政治合法性最根本的是要解决政治权力的认同和服从问题，即民众为什么要服从这种政治权力或政治统治。儒家在论证德治本体根基的时候，以“天”贯通了道德与政治，将政治诉诸于“天”的形而上高度，实际上肯定了统治者的政治权力是源于“天人合一”而导出的“君权神授”定律。[①]“天”通过与人合一的方式把政治权力赋予了统治者，统

① 袁立莉：《论儒家德治思想的哲学基础》，《学术交流》，2010年第9期。

治者从“天”那里得到政治权力，进而又继承了“天”的道德属性，从而使统治者的权力具有神圣和不可逆的特征。通过“德治”，统治者具有了合法性、正义性和神圣性，成为了道德正义与终极价值的化身。社会民众也不得不承认并接受统治者的政治权力具有合理性。

统治者被赋予执政合法性后，德治对统治者的政治行为本身也进行了规范。统治者应尽力保持和扩充自己的仁义之端，成为道德高尚的“圣人”。同时，将“内圣外王”作为政治思维模式，使内圣转化为一种王道。在具体实施统治时，要以德服人，不可以力服人，要将道德作为社会生存与发展的基础；在日常生活中，要让普通臣民将自己作为道德表率，“仁”与“礼”成为社会中调节人与人关系的原则；要将实现社会大同作为社会治理的目标，在大同的道德社会中，平民百姓不仅可以安居乐业、丰衣足食，更重要是道德风俗美好，人与人关系相处和谐。

（二）稳定社会政治秩序

对于普通民众而言，德治思想符合了个体的政治认同。在中国传统社会中，基于血缘关系而形成的宗法制度在很大程度上影响着百姓对于社会政治制度的认可程度，也是维系社会政治秩序稳定的基本因素之一。家是国的基础，国是家的扩大。上至皇室亲族，下至平民百姓，在血缘宗法的纽带联结中，个人与社会、个人与国家的种种联系，往往通过家族的中介功能得以实现。尊重血亲，讲究“亲亲”，是国人普遍存在的政治心理结构。“亲亲”要求讲究人伦和谐，目的是为了“和”，对亲人要表示忠诚的“亲和”。当这种“亲和”关系由个体推至家庭，再推至宗族乃至国家时，社会中最易被人们普遍接受的统治方式——“德治”便具备了民间基础。既然要体现“亲和”，在政治法令实施过程中就不能完全依照科学的理性，而应注入相应的“德性”因素，“君臣、父子、兄弟去利，怀仁义以相接。”这也决定了人的政治行为应以价值判断而非事实判断为其取舍的准则，社会政治生活需与人的“德性”生活相融合。[①]

同时，将“三纲五常”融入宗族、家庭内部和社会政治统治规范之中。在中国传统家国同构的宗法型社会中，“三纲”的设置紧紧依附于传统宗法家族的社会模式，以制度化的道德条目固定人的等级地位，协调从

---

① 袁立莉：《论儒家德治思想的哲学基础》，《学术交流》，2010 年第 9 期。

上至下的各种人际关系；“五常”则既以“三纲”为前提和依据，又是对“三纲”的必要补充。“三纲”设定了政治秩序的等级结构；“五常”为人们确定了行为规范的道德细则。“三纲”和“五常”结合在一起便将政治关系、社会关系、伦理关系连接起来，通过教人遵循忠君、孝亲和从夫之道及恪守仁、义、礼、智、信的道德品德来达到维系政治秩序的目的。

（三）确立统一意识形态

对于整个社会而言，传统德治思想确保了人性趋于至善的可能性，为人类社会完美政治理想的实现提供了保障。随着以孟子为代表的心性儒学成为儒学正统，并被确立为官方意识形态，“人性本善”特别是“人皆可为尧舜”几乎成为中国传统社会主流文化的核心价值信念。人的本性是善良的，因而只要努力践行，每个人都可以达到尧舜式的圣贤境界。所以，现实生活中政治问题的出现主要在于统治主体道德修养不够，或统治政策中缺少“德性”因素。人“善”的本性可以通过德治得以发掘，使民众自觉地约束自己的行为，不必借助于法律等外部强制性的制度框架来建构和维系公共秩序。它不仅意味着会形成一种比外部制度规范更为有效的约束机制，而且意味着一种高明的政治境界。从本质上讲，传统德治让政治统治变为一种道德教化，既符合人性，又能实现仁政王道，为完美社会统治的形成奠定了坚实的基础。

二、德治传统的局限性

受时代发展和人的认识能力的限制，中国古代传统德治思想存在着明显的局限性。

（一）德治往往依附于“人治”

人治强化了中国古代社会封建专制和独裁的特征。传统德治思想把希望寄托在统治者的道德完善上，希望通过统治者的道德完善来建立仁政。德治是为阶级统治服务的：德治之“德”，主要为统治者认可之德，德治之“治”，主要是统治者“治民”，所谓德治，只不过是统治者的驭民之器、治民之术。在统治者眼里，普通民众是低贱的、愚昧的，统治阶级运用教化、愚弄等手段，将普通民众塑造成符合自己偏好的统治对象。所以，他们鼓吹“君臣父子”“三纲五常”等道德律令，其目的，就是要把广大民众塑造成彻头彻尾的顺民。“这是一种典型的家长式统治，与法制精神相差甚远。这样靠依赖道德规劝和统治者自我修养进行统治，而没有有力的法律监督机制做保障，不足以来约束邪恶、腐败的统治者。”[①] 民众也没有办法对统治者进行约束和监督，所以在道德名义下不道德的行为比比皆是，因此，缺乏来自于底层民众的参与，没有有力的法律监督机制做保障，很容易造成权力的失衡和统治阶级对权力的肆意滥用。

（二）德治的阶级歧视性

道德本应是具有共性的东西，成为社会成员普遍认可的共同价值，然而，在阶级社会，这种共同价值仅限于本阶级内部，道德鸿沟十分明显。传统德治是以封建特权为基础的人治，所谓君子治人，小人治于人。君子是有德行的统治者，小人乃普通劳动者，所以孟子强调：君子劳心，小人劳力。这种君子小人型的不对等的德治模式，反映的是封建剥削关系。当然，德治比之暴政对于被统治阶级来说相对仁慈一些，在历史上也起过一定的积极作用，但是，对于以自由平等，民主法制为特征的现代社会来说，这种君子小人型的德治模式显然是落后与不可取的。传统德治思想在强调德治的同时又强调“礼治”，通过“德”强迫人民自省，从而使人甘于压迫的同时，又通过强化“礼”的规范来进一步强化阶级社会的等级结构。长期以“孔孟之道”作为明经取士的重要依据，在宋中期以后，甚至是士子得以进入官僚阶层的唯一依凭，逐渐使“三纲五常”“三从四德”这些封建等级观念成为思想与实践中的准绳而深入人心，进而使人民大众缺乏自我独立的意识以及对待政治的积极态度。[②]

（三）将私德与公德混为一谈

孔子曾说，“父为子隐，子为父隐，直在其中矣”，认为父子间的血缘伦理关系超越于社会道德是非之上。传统德治思想认为封建社会是家天下，家庭伦理可以高于社会道德，同样，家庭伦理也可以扩展到社会层面，变成社会伦理道德标准，甚至于成为为政治国的原则，这不能不说是过分夸大了伦理道德的作用，混淆了道德与政治，私德与公德的关系。

---

① 陈胜：《传统德治思想及其启示》，《学理论》，2010 年第 17 期。

② 王晶：《法治、礼治、德治、专制——浅谈儒家思想对中国法制的影响》，《法学研究》，2011 年第 9 期。

（四）道德教化的不平等性

传统德治思想强调统治者及其官员的道德教化，却忽视了对普通民众的道德教化。要求国家的统治者和所有官员，都必须是具备高尚道德的人。他们要身体力行道德标准，以自己的行动作模范，来影响广大民众。但实际上统治阶级的道德模范作用常常是虚有其名，对民众的道德教化却成了单向律民性。

三、德治的现代性塑造

不同的社会形态决定了社会治理与社会控制方式必然发生变化，应对中国当前转型社会中的一系列突出问题，作为国家治理体系构成性要素的德治，需超越传统的思维模式，寻求适宜现代社会的德治范式。据此，中国共产党在十八大以来提出“全面深化改革的总目标是完善和发展中国特色社会主义制度，推进国家治理体系和治理能力现代化。”德治作为国家治理体系的有机组成部分，是践行社会主义核心价值观的实施路径。在现代化转型进程中，社会价值取向多元化，国家治理结构复杂化，道德治理的开展充满挑战和不确定性。我们需要正确认识德治的深刻内涵，厘清其核心价值取向才能降低国家和社会治理风险，凝聚价值共识，有助于改革发展的稳定进行。因此，对德治思想进行现代性塑造，结合现代治理理论对德治的内涵进行深入拓展，在全面推进国家治理体系和治理能力现代化的社会转型时期具有特别重要的意义。

（一）培育多元治理主体

孔子在《论语·颜渊篇》中指出“政者，正也；子帅以正，孰敢不正?”，意为：为政者走正道，谁敢不走正道？可见，传统的“以德治国”是帝王将相为道德主体的治国方式，是一种封建专制统治。现代社会的德治已不仅仅是党和政府社会管理的责任，而是更广泛、更多元的社会主体的责任。德治诉求的是多元主体的合作与共治，且参与治理的主体之间不再形成一种等级隶属关系，而是结成一种平等的合作关系或伙伴关系。在当今中国，参与“以德治国”的至少应该有党组织和各级政府、各种社会组织、基层社区和公民个人四种主体。其中，各级党组织和政府是德治的第一主体；社会组织与社区是德治的基本力量；公民个体的自我道德管理与自我道德教育是德治的前提。每个主体都在一定范围和程度内发挥作用，各种社会主体分工合作，各尽职责，才能进行有效的道德治理。

（二）增强治理对象的“社会性”

传统“以德治国”中的道德与政治紧密相联，道德不仅成为指导个人行为的准则，而且成为指导和判断政治行为的原则和标准，必须遵循“修身、齐家、治国、平天下”的政治逻辑。同时，道德与宗教、风俗、习惯一道构成礼教，共同成为历代统治者治理国家所遵循的基本准则。“道德政治化”是中国传统德治的主要特征。而现代的“以德治国”不仅与政治紧密相联，更多地是与社会相联，是一种社会治理或社会控制方式。因此，从这个意义上说，二者之间的调整对象存在诸多差异。传统德治属于政治伦理或行政伦理范畴，利用道德调整的主要是“君”与“臣”之间的关系、“臣”与“民”之间的关系；而现代德治的主要关联对象是社会领域中出现的不道德的问题，这些问题主要属于社会伦理范畴，更多地运用道德因素调整社会意义层面的各种关系，如行业协会、政府组织与非政府组织之间的关系等等。同时，现代德治也更倾向于关注人们的内心、人的情感、促进人与人的合作以及社会共同繁荣与进步。

（三）转换治理手段和治理方式

传统的“以德治国”更多的强调一种自上而下的道德政治化治理方式，呈现出一种强制和控制的特点。现代德治则更多地强调多元利益主体之间的协调、商谈与合作的社会治理方式。由于德治参与主体的多元化，影响力量的多样化，采用强制与控制的方式必然会存在诸多障碍，也不利于合理化的集体决策形成。只有通过利益相关主体的协调与商谈，达到高度认可，形成统一的集体行动，从而实现有效的自我组织和治理。

（四）重建权力合法性来源

传统德治的权力合法性依据主要是“天命论”与“君权神授论”，其根源在于统治阶层“以德配天”。现代德治的合法性依据是西方近代以来形成的“社会契约论”以及后来演变形成的现代意义的合法性理论，其中强调“经同意而统治”是一切权力合法性的最终来源。现代德治的权力或者权威并不来自于政府的行政力量，而是来自于利益相关主体的影响力以及他们之间为达成集体行动所产生的权力依赖，换言之，德治的权力合法性来源于利益相关主体的自主式协商而达成的对集体行动决策的认同。

第三节 德治之道

一、善治

对于国家治理而言，其终极目标就是要实现善治。善治作为人类的政治理想，肇始于柏拉图。柏拉图在《理想国》中畅谈“哲学王之治”是“最善之治”，而在《法律篇》中又将法治视为“次善之治”。他不仅在人类文明史上第一次提到国家治理，指出“没受过教育不知道真理的人和被允许终身完全从事知识研究的人，都是不能胜任治理国家的”；还通过苏格拉底与格劳孔的对话，明确区分善治与恶治的不同样态，“在凡是被定为统治者的人最不热心权力的城邦里必定有最善最稳定的管理，凡有与此相反的统治者的城邦里其管理必定是最恶的”。[①] 一般认为，“善治”一词的含义为良善之治或善于治理，即好的治理。值得注意的是，“善治”一词并非西方学术语境所独有，早在几千年前就已经在中华传统文化思想中闪现，它是中华优秀传统文化的优秀因子之一，从研究的角度讲，已经存在了两千多年。老子在《道德经》中就曾指出“上善若水。水善利万物而不争，处众人之所恶，故几于道。居善地，心善渊，与善信，政善治，事善能，动善时。夫唯不争，故无尤。”《汉书》中也提到了善治，“今汉继秦之后，如朽木粪墙矣，虽欲善治之，亡可奈何。”法家先驱管仲则将善治和法治结合起来，称之为“善法”，认为：“今天下则不然，皆有善法而不能守也。”此后，北宋改革家王安石再次提到善法，将它作为治国之良策，并指出“立善法于天下，则天下治；立善法于一国，则一国治”。“善法”这一提法表明，中国古代一般所理解的“善治”是与法治紧密结合在一起的，如法家的韩非、商鞅，主张以法治国，变法图强，法治是治国平天下之良策，国家善治离不开法治。

国内学界近年来形成了研究善治的热潮，善治不再被简单地认为是一

---

① 李龙、范兴科：《关于“善治”的三个追问》，《法制与社会发展》，2017 年第 1 期。

种治理状态，更被定义为一种治理方式。随着中国特色社会主义制度的发展和完善，中国共产党对人类社会发展规律、社会主义建设规律、党执政规律和国家治理规律的认识达到了一个新的高度。党的十八届四中全会明确提出“法律是治国之重器，良法是善治之前提”，这是“善治”首次作为政治术语在中央的文件中使用，表明“善治”将成为党中央治国理政的新的目标和追求。善治是以人的全面自由发展为最终目的的社会治理之理想模式，善治在个体自由的离心力与社会秩序的向心力之间寻求一种动态的平衡，以公平、正义的社会制度为基本保障，以人的道德自觉与向善追求为主要特征。这充分表明，德治是实现“善治”的必要条件之一。

人们之所以会在善治社会中自觉自愿地推崇道德并遵纪守法，是因为善治在维护社会秩序的同时保障了个体的充分自由，并用制度的公正保障了民众对道德和法律强烈的价值认同，使人们在公平正义的社会环境中过上自觉向善的幸福生活。只有人人平等的德治和法治才会得到拥护，在不公正制度下产生的德治和法治必定不能长久，如美国学者伊兹欧尼所说：“正义的缺乏会导致暴力”①。在善治理念中，法律的首要作用就是维系道德。如果得不到被共同体成员所认同的价值的支持，仅仅通过法律进行社会变革，可行性并不高，甚至这种做法可能会产生十分严重的扭曲效果。另外，要使善治得以可能，法律与公共政策本身必须反映价值的变化，而不能严重地偏离价值。一个社会的成员越多地相信他们的社会性需要是公正的，他们就越能自愿地按照这些价值行事，因为他们自己认同这些价值，这个社会就会越接近善治。② 换言之，对良善社会而言，最重要的不是法律与秩序，而是要以共同体成员所认同、共享的道德价值作为社会的基础。

同时，德治的主要功能包括内化渗透、纠偏整顿、改良优化等，它们是实现善治目的的辅助手段。其功能主要体现在三方面：一是德治作为一项价值实践活动，它内在地包含着现代文明的正价值取向，通过道德式的社会熏陶、引导人们的思想符合主流价值取向或对制度的建构原则施以影

---

① Amitai Etzioni, “The Responsive Community: A Communitarian Perspective”, *American Sociological Review*, 1996.

② 柳琴、史军：《善治：自由与秩序的张力》，《探索与争鸣》，2013 年第 4 期。

响让善良意志制度化；二是德治具有较弱的强制性特点，保留了及时整治的强制威慑，避免了在危机治理中出现应变不力的情况；三是德治具有前瞻性和目的性，对各项治理活动要进行不断优化，在动态中改良才能时刻保证手段与目的的统一。[①]

在建设社会主义现代化、实现中华民族伟大复兴中国梦的历程中，发挥德治与法治的合力，具有十分积极的意义。市场经济本质上是法治经济，它需要法治与德治的共同保障。完善社会主义市场经济制度，是社会主义市场经济运行规律的客观要求，也是保障经济持续健康发展的需要。使市场在资源配置中起决定性作用和更好发挥政府作用，必须以保护产权、维护契约、统一市场、平等交换、公平竞争、有效监管为基本导向，这是完善社会主义市场经济法律制度的基本原则。同时，市场经济应有道德取向，需要有力的道德配合和约束。缺失了道德基础，市场经济会出现唯利是图的混乱局面；没有了法治保障，市场经济同样会陷入纷乱无序的失范状态。实现法治与德治有机融合，能够协调市场经济中的利益矛盾。随着市场经济的发展，市场参与主体的积极性的发挥，生产力得到解放，但也出现了贫富差距悬殊等现象，人们对物质、文化生活需求增长，社会矛盾难免加剧，这不利于市场经济的健康发展，更有违社会主义的公平正义。因此，必须用符合公正的法律来调整市场经济发展带来的不公正现象，用社会主义道德来帮助社会和谐的实现。中国是一个体量巨大、国情复杂的超大规模国家，实现国家与社会的善治，建设中国特色的社会主义法治，德治必不可少，只有将二者有机融合，发挥法治与德治的合力，实现中华民族伟大复兴中国梦的征途才能更加稳健。因此，社会主义和谐社会的善治形态要成为现实，就需要建立健全道德治理所必需的基本要素。

首先，德治的价值追求反映着治理的方向和各个社会主体的价值诉求，是建构道德治理框架的根本因素。德治的价值取向决定着道德的正义性与正当性与否。只有通过公正、良好的道德而实施合理的治理才有可能进入善治社会。在人治的社会结构中根本不可能实现真正的善治，因为其实施的道德治理价值取向没有公正性，只是为统治阶级服务，以道德之名

① 凡景强：《现代治理理论视阈下道德治理的价值转向》，《理论与现代化》，2017 年第 2 期。

行治人之实，带有欺骗性。在社会主义新时期，德治奉行以人民为主体的价值取向，体现了社会主义民主政治精神，与封建道德专制统治存在根本性的价值取向差异。

其次，德治的制度架构是治理活动良性运转的制度保障，各个参与主体之间的权责及其关系要明确。传统的公共治理机制是市场与政府的划分模式，讲究公私分明。但是，随着我国政府权力下放、社会组织兴起、公民积极参政等治理新现象的出现，公民社会力量逐渐成为公共治理中的重要时代力量。这样就形成了政府、市场、公民社会的初步治理格局，三大主体需要划分清楚权责关系和各自的治理界限，才能促成彼此精诚合作而不是相互对峙的状态。因此，德治的结构层面不仅需要解决合作治理问题还需要设计出良好的制度框架。

再次，德治的实施工具是在把治理观念转化为实际行动的动态过程中所采取的行动方式与方法。为了实现治理目标，道德治理工具必须相应地发展、优化和更新。合理的治理工具可以调动主体的热情，使之转化为有效的行动，以便快速地实现治理目标。在现代民主法治的社会条件下，道德治理方式的民主化、透明化和法治化是搭建道德治理公共互动平台的前提，各个主体在这样的公共治理空间里才会群策群力，尽情发挥各自的德行以推动治理的发展和现代化。

最后，德治的主体能力是指政府、社会组织、公民个体等各个主体所具备能够正确行动的综合素质和主体意识的自觉能力。现代化的德治主体要能够发挥出各自的主体性，既需要自己具有较高程度的公共价值取向和德性的治理素养，又需要熟练运用各种现代化治理知识与技能，这样才能提高治理效能、实现善治目标。[①]

二、贤明政治

选贤任能历来是以儒家为代表的中国古代传统德治思想所倡导的重要政治思想和政治主张，强调治理国家要“以吏为师”，而统治者要“立身惟正”，勤政廉洁，从而达到“其身正，不令而行”的治国的理想境界，

① 凡景强：《现代治理理论视阈下道德治理的价值转向》，《理论与现代化》，2017年第2期。

要求执政者和所有官吏都必须是道德高尚的人。从国家官吏的任免来说，要求所有官吏和一切行政人员的遴选和任命，不论通过何种方式进行，所遴选和任命的都应当是一个有道德的人，在群众中应是德高望重的至诚君子。这样的君子，注重个人的“修德”“修身”，即随时随地加强自己的道德修养，“一日三省吾身”；在家庭要孝敬父母、长辈，关心子孙成长，同时还要“推己及人”，做到“老吾老以及人之老，幼吾幼以及人之幼”。因此，从西汉以后，实施“举孝廉”的选官制度，让孝敬父母、清正廉洁的人担任各级官吏。而且一个有道德的人，不仅应当帮助他人和关心社会，最重要的是忠于国家、尽忠职守和维护国家的根本利益。不仅重视自身的道德修养水平，还要求国家官吏在道德上要身体力行，言行一致，应当以自己“忠孝仁爱”的模范行动来影响老百姓，这就是孔子说的“苟正其身，于从政何有?”等对从政者的要求。一个从政者的威信和力量，既不在于他的职位大小，更不在于他的地位高低，而在于他高尚的道德人格魅力征服人心。只有高尚的道德品质和自身的道德模范行为，才能拥有社会威望和崇高的声誉，才能在民众中享有威信，才是一个从政者的真正力量所在。儒家人性平等的理论为贤明政治提供了坚实的理论基础。任贤使能，不拘一格拔擢人才在当时无疑是非常开明的政治措施，其实质意义在于破除了血缘宗法等级及其他关系，能够根据本人的实际才能来提拔荐举录用。上述传统德治思想内在地凝聚了儒家思想的精华，对当时的社会进步与人才解放起到了极大的推动作用。在专制主义的社会制度中，君主和各级官员的道德品质对于国家的盛衰，对于经济的发展有着重要的影响。一般来说，仁君、明君能够使国家兴旺发达，而暴君、昏君则容易导致国家的迅速衰亡；清官使民受惠，贪官使民遭殃。因此，在中国古代的德治思想中，对统治者和各级官吏提出高尚道德品质方面的要求，是有积极作用的。

贤明政治的理念也是西方政治理论和实践的核心。柏拉图在《理想国》中为贤能政治理念辩护的著名言论是：“最好的政治制度中，政治领导人因有卓越的能力做出知情的、在道德上站得住脚的政治决断而被选出，并被授权统治这一共同体”。在此后的历史中，贤能政治也保持了相当的影响力，美国的开国元勋，以及19世纪的“自由精英”如密尔和托克维尔都提出了试着将贤能政治和民主政治结合在一起的政治主张。

当今中国的人才选拔制度部分继承了古代贤明政治的传统思想，如果不考虑具体内容，至少从形式上继承了古代推举和考试的优良传统，并不断加以完善，逐渐形成具有中国特色的选贤授能的民主制度。当前中国的公务员选拔基本通过考试进行，许多具有一定行政级别的干部任用也首先通过考试选拔，然后对成绩优秀的候选人再重点进行考核，确定最终人选提交会议讨论通过。基层管理人才选拔，一般首先是进行基层民意测验，实际上就是基层推举，组织部门把得票多的人选按差额方式提交上级部门，再按照差额方式对候选人进行考核，听取意见，再最终确定候选人进行投票选举。通过这种程序产生的任用人选大部分可以保证是投票人和上级基本满意的，相对而言是德才兼备的贤能人士。重要岗位职务的任用，基本上是通过不同层次的推举和考核来选拔。

在实际的发展和实践中，中国的贤能推举制度不断加以改进和完善，通过采取有效的制度措施摒除中国传统贤能推举制度中的弊病与恶习，借鉴当代世界人才选拔体系的经验，从具体实践中不断规范和总结，逐步形成了具有中国特色和优势的民主制度。所以，要实现以德治国，就必须坚持德才兼备的原则，以法治官，以严格的制度选官，以严格的制度管官。各级组织部门在对领导干部的提升、任免、考核和业绩评定中，要把领导干部所有的“德”和“才”看作同等重要的指标。各级领导干部要做到严格自律，率先垂范，用坚定的建设中国特色社会主义的信念、坚定的共产主义信仰、坚定的党性原则和全心全意为人民服务的宗旨来陶冶和武装自己，以忠于国家、政府和人民、忠于职守、勤政廉洁、诚实守信、遵纪守法、公正公平、实事求是、团结协作等基本行政道德规范衡量和评判自己，做一个新时代以德治国和依法治国相结合的坚定拥护者和积极实践者。只有这样，才能从根本上提高领导干部治国理政的能力。

三、道德养成

德治的实现主要依靠社会舆论、榜样和教育的力量，依靠公民的思想觉悟、道德修养和文化素质的提高，依靠非强制性的手段去实现。在社会主义初级阶段，如何通过道德的滋养和培育，构建社会主义核心价值体系的实现路径，从而最终实现尽可能合意的德治模式，已经成为全社会共同关注的一个目标。

首先，要在全社会全面开展道德建设，逐渐形成一种积极向上的社会导向。要广泛开展各种各样的宣传活动，态度鲜明地惩恶扬善，贬丑赞美。对于道德表现突出的模范要积极给予物质与精神上的多重褒奖，重视榜样的作用和力量，强化榜样的正面引导功能。

其次，要重视教育，充分发挥道德感化作用。中国传统的儒家文化认为，无论人性善恶，都可以用道德去感化教育人，这是一种心理上的改造方式，使得人心实现善良。道德教育要从低龄从底层抓起，把道德建设融入到整个国民教育体系当中，不断丰富教育内容，创新教育方式，提倡实践为重，加强言传身教的作用。

再次，要充分发挥社会主义核心价值观的引领作用。一个社会总需要一种核心价值观的存在并以此来引领人们的思想和行为，它将会成为强有力的精神支柱和精神号召。现阶段中国所提出的社会主义核心价值观的内容比较全面，但是存在着缺乏有效抓手的问题，为此需要进一步加强社会主义核心价值观的可操作性和可推广性，进而在全民族中形成强大的凝聚力和向心力。

最后，要发挥法治的导向作用。法治是保证德治的重要手段之一，通过对公民进行法制教育，提高其道德水平。努力从法律层面上解决一些问题，如通过对一些经典案例的判决与宣传，充分保障扶危济困、助人为乐、与人为善者的合法权益，同时惩罚犯罪，教育人民。加上司法工作，以形成一个正面的强大的力量，让民众看到国家所倡导的价值取向和道德导向。通过综合的工商、质监、公安行政执法部门等加强日常执法，严罚不择手段、非法牟利者的行为，从源头上增加其违法成本，严厉处罚，直至其无生存之地，做到扶正祛邪、惩恶扬善，使外在的道德规范内化为人们的行为自觉。在面对当今复杂的政治环境下，党员领导干部要加强执政能力，党和政府要提高公信力，道德修为是首当其冲的，而这一项只能是通过相应法律法规的完善与执行才能加以解决。

现代的社会生活方式和社会结构从根本上改变了德治赖以生存的土壤。传统社会由于社会流动性小，人们的社会生活基本是在熟人领域展开的。在熟人社会中，道德占据了人们生活的中心位置。随着商业文明的到来，特别是市场经济体制的发展，社会流动性大为增加，旧有的熟人社会模式已经被陌生人社会所取代。在陌生人中寻求道德共识，无疑较以往社会面临更大的难度。更为重要的是，当人们步入商业化社会之后，经济生活开始占据人们生活的中心，道德生活逐渐边缘化。在无孔不入的商业浪潮推动下，经济价值逐渐取代道德价值而成为社会生活的主导价值。在经济全球化趋势推动下，经济价值的强势更加突出，成为引导人们行为的重要动力，也成为主要的社会衡量尺度。在这种背景下，道德的社会规范力量与传统社会不可同日而语。就道德本身而言，现代道德的形成机制和价值观念与以往社会相比也发生了重大转变，传统德治所依赖的道德范式被打破，精英式权威道德正在逐步向契约道德进行转换。如果说德治所依赖的是一种高位道德，那么契约道德则是社会成员之间所寻求的基本价值共识。

现代德治在公民层面则追求“良善”公民的养成，所谓“良善”包括现代公民意识、民族精神、公民道德以及私人美德等具体内容。首先应注重德治的基础教育，培育每一个社会成员在日常生活和工作中养成良好的道德习惯。中国传统思想认为“忠臣必出于孝子”，只有在日常生活中形成良好的道德风尚，以德治国才能更加有成效地向前推进。同时，传统的德治十分重视对普通国民的道德教化，注重培养和提高人们的基本道德素养，这对现代的以德治国仍然具有十分重要的意义。对于社会整体而言，只有当这个社会的大部分成员的道德水平普遍较高，全体社会的大部分成员都能自觉地遵守社会主义道德，才能彻底消灭人们的不良行为和社会丑恶现象，实现国家长治久安的目的。

现阶段我国在市场经济体制发展过程中，各种社会不良行为和社会丑恶现象沉渣泛起，社会主义的道德规范和要求尚未成为全社会每一个成员的自觉意识。所以，如今以德治国的重点首先应当是注重和加强公民的道德教育，提升广大人民群众的道德水准，并使之转化为内在的道德自律。加强公民的道德教育应在继承中华民族优良的道德传统和中国革命道德传统的基础上进行，始终不渝地开展以为人民服务为核心、以集体主义为原则的社会主义道德教育，在全社会继续倡导爱国主义、集体主义、社会主义思想和艰苦创业精神，加强社会公德、职业道德、家庭美德教育，引导人们树立建设有中国特色社会主义的共同理想和正确的世界观、人生观、价值观，在全社会倡导和发扬爱祖国、爱人民、爱劳动、爱科学、爱社会主义的基本道德规范，倡导和发扬文明礼貌、助人为乐、爱护公物、保护环境、遵纪守法、爱岗敬业、诚实守信、办事公道、服务群众、奉献社会、尊老爱幼、男女平等、夫妻和睦、勤俭节约、邻里团结的基本道德要求，这样才能不断地提高全社会的思想道德水平。

在现代民主法治的文明社会，公民力量成为国家治理体系中的一支不可忽视的力量。随着社会与市场开放程度的深入，公民对外界信息接触增多、互相交流更趋频繁，公民的权利意识和主人翁意识在改革开放的推进中觉醒。政府对民主理念的积极推动，公民受教育水平的普遍提升等，都有力地促进了现代公民意识的强化。因而公民对于民主表达、捍卫权利的诉求愈发强烈，为道德治理在公民层面的开展提供了社会条件。公民道德意识的培育与提升是一项长期而复杂的社会系统工程，涉及多个层面与环节，需要多方共同参与。首先，政府应真正重视，加大道德建设投入，加强道德教育的规划与领导，并在道德建设中以身作则。其次，学校要发挥作为公民道德教育的主阵地作用，要遵循教育对象心理和认知的发展规律，创新道德意识教育的途径和方法，增强教育实效性。最后，发挥社会、家庭以及大众媒体道德意识教育的间接渗透作用，全方位、系统化地构建公民道德意识培育系统，通过先进性、多样化的平台促进公民道德意识教育的深化，全面提高公民道德认知水平，强化道德情感与道德意志，形成道德自律意识。

第八章

治理之策：改革开放

近40年来中国国家治理最有效的经验和根本之策，无疑是长期持续的推行内部改革和对外开放，在改革开放的进程中，中国的经济发展和社会建设获得了不竭的动力，仅用30多年的时间就走完了许多西方国家300年才走完的现代化道路，在此意义上，改革是一场没有终点的自我治理革命，成为中国推进国家治理现代化最为有效的路径和经验。

第一节　治理与深改

一、治理的深改诉求

理解中国国家治理有两条重要的主线：一是中央与地方的关系；二是国家与社会的关系。前者主要集中在国家的组织制度安排，特别是中央在地方政府之间的资源分配、人事管理和各类事务处理上的权限及相互关系。同时，中央与地方的关系，还表现为压力型体制下的中央的考核、督查、巡视等支配权力与地方治理之间的关系。后者表现在经济发展与社会建设这一领域，体现了国家及各地方政府在各个领域中决策、执行、公共产品提供等诸方面的关系，以及与经济组织、社会组织、社会群体之间的关系。国家治理的这两条主线是相互关联的。中央与地方的关系，在很大程度上决定了国家与社会关系的走向，而国家与社会的关系又制约或推动了央地关系的变化。①

历史地看，国家治理发展的一系列治理机制都是围绕不断地调节或重塑中央—地方关系以及国家—社会关系展开的。在这一系列的治理机制中，作为国家治理基础的行政管理体制改革在两方面都产生关键影响：一

① 周雪光：《中国国家治理及其模式：一个整体性视角》，《学术月刊》，2014年第10期。

方面，政府体制内的权力分配决定了中央与地方的实际权威关系和支配关系，同时，它还影响着国家与社会关系的变化。

从中央与地方的关系看，国家治理始终面临着统一权威与有效治理之间的基本矛盾，即中央集权制度趋于统一治理，体现在国家政策、资源调配、人事管理上的一元化统理；而中国社会的地方性差异要求各地因地制宜，从而产生了中央集权与地方分权之间的紧张。这一矛盾是任何国家都面临的。对中国而言，在处理这一基本矛盾的历史过程中，国家治理采取了渐进主义的改革策略，通过政策试验的方法，发展出了一系列的治理机制，以有序的制度安排推动中国发展。这一系列的制度改革表现为中央在全国范围内系统配套地和循序渐进推进政治改革类、行政改革类、公共服务类、社会治理类的政府改革创新，在增强党和政府的执政能力和管理能力，全面巩固政治合法性的基础的同时又坚决维护权威体制的稳定。

国家治理的另外一条主线，是国家与民众的关系。从整体性视角来看，国家制度有意或无意地建构了社会中的权威关系和资源配置渠道，也相应地塑造了群体间的边界和关系，并在这一制度基础上产生了稳定的群体互动和政治行为。正如学者指出的，“国家和社会”两者关系的调整是对国家的机构设置、职能界定以及某一社会共同体中强制性等级制关系与其他关系（经济的、文化的、宗教的、血缘的等等）在社会生活中所占比重的调整。[①] 伴随着中国社会与市场的成长，更多的社会力量开始影响国家的决策。比如近几年出台的一系列社会政策可以看出政府在力主缩小收入差距，降低社会不稳定因素上的努力。诸如城市低保、支持农村税费改革、筹建新型农村合作医疗体系、推进廉租房、农村义务教育免费等政策，也促使基层政府在医疗、教育、住房问题等公共服务方面职能进一步加强。这些政策的改变都可以理解为治理视角下的国家与社会关系的调整，表现为国家对社会需求的回应，而不是对社会的单向控制与压制。

国家治理的两条主线影响了中国改革。在社会转型时期，随着当代社

---

① 唐士其：《“市民社会”、现代国家以及中国的国家与社会的关系》，《北京大学学报》，1996 年第 7 期。

会在全球化过程中的扩张和社会利益分化加剧，中国改革面对着更多的不确定性和探索性，而国家与民众关系这一主线日益占主导地位，正在改变和重塑着中央与地方关系，推动着国家治理模式和机制的演变和创新。[①]

二、分权与改革

中国的发展应归功于分权化改革和由此带来的改革开放。中国共产党开国建政后，国家经历了计划年代和改革年代数次以中央权力下放为主要内容的行政分权，分权化改革的政治遗产是基层地方政府有了自主决策的制度空间，促进地方经济增长和地方自治。同时权力下放也为经济发展和社会成长创造了条件，市场与社会逐渐从全能国家的阴影中摆脱出来，重新获得生机与活力。

（一）中央—地方的分权改革

中央与地方之间的权力结构不仅决定了政府之间的权力配置同时也决定了因此而形成的治理结构。改革开放前，我国就进行了数次以中央政府权力下放为主要内容的行政性分权，但分权没有走出权力“放”—“收”的循环。改革开放以来，最重要的行政结构变化是围绕央地之间的分权而展开的。中央通过行政与经济管理权力的下放，把地方政府从过去的计划经济体制中解放出来，使地方拥有了自主决策的空间，促进了社会与经济的发展，这也是改革的政治逻辑。

从历史看，在革命中崛起的中国共产党人，制定了一套基本上旨在获得经济增长、军事威力和科学优势的现代化发展战略。中国共产党为能尽早实现由国家主导的现代化，实施以“赶超型”为目标的发展战略，在权力配置和行使上要求集中权力，主张大国统一，秩序稳定以及快速完成现代化建设的任务，这就决定了中国宪政框架内国家纵向结构权力的划分原则是以“中央统一”为中心。这种集权体制有以下几个特征：

从央地关系看，地方政府是整个权力组织结构和复杂授权关系的一个结点，权力下放是一个将政治身份和政治关系重新安排的过程，中央政府

① 周雪光：《中国国家治理及其模式：一个整体性视角》，《学术月刊》，2014年第10期。

仍对地方政府具有支配权和决策权。[①] 从国家与社会关系看，国家与社会处于高度一体化的状态，政治、经济和社会生活都一体化在“整体性”的国家中，学界用国家全能主义概括这种全面控制的状态。[②] 从经济发展的角度看，中国的经济计划是与这种高度集权的管理体制相匹配的。在计划经济体制下，作为“家长”的中央政府实际掌握着资源分配的权力，重大事项由中央政府计划单列，各级政府根据五年计划逐渐分配任务指标，他们只是高度集权式大家庭的成员，实际上并没有自主权，这也是学界为当时中国政府勾画的简单结构图。[③]

中国的发展问题表现为深刻的集权与分权的问题，在高度集权和统一管理的中央集权体制中，经济和地方活力被束缚。从 1958 年到 1980 年，中国经济管理体制经历两次“收权——放权”循环，宏观经济也是围绕着权力的收放而波动起伏。从计划年代的两次分权看，二次分权都是以集权为大前提的，也就是“大计划小自由”制度。这也是建国后实施现代化赶超战略的体制要求。放权只是为了解决中央不能应对的计划管理体制中的弊端，是为了调动体制内地方政府的积极性，而不是为了明确确立地方政府和市场在地区发展中的“主体地位”，地方政府不过是全国一盘棋中的一个棋子。高度集权的体制限制了地方和社会的积极性、自主性，导致资源和整体效益的低下，使整个国家缺乏生产活力，集权弊端也预示了改革开放到来的必然。

邓小平时代经历了两次大的分权运动，且两次改革都是以市场化为导向的。第一次分权改革在 20 世纪 80 年代，改革的方向是确立市场经济体系，以“放权让利”为基本思路。这次放权主要指中央对地方政府下放各种行政、立法和经济管理权力。“放权”也就成为最关键和最有效的激活地方活力的改革策略。权力下放增强了地方政府在辖区范围内的相对自主

---

① 郑永年、吴国光：《论中央—地方关系——中国制度转型中的一个轴心问题》，(香港) 牛津大学出版社，1995 年版，第 20，24 页。

② 《萧功秦集》，黑龙江教育出版社，1995 年版，第 53 页；刘军、李林编：《新权威主义：对改革理论纲领的争论》，北京经济学院出版社，1989 年版；陈尧：《新权威主义政权的民主转型》，上海人民出版社，2006 年版，第 27 页、41 页。

③ ［美］詹姆斯·R. 汤森，布兰特利·沃马克：《中国政治》，顾速等译，江苏：江苏人民出版社，2005 年版，第 62—64 页。

性，也使得地方政府成为地区经济和社会发展的第一责任主体。第二次分权改革是在邓小平南方讲话之后。较之第一次，这次放权的规模再次扩大，也为地方聚集改革的动力。1992年我国确立建立社会主义市场经济的目标，中央对我国的财政体制、投资体制和金融体制都作出了重大调整。邓小平南方谈话和十四大的召开后，中央根据发展目标，进一步扩大对地方的各种管理权限的权力下放。在投资体制方面，明确了中央与地方的投资责任与投资范围，主要是扩大了地方政府在基础性项目和公益性项目投资范围，增加了地方政府部分投资跨区域性的基础性项目的权限。在国有企业管理上，早先实行的企业经济责任制，由于市场机制的引入，使得企业更加关注自身发展和经济效益，这时，企业也有能力自助开展经济活动。[①] 同时，1993年提出建立现代企业制度，深化企业改革，中央不再直接管理大部分国有企业，而是通过财政、金融等其他渠道调控企业，实际上增加了地方政府管理实体经济的权限。

市场化是中国过去20年间最重要的社会变迁，中国的市场化是一个政府主导的市场化，这也是诸多学者在解释中国经济增长奇迹时强调的观点。中国经济的发展是具有现代化导向的、强势有效的政府进行渐进平稳的试点改革的结果。在分权化改革后，地方政府对资源分配有了更多的控制权，同时也拥有了许多政策制定的自主权，这使得地方政府有能力积极参与到市场活动中去。政府的有效推动被解读为中国改革开放四十年经济成功的原因，但现在政府的过多干预也成为中国经济结构转型、拉动内需发展经济的障碍。

（二）社会自治的兴起

在计划经济年代，国家通过强制性权威依托计划管理体制直接取代了社会或市场的权力，社会与市场则建立在政府对经济和社会资源绝对性支配之上，形成对政府的依赖。[②] 伴随着中国从计划经济体制转向市场经济体制，政府逐渐改变了在社会生活中的地位和职能，弱化了以往对经济社

---

① 胡书东：《经济发展中的中央与地方关系——中国财政制度变迁研究》，上海：上海人民出版社，2006年版，第95页。

② 李璐璐、李汉林：《中国的单位组织——资源、权力与交换》，浙江人民出版社，2000年版，第18页。

会生活的直接干预，改变了对各项社会事业全面包揽的状况，并由此引发和培育了政府、市场、社会三大结构分化的新格局。社会结构的分化，经济利益各不相同的社会阶层渐已形成，各阶层由于各自经济利益的不同，其各自的社会需求、价值判断和政治诉求也各不相同。随着社会化分工与组织功能的不断分化，多样化的社会组织如行业协会、志愿者组织等的发育则开始将原先被单位制所分割的社会领域组织起来，并为国家整合社会提供了新的组织载体。社会开始生长出其自发的自主性，并要求社会建设体制也必然适应这种自主性。国家与社会从控制变成了彼此影响，而这种关系的演变改变了政府的基本逻辑：不仅使政府重新界定自身的影响力，社会行动者也对自身利益及其影响力进行重新诠释。正是在这种调整中，政府意识到回应社会与市场需求的重要性，而针对这种回应的创新与改革也开始蓬勃生长。

中国40年改革开放的过程，从80年代的分权改革到90年代的精简机构，再到2000年后的政府职能转变，改革的方向总体保持了分权化的特征。十八届三中全会后，分权进一步调整为中央与地方、政府与市场、政府与社会关系的调整。分权化改革对于改革开放的意义深远：政府向市场的分权带来了市场经济的建立和中国经济的发展。政府向社会的分权，重新构建了政府与社会的新型关系，培育了社会自治的能力。中央政府向地方政府的分权，刺激了地方政府的自主性和活力，也带动了地方的经济增长和社会建设。不可否认，中国分权化改革，极大激活了地方、社会、市场甚至个人的活力。但是改革的过程也遇到了很多的问题，诸如地方主义、市场分割、公共服务非均等化、社会活力欠缺、腐败、滥用权力等问题。这些困难和问题也表明中国的国家建设任务还尚未完成，也预示着改革需要进入深度的调整和全面深化的阶段。

三、全面深化改革

2013年11月中共十八届三中全会通过了《中共中央关于全面深化改革若干重大问题的决定》，全面深化改革的总目标是“完善和发展中国特色社会主义制度，推进国家治理体系和治理能力现代化”，并提出具体时间表，“到2020年，在重要领域和关键环节改革上取得决定性成果”，“形成系统完备、科学规范、运行有效的制度体系，使各方面制度更加成熟更加定型”，希望通过十五个领域的60项具体改革，逐步实现国家治理体系和国家治理能力的现代化。[①]

全面深化改革的目标是推进国家治理体系和治理能力现代化。成功的现代化国家建设必然要经历国家治理体系构建与发展的阶段。国家治理体系标志着一个国家制度建设和社会发展的整体水平，它是国家治理的制度体系和运行系统。“国家治理体系和治理能力是一个国家制度和制度执行能力的集中体现，两者相辅相成”，构成一个有机整体。[②] 有了好的国家治理体系才能提高治理能力，提高国家治理能力才能充分发挥国家治理体系的效能。全面深改的提出，是为了适应国情和发展要求，改进国家治理体系和治理能力，为了更好地发挥中国特色社会主义制度的优越性，这也是改革的性质和根本任务，是全面深化改革的总抓手和总方向。

此次全面深化改革的基本方法是在推进局部的阶段性改革开放的同时加强顶层设计，特别强调了统一的国家治理能力的构建，更加强调中央集中管理和改革方案的顶层设计，着重在宏观层面注重改革的系统性、整体性、协同性。正如习近平总书记在中共十八届三中全会第二次全体会议上的讲话中指出：三中全会研究全面深化改革问题，不是推进一个领域改革，也不是推进几个领域改革，而是推进所有领域改革，就是从国家治理体系和治理能力的总体角度考虑的。系统工程的改革应统筹兼顾，把握和处理好全面深化改革的一些重大关系。

在全面深化改革的过程中，一方面要总结我国改革开放的成功经验，把握党和国家事业发展对改革开放的客观要求，从历史发展的经验和现实世界的实践寻找并总结规律。另一方面则要科学分析全面深化改革的基础、动力、原则、方向等，深入思考诸多要素的相互关联和相互制约，正确认识全面深化改革的内在规律。此次改革继续贯彻分权的原则，是中国分权化改革的继续。在分权化改革方面，提出处理好政府和市场的关系，提出建设统一、开放、竞争、有序的市场体制。十八届三中全会强调，经济体制改革是全面深化改革的重点突破，核心问题是处理好政府和市场的

---

① 燕继荣：《分权改革与国家治理：中国经验分析》，《学习与探索》，2015年第1期。

② 习近平：《切实把思想统一到党的十八届三中全会精神上来》，《人民日报（海外版）》，2014年1月1日。

关系，使市场在资源配置中起决定性作用，更好发挥政府作用。让市场在资源配置中起决定性作用，体现了中央以更大决心和魄力推动政府向市场放权，理顺政府与市场关系，规范政府的职能，使政府和市场更好地分工和配合。因此，全面深化改革的关键和突破口是调整政府和市场的既有关系，使政府回归公共管理与公共服务职能，所以，在转变政府职能方面，以简政放权为重点，通过行政审批制度改革，来进一步放松对市场的管制。同时转变监管理念，加强事中和事后监管，改革监管方式和执法管理体制，做到放活和监管同步到位。积极优化政府服务，完善公共服务供给机制。这些改革都表明中国的分权化改革已转入新的阶段。

第二节　政府体制改革

一、行政体制改革的历史进路

行政体制是国家政治体制的重要组成部分。中国改革开放40年，行政体制改革取得了重大的进展。回顾中国行政体制改革的历程和经验，探讨推进改革需要研究和解决的重点问题，对继续深化行政体制改革，推进全面深化改革具有重要意义。

改革开放以来，中国大致经历了三个阶段的行政体制改革：

第一阶段是从1978年到1992年。这一时期的行政体制改革属于体制改革的探索阶段，集中在冲破计划经济体制和行政管理模式方面，在主张党政分开的同时，还强调政府职能调整，是对中国特色社会主义行政体制进行的积极探索。1982年和1988年实施了两次集中的行政体制改革。1982年国务院机构改革的重点是提高政府效率，精简调整机构。重点是精简庞大的、臃肿的机构，克服官僚主义。1988年实施的新一轮行政体制改革，进一步转变职能，理顺关系，提高行政效率。

第二阶段是从1993年到2012年，是行政体制改革继续探索的阶段。从党的十四大召开到党的十八大之前改革，这十年的行政体制的改革主要是按照社会主义市场经济的要求，不断深化。1993年和1998年实施了两次集中的行政体制改革。1993年的国务院机构改革方案主要包括：一是转变政府职能，推进政企分开；二是明确部门职责，理顺权责关系。特别调整了国务院部门之间的权责关系并调整中央与地方的权限；三是大力精简机构，压缩人员编制。1998 年的行政体制改革是在 1993 年的基础上进一步调整了部门职能和机构编制。[①]

第三阶段从 2002 年党的十六大以来，政府面临社会转型产生的诸多问题和利益冲突，行政体制改革开始进入实质性的改革阶段。面向社会诉求、落实公众权利，建立责任型政府的方向，行政体制改革开始重视经济和社会平衡发展的重要性并在政治方针上提出了构建和谐社会的政治目标。这个时期行政体制改革的主要任务在于推进服务型、责任型、法治型政府的建设。包括强调以人为本，促进经济社会全面协调可持续发展和人的全面发展，注重社会主义民主政治建设，大力加强科学民主决策，完善决策信息和智力支持系统，增强决策透明度和公众参与度。在履行政府职能方面，以强化社会管理和公共服务职能，改善民生和公共服务为重点进行社会建设。在政府自身建设方面，推进依法行政，加快法治政府，改进管理方式，推行电子政务。[②] 这时期政府体系应该更具有对社会的责任性，行政管理更有效率，政府部门依法行政和政府官员廉洁从政等。[③]

改革虽然取得了很多成绩，但现行行政管理体制的一些问题依然没有得到有效解决。比如“政府职能转变还不到位，对微观经济运行干预过多，社会管理和公共服务仍比较薄弱；部门职责交叉、权责脱节和效率不高的问题仍比较突出；政府机构设置不尽合理，行政运行和管理制度不够健全；对行政权力的监督制约机制还不完善，滥用职权、以权谋私、贪污腐败等现象仍然存在。这些问题直接影响政府全面正确履行职能，在一定程度上制约经济社会发展。”随着改革进程的深入，政府权力过大的问题日益突出。改革不仅要解决政府效率与技术治理的问题，还要解决政府与社会之间的权力关系和配置问题，权力再下放成为改革进一步深化必须要

---

① 魏礼群：《中国政治体制改革报告 5：政府自身建设与改革》，北京：社会科学文献出版社，2016 年版。

② 魏礼群：《中国行政体制改革的历程和经验》，《全球化》，2017 年第 5 期。

③ 徐湘林：《社会转型与国家治理——中国政治体制改革取向及其政策选择》，《政治学研究》，2015 年第 1 期。

面对的问题。[①]

二、简政放权

转变政府职能是深化行政体制改革的核心，十八届三中全会提出深化行政体制改革，进一步简政放权。可以预见，继续推行政府改革是中国政府未来行政的基本思路。简政放权一直是中国政府历次改革的重点，在十八届三中全会之前，政府改革的重心侧重在“精简机构和权力下放”两个核心主题上，几次的机构调整与央地、政社关系的变化都是围绕这个主题进行的。在十八届三中全会后，政府推行机构改革仍是以简政放权为基本改革思路，但改革的重心逐渐从简政转移到放权上，这也是新时期改革的焦点。

简政与放权虽然在改革内容上有相近的地方，但在改革实质上却有较大差别。简政侧重组织形式的调整，主要强调政府机构数量的改变，并未涉及权力结构的调整或者说体制特征的变化。放权则不同，放权是指向政府权力范畴的改革，主要是指掌握核心资源与话语权的中央政府的行为。建国以来的中央集权体制决定了中央政府在社会中居于主导地位，中央政府掌握着放权的时机和程度，所以对中国而言，中央政府的态度和决心对改革持续深入地进行有着至关重要的意义。从 2013 年以后，中央政府在行政改革方面重新调整了策略，改革的焦点由简政到放权的转换以及放权维度的扩展，以行政审批制度改革为突破口，以供给侧改革为核心的大幅度的放权改革不断深入推进，也彰显了中央政府在全方位、系统化、渐进式改革中的决心和行动力。这次改革重心的调整有着深刻的社会和制度背景，以前组织结构调整成为几次政府改革的重点，虽然取得一定成效，但不能完全承载大众创业、万众创新的市场冲动，旧体制机制对经济社会发展的束缚日益显著，正是在这种经济社会发展的新形态下，权力结构的重新调整意味着中国政府改革不断探索的过程。[②]

---

① 竺乾威：《行政体制改革的目标、指向与策略》，《江苏行政学院学报》，2014 年第 3 期。

② 娄成武、董鹏：《中国政府改革的逻辑理路》，《贵州社会科学》，2016 年第 7 期。

（一）深化行政审批制度改革

行政审批制度与市场、社会和个人都有着直接密切的关联。改革以行政审批制度为突破口，不仅可以通过这个制度理顺中央与地方的关系，激发地方政府改革活力，拓展改革空间。同时，通过削减行政审批事项，也可以调整政府的权力边界，实现向社会、市场的放权。所以，以行政审批制度作为改革的突破口，能够延续行政系统内外改革的总体思路，调整多方利益，实现改革绩效。

在中央层面，作为全面深化改革的突破口，行政审批制度改革已经在全国取得了阶段性成果。经过十八大后三年多的行政审批制度改革，国务院已相继取消和下放了800多项行政审批事项，已经取消或者下放超过三分之一以上的审批事项，国务院部门“审批多”的问题得到了较大改观。

在地方层面，各地方积极试点区域简政放权，行政审批改革在地方逐步走向深入，推动地方行政体制改革深入。同时，这次行政体制改革特别注重制度化建设，提出行政审批行为制度化建设。作为规范审批权力，提供无差别、高品质审批服务的途径，行政审批标准化建设既是对持续三年多的行政体制改革的延续，也是在更大范围、更深层次上推进“简政放权、放管结合、优化服务”改革的有力保障。

（二）加强政府自身建设

全面深化改革中的政府改革，加快了法治政府、创新政府、廉洁政府和服务型政府建设，增强政府执行力和公信力，促进国家治理体系和治理能力现代化。

一是推行权力清单制度，强化权力运行制约和监督体系。党的十八届三中全会通过的《中共中央关于全面深化改革若干重大问题的决定》提出：“推行地方各级政府及其工作部门权力清单制度，依法公开权力运行流程。”权力清单是对现行法律法规规章中关于行政权限的梳理、整合、归纳、重新配置等。通过权力清单，可以有效规范和控制行政权力，促进政府依法行政。改革开放以来的简政放权曾多次在收权和放权之间徘徊，关键问题就是缺乏对权力运行流程的规范化管理。权力清单制度的建立明确了权力的使用，已把处于抽象状态权力具体化、公开化、操作化，达到放而不乱，管而有度，也成为推进简政放权改革的突破口。这项制度的实施，不仅可以有力克服行政权力放纵和腐败，还有效理顺政府和市场的关系，确立市场在资源配置中的决定性作用，为解放和发展生产力提供健康的行政体制支持和保障。

二是推行政务公开，保障人民群众的知情权、参与权和监督权。政务公开是建设法治政府的必然要求，也是推进政府管理创新、从源头上预防和治理腐败的重要举措。2016 年 2 月，中共中央办公厅、国务院办公厅发布了《关于全面推进政务公开工作的意见》。《意见》针对政务公开理念不到位、制度规范不完善、工作力度不够强、公开实效不理想等问题，确立了新时期政务公开工作的指导思想、基本原则和工作目标，针对政务主动公开、政务开放参与、政务能力提升及其强化保障措施等方面明确了工作流程、关键环节、重要抓手、节点要求并提出了具体做法。《意见》是过往 20 年以来《关于在农村普遍实行村务公开和民主管理制度的通知》(1998)、《关于在全国乡镇机关全面推行政务公开制度的通知》（2000）、《关于进一步推行政务公开的意见》(2005)、《中华人民共和国政府信息公开条例》（2007)、《关于深化政务公开加强政务服务的意见》（2011）等政策文件为代表的政务实践的经验提炼和总结，它的发布不仅标志着国家全力推进政务改革尤其是政策透明度和政务服务水平的坚强信心和决心，也是增强政府公信力、执行力，促进政务公开常态化的重要举措。①

三是国家监察体制改革。在十八届中央纪委第六次全体会议上，习近平总书记提出，要完善监督制度，做好监督体系顶层设计，既加强党的自我监督，又加强对国家机器的监督，要健全国家监察组织架构，形成全面覆盖国家机关及其公务员的国家监察体系。从制度设计来看，有几个要点：监察委员会是在党统一领导下的国家反腐败工作机构；监察委员会由省（市）人民代表大会产生，作为行使国家监察职能的专责机关；党的纪律检查委员会、监察委员会合署办公；将建立监察委员会与司法机关的协调衔接机制。② 监察机关将从过去位列政府职能部门的从属地位，上升至

① 张定安：《专家学者解读〈关于全面推进政务公开工作的意见〉》，《中国行政管理》，2016 年第 4 期。

② 《中共中央办公厅印发〈关于在北京市、山西省、浙江省开展国家监察体制改革试点方案〉》，新华网，http：//news. xinhuanet. com/2016 – 11/07/c_ 1119867301. htm (2017 年 7 月 10 日查阅)。

与政府和法院、检察院平级的独立地位，有利于整合反腐败资源力量，扩大监察范围、丰富监察手段，实现对公职人员行使公共权力监察全面覆盖。国家监察体制改革，改变了过去监察范围过窄和监察工作缺乏独立性的问题。国家监察体制改革的重要目标是要建立党统一领导下的国家反腐败工作机构。深化国家监察体制改革，通过改革试点，整合行政监察、预防腐败和检察机关查处贪污贿赂、失职渎职以及预防职务犯罪等工作力量，解决监督范围过窄、工作力量分散、定位不清等问题，建立集中统一、权威高效的国家监察体系，有利于充分发挥党的领导核心作用，进一步巩固党的执政基础，提高党的执政能力和水平。[①]

（三）转变政府职能，强化政府公共服务职能

丰富公共产品、改进公共服务既是转变政府职能、建设服务型政府的重要抓手，也是通过全面深化改革、提高供给体系的质量和效率，助力中国经济实现中高速增长的“双引擎”之一。当前，我国经济社会发展面临公共需求快速增长与公共服务供应不足之间的矛盾。教育、医疗、交通等公共服务的供给总量不足和供给分布不均等问题由来已久，社会对于公共服务领域供给侧改革的呼声也最为强烈。增加公共产品、做好公共服务，既是建设服务型政府的重要抓手，也是提高供给体系的质量和效率的重要举措。

全面深化改革启动以来，中国行政体制改革向着纵深发展，其显著特点是：贯穿简政放权深化审批制度改革的主线，突出调整政府与市场、社会关系的总基调，转变政府职能，着力强化法治政府、创新政府、廉洁政府和服务型政府建设，高度重视信息化建设，推广电子政务和网上办事。[②]

三、地方改革创新

与早期改革开放提倡“摸着石头过河”的试错逻辑不同的是，全面深化改革既强调顶层设计的重要，也提倡基层实验的不可或缺。全面深化改革需要顶层设计指方向、划底线。方向搞清楚了、底线划清楚了，剩下就

---

① 《构建权威高效的国家监察体系》，《人民日报》，2016 年 12 月 5 日 01 版。

② 许耀桐、包雅钧：《中国行政体制改革的进展及其重点》，《北京行政学院学报》，2016 年第 4 期。

是符合实际的基层探索。从整体上看，中国的改革进程是个互动的过程，涉及自上而下的政策制定和自下而上的回应与创新。在持续深入的改革中，地方政府的创新和对中央政策战略转型与政策改革的回应，推进了改革的持续进行。相对于中央，地方政府更直接面对当地社会与民众，也最了解地方的实际状况，因此更容易对社会的变化、发展需求做出恰当的回应与满足。这些年，地方政府创新试验成为了中国改革的重要基础与机遇，地方改革无疑是中国改革进程中的一大现象。

（一）政策型实验

政策实验主要是通过自上而下的政策指导来进行改革创新，一般会采用试点或试验区的形式进行改革。无论是哪种形式的实验，中国的政策试验逻辑对推进制度创新和经济增长起到了重要的作用。这几年，中央大力鼓励地方政府进行地方创新，通过赋予地方“先试先行权”，使地方能在完善市场经济体制乃至行政体制的探索中拥有更大的自主性。比如，比较典型的是改革开放初期建立的经济特区和之后建立的各种实验区。还有国家综合配套改革试验区，探索建立了经济社会和行政机构之间的制度互补机制。在 2013 年成立的上海自由贸易区，随后在广东、天津、福建也进行了自贸区建设。试验区是以“试验”的名义向地方让渡了中央的部分职权，从而使得地方政府在改革实践中拥有了更大的自主权。这种自主权对地方政府就意味着更多的发展空间，更多的优势以及更高的起点。[①] 中央政府遵循渐进改革的逻辑，对地方政府的创新行为给予最大的包容，也鼓励形态各异的创新政策的出台。中央作为顶层设计者只是在较为宽泛的领域内提出改革的政策目标与重点，提供一个粗放且边界不甚清楚的政策框架。从分权角度看，地方获得的“自主权”使地方政府在辖区政策的制订上具有了更多的灵活性。

（二）自发型创新

自发型创新是指地方政府自下而上的主动推动改革创新，与政策型创新不同，自发型创新的动力直接来自于地方或民众需求，并不依赖于中央的制度安排或政策文件。通常这样的创新并没有直接得到上级政府和中央

---

① 景跃进、陈明明、肖滨主编：《当代中国政府与政治》，北京：中国人民大学出版社，2016 年版，第 216 页。

的认可，属于有待认可的创新。在这些创新中，有一些创新改革，可以从地方经验上升为全国性政策；也有一些地方创新可以在地区间互相模仿学习，平行扩散；更多的自发型创新也可能人走政息，成为政策孤岛。

2000 年中央编译局、中央党校和北京大学等单位联合创办“中国地方政府创新奖”推动关于中国政府创新的研究。大部分的地方自主创新主要分为政治改革、行政改革、公共服务、社会管理等几类。政治改革核心关注政治权力的监督与政治权利的实现，这类改革多以民主选举，政治参与为主；行政改革关注提高机构绩效，焦点落在减少行政程序，降低成本以及行政公开透明等；公共服务创新旨在改善并提高现有服务，提供新的服务，改革内容主要包括公共事业创新，社会服务，救助弱势全体，就业帮扶等。社会管理类创新关注基层治理改革。地方创新的初衷是为了解决地方治理问题，便于政治执政合法性的巩固与政府绩效的提升，但也有学者提出地方创新作为深入改革的重要实践，也存在创新与谋利的地方逻辑，许多地方政府是“为创新而创新”，受“政绩观”影响，表现为压力型体制下的创新来自政绩驱动的问题。所以，很多地方创新表现为急功近利的政绩工程，没有实现创新的实际作用，是昙花一现的地方政府创新[①]。

对于零散和碎片化的地方政府创新与中国改革总体进程的关系，学界存有争论。有学者认为大量的地方政府创新为改革积累的经验，属于增量改革的一部分。还有些地方政府创新是在回应中央的文件精神，并进行了一些创造性的改善。当然，也有学者认为地方政府创新很难突破现行体制的结构性问题，不能触及体制改革的核心。随着改革进入深水区，实质性的创新受到的阻力会越来越大。

如何理解顶层设计与地方创新的关系？地方政府是国家治理与发展的重要主体，正是大量的地方改革推动了中国经济腾飞与政治社会转型。有学者强调，中国的改革变化不是自上而下的，反而是自下而上的，地方政府才是推动中国改革与取得成就的最大动力。[②] 渐进改革的思路决定了改革的路是从上到下和从下到上协商的结果，且改革的成功经验都来自基层

---

① 于晓红：《地方创新的局域性扩散——据山东新泰“平安协会”实践的考察》，《国家行政学院学报》，2013 年第 6 期。

② L. T. WhiteIII, *Unstately Power*, Vol. I and II, Armonk, N. Y.: M. E. Sharpe. 1998.

的试验。王绍光强调从下而上的注入式的政策发展方式对于中国政策制定过程非常重要。他指出从毛时代到现在，开放式的政策实验一直推动中国政治的发展，也正是依靠基层经验与反复试验，这些新出的政策不仅获得了自身发展的合法性也影响了国家政策的制定。[①] 所以，地方政府的政策创新空间越大，从中央的角度而言，对改革推进的速度和深度的贡献就越大。国家的创新能力并不取决于体制差异，比如民主或独裁，市场或计划，这些并不能影响创新的能力。国家的创新能力取决于国家为最大限度的地方反复试验所提供的机会。[②] 中央政府要发挥地方积极性和创造性的必要前提是赋予地方政府较大的改革自主权，允许地方政府在改革试验中发生失误。这种允许失误，允许突破的思路也是渐进改革的一大特征，也就是说中央允许改革的可逆性。

第三节　市场与社会改革

一、向市场放权：供给侧改革与放松规制

全面深化改革，强调全面统筹推进各领域改革，包括政治、经济、文化、社会等多个领域，党的十八届三中全会共启动了60条、300多项改革举措，涉及的范围之广、力度之大，均前所未有。《中共中央关于全面深化改革若干重大问题的决定》，明确提出的经济体制改革要“使市场在资源配置中起决定性作用和更好发挥政府作用”，更是中国共产党改革理论的又一重大突破。

20世纪七八十年代开启的经济改革改变了中央政府的控制渠道以及国家中心的发展角色，向地方政府与企业的经济与行政分权成为改革的主调。这种做法的结果是赋予了地方政府更多的决策权和资源支配能力，也赋予了企业发展的机会与空间。在国家与市场的关系上，脱离了计划体制

---

① 王绍光：《学习机制与适应能力：中国农村合作医疗体制变迁的启示》，《中国社会科学》，2008年第6期。

② Nassim Nicholas. Taleb, *The Black Swan*: *The Impact of the Highly Improbable*, London: Penguin. 2008. 转引自韩博天：《中国异乎常规的政策制定过程：不确定情况下反复试验》，《开放时代》，2009年第7期。

的束缚，国家提倡经济自由，但由于大部分资源仍然控制在政府手中，国家与市场之间的关系呈现了资本与政治不分的状态，政策制定者具有极大的自主性干预市场，有能力积极参与到市场活动中去。

针对改革需要进一步市场化的问题，在党的十四大以后，就提出了政府职能转变的概念。政府被要求遵循市场交换的行为逻辑，为企业和经济的发展提供服务。在党的十五大以后的政府改革中，国家撤销了各级政府的工业管理部门，成立行业协会，推动中国工业由政府部门管理转向行业管理。行业协会的发展不仅是为市场发展提供了组织基础，也为社会自主性的发展提供了空间。在此基础上，国家又对垄断行业，如航空，电信等部门开展打破垄断，促进竞争的试点。党的十六大以后，计划型发展方式更加悄悄隐退，政府以服务企业为核心，“保护社会”的价值开始显现。[①]

新时期，紧紧围绕使市场在资源配置中起决定性作用和更好发挥政府作用深化经济体制改革，习近平在《中共中央关于全面深化改革若干重大问题的决定》中强调，进一步处理好政府和市场关系，凡是市场能干的就交给市场干，充分发挥市场的作用，把市场能发挥作用的事项都还给市场，政府切实不干预。在政府向市场放权改革中，我国政府主要进行了以供给侧改革为核心的市场化改革。

（一）供给侧改革

供给侧改革，是相对于当前中国经济以需求刺激为主的增长模式而言，从生产、供给端入手，通过一系列改革措施，解放生产力，激发潜在的生产效能，满足消费需求，实现供需的均衡，进而拉动经济增长。推进供给侧结构性改革是中国经济进入新常态之后中央做出的重大战略部署，同时也是发掘和释放经济新动能的重要举措，成为未来一个时期的重要任务。作为“十三五”时期全面深化改革的重要任务，供给侧结构性改革将对中国经济的行稳致远发挥巨大作用。从投资、消费、出口“三驾马车”的淡化，到“供给侧结构性改革”的提出，这一变化释放出的明显信号是：面对经济下行的压力，面对投资、出口、消费“三驾马车”集体遭遇瓶颈的困境，面对“供需不匹配”的经济结构，供给侧结构性改革已经成

① 李友梅等：《从弥散到秩序：“制度与生活”视野下的中国社会变迁（1921—2011）》，中国大百科全书出版社，2011年版，第263页。

为眼下解决中国经济问题的一剂良药。

供给侧改革是对经济结构的改革。作为今后经济改革的重心，供给侧改革的核心是放弃需求侧的管理，是将重心转移到实现供给与需求的有效对接。通过对供给侧结构的优化，实现中国经济过度依赖需求侧管理的错误增长模式，从而达到供给与需求的平衡。其次，供给侧改革也是经济主体的改革。在市场经济中，企业是市场经济发展的主体。但目前的经济发展模式中，地方政府往往是社会资源配置的决定者，企业的主体地位被削弱甚至被取代。供给侧改革就是提升企业在现代经济发展中的主体地位，发挥企业在市场经济主体中的主体作用。而政府改革和负面清单制度的推行，则实现对政府及其官员行为的约束，保护企业在市场经济中的独立性与完整性。供给侧改革也是经济发展机制的改革。它改变了过去传统经济对需求管理和宏观作用的依赖，还解决了短期发展和长期健康发展的冲突问题，以提升市场调节能力淡化政府作用为改革目标，通过与政府和市场关系的再调整，建立中国经济长期健康和可持续发展的机制。①

（二）放松市场规制

对供给侧改革的理解不能仅停留在经济层面，改革的成功及改革措施的落地都与政府改革的推进存有极大的相关性，可以说与之匹配的政府改革至关重要。政府改革的力度、速度都决定着供给侧改革的成败。从中国现实看，中国经济的发展不是简单地让政府退出市场，而是要发展推出新的干预经济的手段，需要以制度供给的方式，发挥政府的作用。②

负面清单制度。市场准入负面清单制度是指国务院以清单方式明确列出在中华人民共和国境内禁止和限制投资经营的行业、领域、业务等，各级政府依法采取相应管理措施的一系列制度安排。市场准入负面清单包括禁止准入和限制准入类，对市场准入负面清单以外的行业、领域、业务等，各类市场主体皆可依法平等进入。负面清单制度与权力清单互相映照，通过建立负面清单制度，明确了不能进入的领域，市场主体就可以更大胆地从事市场活动，即“法无禁止即可为”。负面清单制度也让政府依照权力清单依法行政，即“法无授权不可为”，彰显了“宽待市场，约束

① 姜士伟：《供给侧改革行动逻辑的行政学解读》，《求实》，2016 年第 6 期。
② 郑永年：《供给侧改革要回答什么问题》，《联合早报》，2016 年 2 月 16 日。

权力”的理念，将行政权力在市场准入管理的运行纳入法治化轨道。

加强市场监管建设。一方面政府从市场中退出，另一方面加重对市场监管的责任。市场监管是现代市场经济条件下政府的基本职责。只有政府有效地履行市场监管职责，才能在全面推行负面清单管理中避免政府放权带来的乱象问题。在注重放权市场的同时，中央政府按照权力和责任同步下放、调控和监管同步强化的要求，在放松规制的同时，采取措施加强事中事后监管，积极推进政府监管体系的转型。在传统体制下，市场监管以前置性的行政审批为主，其结果是监管机构既管企业主体也管企业行为，不利于集中做好对企业行为的监管，也抑制了市场活力，弱化了事后的市场监管职能。

现代市场经济条件下，有效的市场监管主要是事后监管，而不是前置性的审批。这轮行政审批制度改革以负面清单、创新监管方式和机制等管理方式，加强政府对市场行为的监管。李克强总理强调“放”和“管”是车之两轮、鸟之两翼。简政放权以后，政府监管必须跟进。这二者都是社会主义市场经济体制的内在要求，不可或缺，不能偏废。建立监管型政府是改革本身的逻辑，而政府监管理念的转型，包含两方面内容：

一是认识市场监管以法治为基础，监管是政府的法定职能。通过权力清单制度和负面清单制度，要求政府把握好监管的度，既不能监管缺位，更要防止监管过度。特别是通过负面清单的管理方式，把政府加强监管的目的放在为各类市场主体营造公平竞争的发展环境上，增强法治、公平、责任意识。

二是市场监管以事后监管为主。转变监管定位，监管转型要实现市场监管方式由市场主体为主向市场行为为主的转变，要从传统的对微观事物进行干预，转向到对市场行为事中和事后的监管，使市场主体明晓界限、守法经营，缩小监管者自由裁量权。市场监管机构不再直接管企业，而是把主要的精力放在企业不正当行为的监管上。明确监管是市场的裁判，而不是直接的参与者。

随着全面深化改革和经济体制市场化不断推进，政府与市场在经济社会中各自应担当的角色逐渐清晰。随着“放”的工作日益深入，“管”的改革也在不断深化创新，推动着改革的深化。

二、向社会放权

1978 年以来分权改革的重要步骤就是国家向社会的分权。中国社会的成长是随着国家权力向社会的回归而逐渐发育形成的。从这个视角看，中国的社会成长道路与西方是截然不同的，它伴随着政府改革而成形，带有深刻的政治痕迹，这是我们在认识中国改革问题时候的一个基本出发点。

（一）社会治理关系的变革

从历史看，中国曾是国家与社会处于高度一体化的状态，政治、经济和社会生活都一体化在“整体性”的国家中，学界用国家全能主义概括这种全面控制的状态。[①] 改革开放后，社会发生了深刻的结构性变革。一方面，单位制的解体，使个人从体制中解放出来，成为相对独立的“社会人”。另一方面，市场经济的发展使经济、法律等其他社会管理方式作用越来越大，国家的社会职能范围不断收窄，社会经济组织的独立性和自主性也不断扩大。市场经济带来了个体意识的觉醒并带来了深刻的阶层分化，阶层分化的加速加剧了社会结构的复杂化，中产阶层的范围和数量在不断的增大，社会利益分化与冲突日益突出。

在此背景下，基层治理建设成为国家应对社会矛盾问题的一个选择。国家通过基层建设，把脱离于国家之外的社会人重新组织起来，并使之纳入有效的管理框架之中。另一方面在党委领导、政府负责、协同基层自治组织，有序扩大民众参与的格局下，实现基层的有效领导并为居民提供优质的公共服务。前者是社会秩序的管理，后者是治理绩效的实现。[②]

目前基层治理面临的总矛盾是政府越来越难以满足民众日益增长的物质文化需要。产生问题的原因是社会自治的缺失和政府过度的管理。社会自治的缺失表现为，在单位制解体后和农村的城镇化过程中，社区发展开始朝向个体化转型。社会个体化的结果是基层的需求、矛盾和利益都日益原子化，问题也复杂多样。基层治理的旧模式以管制型治理为主要特征，

---

① 邹谠：《二十世纪中国政治：从宏观历史与微观行动的角度看》，牛津大学出版社，1994 年版，第 3 页。

② 景跃进、陈明明、肖滨主编：《当代中国政府与政治》，北京：中国人民大学出版社，2016 年版，第 247 页。

政府过度地为社区管理提供事无巨细地照顾，导致各种管不好。管制型治理缺乏对民主与自治力量的培育，这是新时期基层治理陷入困境的根本原因。

解决这一问题的出路是，重新调整社会治理格局，在优化国家治理的同时大力加强社会自治的能力，实现社会与国家的互动和合作治理。社会治理格局是社会治理秩序的一种结构性关系，它对社会治理的效果发挥着基础性作用。现代治理体系既离不开政府，也离不开社会，在很多公共事务治理中，政府与社会之间的互动是基层治理的重要特征，而如何厘清这种互动关系并建立体制机制实现关系的落地，是理解现代治理体系的一个重要视角。①

（二）共建共享的社会治理格局

党的十八届五中全会首次提出了“构建全民共建共享的社会治理格局”的决策论断，把社会治理格局定位为一种全民参与的社会结构关系和共建共享的治理机制，不仅拓展了公民治理理论中的民众参与理念，吸纳了主流治理理论中多主体合作的观点，也为从社会管理转向社会治理，从社会管理格局转变为社会治理格局提供了顶层设计。

从社会建设理论发展的视角看，社会与国家的关系从零和博弈走向了互动发展。2004 年党的十六届四中全会首次提出推进“社会管理体制创新”，开始重视对社会事务的处理。随着经济领域的快速发展，社会领域的发展瓶颈与问题日益暴露。从地方基层实践看，地方进行了大量关于社会管理经验的探索，但往往注重街居或行政力量在社会管理中的重要作用，偏重于从上到下的管理，突出党和政府的职责，却忽视了广大群众的参与。过去人们通过单位组织对政府行政系统的依赖，逐渐转变为人们通过社区对政府行政系统的依赖，政府通过社区投放大量资源解决各类生存和发展问题。以至于基层治理问题也被理解为，没有政府管理，社会事务就无法治理好。十八届三中全会做出了关于全面深化改革的决定，中央用“社会治理”取代“社会管理”，重新界定了社会事务治理的主体关系与治理机制。这个概念的提出，也是在通过比较长时间的实践探索，通过正反

---

① 汪锦军：《合作治理的构建：政府与社会良性互动的生成机制》，《政治学研究》，2015 年第 4 期。

两方面的经验教训一步步总结发展起来。到十八届五中全会《建议》，明确提出了“全民共建共享的社会治理”，更加明确了社会治理不是简单的管理与被管理的关系，而是共同参与的理念。

从社会治理主体关系看，共建共享的社会治理体制，提倡居民是社会治理参与的主体，突出“全民”概念。在过去，基层治理强调社区建设的重点在于加强街居制的领导。2000年以后，社区体制改革试图超越街道办的运作逻辑，更加注重多元主体参与和优质公共服务的提供。与过去党政体制对城市基层治理的不同，现在的治理强调不同的治理主体、各种社会组织、广大民众也逐步成为了社会治理的主体。共建共享社会治理格局把近些年一直提倡的“公众参与”拓展到“全民参与”，极大地提高了民众在社会治理格局中的主体地位。[①]

从治理过程来看，是强调“共建”。共建的本质是与全民参与紧密相关的。社会治理的复杂性与艰巨性，决定了必须依靠全体全民的参与和共同建设来完成。因此搭建共同的共建机制成为实现公众有效参与社会治理格局的重要突破点。比如居民自治议事制度与平台的建立，让居民更广泛、更便捷地参与并监督社区事务，凝聚起共同推进社区发展的共识与合力，成了新形势下社区治理的利益协商机制。这些年，探索建立的村（居）民理事会、村（居）民议事会、村（居）民决策听证会、小区协商、业主协商、民主评议等协商议事形式，通过开展灵活多样的协商活动，有效保障了城乡居民的知情权、参与权、表达权、监督权，是进一步丰富社会主义协商民主的方式、渠道和重要制度。

社会组织的引入成为共享基础上的利益增效机制。当前，在我国的社会领域和社区领域中，已经产生并不断孕育着许多新型的社会化组织，如各类行业协会，各类志愿者组织等等，这些大量兴起的旨趣性、公益性、互益性、自治性组织，不仅以专业化的，更为精干、高效、灵活的方式满足人们日趋丰富和复杂多样的需求，而且在“单位人”向“社会人”转变过程中，成为具有“社会人”特性的广大社会成员重新组织起来，广泛参与社会活动的全新的组织方式和行为方式，极大地丰富和拓展了社会参与

① 景跃进、陈明明、肖滨主编：《当代中国政府与政治》，北京：中国人民大学出版社，2016年版，第252页。

和社会管理的功能。政府不再以不断增强控制力与影响力的行动方式进行基层管理，而是以提供优质的公共服务和良好的社会秩序作为行为方式。政府积极地与各种社会组织、广大公民在沟通、协商、互信、互动的治理平台上，解决社会公共问题，实现治理能力与服务效益的不断递增，增加公共服务供给，从解决人民最关心最直接最现实的利益问题入手，提高公共服务共建能力和共享水平。

治理目标是实现“共享”。社会治理以实现和维护人民群众的根本利益为核心，其最终目标是让人民群众共享社会发展的成果，让人民群众有更多的获得感。全民共建共享的社会治理格局是各治理主体充分参与、充分协商，并尽可能达成共识，形成良性互动的一种相对稳定的社会结构关系和治理模式。

三、改革发展与获得感

从党的十一届三中全会到现在，改革开放40年来中国社会各个方面都发生了巨大的变化。经济上，计划经济体制向市场经济体制的转轨，使得中国取得了世界瞩目的经济腾飞奇迹，综合国力极大提高，人民生活发生巨大改变，中国跃居为世界第二大经济体。政治上，全能主义体制逐渐瓦解，强大的国家权力逐渐从社会领域退出，严密一统的意识形态逐渐让位给多元化的社会观念，社会的自主性不断增强，国家与社会关系发生了新变化。从国家治理实践看，计划经济时期自上而下的动员型治理模式已经被抛弃，取而代之的是较为常规化、制度化的治理模式，更加强调制度与法治在国家现代化建设中的重要作用。

中国转型的成功伴随而来的也有转型的阵痛。转型国家面临着一个共同的难题就是如何保证转型过程中政治秩序的稳定。这也是渐进式改革与休克式改革最开始争论的焦点。中国以渐进式改革的方式缓解转型过程可能出现的各种矛盾，尽量减少改革摩擦成本，并成功地取得了巨大的经济绩效巩固了政府的合法性，在一定程度上维护了政治秩序的稳定。但经济增长的同时也带来了社会矛盾丛生等改革的次生问题。有学者认为当前中国改革进程已趋缓慢，陷入到“转型陷阱”之中，原先改革过程中造就的既得利益集团阻止改革的进一步深入发展，并由此导致经济社会发展的畸形化和经济社会问题的不断积累。[①]

国家建设一方面是要与其自身建设相关，同时也要求社会对其合法性的认同。全面深化改革的提出既是对国家治理体系与治理能力现代化建设的推动，同时，也是对前期改革成果的反思与改进。当改革的“普惠性”出现消退，政府需要回应民众的需求和期待，持续、公平、协调地改善民生，直面增强民众“获得感”的新问题，这也是国家治理现代化的题中应有之义。2015 年习近平总书记在中央全面深化改革领导小组第十次会议上提出“让人民群众有更多获得感”的治国理政目标。2016 年又再次强调“多推有利于增强人民群众获得感的改革”。这充分体现了习近平总书记坚持以人民为中心的发展思想，也是对深化改革为什么和怎么改的回答。

全面深化改革，应以人民群众的真实需求为取向，通过制度和公共服务的有效供给，充分满足人民群众的全面发展需求，提升和增强人民群众的“获得感”。党中央深入推进各个领域的改革，努力让人民群众有更多的改革“获得感”。政府以民生改善为追求导向，在了解民情、尊重民意、集中民智的基础上，推动政府决策的科学化、民主化，促进政府行为的法治化，通过完善参与动力机制、利益表达机制、政府回应机制、过程监督机制、信息公开机制等增加改革获得感。通过简政放权，激发地方政府改革活力，拓展改革空间。同时，通过削减行政审批事项，也调整政府的权力边界，实现向社会、市场的放权。通过供给侧改革与放松规制进一步理顺政府与市场关系，在发挥市场在资源配置中的决定性作用前提下，更好发挥政府作用。全面升级监管体制，实施公正监管，推进综合监管，促进各类主体公平竞争，不断完善监管体系，做到放活和监管同步到位。通过积极优化政府服务，提高公共服务供给效率和政府服务效率，强化“公共服务”职能，共同分享改革发展成果。同时，政府仍非常注重自身建设，开创性地进行了国家监察体制改革，设立监察委员会，建立集中统一、权

---

① 清华大学凯风发展研究院社会进步研究所、清华大学社会学系社会发展研究课题组：《“中等收入陷阱”还是“转型陷阱”?》，《开放时代》，2012 年第 3 期，第 125—145 页。这份报告指出，“在体制的意义上，‘转型陷阱’并非仅仅是体制变革陷于停滞或倒退，而是将一种过渡形态的体制因素定型为一种相对稳定的制度；在发展的意义上，‘转型陷阱’导致的并不是简单地陷入经济放缓或停滞，而是陷入经济社会发展的畸形化”。

威高效的监察体系，提升监察工作的地位和效力，不断加大反腐力度。基层治理改革成效不断显现，极大释放了社会的活力与创造力，社会组织蓬勃生长，基层自治欣欣向荣。改革的深入带来了政府现代治理能力的提升，改革不但没有降温，还在朝着更深入和有序的方向继续推进。

第九章

治理之要：党内治理

党在中国的执政地位决定党要治理好国家和社会，首先需要进行内部的自我治理，保持自我警醒和自我净化之态。当前，党内治理的要义是实现党要管党，达此目标的方式和路径是推行党内民主和党内监督，进而推行全面从严治党。

第一节　党内治理的要义

一、党的使命与党内治理

中国共产党是马克思列宁主义政党。马克思列宁主义揭示了人类社会历史发展的规律，中国共产党追求的共产主义最高理想只有在社会主义充分发展和高度发达的基础上才能实现。因此，中国共产党是中国特色社会主义事业的领导核心。中国共产党不同于资产阶级政党。在《国际工人协会共同章程》中，马克思就指出，无产阶级政党是“与有产阶级建立的一切旧政党对立的独特政党”[①]，因此其才能作为一个阶级来行动。在革命年代，共产党以其高度的组织性整合了旧中国“一盘散沙”的人民，通过对人民军队的有效领导夺取了政权，取得了革命事业的成功。在社会主义建设时期，同样需要中国共产党的强大的组织力量——“要快速推进社会主义建设与发展，就必须在工人阶级基础上形成一个强大的组织力量，一方面担负起领导、组织和发展工人阶级的任务与使命，另一方面担负起建构与完善社会主义国家制度体系的任务与使命。”[②]

政党组织是现代国家中的一种全新的组织形式。关于政党最经典的定

---

① 马克思：《国际工人协会共同章程》，《马克思恩格斯选集》第2卷，人民出版社，1972年版，第138页。

② 林尚立：《当代中国政治：基础与发展》，中国大百科全书出版社，2017年版，第87页。

义是来自于伯克："政党是建立在一些人们集体认同的特别的原则之上，以共同努力促进国家利益的联合起来的实体。"① 但事实上政党的形态是极其多元的。西方政治科学中的政党类型学都是从过去一个半世纪内欧洲的政党研究中得出的，政党类型学建立在众多评判标准之上。例如政党分类中最经典的二分法是迪维尔热将政党分为"干部型政党"和"群众型政党"。干部型政党主要由少数享有较高社会经济地位的政治精英组成，干部党往往是国会议员及其政治网络的松散政治联盟。而群众党有健全和完整的政治组织，通过对社会的动员而形成较大的组织规模，而且在政党组织之外还紧密联系着许多次级公民社会团体。② 安杰洛·帕内比安科则进一步将政党分为"群众官僚型政党"和"选举职业型政党"，强调群众型政党的内部结构类似于官僚制。另外还有纽曼从政党的目标出发，将政党分为个体表达型政党、社会整合型政党和完全整合型政党。③

有些学者将马克思主义政党纳入以上的分类中，但均忽略了马克思主义政党功能的多重性，例如，发动"群众"只是其致力的一个方面，而另一方面，政党与军队之间也有着领导关系，"党治国家"之中一个重要的部分是"党对军队的领导"，这种形式并不是单纯的"群众党"可以概括的，另外将"群众党"发展为"群众官僚型政党"这种添加也是不甚准确的，虽然在这类型政党中确实有官僚制的某些因素，但是在马克思主义政党的党建理论中明确有反官僚制的观点。这种政党具有不同于官僚制的组织形式。可以说，将马克思主义政党强行纳入此类西方政党类型学中，必将是削足适履。

对于中国共产党而言，只有从科学社会主义的理论出发，才能真正把握其革命逻辑与执政逻辑。按照马克思主义理论，人的全面自由与最终解放关键在于消除物对人的统治，这就要求消除生产资料与劳动的分离，因此，在国家建构的过程中，应当"首先将个人联合起来，通过占有生产力的总和，实现个人的自由，创造社会的解放，进而使社会主义国家成为不

---

① 萨托利：《政党与政党体制》，王明进译，商务印书馆，2006年版，第22页。

② Maurice Duverger. *Political Parties: Their Organization and Activity in the Modern State*. London: Meuthen, 1954, p. 71.

③ 高奇琦：《西方政党类型学研究：历史主义与整合主义的新发展》，载《探索》，2011年第6期，第53—54页。

是原来意义的国家。”而“实现这种个人联合的力量和机制只能来自无产阶级自身，共产党由此应运而生。”[①] 在社会主义国家中，人的联合是关键，而党则是实现这一联合的载体。在新民主主义革命与社会主义革命时期，中国共产党是新民主主义革命的领导力量也是社会主义革命的领导力量，而当社会主义国家建立起来之后，共产党又是社会主义建设事业的领导力量。只有在这个基础上，才能进一步谈党治国家与党的自身建设，其逻辑均不同于资本主义社会中按照社会契约理论建立起来的市民社会以及在此基础上建构的民主国家。只有坚持党的领导才能保证人民对生产资料的整体占有，才能保证社会主义国家的性质。因此，中国共产党必须始终代表中国先进生产力的发展要求，代表中国先进文化的前进方向，代表中国最广大人民的根本利益。这是中国共产党的使命所在。

二、党内治理的历史沿革

治党是中国共产党取得政权与执政的前提与基础。“党的建设”是毛泽东总结的中国革命取得胜利的三大法宝之一。党的建设大致可以分为“党治”与“治党”两个部分，“党治”指的是政党为完成自身的使命而进行领导国家、社会的理论和实践活动。“治党”则指的是政党本身的建设。在本章中我们重点讨论的是中国共产党的“治党”理论与实践。大体而言，中国共产党的“党治”可以分为三个阶段：第一个阶段是新中国成立前，作为革命党的组织建设，其组织建设目标在于武装斗争与夺取政权。第二个阶段是新中国成立后的计划体制时期，其组织目标是领导人民掌握国家政权并执政，在客观上也是在这一时期建立了全国范围内的组织体系。第三个阶段是改革开放之后，其组织目标在于领导国家建设。有学者将这三个阶段概括为“革命—统治—执政”。[②]

“中国共产党是马克思列宁主义同中国工人运动相结合的产物，是在俄国十月革命和我国五四运动的影响下，在列宁领导的共产国际帮助下诞

① 林尚立：《当代中国政治：基础与发展》，第94页。

② 陈明明：《再论“革命”、“统治”与“执政”——关于政党变革的两个命题的讨论》，载陈明明：《在革命与现代化之间——关于党治国家的一个观察与讨论》，复旦大学出版社，2015年版，第211—233页。

生的"[①]。与中国国民党不同，中国共产党从诞生之日起效法的就是苏联列宁主义政党的建党模式。在革命时期，虽然中共的党员发展与组织建设也有所变化，但大体而言这一时期的党组织建设是严密的，这与全国形势以及战争密切相关。1939年在《〈共产党人〉发刊词》中毛泽东就已分析了大革命阶段、土地革命阶段和抗日战争阶段的组织建设状况，并指出了党的建设与统一战线、武装斗争之间的关系。指出了共产党要建成"一个全国范围的、广大群众性的、思想上政治上组织上完全巩固的布尔什维克化的中国共产党"[②]。

表1　新中国成立前全国党员总数统计[③]

第一次国内革命战争时期						
年份	1921年	1922年	1923年	1925年	1927年	1928年上半年
党员总数	57	195	420	994	57967	10000
第二次国内革命战争时期						
年份	1928	1930	1933	1934	1937	
党员总数	40000	122318	300000	410600	40000	
抗日战争时期						
年份	1940	1941	1942	1944	1945	
党员总数	800000	763447	736151	853420	1211128	
解放战争时期						
年份	1946	1947	1948	1949		
党员总数	1348320	2759456	3065533	4488080		

革命时期党的建设与革命斗争密切相关，在党的"二大"通过的《关于共产党的组织章程决议案》就指出"要有集权精神与铁的纪律"，因为"凡一个革命的党，若是缺少严密的集权的有纪律的组织与训练，那就只

① 《关于建国以来党的若干历史问题的决议》，人民出版社，1981年版。

② 毛泽东：《〈共产党人〉发刊词》，载《毛泽东选集》第二卷，人民出版社，1991年版，第602—604页。

③ 根据《中国共产党党内统计资料汇编（1921—2010）》相关数据绘制，参见中共中央组织部：《中国共产党党内统计资料汇编（1921—2010）》，党建读物出版社，2011年版，第7页。其中1928年上半年数据为"四一二"反革命政变后的数据。

有革命的愿望便不能够有力量去做革命的运动”。[①] 在发展党员方面，中共重视的是在工农群众中发展优秀的分子加入，虽然中共“一大”时的党员以知识分子为主，但从中共“一大”之后，就建立了安源煤矿支部、长辛店机车厂支部等工人党支部，中共“二大”决议就明确指出，中共是“为无产阶级群众奋斗的政党”，要“到群众中去”“必须深入到广大群众里面”[②]。

这一时期中共也制定了治党的很多基本制度，为执政后的制度建设打下了良好的基础。例如，1926 年党的“五大”设立了中央监察委员会，这是党内首次设立纪律检查机关。1927 年的“三湾改编”，将党组织建在连上，设立党代表制度，确立了党对军队的绝对领导，同时也对党组织本身进行了整顿。1929 年古田会议所通过的《中国共产党红军第四军第九次代表大会决议案》规定了党员的教育材料与教育方法，中共开始建立大量的干部教育培训机构。在抗日战争和解放战争期间，延安整风运动对党的思想进行了统一，1941 年颁布的《关于增强党性的决定》进一步强调统一纪律是革命胜利的必要条件，要在全党加强纪律的教育。随着全国局势的变化，中共也在不断探索治党的方法，但始终强调的是加强教育、严明纪律。[③]

新中国成立后，中国共产党由局部执政变为全国执政，其中心工作由夺取政权变为领导社会主义建设。与此同时，新中国的各项基本制度都在建立，执政与治党都在探索之中。从党员发展状况来看，1949 年中共党员总数为 448.8 万，到 1956 年“八大”召开时已经发展到了 1250.4 万，1976 年时已经发展到了 3507.8 万。1951 年 3 月，第一次全国组织工作会议召开，通过了《中国共产党第一次全国组织工作会议关于整顿党的基层组织的决议》，强调要对党员进行共产主义教育。[④] 在建国之后，中共进一

---

① 中共中央文献研究室、中央档案馆编：《建党以来重要文献选编（1921—1949）》第一册，中央文献出版社，2011 年版，第 162 页。

② 中央档案馆编：《中国共产党第二次至第六次全国代表大会文件汇编》，人民出版社，1981 年版，第 26 页。

③ 肖小华：《新民主主义时期中国共产党从严治党的历史回顾及启示》，《中共四川省委党校学报》，2017 年第 1 期。

④ 彭穗林等：《中国共产党建设史纲要》，中共中央党校出版社，2001 年版，第 88 页。

步健全了基层党组织，在组织工作会议上，还通过了《中国共产党第一次全国组织工作会议关于发展新党员的决议》，决定老区党组织以整顿为重点，在土改已经完成的新区以及工厂矿山企业等有计划的、慎重地吸收部分新党员。

党的精英选拔制度在这一时期也得到了完善，“政党本身并不是一个公权力机关，而是一个介于国家和社会交界面的特殊的社会政治组织，它负责把社会利益诉求经过加工输送给国家以变成公共政策，通过吸纳精英作为组织人选推荐给选民以获得公职身份，从而实现对国家政权的控制。”① 在干部管理上，1953 年中央下发了《关于加强干部管理工作的决定》开始实行新的干部管理体制。在新中国成立后中共党内还继续强调要加强作风建设，开展批评与自我批评活动，重视发挥群众的监督作用。此外，新中国成立后中共对于思想建设也并未放松。1951 年，中共中央发出《关于健全各级宣传机构和加强党的宣传教育工作的指示》，强调对于马克思列宁主义和毛泽东思想的宣传。② 但到了“文革”时期，党的组织一度瘫痪，广大党员停止了组织生活。

在改革开放之后，党的建设进入了一个新的时期，在改革开放之初，邓小平就反复强调制度的重要性，他认为制度问题带有根本性、全局性和稳定性。因此，在党的建设方面首先要做到制度建设，也就是党建的各个环节都制定完备、科学、务实的制度体系。改革开放之后，党内民主也得到了进一步的推进，完善党内选举制度，完善集体领导制度，通过党内民主调动党组织的积极性和创造性，对人民民主起到示范和带动作用。

十八大之后，国家治理现代化的要求被提上日程，政党治理是国家治理现代化的核心内容之一。党是国家治理的领导力量。“国家治理体系是在党的领导下，管理国家的制度体系，包括经济、政治、文化、社会、生态文明和党的建设等各领域体制机制、法律法规安排，也就是一整套紧密

---

① 陈明明：《在革命与现代化之间——关于党治国家的一个观察与讨论》，复旦大学出版社，2015 年版，第 228 页。

② 王先俊、胡倩燕：《建国初期中国共产党巩固执政基础的历史考察》，《当代中国史研究》，2006 年版，第 2 期。

相连互相协调的国家制度。”[①] 在国家治理现代化的背景下，政党要发挥其“总揽全局，协调各方”的作用，首先需要做到的是加强自身建设。[②] 应当注意到，十八大之后，党内治理又呈现出一些新的特征，从发展党员上看，严控党员增幅，并且注意吸收一线工人。在基层组织建设上也要求全覆盖。这都是党的建设的新的发展态势。

表2　2012—2016年《中国共产党党内统计公报》数据摘录

年份	党员人数（万人）	党员人数增幅（%）	大专及以上学历比例（%）	工人农牧渔民人数比例（%）	基层组织（万个）	基层组织增幅（%）
2016	8944.7	0.8	45.9	37.0	451.8	2.4
2015	8875.8	1.1	44.3	37.5	441.3	1.2
2014	8779.3	1.3	43.0	37.9	436.0	1.3
2013	8868.6	1.8	41.6	37.3	430.4	2.4
2012	8260.2	2.9	38.6	38.6	420.1	4.3

三、党内治理的目标与导向

党内治理的目标应当放在国家治理体系和治理能力现代化的目标与提高党的执政能力目标的视阈中来看。全面深化改革的总目标是完善和发展中国特色社会主义制度，推进国家治理体系和治理能力现代化。而推进国家治理体系和治理能力现代化就需要，“适应国家现代化总进程，提高党科学执政、民主执政、依法执政水平，提高国家机构履职能力，提高人民群众依法管理国家事务、经济社会文化事务、自身事务的能力，实现党、国家、社会各项事务治理制度化、规范化、程序化，不断提高运用中国特

① 习近平：《切实把思想统一到党的十八届三中全会精神上来》，《人民日报》，2014年1月1日。

② 有学者指出，共产党应该是各社会阶层，尤其是工农兵的先锋队，而不是社会精英阶层的俱乐部。王绍光：《中国·政道》，中国人民大学出版社，2014年版，第147—150页。

色社会主义制度有效治理国家的能力。”[①] 提高党的执政能力就需要“提出和运用正确的理论、路线、方针、政策和策略，领导制定和实施宪法和法律，采取科学的领导制度和领导方式，动员和组织人民依法管理国家和社会事务、经济和文化事业，有效治党治国治军，建设社会主义现代化国家”[②]。

为了完成这些目标，2016 年 10 月 27 日，中国共产党第十八届中央委员会第六次全体会议通过《关于新形势下党内政治生活的若干准则》，其中明确了党内政治生活的十二个方面内容，包括：坚定理想信念；坚持党的基本路线；坚决维护党中央权威；严明党的政治纪律；保持党同人民群众的血肉联系；坚持民主集中制原则；发扬党内民主和保障党员权利；坚持正确选人用人导向；严格党的组织生活制度；开展批评和自我批评；加强对权力运行的制约和监督；保持清正廉洁的政治本色。这些内容“涉及党的思想建设、政治建设、组织建设、作风建设、制度建设、反腐倡廉建设等多方面”“是坚持和履行党性的行为规范和政治运行活动”。[③] 概言之，中国共产党党内治理应当致力于将党建设成为一个有信仰、讲政治、有组织与纪律、有法治与民主、有动员能力的政党。

建设一个有信仰的政党。马克思主义政党与西方选举型政党的根本区别在于其拥有坚定的理想信念。党的组织不同于文官组织的最大区别也在于其有理想信念。邓小平曾经指出：“过去我们党无论怎样弱小，无论遇到什么困难，一直有强大的战斗力，因为我们有马克思主义和共产主义信念。有了共同的理想，也就有了铁的纪律。无论过去、现在和将来，这都是我们的真正优势。”[④] 党最大的吸引力和领导力应当来自于其所提供的理想和价值体系。马克思主义政党必须坚持“立党为公、执政为民、全心全意为人民服务”的宗旨，中国共产党应当始终代表、维护与实现最广大人

---

① 习近平在省部级主要领导干部学习贯彻十八届三中全会精神全面深化改革专题研讨班开班式上的讲话，参见新华网北京 2014 年 2 月 17 日电。

② 《中共中央关于加强党的执政能力建设的决定》(2004 年 9 月 19 日中国共产党第十六届中央委员会第四次全体会议通过)

③ 王久高：《“党内政治生活”的内涵界定探析》，《中国特色社会主义研究》，2017 年第 1 期。

④ 邓小平：《邓小平文选》第 3 卷，人民出版社，1993 年版，第 144 页。

民的根本利益。这一宗旨应当贯彻于党的纲领、路线、方针政策之中，也应当落实于党员的行动之中。只有党员具有高度觉悟性、纪律性和自我牺牲精神、真正代表和团结人民群众，才能把全国人民的思想和力量统一起来进行社会主义建设。[①] 因此，中国共产党党员的党性修养是这一时期党内治理的重点，也是党员成为国家和民族先锋队的保证。[②]

建设一个有组织与纪律的政党。“无产阶级在争取政权的斗争中，除了组织，没有别的武器。”这是列宁党最重要的经验。俄国革命的胜利，使得这种经验被上升到理论的高度，并被多国、多个政党效法。列宁强调的是无产阶级政党的组织性和纪律性。在阐述无产阶级政党组织原则的《进一步，退两步（我们党内的危机）》一文中，列宁首先强调的就是入党的首要条件为“能接受最低限度组织性的分子。”在他看来，“说是‘建立一个党’，而又拥护用‘党’这个词来掩盖一切无组织性和一切涣散状态，那就是说空话。”[③] 无产阶级政党对纪律也有明确的规定，这就是“行动一致，讨论和批评自由”。[④] 在党的内部，有讨论和批评的自由，但是，一旦议定，在行动上必须一致，“组织性就是行动一致，就是实际活动一致。”这也就是“民主集中制”。这种制度实际是将列宁党的决策和执行活动分开，这是对党“行动一致”的保障。作为社会主义的领导核心，中国共产党必须是一个组织严密、纪律严明的政党。为了落实一种有组织的、严密的状态，党必须制定一系列相应的制度规则。

建设一个法治与民主的政党。《中国共产党党内法规制定条例》中指出党内法规是指“党的中央组织以及中央纪律检查委员会、中央各部门和省、自治区、直辖市党委制定的规范党组织的工作活动和党员行为的党内

---

① “在中国这样的大国，要把几亿人口的思想和力量统一起来建设社会主义，没有一个具有高度觉悟性、纪律性和自我牺牲精神的党员组成的能够真正代表和团结人民群众的党，没有这样一个党的统一领导，是不可能设想的，那就只会四分五裂，一事无成。”参见邓小平：《邓小平文选》（第2卷），人民出版社，1994年版，第341—342页。

② 王绍光：《中国·政道》，中国人民大学出版社，2014年版，第146—150页。

③ 列宁：《进一步，退两步》（1904年2—5月），载列宁：《列宁专题文集论无产阶级政党》，人民出版社，2009年版，第102、110、115页。

④ 列宁：《同立宪民主党化的社会民主党人的斗争和党的纪律》（1906年11月23日），载《列宁全集》，第14卷，第121—122页。

规章制度的总称。”要推进党内治理就必须进一步完善党内立法（规）体制和党内法（规）制度体系。法（规）将有助于推进党的建设制度化、规范化、程序化。通过对党的章程、地方党组织的组织权限、行为准则、程序规范、监督问责、党员义务等各方面的党内法规以及规范性文件的颁布施行，逐步形成比较完整的党内法规体系，为党内治理奠定基础，通过党内法治推进党内治理。[①] 同时，党内政治生活的健康开展还取决于广大党员和各级党组织参与党内政治生活的积极性主动性。“这种积极性主动性的产生，从根本上说，来自于党内民主。党内民主的实质，就是要发扬党员的主动性与积极性，提高党员对党的事业的责任心。党内民主的实施可以最大限度地调动全党的积极性主动性创造性，因此就必须尊重党员主体地位、保障党员民主权利，落实党员知情权、参与权、选举权、监督权，保障全体党员平等享有党章规定的党员权利、履行党章规定的党员义务。”

建设一个有动员能力的政党。社会动员是现代政党的主要功能之一。拉里·戴蒙德曾经按照西方政党的模型将政党的功能归为 7 类：候选人提名、选举动员、议题构造、代表的利益团体、利益整合、形成和支持政府功能、社会整合。[②] 中国共产党也同样有这些基本的政党功能，但与西方政党相比，其强大的社会动员能力是最大的优势。强大的动员能力一方面来自于党的“群众路线”，群众是社会发展的主体，是推动社会发展的决定性力量。群众观念是中国共产党的生存之本，为人民服务是党的根本宗旨。群众是共产党最大的政治资源，这不仅仅是一种意识，也是一种优势。谁拥有社会主体力量的支持，谁就能够在社会发展潮流中保持主动。[③] 强大的动员力的另一方面来自于党的全面领导，在各政治组织与社会组织中，党的领导贯穿其中，克服了现代社会不同组织中互不统属、相互分离

---

① 肖金明：《论通过党内法治推进党内治理——兼论党内法治与国家治理现代化的逻辑关联》，《山东大学学报（哲学社会科学版）》，2014 年第 5 期。

② 拉里·戴蒙德、理查德·冈瑟：《政党的类型与功能》，载拉里·戴蒙德、理查德·冈瑟主编：《政党与民主》，徐琳译，上海人民出版社，2012 年版，第 9—10 页。

③ 刘汉峰：《全面从严治党的思考》，《中国特色社会主义研究》，2015 年第 1 期。

的弊端，形成灵活高效的政治体制。[①]

第二节　党内治理的路径

一、完善党的组织结构

根据《中国共产党章程》（2012 年 11 月 14 日通过），党的组织由党的中央组织、党的地方组织与党的基层组织等组成。党的最高领导机关是中国共产党全国代表大会及其产生的中央委员会。党的全国代表大会的职权包括听取和审查中央委员会的报告；听取和审查中央纪律检查委员会的报告；讨论并决定党的重大问题；修改党的章程；选举中央委员会；选举中央纪律检查委员会。中央委员会全体会议由中央政治局召集，每年至少举行一次。中央政治局向中央委员会全体会议报告工作，接受监督。在全国代表大会闭会期间，中央委员会执行全国代表大会的决议，领导党的全部工作，对外代表中国共产党。党的中央政治局、中央政治局常务委员会和中央委员会总书记，由中央委员会全体会议选举。中央政治局和它的常务委员会在中央委员会全体会议闭会期间，行使中央委员会的职权。中央书记处是中央政治局和它的常务委员会的办事机构。党的中央军事委员会组成人员由中央委员会决定。

党的地方各级代表大会由同级党的委员会召集。党的地方各级代表大会代表的名额和选举办法，由同级党的委员会决定，并报上一级党的委员会批准。党的地方各级代表大会的职权是：听取和审查同级委员会的报告；听取和审查同级纪律检查委员会的报告；讨论本地区范围内的重大问题并作出决议；选举同级党的委员会，选举同级党的纪律检查委员会。党的地方各级委员会在代表大会闭会期间，执行上级党组织的指示和同级党代表大会的决议，领导本地方的工作，定期向上级党的委员会报告工作。党的地方各级委员会全体会议，选举常务委员会和书记、副书记，并报上级党的委员会批准。党的地方各级委员会的常务委员会，在委员会全体会

---

① 郗一龙、白钢等：《大道之行：中国共产党与中国社会主义》，中国人民大学出版社，2015 年版，第 3—4 页。

议闭会期间，行使委员会职权。

企业、农村、机关、学校、科研院所、街道社区、社会组织、人民解放军连队和其他基层单位，凡是有正式党员三人以上的，都应当成立党的基层组织。党的基层组织，根据工作需要和党员人数，经上级党组织批准，分别设立党的基层委员会、总支部委员会、支部委员会。基层委员会由党员大会或代表大会选举产生，总支部委员会和支部委员会由党员大会选举产生，提出委员候选人要广泛征求党员和群众的意见。党的基层组织是党在社会基层组织中的战斗堡垒，是党的全部工作和战斗力的基础。①

此外，还有党的纪律检查机关。党的中央纪律检查委员会在党的中央委员会领导下进行工作。党的地方各级纪律检查委员会和基层纪律检查委员会在同级党的委员会和上级纪律检查委员会双重领导下进行工作。党的各级纪律检查委员会的主要任务是：维护党的章程和其他党内法规，检查党的路线、方针、政策和决议的执行情况，协助党的委员会加强党风建设和组织协调反腐败工作。

在党的各级组织之外，党的中央领导小组和作为党的领导机关的派出机关——党组是中国共产党两种特殊而重要的组织机构。

党的中央领导小组。1958 年 6 月 10 日中共八届四中全会后，中共中

---

① 党的基层组织的基本任务是：（一）宣传和执行党的路线、方针、政策，宣传和执行党中央、上级组织和本组织的决议，充分发挥党员的先锋模范作用，积极创先争优，团结、组织党内外的干部和群众，努力完成本单位所担负的任务。（二）组织党员认真学习马克思列宁主义、毛泽东思想、邓小平理论、“三个代表”重要思想和科学发展观，学习党的路线、方针、政策和决议，学习党的基本知识，学习科学、文化、法律和业务知识。（三）对党员进行教育、管理、监督和服务，提高党员素质，增强党性，严格党的组织生活，开展批评和自我批评，维护和执行党的纪律，监督党员切实履行义务，保障党员的权利不受侵犯。加强和改进流动党员管理。（四）密切联系群众，经常了解群众对党员、党的工作的批评和意见，维护群众的正当权利和利益，做好群众的思想政治工作。（五）充分发挥党员和群众的积极性创造性，发现、培养和推荐他们中间的优秀人才，鼓励和支持他们在改革开放和社会主义现代化建设中贡献自己的聪明才智。（六）对要求入党的积极分子进行教育和培养，做好经常性的发展党员工作，重视在生产、工作第一线和青年中发展党员。（七）监督党员干部和其他任何工作人员严格遵守国法政纪，严格遵守国家的财政经济法规和人事制度，不得侵占国家、集体和群众的利益。（八）教育党员和群众自觉抵制不良倾向，坚决同各种违法犯罪行为作斗争。

央发出《关于成立财经、政法、外事、科学及文教各小组的通知》，“中央领导小组”正式进入党的组织体系。1999年7月中共中央部门机构改革工作会议上提出了“中央领导小组”的功能是“中央谋划决策、指导工作的参谋助手，是各方面情况上传下达的中心枢纽。”[①] 目前中共中央层面的各个领导小组已经稳定分布在组织人事、宣传文教、政治法律、财政经济、外事统战、党建党务这六大门类中。中央领导小组虽然不是党章所载的正式的党的制度机构，但因其特殊的人员构成和功能设计在实际的政治运行中发挥着重要的作用和影响，是中共实现对国家和社会全面领导的方式之一。中央领导小组人员一般比较精简，多为兼任；在运作上，部分常设性领导小组呈现的是长期稳定运行的状态，也有部分临时性的领导小组呈现出阶段性运作的特征。同时，党内领导小组也是连接党政机关的节点，是贯通决策和政策执行的中介。[②]

党组。党组的前身是党团，党的七大在总结党团发展的经验教训之基础上将党团改为党组。经过曲折发展，党的十四大修订了党章，恢复了十二大党章关于党组问题的规定，并增加了党组“讨论和决定本部门的重大问题”以及“指导机关和直属单位党组织的工作”等职能，党组的功能与价值得到进一步重视和凸显。党的十六大增加了党组“发挥领导核心作用”的规定，增加了党组“做好干部管理工作”的任务。[③] 党组是党在中央和地方国家机关、人民团体、经济组织、文化组织、社会组织和其他组织领导机关中设立的领导机构，在本单位发挥领导核心作用。党的十八大报告指出：“要更加注重改进党的领导方式和执政方式，保证党领导人民有效治理国家”。2015年6月11日《中国共产党党组工作条例（试行）》正式施行。党组不是一级党委，而是上级党委在非党组织中的派出机关，党组必须服从批准它成立的党组织的领导，代表上级党组织指导本机关和直属组织内党的工作。党组不是选举产生的，也不能直接发展或者批准接

---

① 周望：《“领导小组”如何领导？——对“中央领导小组”的一项整体性分析》，《理论与改革》，2015年第1期。

② 张博：《党内领导小组场域中的组织制度化——以中央财经小组为例》，《理论与改革》，2015年第4期。

③ 丁远朋：《中国共产党党组制度的变迁逻辑及价值分析》，《党政干部学刊》，2016年第11期。

收党员，不能直接召开党的代表大会或党代表会议，也不选举出席上级会议的代表。[1] 在中央和地方国家机关、人民团体、经济组织、文化组织、社会组织和其他组织领导机关中设立党组，是我们党从国情出发创造的一项重要制度，是确保党的理论和路线方针政策得到贯彻落实的重要途径，体现了我们党独特的政治优势、组织优势和制度优势。党组是党的执政中介和领导机制，也同时发挥了整合作用，呈现出独特的嵌入式的整合逻辑。党组通过对客体的嵌入，发挥了领导核心作用，实现了执政党与党外组织之间的共生共赢。[2]

二、党内民主

党是根据自己的纲领和章程，按照民主集中制组织起来的统一整体。党的根本组织制度是民主集中制。列宁在 1905 年 12 月召开的俄共（布）党代表会议上，首次提出了民主集中制的概念，接着又把民主集中制作为组织原则载入党章。此后加入共产国际的政党纷纷接受了列宁的提议，使民主集中制成为必须遵循的组织原则。民主集中制的基本原则是党员个人服从党的组织，少数服从多数，下级组织服从上级组织，全党各个组织和全体党员服从党的全国代表大会和中央委员会。此外，还涉及到党内选举制度，即党的各级领导机关，除它们派出的代表机关和在非党组织中的党组外，都由选举产生。党内上下级组织关系，即上下级组织之间要互通情报、互相支持和互相监督。党的各级组织要按规定实行党务公开，使党员对党内事务有更多的了解和参与。党的集体领导与个人分工相结合制度，即凡属重大问题都要按照集体领导、民主集中、个别酝酿、会议决定的原则，由党的委员会集体讨论，作出决定。党的少数服从多数原则，即党组织讨论决定问题，必须执行少数服从多数的原则。

党内民主也是无产阶级政党最重要的组织传统之一。列宁就曾经强调过社会民主工党“现在整个党组织是按民主原则建立的，这就是说全体党员选举负责人即委员会的委员等等，全体党员讨论和决定无产阶级政治运

---

① 景跃进、陈明明、肖滨主编：《当代中国政府与政治》，中国人民大学出版社，2016 年版，第 61 页。

② 丁远朋：《嵌入式整合：中共党组整合功能的逻辑探索》，《中共天津市委党校学报》，2017 年第 3 期。

动的问题，全体党员决定党组织的策略方针。”[①] 2012 年，在党的“十八大”报告中提出，“积极发展党内民主，增强党的创造活力。”在坚持民主集中制的基础上，健全党内民主制度体系，以党内民主带动人民民主。其主要内容包括尊重党员主体地位，保障党员的权利；完善党的代表大会制度；完善党内选举制度；完善党内监督制度；扩大基层民主等。党的十八届六中全会审议通过的《关于新形势下党内政治生活的若干准则》进一步提出：“党内民主是党的生命，是党内政治生活积极健康的重要基础。”

要落实党内民主就需要尊重党员的主体地位，保障党员的权利。在《关于新形势下党内政治生活的若干准则》中中共进一步指出，尊重党员主体地位、保障党员民主权利，这就要落实党员知情权、参与权、选举权、监督权，保障全体党员平等享有党章规定的党员权利、履行党章规定的党员义务。

要落实党内民主就需要完善党内选举制度。党内选举制度是健全党内民主的根本制度，是党内民主发展程度的重要标志。《关于新形势下党内政治生活的若干准则》强调，党内选举必须体现选举人意志，规范和完善选举制度规则，党的任何组织和个人不得以任何方式妨碍选举人依照规定自主行使选举权。在实际工作中，要健全和完善候选人提名方式和介绍方式，候选人的产生要充分发扬党内民主、广泛听取党员意见，把民主推荐与组织提名结合起来，候选人的介绍要使党员或党员代表对候选人的主要业绩、领导能力以及廉政勤政等情况有切实了解。[②]

要落实党内民主就需要完善党内民主决策程序。首先要完善调查研究程序，各级党组织以及领导干部必须深入到基层群众中去开展调查研究，广泛听取党员以及群众的各方面意见，寻找党内决策的正确方向。其次是要完善民主讨论程序，各级党的组织要组织引导党员参与关于党的政策的讨论，尊重和保障党员或党代表的自由讨论权。最后，还要完善保护少数的程序。党内民主决策的根本原则是“少数服从多数原则”，但在少数党员意见与多数党员意见不一致时，在服从和执行作为多数党员意见的前提

---

① 列宁：《让工人来决定（1906 年 5 月 31 日）》，《列宁全集》第 13 卷，人民出版社，1987 年版，第 191—192 页。

② 胡志彬、陈茂霞：《党内民主是党内政治生活积极健康的重要基础》，《南京政治学院学报》，2017 年第 2 期。

下，少数党员不仅可以保留自己的意见，而且享有通过各种渠道向组织声明自己意见的权利。[①]

三、党内监督

加强纪律建设是全面从严治党的治本之策，中国共产党自成立以来一直高度重视纪律建设，历次党代会通过的党章和议决案等重要文献多对纪律有明确规定。《党章》中规定“党的纪律是党的各级组织和全体党员必须遵守的行为规则，是维护党的团结统一、完成党的任务的保证。党组织必须严格执行和维护党的纪律，共产党员必须自觉接受党的纪律的约束。”党的十八大首次在党代会报告中提出“党的纪律建设”的概念，并将“严明党的纪律，自觉维护党的集中统一”作为全面推进党的建设、提高党的建设科学化水平的重要工作之一推进。2015年修订的《中国共产党纪律处分条例》突出政治纪律和政治规矩，强化纪律的刚性约束，体现党纪严于国法，突出党纪特色，也是纪检监察机关实施监督执纪问责的基本依据。要推进党的政治纪律建设，首先需要开展政治纪律教育，增强党员干部的集中统一的思想意识。其次要强化《党章》的约束力，以法治思维严明党的政治纪律。再次，要重视组织生活对政治纪律的监督功能，完善政治纪律建设的常态机制。此外，还需要纪律检察机关履行职责。各级领导干部要率先遵守纪律和政治规矩。[②]

要维护党的纪律，就必须有完善的党内监督机制。中共“五大”就已选举产生了中央监察委员会，专门维护和执行党内纪律。新中国成立后，又成立了中央纪律检查委员会。1956年党的“八大”通过的《党章》规定，任何党员和党的组织都必须受到党的自上而下的和自下而上的监督。2003年12月，中共中央印发了《中国共产党党内监督条例（试行)》，首次以党内法规的形式，明确了党内监督的主要内容、职责分工和制度程序。[③]

---

① 张扣琳、羊玥耀：《完善党内民主决策程序的价值——以保障党员话语权为视角》，《中共天津市委党校学报》，2017年第2期。

② 石洪涛：《新形势下党的政治纪律建设面临的困境及对策》，《中州学刊》，2015年第8期。

③ 陈东辉：《十八大以来党内监督的实践探索与经验启示》，《长白学刊》，2017年第1期。

2004 年 2 月 17 日中共中央的通知要求，党的各级组织一定要从推进党的建设新的伟大工程的高度，充分认识贯彻实施《中国共产党党内监督条例（试行）》的重要性，认真学习、广泛宣传、严格执行。十八大之后，党内监督的法规进一步得到完善，2014 年修订了《党政领导干部选拔任用工作条例》，2015 年修订了《中国共产党巡视工作条例》、《中国共产党廉洁自律准则》、《中国共产党纪律处分条例》，2016 年修订了《中国共产党党内监督条例》。

《中国共产党党内监督条例》中明确了党内监督的主要内容是："遵守党章党规和国家宪法法律，维护党中央集中统一领导，坚持民主集中制，落实全面从严治党责任，落实中央八项规定精神，坚持党的干部标准，廉洁自律、秉公用权，完成党中央和上级党组织部署的任务等情况"并且划分了党内监督责任的分工：党的中央委员会、中央政治局、中央政治局常务委员会全面领导党内监督工作。党委（党组）在党内监督中负主体责任，党的各级纪律检查委员会是党内监督的专职机关，履行监督执纪问责职责。十八届三中全会对纪委工作提出了"具体化、程序化、制度化"的改革要求。所谓具体化，是要有具体的权力清单，划分同级党委和上级纪委在领导纪检工作中的权力。所谓程序化，就是要有明确工作程序，细致规定纪检部门在开展工作，特别是查处案件中的程序要求。所谓制度化，就是要健全完善纪检工作的各项制度。①

四、党内巡视

巡视是推进党内监督全覆盖的有效途径，在巡视制度方面，2009 年，《中国共产党巡视工作条例（试行）》中规定成立中央巡视工作领导小组，将中央纪委、中央组织部巡视组提升更名为中央巡视组。这一重要举措表明巡视组的派出主体不是纪委和组织部，而是党中央和各省区市党委，体现了派出巡视组的党组织的责任担当和巡视组的权威。从领导制度来看，巡视制度是一种垂直领导，其领导主体已经超越纪委本身。建立党内巡视制度的意义在于，它克服了对党的中、高级干部，特别是对"一把手"监

① 黄晓辉：《党内监督工作领导体制的历史演变与新发展》，载《福建师范大学学报（哲学社会科学版）》，2014 年第 6 期。

督普遍薄弱、甚至处于虚化状态的弊端，而这本身也是对纪委双重领导制度的一种有效补充。

党的十八大以来，把巡视作为加强党内监督和维护党纪党规的重要抓手，明确巡视职责，积极开展巡视工作。在派驻制度方面，明确派驻机构以中央纪委、监察部领导为主一直是改革的方向，也得到了具体的落实。按照规定派驻机构实施监督和查办案件工作直接受中央纪委监察部领导，重要情况和问题直接向中央纪委监察部请示、报告。这一制度是垂直领导的直接体现，也是反腐中最见成效的工作方式之一。对于派驻制度的改革，还在全面派驻上继续深化，即原来中央纪委主要在政府部门设置派驻机构，在党务部门除个别的以外没有设派驻机构。今后，按照权力都要受到制约和监督的原则，中央纪委向中央和国家机关都要派驻纪检机构。

第三节　全面从严治党

一、全面从严治党的必要性

现代政党是在现代社会背景下诞生的，作为适应工业社会交往方式的现代政治组织，政党要保持其生机与活力就应当不断与时俱进，不断创新自身的基础理论与并将理论与实践相结合。“从严治党”思想贯穿党建始终，是我们党一直坚持的优良传统。十三大以来，历次党的全国代表大会报告都强调加强党的建设必须坚持从严治党。全面从严治党是党的十八大以来党中央作出的重大战略部署，是“四个全面”战略布局的重要组成部分，也是全面建成小康社会、全面深化改革、全面依法治国顺利推进的根本保证。

大党治理从来都是历史性难题，对于掌舵超大规模国家的中国共产党来说，自身的治理需要在实践中不断总结经验和探索规律。这就要求执政党必须基于现实主义的政治考量，把“全面”和“从严”的治理理念和基本要求，切实转化为可操作的实践行动，使得政党治理实现常态化和长效化。2016 年 7 月，习近平在庆祝中国共产党成立 95 周年大会上的讲话中指出“我们要加强和规范党内政治生活，严肃党的政治纪律和政治规矩，增强党内政治生活的政治性、时代性、原则性、战斗性，全面净化党内政治生态。”全面从严治党的提出是中国共产党在对国际局势多极化、国内形势复杂化以及党自身建设的规律性把握的基础上提出的战略构想，是马克思主义执政党建设的时代性要求。

全面从严治党是对马克思主义政党理论的坚持和发展，完善社会主义制度的基本前提。全面从严治党思想突出表现了理论和实践的紧密结合。既从思想建党的角度强调了统一全党思想、坚定理想信念，又从实践角度严格落实党章党规要求、严明政治组织纪律。理论与实践相结合的从严治党思想，将中华民族优秀传统文化理念融入党的建设，将思想建党和制度治党、以德治党和依章治党相结合，具有鲜明的民族性、时代性和实践性，是对“从严治党”思想的理论创新和实践创新，是对马克思主义党建学说的丰富和发展，是新时期全面推进党的建设伟大工程重要的指导思想和方法论依据。

全面从严治党是我们党应对国内外复杂环境，实现伟大复兴中国梦的重要保障。从国际角度看，全球经济政治动荡持续挑战着世界各国执政当局的能力、智慧与勇气。美国重返亚太的战略部署、复杂多变的国际政治经济格局，都使中国发展在遇到重大机遇的同时也面临前所未有的挑战。从国内角度看，新中国成立六十多年、改革开放40年，我国经济社会发展取得了一系列重大成就，但继续深化改革也面临着来自既得利益集团的阻挠，以及多年累积的深层次矛盾和困难。在六十多年的执政实践中，中国共产党始终重视并从各个方面不断创新党建理论和实践，以之作为党国事业发展的根本保证。办好中国的事情，关键在党。中国共产党能不能长期执政、科学执政，直接决定着社会主义制度和整个国家的命运。要完成这一历史使命，最根本的是要加强党的自身建设，要全面从严治党。

二、思想理论与理想信念建设

全面从严治党，必须加强理想信念和思想道德教育。列宁早已指出理想信念与社会主义政党之间的关系——“没有革命的理论，就不会有坚强的社会主义政党，因为革命理论能使一切社会主义者团结起来，他们从革命理论中得到一切信念，他们能运用革命理论来确定斗争方法和活动方式。”[①] 中国共产党需要用先进的思想指导自身。全面从严治党，强调的是对党员理想信念的强化。全面从严治党，思想道德教育是基础。思想观念是行为的先导，推进全面从严治党必须要加强对党员干部的思想道德教育。要强化理论武装，加强思想建设。加强思想理论建设，提升党员干部的政治素养、政治意识、政治觉悟，是思想理论建设的重点。要通过学习教育，切实增强党员的政治意识、大局意识、核心意识、看齐意识，严守政治纪律和政治规矩，坚决维护党中央权威、维护党的团结和集中统一。

全面从严治党，要高度重视党的思想建设，要强化广大党员干部的宗旨意识、党纪意识、服务意识、人民意识、责任意识等，充分发挥党自我教育的政治优势与良好传统，在此基础上形成理念教育型治党模式。中国共产党始终是一个拥有全员学习、终生学习理念与机制的政治组织；是一个拥有不断增长的学习力和创新力的政治组织；也是一个追求卓越不断进步的政治组织。[②] 在新的时期仍然要教育引导党员干部坚定共产主义信仰与社会主义信念，增强党性修养，涵养道德品格，始终保持党员思想上的先进性。2016 年 2 月，中共中央办公厅印发了《关于在全体党员中开展“学党章党规、学系列讲话，做合格党员”学习教育方案》，并发出通知，要求各地区各部门认真贯彻执行。开展“两学一做”学习教育，是面向全体党员深化党内教育的重要实践，是推动党内教育从“关键少数”向广大党员拓展、从集中性教育向经常性教育延伸的重要举措。

各级党组织成员特别是党员领导干部要善于根据现实条件和历史任务“重新学习”，使学习成为党员一种生存方式和内在需要。[③] 这是与党员的政治信仰相关的。从政治组织的角度上来看，通过不断的学习，不仅意味着各级党组织在学习内容、学习方法、学习要求上要有新的思路，而且在学习制度、管理方法、组织形式等方面要进行新的探索，学习型组织最终

---

① 列宁：《我们的纲领》（1899 年），《列宁选集》第 1 卷，人民出版社，1998 年版，第 203 页。

② 高民政、姜崇辉：《“政党再造”：政党现代化的必由之路》，《探索与争鸣》，2008 年第 8 期。

③ 吴艳东、黄蓉生：《邓小平的学习观及对马克思主义学习型政党建设的启示》，《思想理论教育导刊》，2015 年第 6 期。

要求使党内学习更加规范化和制度化。[1] 从政党与时俱进上来看，建设学习型党组织是党始终走在时代前列、引领中国发展进步的重要基础。当今世界正处在大发展大变革大调整时期，现代科学技术进步日新月异，只有重视和善于学习，努力掌握和运用一切科学的新思想、新知识、新经验、顺应时代发展，实现知识的不断更新，才能使政党引领潮流。

三、反腐败

全面从严治党，一个重要的任务就是坚决反腐肃贪。马克思主义政党的本质要求其始终站在最广大人民的立场上，维护最广大人民的根本利益。中国共产党以“全心全意为人民服务”作为其根本宗旨，而腐败现象则是对党的宗旨的最大破坏。十八大报告指出：“必须更加自觉的把以人为本作为深入贯彻落实科学发展观的核心立场，始终把实现好、维护好、发展好最广大人民根本利益作为党和国家一切工作的出发点和落脚点。党在任何时候都把群众的利益放在第一位，其一切理论和政策都是为了满足人民群众日益增长的物质文化需求，促进人的全面发展。[2] 当前，党内少数党员干部贪腐现象严重，不尽职责只求待遇等现象严重，特别是“少数党员干部的理想信念动摇，宗旨意识淡薄，形式主义、官僚主义问题突出，奢侈浪费现象严重”，这些问题的存在严重影响了党的威望和公信力，损害了现代化建设。因此，全面从严治党必须坚决反对腐败。

党的性质决定了与贪污腐败水火不容，在态度上，必须坚持以零容忍态度惩治腐败，要坚决打击和遏制腐败；在制度上，要把权力关进制度的笼子里，要围绕权力的规范、制约和监督等问题，从设计制度执行，搞好制度配套衔接方面，设置防范腐败的制度之网。把建立健全惩治和预防腐败体系这个反腐败国家战略和顶层设计，建立不想腐、不敢腐、不能腐的有效机制。把反腐败贯穿到改革发展稳定各项工作之中，努力实现干部清正、政府清廉、政治清明。

在方法上，综合施治。反腐倡廉必须常抓不懈，拒腐防变必须警钟长

---

① 邢贲思：《对建设马克思主义学习型政党的几点认识》，《求是》杂志，2010年第5期。

② 梁晓宇：《对建设学习型、服务型、创新型马克思主义执政党的思考》，《探索》，2013年第1期。

鸣。在新形势下，务必要继续保持反腐败高压态势，坚持综合施治、多措并举、整体推进，坚决遏制腐败蔓延势头，推动形成党风廉政和反腐败斗争的新常态。建立科学化巡查监督机制，加大反腐力度。十八届六中全会提出，必须把纪律挺在前面，用铁的纪律从严治党。遵守纪律没有特权，执行纪律没有例外。监督是权力正确运行的根本保证，是加强和规范党内政治生活的重要举措。各级党组织，特别是纪检部门，要把全面从严治党主体责任落到实处，建立起科学的巡查监督机制，进一步强化党内监督，认真查摆问题，切实加以整改。新修订了《中国共产党巡视工作条例》，通过开展专项巡视和常规巡视，完成巡视工作全覆盖，全面提升巡视工作强度、力度、效度，妥善处理巡视中发现的问题线索，为全面从严治党奠定可靠的制度基础。推行法治反腐。习近平总书记强调，要加强反腐倡廉法规制度建设，把法规制度建设贯穿到反腐倡廉各个领域、落实到制约和监督权力各个方面。以法治思维和法治方式深入推进反腐倡廉建设，有效确保了党风廉政和反腐败斗争的严肃性、权威性与科学性。

在反腐败过程中，思想建设是灵魂，要从严强基固本，坚持思想建党；制度建设是根本，要扎紧制度笼子，强化制度治党。组织建设是核心，要严格选人用人，夯实组织根基；作风建设是关键，要严格率先垂范，倡导真抓实干；反腐倡廉建设是手段，要敢于铁腕反腐，促进标本兼治。全面从严治党是加强党的建设新的伟大工程的必然要求，是协调推进“四个全面”战略布局的根本保证，也是应对当今世界深刻变化的现实需要。政党建设的基本途径就是通过一系列制度创新，形成完善的党的制度体系，使党的组织系统运作灵活，领导决策体制科学有效，党员和领导干部行为和权力有明确的制度约束。[①]

---

① 刘志会：《论国家治理现代化的主体逻辑与创新型政党建设》，《郑州大学学报》，2015 年第 5 期。

第十章

治理之本：社会主义现代化

治理的本质和目标导向是推进中国的社会主义现代化国家建设，而国家现代化首先需要治理的现代化，二者之间是相互促进的共生关系。中国是社会主义国家，其所建构的制度是在现代人类文明的基础下展开的，但同时又力图实践社会主义原则，推进中国特色社会主义的建设与发展。因而，中国共产党所进行的所有制度建设都必须体现中国建设社会主义所形成的内在规定性。[①] 这也就意味着作为一个后发现代化国家，中国社会主义国家建设的本质性问题应该体现在通过治理来完成自己的社会主义事业，实现建设一个强大的社会主义现代化国家的根本目标。

第一节 现代化治理的寓意

一、治理与现代化

当代中国国家治理的主要问题集中在作为发展中的社会主义大国，面对日益多样化的社会，如何寻求有效的资源积累结构，确保现代化的顺利推进与制度转型的平稳运行，以达成有效的国家治理。在欧美发达国家的国家治理理性化进程中，各种程序技术的运作不只是一种单独发挥作用的系统整合，同时也涉及了社会在价值领域的变化。且一般认为，在现代社会整合中，个人生活秩序的形塑和个人在日常生活中的伦理实践会在促进国家治理理性化的进程中发挥关键作用。社会整合不再是仅仅依靠单一的力量，而是涉及到规范秩序、伦理实践、意识形态等诸多方面。[②] 因此，在哈贝马斯看来，法律对于内在伦理的分化保持中立，这充分表明在复杂的社会中，公民的总体性不再是由某种实体性的价值共识来加以维持，而

---

① 林尚立：《制度与发展：中国制度自信的政治逻辑》，《中共中央党校学报》，2016 年第 2 期，第 61—69 页。

② 李猛：《论抽象社会》，《社会学研究》，1999 年第 1 期，第 7—12 页。

只是由有关合法的立法程序和行政程序的共识来加以保证。[①] 这种从文化整合（价值共识）到政治整合（程序共识）的演进构成了现代国家的基本特征，而“宪法爱国主义”意义上的制度认同则成为构建现代国家政治认同的主要基础。且在林尚立看来，社会的多样化发展是现代化发展的必然结果，国家政治建设是现代化发展的必然任务，其使命就是发展和建设与现代化社会相适应的现代政治体系、现代法律体系和现代意识形态体系。作为多样化社会整合关键的国家政治建设，其主要内容是构建容纳多样化的新的国家领导与治理体系。多样化社会整合的关键在于国家政治建设的发展以及国家治理能力的提高[②]。因此，中国国家治理的战略选择需要解决通过什么力量来凝聚并整合这个具有特殊传统、现实国情以及时代使命的巨型社会的问题。这也是大国治理与国家政治建设首先要解决的问题。

中国作为世界上最大的发展中国家，同时也是社会主义国家，实现国家治理体系和治理能力现代化是百年来现代化之路的继续探索。21 世纪是中国的世纪，这不仅表现在人口总量上，也表现在经济发展上。在大国崛起的道路上，中国作为一个雄心勃勃的后起之秀，其行动和逻辑不仅会影响到本国的治理，也在一定程度上给全球治理带来了挑战。[③] 因此，我们需要把当前的中国放在全球化这个宏大历史进程中加以考虑，尤其是把中国的复兴与近代史上各个大国的崛起做比较，在实现和平崛起的过程中探索适合我国发展需要的国家治理体系。具体来说，国家治理现代化是国家政权的所有者、管理者和利益相关者等多元行动者对社会公共事务的合作管理，其目的是维护社会秩序、增进公共利益。[④] 国家治理的概念特征包含了三个主要方面：首先是突出了国家政权所有者的“在场”，强调治理秩序的构建是国家主导的行为，是一种规定了的制度选择；其次是突出了多元行动者的合作管理和伙伴关系，强调治理的结果是国家治理绩效的改

---

① 尤尔根·哈贝马斯：《包容他者》，上海人民出版社，2002 年版，第 260—261 页。

② 林尚立：《中国共产党执政方略》，上海社会科学院出版社，2002 年版，第 103 页。

③ 杨雪冬、张萌萌：《大国治理》，中央编译出版社，2014 年版，第 258 页。

④ 何增科：《国家治理现代化的维度与面向》，《人民论坛》，2014 年第 27 期，第 44—48 页。

进；再次是强调制度建设，亦即要从法治和制度完善视角讲治理。总结来说，中国语境中的“国家治理”即包含了“多中心”“网络化”等治理的核心要素，也凸显了近年来学界“将国家带回”的思路，在凸显了国家、政府、执政党主导地位的同时，又对市场和企业、公民和社会组织等政府以外的行动者开放了公共治理空间，允许其作为国家治理的主体发挥作用。

治理在社会主义现代化国家建构中主要体现在治理体系和治理能力两个方面。国家治理体系是在党领导下管理国家的制度体系，包括经济、政治、文化、社会、生态文明和党的建设等各领域体制机制、法律法规的安排，也就是一整套紧密相连、相互协调的国家制度；国家治理能力则是运用国家制度管理社会各方面事务的能力，包括改革发展稳定、内政外交国防、治党治国治军等各个方面。

国家治理体系和治理能力是一个有机整体，相辅相成，有了好的国家治理体系才能提高治理能力，提高国家治理能力才能充分发挥国家治理体系的效能。[①] 可以说，国家治理体系和治理能力的现代化是坚持和完善中国特色社会主义政治制度的必经路径。制度是社会的基本构成要素，制度变迁与成长在很大程度上决定着社会的进步和发展。因此，制度选择和制度设计在很大程度上成为中国现代化道路的首要前提，而制度的有效则成为中国实现现代化的重要保证。中国特色社会主义制度，是中国发展和进步的根本制度保障，发展并完善中国特色社会主义制度是实现大国治理的根本基础。[②] 习近平也指出：制度问题更带有根本性、全局性、稳定性、长期性。[③] 他强调：今天，摆在我们面前的一项重大历史任务，就是推动中国特色社会主义制度更加成熟、更加定型，为党和国家事业发展、为人民幸福安康、为国家长治久安提供一整套更完备、更稳定、更管用的制度体系。[④] 中国特色社会主义政治制度过去和现在一直生长在中国的社会土

---

① “切实把思想统一到党的十八届三中全会精神上来”，人民网，http://cpc.people.com.cn/xuexi/n/2015/0720/c397563-27331317.html，2017-06-21.

② 赵中源、杨柳：《国家治理现代化的中国特色》，《政治学研究》，2016年第5期，第28—35页。

③ 《习近平谈治国理政》，外文出版社，2014年版，第391页。

④ 《习近平谈治国理政》，外文出版社，2014年版，第104—105页。

壤之中，未来要继续茁壮成长，也必须深深扎根于中国的社会土壤。[①]

二、治理使命

中国的国家建构与西方国家有着本质区别。在西方国家，国家治理的目标一方面是要为资本的发展和扩张提供便利，以获得高额的利润；另一方面则是尽可能地为所谓的中产阶级提供相应的公共服务，以维护国家的稳定。在西方，以资本扩张为核心的资本主义国家建构主要基于两个基本假设：一方面，国家作为制度的供给者是一个没有效率的管理者，国家的主要职责就是要确保资本主义市场经济体制的建立，政府不应该在宏观和微观层次过多地干预经济和社会的发展。因为在西方国家看来，每一个人在他不违反正义的法律时，都应听其完全自由，让他采取自己的方法，追求自己的利益，以其劳动及资本与任何其他人或其他集团相竞争。为资本的自由流动创造条件，充分发挥资本的逐利功能和企业家的潜力，以此为经济的发展创造条件，将蛋糕做大，这是维护国家整体繁荣的基础。在另一方面，中产阶级，是社会稳定的基石，能否形成以中产阶层为主体的“橄榄型”社会结构，是一个国家或地区能否稳定发展的重要基础，也是实现高品质民主的前提条件。为了维护社会的稳定，国家也应该尽可能地为所谓的中产阶级提供基本的服务保障。因为中产阶级作为社会的中间阶级，相对“有产”使得其革命性大大降低，维护他们的既有财产有助于社会基本政治制度的稳定；同时，中产阶级在需求层次上的阶梯性也为国家通过公共服务供给控制他们创造了条件，而这又在某种程度上维护了社会的稳定。在此，建成人民当家作主的社会主义国家，是我国国家治理与西方国家治理最主要的目标差异。

中国的现代国家制度建设，是建立在民族复兴的历史过程之上的。诚如许纪霖所说：中国的现代化开始于晚清，但晚清又是一个国家主义狂飚的年代。从两次鸦片战争到中法战争，从甲午中日战争到八国联军侵华，近代中国人对于亡国灭种有了真实而痛切的感受，民族危机的紧迫性遮蔽

① “习近平在庆祝全国人民代表大会成立60周年大会上发表重要讲话”，新华网，http://news.xinhuanet.com/politics/2014-09/05/c_1112375582.htm，2017-06-21.

了现代化的必须性，争取民族独立、人民解放成了近代中国压倒一切的唯一出路。[①] 在国家制度现代化的进程中，周志忍的研究发现，西方发达国家的行政改革措施在某些方面往往与我国方向相反：当我们致力于行政管理规范化的时候，西方发达国家却提倡非管制政府模式，充分发挥公务员个人的能动性和首创精神；当我们正在建立严格的规章制度以抛弃人际关系的消极影响时，发达国家却力图改变严格制度的冷面孔，发挥人际关系方面的积极作用；而当我们致力于贯彻和完善公务员制度、建立严格职位分类制度的时候，发达国家关注的却是严格精细职位分类暴露出的弊端，出现了淡化职位分类并辅之以品位分类的发展趋势。[②] 事实上，这些“相反”现象的并存有其必然性：如果忽略我国和西方发达国家所处的不同改革阶段，而以一种“切割式的标准”来审视不同国家的改革诉求，那么在每一个“时间截面”上，则必然是传统、现代与后现代的“否定之否定现象”的混杂。因此，对于我国而言，现代国家制度建设的核心就是要树立“党领导人民治理国家”的理念，要坚持党总揽全局、协调各方的领导核心作用，提高党科学执政、民主执政、依法执政水平，保证党领导人民有效治理国家。[③]

三、治理路径

通过有计划的、系统的、渐进改革的方式推进治理体系的整体变革，是中国治理体系和治理能力现代化的总体思路。早在1992年，邓小平就提出，再有30年的时间，我们才会在各方面形成一整套更加成熟更加定型的制度。因此可以说，十八届三中全会的全面深化改革问题，不是推进一个领域改革，也不是推进几个领域改革，而是推进所有领域改革，就是从国家治理体系和治理能力的总体角度考虑的。[④] 这是因为，随着我国经济步

① 许纪霖：《从寻求富强到文明自觉——清末民初强国梦的历史嬗变》，《复旦学报（社会科学版）》，2010年第4期，第1—14页。

② 周志忍：《当代国外行政改革比较研究》，国家行政学院出版社，1999年版，第547页。

③ 王浦劬：《全面准确深入把握全面深化改革的总目标》，《中国高校社会科学》，2014年第1期，第4—18页。

④ “切实把思想统一到党的十八届三中全会精神上来”，人民网，http://cpc.people.com.cn/xuexi/n/2015/0720/c397563-27331317.html，2017-07-12.

入“增长速度换挡期、结构调整阵痛期和前期刺激政策消化期”这一“三期叠加”阶段，中国的转型与发展也面临着前所未有的错综复杂的局面。中国改革再采取局部性的、适应性的改革将难以为继，因此必须摆脱既定思维模式的束缚，推动系统性、整体性、协同性、前瞻性的国家治理体系改革，从“政府—市场—社会”这样一个更加宏观的国家治理层面来考虑政府的职能范围、市场的资源配置作用，以及人民群众对社会事务的管理能力等问题，而这也是推进国家治理现代化建设所必须经历的思考。

关于如何推进国家治理现代化，已有研究已经总结了五个分步实施要点：一是进一步放权和分权，让各类治理主体在国家治理中发挥更大的作用；二是以民主责任制建设为方向完善国家治理结构；三是健全国家治理过程中的负反馈调节机制，实现可持续的稳定；四是发展决策咨询系统，健全协商民主，提高公共政策决策质量；五是培养职业政治家、职业文官和法官、职业律师，推进国家治理的专业化和职业化；六是推动核心价值体系的内化和普及化，夯实国家治理体系的基础。[①] 对于中国而言，区别于西方的由个性解放到政体建设再到国家建设的建国思路，中国是由国家危机到国家建构，如今到了治理体系完善（政体建设）的阶段，因此，相比较于其他国家的改革，社会主义制度建构具有更加强烈的建构主义特征，这也要求我们在党的领导下，在我国当前市场化运动和社会自我保护运动两个方向相反的“双向运动”张力下，重构国家、市场与社会之间的关系，不断在解决问题中推进改革，在改革中建立起治理体系和治理能力现代化的制度体系。

探索适合中国特点的大国治理机制以实现国家崛起，是当前中国特定发展阶段的历史使命。作为世界上人口最多的国家，同时也是经济体量最大的后发现代化国家，中国的现代化进程和治理转型面临着异常艰难的内部环境。中国是个超大人口规模的国家，以有限的资源解决众多人口的生存与发展问题，面临着亘古未有的现实压力。作为单一制国家，历史上的中国在大多数时间里都是一个统一的中央集权国家，中央与地方的关系和贫富差距作为理解王朝兴衰的主要视角，一直以来是海外中国学研究的热

---

① 何增科：《怎么理解国家治理及其现代化》，《马克思主义与现实》，2014 年第 2 期，第 11—15 页。

点，强盛如汉朝和唐朝者尚且败于央地关系和地区发展失衡，那面对人口压力和发展失衡压力的中国，如何探索一条良性治理道路，在实现自身发展的同时，实现国家崛起也就具有愈发重大的意义。

第二节　国家治理体系现代化

国家治理体系现代化，是从制度架构层面完善我国现代国家制度。目前，学术界对“国家治理体系”的解读，主要是从横向和纵向两个维度阐释。横向主要是对官方概念的再解读，即国家治理体系是综合协调并解决各领域各种矛盾的制度化架构，本质上是各个领域各种制度的有机组合。而在“国家治理体系”的纵向层面，主要是从治理理念、治理制度、治理组织和治理方式这四个层次，或治理主体、治理机制和治理效果这三个层次进行的。对于中国而言，社会主义制度下的国家治理体系包含了从理念到方法的一系列制度，具体包括了国家的治理理念、治理制度和治理方式三个方面。

一、治理理念

中国国家治理的理念作为一个次体系，既包含了总体层面的价值观，也包含了发展层面的可持续观，还包含了执行层面的人民观。具体来说，在总体层面，包含国家、社会和个人三个层次的社会主义核心价值体系在内的中国特色社会主义理论体系，是国家治理的根本指导思想。在发展层面，以人为本、全面协调可持续的发展理念，规定了国家治理体系和治理能力现代化的价值取向和基本遵循，表明中国所追求的发展不是见物不见人的发展，而是生产力的全面发展和解放。在执行层面，全心全意为人民服务是中国共产党的宗旨，以人为本、执政为民的执政理念，作为对广大党员干部的根本要求，需要贯穿于整个国家治理的各个方面、各个环节。[①] 总结来说，进一步解放思想，加强制度机制的顶层设计，推进国家治理体系的阶段性不断完善是我国国家治理理念的基本要义。

---

① 杜飞进：《中国现代化的一个全新维度——论国家治理体系和治理能力现代化》，《社会科学研究》，2014 年第 5 期，第 37—53 页。

（一）进一步解放思想

进一步解放思想，树立起全心全意为人民服务的基本理念，破除官本位的观念，是中国治理理念的基本特征。从某种意义上来说，治理体制的改革属于政治改革的范畴，因而比其他领域的改革更加具有敏感性，这就需要我们要不断地解放思想，以是否有利于国家的富强民主，人民的自由幸福，社会的公平正义，是否有利于建设一个富强、民主、文明、和谐、美丽的社会主义现代化强国为基本准绳，在实践中不断地检验真理，发展真理，一方面树立凡是束缚社会政治进步的体制机制都应当改革的改革合法性理念，另一方面也要树立一切改革都需要在法治的框架内这一改革的法治性理念，时时刻刻将人民群众的需求放在心上，以此不断完善我国的基本制度。与此同时，进一步解放思想也需要破除官本位的观念。改革开放40年来，我国的民主法治取得了重大进步，民主、平等、公正等现代核心政治价值日益深入人心。但不可否认，“有权就有一切”的官本主义观念在现实中仍然大量存在，在一些领域和某些地方，官本位现象甚至有愈演愈烈的趋势。为此，党的十八届三中全会决定将“破除官本位观念”列为改革的重要任务之一，这也就要求我们一方面要对广大公民特别是各级党政官员进行民主、平等、公正、法治、和谐等政治价值观的教育，培育公民意识，破除权力崇拜，牢固树立公民权利至上的观念，践行社会主义人民民主的基本理念；另一方面，我们也要依靠相关的制度机制来遏制官本位现象并维护人民群众的各项权利，在将官员的权力关进制度笼里的同时，用制度来构筑保障公民权利的长城。①

（二）加强制度顶层设计

加强制度机制的顶层设计，破除阻碍改革和社会进步的体制机制，从战略上谋划国家治理的现代化体系，是建立和完善中国特色社会主义现代化国家治理制度的基本理念。当前，对于我国而言，碎片化、短期行为、政出多门、发文执行，以及部门主义和地方主义等，是我国现行治理体制和公共政策的致命弱点，政策执行梗塞和走样不仅影响了党和政府在人民群众心目中的地位和形象，也严重削弱了国家的治理能力。这就要求我们

① 俞可平：《推进国家治理体系和治理能力现代化》，《理论参考》，2014年第2期，第5—8页。

应当加强对国家治理体系现代化的战略研究，从系统性、整体性和协同性的视角，分阶段地制定国家治理体制改革的路线图和任务表。具体来说就是一方面要站在民族复兴和国家根本利益的高度，超越地方主义和部门主义的局限，通过全局统筹规划，依靠自上而下的压力破除既得利益的束缚，制订可行的改革计划；另一方面，我们也应该站在社会主义制度不断发展完善的历史长河中，看到改革的长期性与短期性的结合，一方面认真对待改革，避免改革中的短期行为；另一方面也要看到改革的具体进展，并在此基础之上有序推进改革。与此同时，我们也要建立起制度顶层设计的发展机制，将“以促进公平正义、增进人民福祉为出发点和落脚点”，“坚决破除各方面体制机制弊端”的基本改革理念与顶层设计相结合，通过不断完善我国的人民代表大会制度和党的群众路线教育活动，加强制度与人民群众的具体联系，不断满足人民当家作主的需求，建立起国家治理机制设计的动态机制。①

（三）树立改革的发展观

树立世界中的中国改革这一改革的全球观，以及地方改革创新中的中国改革这一改革的发展观，是我国治理理念的基本要义之一。所谓世界中的中国改革，就是要将中国的改革放在全球制度发展的总体框架之中，通过学习和借鉴国外政府治理体系和社会治理的先进经验，站在国家富强，人民幸福和民族复兴的高度，以解放和发展社会生产力、解放和发展社会活力为目标，立足中国国情，大胆借用人类政治文明的一切优秀成果，在不断完善我国国家治理体系的过程中，实现我国社会主义治理制度与人类已有治理制度的对话，以此探索人类新的制度文明。② 与此同时，我们也应该看到我国幅员辽阔、地方各种资源禀赋差异巨大的基本现状，以及地方政府作为制度创新先行者的竞争体制优势，充分发挥地方政府改革先试先行的作用，不断总结地方改革的先进经验，及时地将已经得到实践检验，且有助于我国制度完善的优秀的地方治理创新尝试上升为国家制度，

---

① 张文显：《法治与国家治理现代化》，《中国法学》，2014年第4期，第5—27页。

② 高全喜、姚中秋、许章润等：《世界历史的中国时刻》，《开放时代》，2013年第2期，第5—69页。

从制度上解决我国治理体制创新的动力问题，并在此基础之上建立起国家治理体系不断完善的改革发展观。

二、治理制度

政治制度是一个社会共同体（主要以国家为单位）在一定规则和程序之上规范个人和团体行为的长期稳定的安排，它体现为各种明确的带有强制性的规则和决策程序，通常被视为国家机器的组成部分。① 由于治理制度的系统性和全局性，综合来说，一个国家的治理制度可以视为基础制度、基本制度和具体制度三个层面。② 基础制度是指国家的宪法制度，其主要体现为我国与世界其他国家对比，在关于公民权利保障原则、政府组建和施政原则上的差异。基本的制度则指一个国家根据其所处的历史、文化环境所作出的关于权利的基本制度安排，具体表现为政府与社会的关系。具体制度则指各种政策性的规章制度，是我们日常生活中经常感受到的较为表层的东西，它们随时可能调整修改。具体来说，我国的国家治理制度主要包含了党和政府关系，政府与社会关系，以及政府与市场关系三个方面。

（一）党和政府关系

我国是中国共产党领导的人民民主专政的社会主义国家。中国共产党领导地位的确立，一方面来源于在革命战争年代，中国共产党带领全国各族人民完成了民族独立的伟大胜利；另一方面，在改革开放的新时期，中国共产党通过改革开放，为探索中国特色社会主义事业，实现民族的伟大复兴做出了卓越贡献。因此，在社会主义现代化国家构建过程中，不断完善我国现有党政关系，是我国现代治理体系建设的基础。具体来说，对于我国而言，构建分工明确、职责合理的现代治理主体关系，关键是要让党真正发挥总揽全局、协调各方的领导核心作用，让人民群众真正发挥当家作主的作用，让政府代表人民利益履行公共服务职能以及各方面职能的作

---

① Andrew Heywood, *Key Concepts in Politics*, N. Y: St. Martin's Press, 2000, p. 93.

② 燕继荣：《现代国家治理与制度建设》，《中国行政管理》，2014 年第 5 期，第 58—63 页。

用，让各个治理主体各司其职，紧密配合，形成合力。[1] 社会主义现代化国家治理制度的党政关系确立，提高国家治理能力，重点是要提升党员干部的履职能力和领导能力，关键则在于提高各级领导干部对于中央各项改革措施的执行落实能力。正如习近平同志所强调的，要正确推进改革，坚持改革是社会主义制度自我完善和发展；要准确推进改革，认真执行中央要求，不要事情还没弄明白就盲目推进；要有序推进改革，该中央统一部署的不要抢跑，该尽早推进的不要拖宕，该试点的不要仓促推开，该深入研究后再推进的不要急于求成，该得到法律授权的不要超前推进；要协调推进改革，注重改革的关联性和偶合性，把握全局，力争最大综合效益。要善于把自觉维护中央大政方针的统一性、严肃性和因地制宜、充分发挥主观能动性结合起来，切实做到：对党和人民事业有利的，对最广大人民有利的，对实现党和国家兴旺发达、长治久安有利的，该改的就要坚定不移地改。[2]

（二）政府与社会关系

作为社会主义国家，不断完善人民当家作主的社会主义民主制度，增强政府的服务职能，是政府与社会关系的基本要义。具体来说，政府与社会的关系就是建设服务型政府，并通过公共服务供给制度的变革完善我国的国家治理体系。在阶级社会中，政治统治往往在服务被统治者的外衣下进行。马克思、恩格斯早就指出：政治统治到处都是以执行某种社会职能为基础，而且政治统治只有在它执行了它的这种社会职能时才能持续下去。[3] 艾森斯塔得也认为，在所有的现代国家中，即在经历了某些社会经济变化的国家中，包括民主国家和独裁国家，政府的基本“合法性”是建立在统治者为被统治者的利益服务这个主张之上的。[4] 进入近代以来，在社会契约论和新公共服务理论的倡议之下，为了缓和日益尖锐的社会矛

---

① 杜飞进：《中国现代化的一个全新维度——论国家治理体系和治理能力现代化》，《社会科学研究》，2014 年第 5 期，第 37—53 页。

② 习近平：《坚持改革是社会主义制度自我完善和发展》，《人民日报》，2013 年 11 月 29 日。

③ 《马克思恩格斯选集》（第 3 卷），人民出版社，1995 年版，第 523 页。

④ S. N. 艾森斯塔得：《帝国的政治体系》，贵州人民出版社，1992 年版，第 104—105 页。

盾，西方服务型政府理论的兴起使得人们再次思考政府与公共服务的关系，并提出了服务型政府的理论主张。与传统政府治理模式相比，服务型政府的职能体系已经发生了结构性变化，且组织结构进行了全局性改组，价值导向也进行了根本性的调整。对于我国而言，服务型政府建设的重心在于社会服务，其立足点是建立政府与公民之间平等、合作的新型互动关系，并在这一过程中提倡公民参与，并健全公民参与机制。[①] 正如新制度经济学家诺思所言，政府的存在是经济增长的关键，然而政府又是人为经济衰退的根源。[②] 这也意味着，社会主义国家的服务型政府建设应该更多地关注于公共服务与满意度以及治理绩效的关系，并且通过公共服务重构社会治理的共同体，保障人民当家作主的主人翁地位。

（三）政府与市场关系

马克思主义认为，经济基础决定上层建筑，经济体制的改革对其他领域具有重要的传导作用。因此，社会主义现代化国家的政府与市场关系应该是建立社会主义市场经济国家。具体来说，社会主义市场经济建设包含了两个要点。一是要进一步完善基本经济制度，探索基本经济制度的有效实现形式。改革开放以来，我国的所有制结构逐步调整，非公有制经济的发展在促进就业，增强社会发展活力方面作用日益重要。非公有制经济作为社会主义市场经济的重要组成部分，政府一方面要为其发展提供较为完备的制度保障，另一方面也要通过进一步的“放管服”改革，减轻中小企业负担，激发非公有制经济的活力。与此同时，对于公有制经济而言，我们也要不断深化国有企业改革，发展混合所有制经济。因为发展混合所有制经济，有利于国有企业和非公有制企业互相学习、取长补短、共同发展，既可以进一步发挥国有经济主导作用，促进国有资本放大功能、保值增值、提高竞争力，又可以促进非公有制企业转变经营模式，培育核心竞争力，改善经营管理，履行社会责任，激发非公有制经济活力。二是要处理好政府和市场的关系，推进市场化改革。社会主义的本质是解放和发展

---

① 王浦劬：《基于“创新、协调、共享”发展价值的理论思考——评〈建设服务型政府与完善地方公共服务体系研究〉》，《上海行政学院学报》，2016 年第 2 期，第 34—38 页。

② 道格拉斯·C. 诺思：《经济史上的结构和变革》，商务印书馆，1992 年版，第 21 页。

生产力，最终实现共同富裕。适应社会主义的市场经济就是要从广度和深度上不断推进市场化改革，加快建设统一开放、竞争有序的市场体系，使市场在资源配置中起决定性作用。具体来说，社会主义市场经济包括市场法治化，亦即在法律框架内赋予市场主体充分的经济自主权，减少政府对于微观市场领域的干预；加强政府的服务和宏观调控职能，通过深化行政体制改革，健全宏观调控体系，弥补市场失灵问题，充分发挥社会主义制度的优越性。①

三、治理方式

在国家治理体系现代化制度建构中，治理方式是治理理念和治理制度的具体执行机制和运作方式，是理念确定和制度设计之下的微观操作模式。具体到我国而言，现代化的国家治理方式是部门协同基础之上的精细化治理。

（一）协同化治理

在国家治理体系现代化制度构建过程中，面对愈加复杂的社会公共事务，建立起跨部门协同的机制，以应对复杂公共事务的挑战，并在此基础之上完善我国的治理方式，是推进我国治理体系现代化的重要抓手。在复杂社会网络背景之下，国家治理的合法性越来越取决于公共服务的有效供给。正如弗莱德里克森在谈到组织问题时所言：我们所找寻的是能够使大规模的组织对其服务对象更具有回应性并且更加有助于人类成长的手段。②这就要求我们在复杂社会网络背景之下，探索政府与社会协同参与的公共服务供给机制，在实现权责与绩效脱钩的同时，提升社会公共服务的供给水平。具体来说就是以部门专业化为基础，通过政府向社会力量的赋权改革，明确政府与社会的权力边界，激活社会力量参与公共服务供给的潜能；利用现代信息技术手段，建立公共服务平台，鼓励社会力量参与到社会公共服务供给的体系中来；通过相应的问责机制建设，合理分配权责，

---

① 杜飞进：《中国现代化的一个全新维度——论国家治理体系和治理能力现代化》，《社会科学研究》，2014 年第 5 期，第 37—53 页。

② 弗雷德里克森：《新公共行政》，北京：中国人民大学出版社，2011 年版，第 48 页。

完善部门之间的协同机制。[①] 在跨部门协同运作中，协同分为内部协同与外部协同，内部协同是指政府内部各部门之间以整体性政府建设为目标的功能协同，以此为社会提供一站式服务对接窗口；外部协同是政府与市场和社会力量之间的协同，以通过协同方式补充政府职能的不足，并完善刚柔并济的社会治理体系，优化政府社会职能。而在我国现有情景下，内部协同是外部协同的基础，只有政府内部各部门之间做好了服务协同，政府与社会其他部门之间的协同才能最终实现。作为国家治理体系运作的主要方式，协同化治理在提升政府绩效，保障人民当家作主权利方面效果显著。

（二）精细化治理

加强和创新社会治理，推进社会治理精细化，构建全民共建共享的国家治理格局，是党的十八届五中全会提出的新目标。社会治理精细化是社会治理发展的纵深阶段，具体而言包括执行框架标准化和管理服务细节化两个方面。[②] 在具体操作层面，精细化治理的执行框架标准化一方面应该立足于当前地方政府社会治理一家独大这一事实，通过多种方式有序推进行政权力的法治化，不断提升政府治理效能；另一方面，精细化治理也并不意味着因政府社会职能而放弃政治职能，而是立足于权力法定这一原则，坚持有所为有所不为，既要强化政府法定职权，完善政府内部宏观与微观治理结构，理顺权力的运作与制衡；又要将本应属于社会与公民的权力下放，鼓励社会依托自身资源参与社会治理，在为社会提供服务的过程中发展自己。在管理服务的细节化方面，精细化治理就是要求地方政府根据中央政府简政放权，通过行政权力清单、政务公开等多种形式，明确各部门应有权属，赋予部门法定职权，以此落实行政法定，着力解决当前社会治理过程中各部门权力交叉，越位和缺位共存等问题；与此同时，地方政府各部门也应该制定相应的服务流程和服务标准，通过服务的标准化建设来提升管理和服务的精细化水平，以此实现治理方式的现代化。

---

① 薛泽林、胡洁人：《权责与绩效脱钩：社会治理精细化机制重构——以赋权改革推进多层次社会治理》，《华东理工大学学报（哲学社会科学版）》，2016 年第 6 期，第 107—114 页。

② 孙荣、薛泽林：《新常态下的社会治理精细化与赋权改革——以 F 省 S 市便民服务中心为例》，《福建论坛（人文社会科学版）》，2016 年第 4 期，第 75—80 页。

第三节　国家治理能力现代化

国家治理能力是运用国家制度管理社会各方面事务的能力，包括改革发展稳定、内政外交国防、治党治国治军等各个方面。中国国家治理能力现代化则是指不断适应社会主义现代化建设的需要，增强依法按照制度治国理政的本领，把各方面制度优势转化为管理国家的能力和水平。[①] 如果说“国家治理体系”解决的是国家治理的制度性框架问题，那么，“国家治理能力”则是为了解决如何切实发挥国家治理体系的独特功能问题。尤其是在经济全球化时代，我国的国家治理能力现代化不仅需要在与其他国家竞争过程中不断创新，而且也需要开放性地吸收其他国家的治理经验和成果，服务于中国的建设和发展。具体在中国来说，国家治理能力的现代化包含了有效治理、民主治理和科学治理三个维度。

一、有效治理

已有研究认为，国家治理主要包含两条线索：一是中央权威与地方权力关系，在中国即是央地关系问题；二是国家与民众关系，在中国即表现为政社关系。[②] 作为后发现代化国家，在国家治理能力现代化过程中，如何处理好央地关系和政社关系，充分发挥党和政府在制度建构中的作用，是实现有效治理的关键。具体来说，我国社会主义现代化国家的有效治理主要包括发挥正式制度与非正式制度的复合效力，尊重政府在国家治理中的在场地位和通过制度安排不断提升国家能力三个方面。

（一）发挥正式与非正式制度的复合效力

随着社会公共事务的日益复杂，在推进国家治理能力现代化过程中，构建起能够适应复杂社会背景的弹性治理系统，充分发挥正式制度与非正式制度，政府与社会，社会与个体的复合制度机制，有助于有效治理目标

① 郑言、李猛：《推进国家治理体系与国家治理能力现代化》，《吉林大学社会科学学报》，2014 年第 2 期，第 5—12 页。

② 周雪光：《权威体制与有效治理：当代中国国家治理的制度逻辑》，《开放时代》，2011 年第 10 期，第 67—85 页。

的实现。正如已有研究发现，治理既包括政府的正式机制，同时也包含非正式、非政府的机制，随着治理范围的扩大，各色人等和各类组织得以借助这些机制满足各自的需要、并实现各自的愿望。国家与社会的合作、政府与非政府的合作、公共部门与私人部门的合作、强制力与主动性的合作、正式制度与非正式机制的合作成为推进国家有效治理的实现途径。[①] 对于“国家治理能力”而言，其不仅包括人口领土、自然资源、国民生产总值、国家税收、财政收支、军事力量等国家资源的生产与汲取能力，也包括政治过程民主化、经济活动市场化、社会结构扁平化等国家资源管理与分配能力的现代化。此外，“国家治理能力”还包括社会整体教育水平、政治社会化程度、公民参与意识和能力、社会认同和凝聚力水平等一系列“软”能力，从实践来看，恰恰是国家治理的“软”能力成为发展中国家治理成败的关键。[②] 在这里，前者关于国家运作的能力主要是国家的正式制度机制，其顺利运作有助于国家的整体稳定。而后者则主要指国家的非正式制度，其有序运作则有助于社会的稳定。因此，在国家治理能力现代化过程中，正式制度与非正式制度的复合效力有助于实现国家的有效治理。

（二）尊重政府在国家治理中的在场地位

国家治理的有效性在很大程度上体现为国家治理机制的有效性，尊重政府在治理过程中的在场地位和制度供给者角色。一般认为，国家治理能力现代化首先要求一个有效的公共权力体系，这样的权力体系，要有足够的治理能力，能够通过创新制度供给，实现国家的有效治理。治理虽然强调管理活动的多元主体，但这并不意味着治理责任的分散化，而问题如何得到解决则是更为关键的问题。因此，国家治理虽然有“去国家化”的意图，却并不必然要求国家权力的彻底转移，也正是在这个意义上，治理理论与国家理论的融合成为可能。并且，正如有些学者所言，治理和善治在实现过程中，其衡量标准是韦伯式的，因此，对于体制转换中国家和发展

① 詹姆斯·N. 罗西瑙：《没有政府的治理》，张胜军等译，南京：江苏人民出版社，2001 年版，第 4—5 页。

② Grindle M S，*Good Enough Governance*：*Poverty Reduction and Reform in Developing Countries*，*Governance*，2004，17（4），pp. 525 – 548.

中国家而言……必须重视建立一个可被预测的、属于全民的、正直的韦伯式的官僚政府。[①] 具体而言就是在一些基本国家能力不足、正当公共权威缺失的国家，改革公共部门，建设更有效率性、责任性和回应性的理性政府是国家治理的首要任务。因此，所谓国家治理，就是在理性政府建设和现代国家构建的基础上，通过政府、市场、社会之间的分工协作，实现公共事务有效治理、公共利益全面增进的活动与过程。[②] 可以说，尽管推进国家治理体系和治理能力现代化是一个长期过程、系统工程，但就每一个具体阶段而言，仍有其任务重点。而当前中国提升国家治理能力的首要任务就是建设一个真正意义上的现代政府，其核心是尊重政府在国家治理中的在场地位，建立以科层结构为主干的并在现代价值观和法理基础之上运作的行政官僚体系。

（三）通过制度安排不断提升国家能力

国家治理的有效性更多地表现为通过制度安排来推进的国家能力建设。在米格代尔看来，国家能力是国家对社会的干预能力，即国家领导人通过国家的计划、政策和行动来实现其改造社会的目标的能力[③]。福山认为，国家能力是国家制定并实施政策和执法的能力，特别是干净的、透明的执法能力，并且由于国家构建就是在强化现有的国家制度的同时新建一批国家政府制度，因此，国家能力的核心是国家的制度能力。[④] 与国家理论不同，虽然“国家治理”并不认同国家对社会的单方面“强干预”，但也不赞同国家与社会之间形成“零和博弈”。因此，所谓国家治理能力，即是国家通过制定、执行规则和提供服务而与社会实现“双赢”的能力。[⑤] 在20世纪五六十年代，西方流行的现代化理论普遍认为，西方社会代表着

---

① 盖伊·彼得斯：《政府未来的治理模式》，中国人民大学出版社，2001年版，第10页。

② 薛澜、张帆、武沐瑶：《国家治理体系与治理能力研究：回顾与前瞻》，《公共管理学报》，2015年第3期，第1—12页。

③ 乔尔·S. 米格代尔：《强社会与弱国家：第三世界的国家社会关系及国家能力》，江苏人民出版社，2012年版，第477页。

④ 弗朗西斯·福山：《国家构建：21世纪的国家治理与世界秩序》，中国社会科学出版社，2007年版，第5页。

⑤ 杜飞进：《中国现代化的一个全新维度——论国家治理体系和治理能力现代化》，《社会科学研究》，2014年第5期，第37—53页。

现代化，而第三世界则代表着传统社会，现代化就是西方化，第三世界国家只有与传统完全决裂才能进入现代社会。但拉美国家的实践却证明，根据这种理论所进行的现代化运动并没有取得预期效果；相反，倒是那些保留了较多民族特性的国家在现代化过程中取得了出人意料的成效。[①] 因此，现代化并不一定意味着西方化，而如何甄选并吸收真正适合本国发展的现代化要素对非西方国家来说至关重要。对于我国而言，中国拥有强有力的政党组织领导和动员系统、高效的政府执行系统、有效的中央协调系统。这样的制度安排在集聚力量、发挥国家整体效应、促进政府积极作为、实现国家集体意志方面，具有明显功效。[②] 而这种国家能力不仅能够为整体的国家制度运作提供保障，也有助于协调区域差距，实现区域发展平衡，克服城乡差距、行业差距、贫富差距等方面发挥积极作用。

二、民主治理

民主，作为政治学研究的主要议题，长期以来受到特别的关注。民主与治理的结合则是社会主义政治学的基本立足点。民主治理是确保和实现公共治理过程及治理体系的参与性、透明性、法治性、可靠性、有效性及公平性的机制或规则，对实现民意的回应与广泛参与、公共利益的维护与增进、公民权利的保障与实现、公共价值的形成与确立、社会的繁荣与稳定均有积极意义与价值。[③] 对于我国而言，治理能力现代化的民主治理主要包含了法治与参与两个方面。

（一）法治精神

法治是国家治理能力现代化的重要内涵，同时也是民主治理的应有之义。法治精神在人类政治制度文明中源远流长。早在古希腊时期，亚里士多德就对法治方略进行了经典论述。他在《政治学》中明确提出要建立和维护共和政体的稳定有两个基本方式，其一是教育，其二就是法治。在他

① 塞缪尔·亨廷顿：《文明的冲突与世界秩序的重建》，新华出版社，1999 年版，第 70—71 页。

② 燕继荣：《中国治理体制的特点及其优势》，《中国共青团》，2016 年第 10 期，第 54—55 页。

③ 党秀云：《论民主治理的社会基础》，《中国行政管理》，2015 年第 5 期，第 17—22 页。

看来，法律恰恰正是免除一切情欲影响的神祇和理智的体现……凡是不凭感情因素治事的统治者总比凭感情用事的人们较为优良。[①] 美国学者福山的研究也认为，国家、法治和负责制政府是考察现代国家治理的三个维度。也就是说，现代国家治理实际上取决于三个要素，即“政府能力”“法治”和“民主问责”的均衡发展。可以说，法治是现代社会治理的标志与基石，是公平正义的根本保障，也是评判是否实现国家治理体系和治理能力现代化的一条根本依据。具体来说，法治具有规范力，即通过设置法律义务，要求人民作出或抑制一定行为，使社会成员明确自己必须从事或不得从事的行为界限；法治具有确定力，既表现在法律具有明确性、一致性、稳定性，也表现在人们能准确预料某一行为的法律后果；法治具有国家强制力，通过国家强制力保障来实施，这是法律区别于道德、宗教等其他社会规范的重要特征；法治具有普遍约束力，在法律面前，没有特殊的社会成员，一切社会成员平等地享有法律规定的权利，履行法律规定的义务，承担法律规定的责任；法治具有社会凝聚力，法治国家的法是民主政治的产物，能最大限度地反映社会共识，形成最大社会公约数，产生强大社会凝聚力。法治所具有的规范力、确定力、国家强制力、普遍约束力、社会凝聚力的总和，就是法治力。[②] 从根本上说，推进中国国家治理体系和治理能力现代化，就是一方面要进一步发扬法治精神、培育多元和宽容意识、鼓励公民参与，另一方面还要促使国家治理能力在各个国家职能领域中更合法、更合理、更高效地运行，在增强整个国家治理体系的合法性基础的同时，提高国家治理体系中各种制度的理性化进程。

（二）公众参与

在国家治理能力现代化的过程中，公众参与是衡量民主的主要指标，也是提升民主治理绩效的重要途径。正如西塞罗所言，人民只要有参政的机会便是得到自由的机会。[③] 现代西方文化在个体独立与政治自由的基础上，形成了公民参与的传统，尤其是在佩特曼发表参与民主理论，对以熊

---

① 青觉、栗献忠：《亚里士多德的法治思想及其现代价值》，《国家行政学院学报》，2007 年第 5 期，第 87—90 页。

② 杜飞进：《论法治力》，《社会科学研究》，2014 年第 3 期，第 1—13 页。

③ 西方法律思想史编写组：《西方法律思想史资料选编》，北京大学出版社，1983 年版，第 68 页。

彼特和萨托利为代表的精英民主理论进行修订之后，公众参与更是成为衡量民主的主要指标。在国家治理能力现代化过程中，公民广泛的政治参与，不仅意味着国家权力掌握在人民手中，也体现出公民在享有法律保障的身份和权利的同时，要承担和履行相应的义务。对于我国而言，正如习近平所指出：人民是历史的创造者，是我们的力量源泉。改革开放之所以得到广大人民群众衷心拥护和积极参与，最根本的原因在于我们一开始就使改革开放事业深深扎根于人民群众之中。我国改革开放的宝贵经验，其中很重要的一条就是强调必须坚持以人为本，尊重人民主体地位，发挥群众首创精神，紧紧依靠人民推动改革。没有人民支持和参与，任何改革都不可能取得成功。习近平还强调，我们推进任何一项重大改革，都要站在人民立场上把握和处理好涉及改革的重大问题，都要从人民利益出发谋划改革思路、制定改革举措。中国要飞得高、跑得快，就得依靠13亿人民的力量。尤其是在全面深化改革的进程中，遇到关系复杂、难以权衡的利益问题，要认真想一想群众实际情况究竟怎样？群众到底在期待什么？群众利益如何保障？群众对我们的改革是否满意？提高改革决策的科学性，很重要的一条就是要广泛听取群众意见和建议，及时总结群众创造的新鲜经验，充分调动群众推进改革的积极性、主动性、创造性，把最广大人民的智慧和力量凝聚到改革上来，同人民一道把改革向前推进。[①] 可以说，公众参与作为国家治理能力现代化的重要制度，对于保障社会主义国家人民当家作主的地位具有重要意义。

三、科学治理

随着系统科学理论的日渐完善以及现代科技的进步，科学治理逐渐成为治理能力现代化过程的重要指标。所谓科学治理是指通过建立健全既体现科学理念、科学精神，又具有科学规划、科学规则、科学运作的治理体系，并充分利用现代科学技术进行治理。具体来说，科学治理要求我们既要利用信息技术依托网络优势建立治理信息系统，又要遵循科学的决策原则进行治理决策，还要提高治理参与主体的能力及素质，而最重要的是在

---

① “切实把思想统一到党的十八届三中全会精神上来”，人民网，http://cpc.people.com.cn/xuexi/n/2015/0720/c397563-27331317.html，2017-06-21.

科学治理过程中，我们要注重绩效，采用科学的方式、方法和工具提升治理绩效，并对治理绩效进行评估及改善。[①] 对于我国而言，科学治理包含了技术手段的科技化和绩效评定的科学化两个方面。

（一）技术手段科技化

技术手段的科技化就是在治理能力现代化的过程中，将新的科学技术应用到治理的过程中来，以此提升治理的绩效。具体来说，治理技术手段的科技化包含三个方面。首先，技术手段的科技化要求我们充分利用大数据以提升国家治理的决策水平。近年来，大数据技术的迅速发展为人类获取广泛数据以了解整体趋势，从宏观和微观两个层次无限逼近事实真相提供了可能，大数据能够展现出小数据时代个体量级前所未有的属性和规律。因此，利用大数据做出的决策，其科学性将显著提高。其次，技术手段的进步也为我们提升国家公共服务的能力提供了可能，这主要表现在：一方面，技术手段的进步可以助推政府公共服务由无差别的面上服务向具有个性化的精细化服务转变，从而能够大大提升社会公众关于公共服务的满意度；另一方面，信息技术的开放性特征也有助于推进公共服务从封闭低效型向协同高效节约型转变。尤其是开放数据的共享，将使得政府的办公效率明显提高，运营成本大幅降低。最后，信息技术的进步，也使得国家的风险治理能力大大提升。当前，我国正处在现代化历史进程之中，现代性不仅创造了高度繁荣的物质文明，同时也有其阴暗面，所谓阴暗面，即它给现代世界带来了无数复杂而不确定的风险。[②] 而信息技术的运用则为国家的风险治理提供了新的路径，一方面，运用大数据分析，我们可以通过对社会舆情的监测，了解社会舆论动向，以此快速回应社会公众的诉求，从而有效防范或化解网络群体性事件、恐怖袭击等非传统风险。另一方面，我们也可以借助于现代信息技术，提升对于自然灾害的预测能力和应对能力，以此实现自然灾害早发现并提前应对，自然灾害发生后能够将灾情信息迅速有效整合，以此制定有针对性的应对方案，提升应对能力。

---

① 许耀桐、刘祺：《当代中国国家治理体系分析》，《理论探索》，2014 年第 1 期，第 10—14 页。

② 郭建锦、郭建平：《大数据背景下的国家治理能力建设研究》，《中国行政管理》，2015 年第 6 期，第 73—76 页。

（二）绩效评定科学化

在国家治理体系和治理能力现代化过程中，绩效评定的科学化也是科学治理的重要目标。已有研究认为，绩效的评估有两个基本的方向：一是自然科学取向下的精细化指标化测评；二是社会科学取向下的非指标化的公众评价，而后者对政权执政更加重要。在体制性的权力配置格局沉淀出不合理的利益配置格局的当下，公民是破除既得利益对改革的羁绊的一种重要力量。[①] 因此，科学的绩效评估首先应该系统考虑政府、市场和社会在内的各个行动主体的功能和配置，以此保障他们绩效的分别最大化。其次，绩效评估科学化也要求我们借助于企业已有绩效评估的工具和方法，制定科学性的、具有说服力的绩效指标，以此解决政府内部的认同问题，即评估体系和评估指标一方面要能够被政府内部成员所接受，另一方面也要能够被社会所接受，以此做到绩效评定的科学性和社会性的统一，使绩效评定能够服务于公共服务绩效的改进，并推进国家现代化进程。最后，绩效评定需要借助于现代信息技术的大数据方法和精准化方法，实现“知情人”评“知情事”，以此提升治理绩效评估的合理性和针对性，从大量的绩效信息中挖掘和分析问题，从而真正让绩效管理服务于治理现代化的进程。

① 王柳：《以绩效管理科学化推进治理现代化——“治理现代化与绩效管理科学化”会议综述》，《经济社会体制比较》，2015 年第 2 期，第 193—197 页。

第十一章

治理之路：不同国家治理比较

如何实现良好的治理是现代国家面临的共同课题，通过梳理世界其他国家治理成败的经验教训，对一些典型的国家治理模式进行比较总结，可以为中国的社会主义国家治理所借鉴。他山之石，可以攻玉。对世界主要的治理模式进行理性思考，并从中归纳出国家治理的一般规律，是社会主义政治学的必要组成部分。

第一节　美国式治理

美国是当今世界现代化国家的典范，其经济实力雄厚，政府强大高效，文化发达，其治理模式成为许多后发现代化国家学习借鉴的对象。作为一个有着两百多年历史的资本主义强国，美国在自身发展的历程中形成了一套特色鲜明的国家治理体系：即以自由主义和多元民主为基础性价值，以宪政分权制度为基本制度架构，以“美国梦”所代表的充分发挥个体自主性的市场经济为具体发展模式。

一、治理之道

一个现代国家的治理之道，指的是其国家治理中的基础性因素，主要包括其国家哲学、意识形态和政党制度这三个基本方面。之所以将政党制度提升到与国家观并列的层次，是因为现代国家的建立和运转皆依赖于政党，政党制度和政党在一个国家发挥的功能，实际上反映了这个国家政治权力的基本来源和实现形式，在国家治理中具有根本性的意义。指导美国立国的政治思想来自于欧洲的启蒙运动，主要是以洛克为代表的自由主义理论体系和人民主权学说。美国国家治理之道的核心包括两大基本理念，即自由主义和多元民主。

（一）自由主义

自由主义是以天赋人权为理论起点，认为每个人都生而平等并且有不可侵犯的权利和自由。按照自由主义的政治哲学，国家和政府的终极目的就是为了保障个人的权利和自由，国家是全体公民按照社会契约建立起来为保障其权利而服务的组织。自由主义认为，政府权力天然具有扩张性，容易侵犯私人的权利和自由。因此，国家和政府是一种“必要的恶”，是个体为了脱离丛林状态而不得不建立的组织。因此，自由主义倡导通过各种方式限制政府的权力，保障个体的权利。除了防范国家公权力对私权的侵犯之外，自由主义还十分注重保障个体在集体中的自由，因此有“积极自由”和“消极自由”的区分[①]。自由主义思想认为，古代人的自由是一种通过主动行使权利而实现的“积极自由”，而现代人的自由应当是一种不受干涉，不影响他人实现权利即可的“消极自由”。英国的自由主义传统捍卫的是消极自由的理念，反对法国大革命中对不积极参与革命者和政治异见者的压迫，“群己权界”[②] 正是消极自由思想核心的精准概括。而这种消极自由的思想，本身意味着对多元价值理念的包容，为美国政治的开放包容和社会的多元化提供了思想基础。

（二）多元主义民主

除了自由主义之外，人民主权是美国立国的又一基石，自由和民主是美国标榜的两大基本政治理念。民主的实现形式具有多样性，美国采取的是多元主义民主。多元主义民主认为，在私有产权的基础上发展的市场经济必然带来社会利益主体的多元化，多元化的利益主体为了维护自身的利益会结成各种集团以影响政治决策，民主国家的政治决策就是不同的利益团体为了维护自身的利益而相互博弈的产物。[③] 国家通过代议制以及结社权、游行示威等政治自由为多元主体的利益表达提供制度渠道，并通过各种不同利益主体的竞争博弈来实现社会的利益整合，在此基础上形成的政策才能代表“公共意志”，从而保证国家权力的公共性。多元主义民主的核心就是在充分尊重利益分化的基础上，通过利益集团的政治参与行为，

---

① 约翰·斯图亚特·密尔著，严复译：《论自由》，上海，三联书店，2009 年 1 月版。

② 约翰·斯图亚特·密尔著，严复译：《论自由》，上海：三联书店，2009 年 1 月版。

③ 郭起飞、刘鸿鹤：《内在逻辑与现实困境：美国多元主义的政治哲学》，载《学术论坛》，2012 年第 8 期。

实现多元化利益主体之间的大体均势，形成一种“和而不同”的局面，在保证社会多样性和活力的基础上凝聚共识。

（三）非纲领性政党

美国的政党制度属于两党制，虽然美国在共和党和民主党之外还有一些其他政党存在并参与竞选，但是在美国政治中实际发挥作用的主要还是共和党和民主党。这两党都属于非纲领性政党，都没有明确的政治纲领和路线方针。两党组织松散，没有明确成文的政党纲领和党章等文件约束党员的行为。因为没有明确的政党纲领，美国共和党和民主党的区别不是十分明显，只是具体的政策倾向和代表的利益集团有所不同。作为非纲领性政党，美国民主党和共和党没有严格的纪律去约束党员的行为，入党也没有统一的标准和严格的程序，普通人只需要在选举前登记为某党党员即可。这种非纲领性政党在美国政治制度中扮演的角色主要是组织选举，尤其是总统选举。这也是为什么很多人认为美国的两党只有在大选期间才会活跃，日常生活中很难感受到两党的存在。

二、分权制衡

在自由主义和多元民主的政治理念的指导下，美国构建了一整套以保障个人权利，充分发挥社会自主性为核心的政治制度，这套政治制度的基本特点就是分权制衡。美国分权制衡的政治体制主要包括横向上的三权分立，纵向上的联邦制以及社会对国家权力的制约三个基本方面的内容。

（一）立法、行政和司法三权分立

美国的政治体制的分权制衡首先体现为立法、行政和司法的三权分立。洛克和孟德斯鸠为代表的分权学说认为，如果国家的权力集中在一个人或者一个机关手中，自由便不复存在。分权学说按照权能的不同，将国家权力分为立法、行政和司法三个不同的部分，由三个机关分别行使，互相牵制。美国的立法机关是国会，行政权则主要由总统领导的政府掌握，司法权由独立的司法机关行使。与英国式的议会内阁制不同，美国的政府与议会之间的关系是相互平行独立的，不是议会选举产生政府，政府是由大选产生的总统组织的。因此，政府不需要向议会负责，议会也无权解散政府。因为议会选举和总统选举是分别进行的，赢得议会多数席位的政党并不等于就能执政，赢得总统选举的才是执政党。美国贯彻严格的司法独立的原则，最高法院大法官由总统提名，终身任职，除非出现严重的不能胜任法官职位的情况，否则不得罢免。法官享受一系列保证其能够独立行使职权的职务保障，司法机关享有违宪审查的权力以制约政府和国会的权力行使。

（二）中央和地方分权的联邦制

除了横向上的三权分立之外，美国在纵向权力关系上的分权制衡体现为其国家结构形式中的联邦制。联邦制是由两个或者两个以上的政治实体结合而成的一种国家结构形式。联邦制国家通过宪法保障中央政府与地方政府之间的分权，联邦政府的权力来自各组成单位的授权和让渡。因此，在联邦制下，地方政府拥有很大的自主权，凡是宪法没有明确规定属于联邦中央政府的权力就属于地方政府，联邦和州之间的权力划分由宪法进行规定，权限纠纷由司法机关裁决。在美国，凡属于各州内部的事务，皆由各州自行治理，只有需要全国统一处理事务的权限才属于联邦政府。美国不仅有联邦宪法，各州还有自己的宪法和独立的州法律系统，联邦法院和州法院是相互独立的两套司法系统。通过联邦制的国家结构形式，美国自上而下的政治权力在从中央到地方的各级政府之间形成了高度分权的结构，中央政府与地方政府之间相互制约，在充分尊重地方多样性的基础上结成统一国家。

（三）社会力量对国家权力的制约

除了国家权力内部相互之间的分权和制衡之外，社会对国家权力的外部制约和清晰的国家与社会之间的界线，是美国国家治理中分权制衡原则的另一个重要组成部分。

首先是国家与社会之间的严格分权和发达的社会自治。美国的社会自治能力很强，民众公共意识浓厚，社会组织发达，在教育、医疗、社区互助、环境卫生等社会公共事务领域都有规范的自治系统。自由主义的文化传统反对国家对社会事务的过分干涉，强调凡是属于社会自我管理领域的事务不应由政府直接管理，避免政府权力过分侵入社会。因此，整体上来讲，美国的国家与社会关系呈现的是一种“小政府、大社会”的格局。

除了国家与社会之间的分权之外，美国的国家与社会关系的另一方面则是独立强大的社会对国家权力的监督制约。在自由主义和多元民主的意识形态下，宪法保障个体的结社自由，尊重各利益主体为了维护自己的利益而结成组织，并通过组织化的行动维护自己的利益。因此，美国有着多样化的社会组织和团体，这些团体将分散的个体组织起来与国家机关和企业等强势集团谈判博弈，避免弱小个体的权利受到强大组织侵犯，典型的如工会、妇女权益保障组织等。美国社会力量对国家权力的制约是多方面的，独立的新闻媒体是其中的一个突出表现。美国有着大量独立的新闻媒体和高度的新闻自由，新闻媒体对政治丑闻的揭露和对政府政策的评论，产生了对政治权力的有效约束。由于新闻媒体对美国政治的巨大影响力，新闻权甚至被称为美国立法、行政和司法之外的“第四权”。

三、发展模式

美国的治理模式以其经济发展模式为中心，在欧美资本主义国家中具有普遍性，如英国、加拿大、澳大利亚等英联邦国家均属于此类发展模式①。“美国梦”反映了美国发展模式的核心精髓，其实质是通过提供均等的机会和公平的竞争秩序，充分发挥个体自身的潜力在自由市场中创造价值。因此，美国的发展模式有三个核心要素：个人自由、自由市场和机会均等。

自建国以来，美国的经济发展模式经历了三个阶段，即曼切斯特模式、罗斯福秩序模式和新美国模式②。曼切斯特模式从18世纪直到20世纪的30年代，奉行的是亚当·斯密的古典自由主义经济原则，实行自由放任的市场经济，席卷资本主义世界的经济危机标志着曼切斯特模式的结束。从罗斯福新政开始，美国经济发展模式进入了第二个阶段，这一阶段的指导思想转向了凯恩斯主义。凯恩斯主义认为自由市场可能引发经济的无序和混乱，要求修正古典自由主义的放任原则，在经济发展中引入国家的宏观调控。此后，美国经历了二战结束后经济繁荣的二十年，经济总量迅速增长，就业增加，这种高速增长的局面一直持续到二十世纪七十年代，资

① 肖爱民：《美国模式：当代资本主义经济发展模式的特征及利弊》，载《湖南文理学院学报》，2007年3月。

② 肖爱民：《美国模式：当代资本主义经济发展模式的特征及利弊》，载《湖南文理学院学报》，2007年3月。

本主义国家普遍遇到“滞涨”危机，美国经济发展模式的第二个阶段结束。新美国模式的指导思想是新古典主义经济学，反思政府对于经济的过分干预，强调充分发挥自由市场在资源配置中的效率，要求削减公共开支和国有企业的数量，里根主义和英国的撒切尔主义都是这一发展模式的典型。纵观美国发展模式变迁的三个历史阶段可以发现，虽然指导思想和具体政策有差别，但是这三个阶段美国发展模式的核心思想和基本规则从未改变，都是以自由市场经济为基础的经济发展模式，区别之处不过是国家干预程度和方式的不同。

美国模式的第一个基本特征是强调个体自由，注重自主选择。这里的个体不仅包括个人，还包括企业等经济组织。美国模式认为只有给个体以最大的自由，才能充分发挥其积极性和创造性，个体创造力的充分发挥是推动经济发展和文化创新的根本动力。因此，美国政府对个体的经济活动很少施加干预，其产业和城市的发展大多数是经济社会自然成长的结果，这样的发展模式也是与其自由主义的治理之道相契合的。

美国模式的第二个核心要素是对自由市场规则的重视，资源配置主要依靠市场调节，政府很少直接调配资源。即便是在凯恩斯主义时期，其宏观调控手段也多是采用经济和法律手段去间接引导经济，宏观调控起作用的方式还是依靠市场规则发挥作用。而且，美国政府影响经济的活动多数是为了建立市场秩序、维护市场规则，国家充当的是一个建立良好的市场环境和竞争秩序的角色。美国经济发展中自由市场规则的发达和深入的一个重要体现是其企业的融资渠道主要不是银行而是股票和金融市场。即企业主要通过发行股票等自行融资的方式来满足企业的资金需求，资本自由流动并且高度市场化。

与美国重视充分发挥个体自主性和市场竞争的逻辑相一致，美国社会追求的主要是个体之间的机会平等而不是结果平等。为了充分发挥市场竞争优胜劣汰的作用，调动个体努力和创造的积极性，美国政府极力通过法律手段维护一个良好的竞争秩序和规则体系，尽力实现个体发展的机会平等。结果平等在美国被视为是对个人努力和能力的不尊重，因此，美国采取的是低福利的社会保障政策，只保障个体最基本的生存，个人生活的改善只能依靠个体充分的努力和竞争。这种机会平等而不是结果平等的理念，一方面有利于削减政府的福利开支，减少财政负担，也有利于减少企业的税负，创造一个良好的投资环境。另一方面，低福利的社会政策，增强了美国人的竞争意识，因为个人生活的改善主要取决于个体自身的收入，而且自身努力的回报不会因为高福利带来的高税收而被政府拿走。这样的政策逻辑无疑是有利于鼓励竞争和调动个体积极性的，但是也带来了美国贫富差距大、劳资矛盾比较突出等问题。

第二节　日本式治理

自1868年明治维新开始，日本走上了学习西方，寻求国家现代化的道路。这样的生成路径，决定了日本现代国家的治理是西方价值理念与日本传统相结合的产物：一方面具有议会、宪法等西方民主政治的基本架构；另一方面，民族主义和国家主义的传统也贯穿于日本现代化历程的始终，使得日本的治理模式呈现出鲜明的本土特色。

一、治理之道

日本现代国家治理经历过两个不同的阶段，“从明治维新开始的日本现代化过程，以日本在第二次世界大战中战败为界，可以分为两个阶段：一是战前阶段，二是战后阶段。”[①] 这两个阶段的日本治理之道具有很大的差异，在国家观念、基本权力结构、政治理念等方面都具有重大区别。美军在占领统治期间对日本的民主化改造，搭建了当代日本政治制度的基本框架，为战后日本的和平发展提供了重要条件。尽管战前、战后的日本分属于两个不同的时代，制度形式上有很大差别，但是这两个阶段之间有着内在的一致性[②]，体现出日本现代国家建设道路的历史连续性。

（一）从天皇主权到人民主权

国家主权的归属是政治制度的一个核心问题，也是现代国家区别于传统国家的根本所在。自启蒙运动以来，人民主权的观念逐渐传播到世界各地，人民逐渐取代君主成为国家主权的所有者。日本现代国家的建立也是

---

① 林尚立：《日本政党政治》，上海人民出版社，2016年3月版，第5页。

② 大江志乃夫：《战后改革》，《日本的历史》（31），日文版，小学馆，1976年版。

在这一历史大潮流中展开的，并且经历了从君主主权到人民主权的历史发展过程。

在战前日本的政治制度中，其国家观念是以天皇主权为核心的。因为明治维新本身不是日本的资产阶级为主力发动的，而是藩阀领主为主要领导者发动的恢复天皇权力的运动。因此，明治政府在随后的现代国家建设中，否定了自由民权派所倡导的以代议民主为中心的英国式君主立宪制度，选择了君主至上的普鲁士式的君主立宪制度。否定了主权在民的原则，并通过宪法的形式明确国家的主权在天皇，天皇具有至高无上的权力。虽然战前的日本也设置了议会，但是宪法明确规定了议会只是天皇决策的咨询机构，并不具备实际的决策权力。战前政党在议会中的活动仅限于众议院，上议院是被藩阀势力完全占据的贵族院，而且战前议会的主要影响力在贵族院而不是众议院。这种制度选择，就直接限制了日本的政党政治的发展和社会民主力量的成长。因为没有实权议会，国家的决策权主要在藩阀势力和天皇手里，政党政治就失去了发挥实际作用的制度平台。因此，战前日本的政治制度设置中虽然有议会这一国家机关，但议会并不占据制度的核心地位，国家体制实际上是帝国体制而不是民主体制。这样具有浓厚封建主义色彩的专制制度，与日本的历史传统、社会基础结构相结合，构成了军国主义的制度基础。

正是因为战前日本的帝国体制容易滋生军国主义，美国为了将日本转变为对世界和平和安全不构成威胁的国家，首先对日本的国家体制进行了大刀阔斧的改造。美国对日本国家体制改造的基本路径是以人民主权取代了君主主权，在保留天皇制的同时将国家主权转移到民选的议会，形成了以议会政治为中心的君主立宪制度，从而实现了日本国家观念中核心因素的转变，从天皇主权转型为人民主权国家。

（二）作为现代化领导者的政党

日本治理模式的一个重要特征是政党在国家治理过程中扮演着领导者的角色。美国对日本政治体制的民主化改造，改变了战前日本国家体制中主权在君的原则，重新确立了主权在民，由民选议会代表人民行使国家主权的国家制度。美国主导制定的民主宪法确立了日本的政治体制为责任内阁制，议会由过去的天皇决策的咨询机关转换成为国家实际的决策机关，享有立法权、财政权等国家重大权力。而议会是以政党为核心开展运作的，这就为政党政治在日本的发展提供了制度平台，战前被压抑的政党政治因为获得了实际的制度空间而迅速发展起来。

战后日本政党政治的发展可以分为几个不同的时期，首先是各政党经过改编重组，逐渐确立了在国家治理中的领导地位。从 1945 年到 1955 年的这十年间，各政党复活并经历了一系列改编重组，形成了保守党和革新党两大派别力量。1955 年，保守派政党中最大的两大党自由党和民主党联合形成了自民党，自民党在议会中占据主导地位，在此基础上形成了“五五体制”[①]。在 1970 年之前，自民党在议会中依旧面临着作为在野党和革新势力主要力量的社会党的抗衡和挑战。但是进入七十年代之后，社会党进一步弱化，同时随着日本社会多元化的程度加深，在野党也趋于多党化。日本形成了自民党一党独大，多党共存的局面。这一时期基本上持续了二十年，直到 1993 年自民党在议会选举中失败，“五五体制”解体，标志着日本政党政治结束了“一党独大”而进入了多党统治的时期。

“五五体制”的出现，确立了政党，尤其是自民党在日本社会中的领导权，填补了天皇时代结束后日本社会的权威真空。一个强有力的政党领导，凝聚国民精神和重建新的社会秩序，为战后日本的恢复和发展提供一个和平稳定的环境。同时，一党独大体制的确立，也使战后日本的现代化有了比较稳定的领导核心。除了权威之外，这种领导作用还体现在政党是日本现代化发展的政策制定者，在国家治理中明确发展目标，规划发展路径，确立国家治理的基本原则，从而为日本的现代化提供明确的方向和道路。

（三）保守主义的政治理念

保守主义作为一种思想意识和文化心理，在世界各国的文明当中都有出现。保守主义具体的表现形式是多样的，但是其基本的立场观点是一致的，即肯定现存的制度的积极价值，反对激烈的社会变革；但并不完全否定变革本身，而是主张渐进的改良。在日本社会，不论历史上还是现在，保守主义都是一种十分普遍的思想意识和文化心理，在日本的政治、经济和社会生活的各个领域产生着重要的影响。在二战后日本发展现代化的历程中，日本文化传统中的保守思想开始成为了政党领导日本国家发展的一

① 林尚立：《日本政党政治》，上海人民出版社，2016 年 3 月版，第 78—96 页。

种系统的政治理念，被称为保守主义的政治理念。这种保守主义政治理念主要包括以下几方面的内容：

第一，国家利益至上，强调个人对国家和集体的义务。与西方自由主义强调保障个人权利，追求个体的独立性不同，日本重视维护集体利益，强调个人对国家和集体的义务。而这种集体主义所强调的个体对其所属组织的忠诚，尤其是对国家的义务，激发出的个人的积极奉献和协作精神，对于日本在战后的恢复和发展发挥了重要的作用。第二，采用经济主义路线，把推进经济发展放在政府政策的核心，将国民热情集中到各种促进经济发展和改善民生等实际利益的事务上来，把促进日本经济的恢复重建和维护经济利益放在第一位。第三，强调社会秩序。这也是经济主义路线的必然要求，因为安定的社会秩序是经济发展的基础。保守主义反对革命行动，在具体的政策中通过强化司法和行政体制，加强对社会的协调和监控能力。

保守主义之所以能够在战后日本的国家治理中成为指导性的政治理念，一方面是由于日本的保守主义文化传统；另一方面，更为重要的原因还是来自战后日本国家治理的现实需要。保守主义符合战后日本重建秩序和恢复经济的治理目标，因而获得了现实的根基。随着日本的不断发展，其国家治理的任务目标也开始调整，日本政党根据这些现实目标的变化不断发展其意识形态的内容，出现了被称为“新保守主义”的政治理念①。

二、治理之制

如何在经济高速发展，社会不断多元化的过程中保证政治和社会秩序的稳定，是任何一个后发现代化国家在国家治理中都面临的一个基本问题。妥善地处理这个问题，关系到国家治理能否平稳顺利进行，也关系到现代化的兴衰成败。日本在战后之所以迅速崛起成为世界强国，就是因为它的国家治理之路实现了民主与权威的平衡，这种平衡主要通过以下三个方面的制度设置来实现的：

① 林尚立：《日本政党政治》，上海人民出版社，2016年3月版，第226—231页。

（一）君主立宪制

战前日本的政治体制中也有宪法和天皇制，但是当时的天皇享有不受法律约束的绝对权力，属于君主集权的帝国体制。在占领期间，美国将西方的宪政和民主的价值理念引入日本，对日本的政治体制进行了重塑，结合日本的政治文化传统和现实条件，建立起了君主立宪制度。在战后日本的君主立宪制中，天皇只享有荣誉性的君主地位，而不再享有战前帝国体制中绝对的专制权力。由天皇充当国家元首，作为国家机关的一部分。这样的制度安排，一方面消解了日本政治中的封建因素，把国家主权由天皇转移到了议会，实现了国体的民主化和国家体制的现代化；另一方面，通过保留天皇这一日本国家传统的权威核心，为战后日本的凝聚和国家统一提供了象征，有利于在战后迅速稳定政治秩序，整合社会，为经济的恢复提供一个良好的秩序基础。

（二）“五五体制”：议会民主制下的集权

战后美国对日本进行了民主改造，在日本建立起了议会民主制，战前被压抑的政治参与需求迅速涌现。在多党林立的情况下，如何保证权威的统一和政权的稳定，是当时日本面临的一个重大问题。在日本财界和政界多方努力的情况下，日本的各保守政党联合，在 1955 年形成了自民党一党独大的体制，简称为“五五体制”。自民党在议会中形成了长期无法动摇的绝对优势地位，形成了以政府、财团、自民党为中心的决策体系。“五五体制”实际上就是自民党长期稳定执政从而领导日本现代化发展的体制。这种体制，在美国为其植入民主制度的同时，保证了国家依然有统一的领导权威，避免了很多后发现代化国家民主化带来的政治分裂和动荡。而选举民主能够容纳多元化主体的政治参与需求，是日本在经济高速增长的同时能够保持社会基本稳定的重要制度原因。

（三）单一制国家结构下有限的地方自治

战后日本采取的国家结构形式是单一制，宪法规定在地方政治中实施自治的原则。但实际上，与英美式的分权自治相比，日本地方政府的自治权十分有限。在中央和地方关系中，中央政府的权力占据绝对主导地位，地方的财政、人事和决策大权基本掌握在中央手中，自治仅限于社会事务和地方公共服务等层面。这样的地方自治体制，在发挥地方自我管理能力的同时，最大限度的保留中央对地方强有力的领导权。这样的中央地方关系有利于国家的凝聚统一和国家政策的高效贯彻执行，能够适应战后日本重建国家权威和集中精力发展经济的现实需要。

三、发展模式

明治维新以来，日本就开始了以欧美为榜样并努力追赶的现代化发展，这种赶超型现代化不是由社会自由发展，而是在目标已经明确的前提下去集中资源努力实现既定目标。具体来说，日本的发展模式是以国家主导为手段，以经济建设为中心，以稳定而有序的社会管理为基础而构成的一个有机体系。

由国家主导发展是许多后发现代化国家在国家治理中取得成功的一个重要因素，典型的如韩国、新加坡等。日本治理模式中的国家主导包括政府对经济发展和社会建设两方面的主导作用。日本保守主义政治理念中的集体主义和国家主义是国家主导得以顺利推行的意识形态基础，如果是美国、英国等具有浓重个人主义和自由传统的国家，就很难采取国家主导的现代化发展模式。日本发展模式中的国家主导与战前国家对国民经济的全面统制不同，采取的不是国家直接组织和调配经济资源的方式，而是利用经济规律和市场作用，通过政策法规和有效的行政手段来间接引导经济发展的方向。这种国家主导的特点是积极肯定市场在资源配置中的基础性作用，通过国家的宏观调控来引导经济发展的方向。因此，这种国家主导模式要取得成功，有赖于政府的科学决策和高效的政策执行能力。

战后日本建立的国家治理体制，为这种科学决策和高效的政策执行力提供了制度基础。“五五体制”下官僚、政党和企业界之间结成三位一体的关系。自民党、官僚体系和企业界积极合作，为经济发展提供政策指导和行政支持。企业界和民间的参与为政党决策的科学化提供了良好的信息来源。因此，战后日本政府的政策具有很强的现实性和针对性，也能及时对社会发展带来的变化保持敏感性，及时调整政策。日本政府，主要是通产省，通过与业界组织保持密切的联系来协调业界内部之间各种关系，实现产业结构的合理布局。同时，政府通过各种辅助性的社会政策和积极协调劳资双方之间的矛盾，使经济发展引发的社会矛盾的处理能够制度化和规范化，从而保证了经济发展能够有一个稳定的秩序环境。

与战前现代化浓厚的军国主义不同，战后日本的现代化是以经济现代化为核心的，通过日本经济的高速增长带动社会的全面进步，政府政策围绕如何促进经济增长这一主要目标。以经济增长为核心的发展模式也带来一些负面效应，诸如严重的环境污染，大城市病和社会福利政策的滞后等。面对发展中产生的这些问题，日本政府的应对策略不是转变以经济建设为中心的发展战略，而是充实经济主义的内涵：将单一的促进经济高速增长的目标充实为统筹兼顾，在经济成长的基础上完善社会保障体系，改善生态环境，及时治理污染，调整产业结构，淘汰污染严重的产业，促进中小企业发展等。通过及时调整政策，通过进一步发展来解决发展中产生的问题，日本保持了经济持续的高速增长，迅速成长为世界经济大国。

随着日本成长为世界经济大国目标的实现，日本的国家治理开始发生变化，追求其下一步的目标，即谋求世界政治大国的地位。这一国家治理目标的变化已经在日本国家治理政策中鲜明地体现出来，与20世纪90年代之前以经济建设为中心的路线不同，90年代以后，日本在内政和外交上都开始向政治目标上倾斜。在内政上实施政治改革和行政改革，重新调整国家与社会的关系，推进国家政治的现代化；在外交上提出要积极承担国际责任，对外活动不再主要从经济利益出发，而是更多地谋求政治影响力。

第三节　印度式治理

印度现代国家的建立脱胎于印度人民反抗英国殖民者的民族解放运动。在英国对印度进行殖民统治之前漫长的历史中，印度只是一个地理文化上的统一概念，政治上处于王国林立的分裂状态。即便在印度专制统治顶峰的莫卧儿帝国时期，印度的中央权威也非常有限，各个王国各自为政。在英国殖民者统治印度之前，南亚大陆上从未存在过一个统一稳定的中央政府，也没有印度国家的概念。英国的殖民统治为印度带来了西方的议会、法治和文官等现代政治因素，也第一次将南亚大陆整合为一个统一的政治实体。反抗英国殖民统治的民族解放运动胜利之后，接受了西方政治理念的印度政治精英开始努力将印度整合为一个统一的民族国家，印度的现代国家建设才正式开始。这样独特的历史背景，使得印度的国家治理呈现出西方现代化的价值理念与印度古老文明传统相互结合渗透的特点。在印度这样一个宗教色彩浓厚，地方文化多元并且有着等级森严制度的传统社会基础上建立一个现代国家，西方的民主、平等、自由的价值理念与种姓制度、宗教国家等本土因素结合，使得印度国家治理中出现了种姓政治、教派主义等具有鲜明特色的政治现象，印度治理的国家哲学和政治理念都呈现出鲜明的南亚文明的特点。

一、治理之道

印度的现代国家建构面临着许多复杂的问题，诸如教派冲突、种姓矛盾、地区主义引发的分离倾向和宗教对政治的渗透等。但归根结底，这些问题都可以归结为印度的现代国家建设所遭遇的两个基本矛盾，即来自西方的现代政治文明——印度宪法明文规定的官方政治理念——与印度传统文化中非理性的因素之间的矛盾。印度的国家治理之道就是探索如何在这两类相互矛盾的力量中求得平衡，实现二者的融合从而建立统一稳定的现代国家。这些指导印度建立现代国家的理论探索主要包括以下三个方面的基本内容：

第一，来自西方启蒙运动以来理性化的政治理念，主要包括主权在民原则和民主、平等、法治的观念。主权在民规定国家的最高权力属于人民，由此必然推出民主制度，因为承认主权在民就必须实施由人民行使管理国家权力的制度，这便是代议民主制和竞争性选举。民主内含的价值理念是平等，由此必然反对一切等级制度，倡导天赋人权。为了保障人人平等的天赋权利，就需要建立现代法治。这些现代政治价值最初是由英国殖民者在印度进行统治时引入的，并且建立了代议民主制和法治的制度框架。当印度独立之后，深受西方文明影响的印度的精英阶层就继承了这一套西方民主政治理念并将其进一步发展，作为印度现代国家体制的基石而写入了宪法。

第二，构建统一民族国家。由于印度各地文化和宗教的差异巨大，印度在历史上一直没有存在过统一的国家，大多数时候都是王国林立，各自为政。印度人民只知道自己所属的种姓、部落和宗教，而不知道国家。印度传统社会是一个高度分割的社会，缺乏统一的民族意识和国家认同。马克思在《不列颠在印度统治的未来结果》中曾分析过印度的社会分裂带来的危害："这是一个不仅存在着伊斯兰教徒和印度教徒的对立，而且存在着部落与部落、种姓与种姓的对立的国家，这是一个建立在所有成员之间普遍的互相排斥和与生俱来的排他思想所造成的均势上面的社会。这样一个国家，这样一个社会，难道不是注定要做征服者的战利品吗?"① 正是由于印度历史上四分五裂的状态为殖民统治者创造了入侵的优良条件，印度民族解放运动也是凝聚印度整体的力量才取得了成功。民族解放运动的领袖有鉴于殖民统治的历史教训，提出在南亚次大陆整合多元化的地区政治力量，建立统一的民族国家以自立于世界民族之林的政治理想。

第三，世俗主义的立国原则。要建立统一的民族国家，首先必须构建国民对国家的认同，这需要一个超越原来各地区政治权威的能被全国人民接受的国家意识形态。在这个问题上，印度当时有两种意见：一种是世俗主义的立国原则；一种是教派主义的立国方针。印度的政治精英选择了世俗主义的立国原则，降低传统的神学和宗教因素对政治的影响。因为世俗主义的理念才能与西方理性的政治文化相融合，从而使印度成为一个现代国家。世俗主义立国原则的主要内容包括三个基本方面的内容：一是政教分离原则，实行宗教信仰自由，拒绝宗教干涉政治；二是维护国内各宗教的平等地位；三是禁止极端教派组织活动。

将宗教意识形态化来整合国家的方案虽然在印度建立现代国家之时被放弃了，但是宗教在印度政治中的影响力一直存在。这就使得印度的国家治理一直带有宗教政治的色彩，典型的表现就是印度教民族主义理论在印度的兴盛。除了宗教政治之外，印度神学影响政治的另一个产物是种姓制度，种姓制度源自印度教的宗教教义，对印度的社会结构产生了深远的影响。世俗主义立国原则中明确反对种姓制度推行的歧视和隔离的做法，推行人人平等的政治理念以建立现代民主国家。即便国家在宪法中明确反对古老的种姓制度，但种姓的理念依然对印度的现代国家治理产生了巨大的影响，并衍生出"种姓政治"这一印度政治独有的现象②。

二、后发型治理

为了克服印度社会的落后和分裂，建立统一的现代民族国家，印度政

① 《马克思恩格斯全集》第十二卷，人民出版社，1998年版，第245页。
② 孙士海：《印度政治五十年》，载《当代亚太》，2000年第11期。

治进行了一系列的制度建设以实现其立国理念。这些制度建设主要包括以下三个方面：

（一）议会民主制

与亚洲许多后发现代化国家采取威权政体的道路不同，印度保留了英国的议会民主制度，并且在全国实行了竞争性的民主选举，建立起了议会民主制度。印度的议会民主制度主要包括三个方面的内容，共和制、议会两院制和责任内阁制。共和制是与君主制相对，国家元首由选举产生并有一定的任期。印度的国家元首由总统担任，总统由选举委员会选举产生，选举委员会由国会两院议员和各邦立法会议员中选出的人员组成。印度的议会民主仿照英国建立起责任内阁制度，历届政府均由人民院选举产生，部长会议对人民院集体负责。国家行政机构由总统、副总统和总理为首的部长会议组成。总理是政府首脑，由总统任命人民院多数党党团领袖担任。议会分为上下两院，即联邦院和人民院。联邦院代表各邦和中央直辖区，其中有12人由总统推荐，其余在联邦各院议员中选出；人民院议员绝大多数由选民直接选举产生，总统可以指派不超过两名英裔人员担任人民院议员。议会民主制在联邦和邦两级实行，联邦议会由总统、联邦院和人民院组成。印度第二级行政单位是邦和中央直辖区，各邦政权组织形式与联邦中央的结构形式基本相同。多数邦实行一院制，少数较大的邦设立两院。

在印度实行民主的政治结构对于促进国家整合是有益的。印度的多民族、多语言、多宗教和种姓制度对国家的统一和国民意识的凝聚构成极大的障碍，议会民主制将不同的利益集团纳入国家正式的政治体系之中，从而将多元化的利益诉求吸纳进国家决策体系中。同时，议会民主制度的实施也促进印度社会的开放和平等。选举的实施，打破了种姓制度对政治权力和社会资源的封闭，为低等种姓争取权利的斗争提供了合法的渠道。总之，选举民主和政党政治，使得印度这样一个社会具有分割性，各种矛盾纷繁复杂的国家，能够为多元主体的利益表达提供一个合法的渠道，从而避免了社会在暴力冲突中陷入动荡，这是印度民主制度的一个巨大成功。

（二）具有单一制特点的联邦制

印度在国家结构形式上采取的是联邦制，其组成单位是邦。但是与美国等联邦制国家贯彻的分权原则不同，印度的联邦制具有很强的集权特性，中央政府的权限很大，地方政府的自主权很小。因此，学界将印度的国家结构形式称为有单一制特点的联邦制①。由于印度历史上没有中央集权国家的统治经验，政治的地方性很强，各地区之间差异很大，文化和宗教的矛盾也很突出，各邦之间联系不紧密，不适宜采取单一制的国家结构形式。为了在保存各邦多样性的基础上将多元分散的地方整合进一个统一的国家体系内，印度采取了联邦制的国家结构形式。但为了加强中央的权威，克服印度政治中一直存在的地方化的倾向，印度的联邦制具有集权的特征，各邦的自主权远没有典型联邦制国家那样大。

（三）军人不干政原则和文官制度

在后发现代化国家引进民主制度的过程中，尤其是实行多党制和竞争性选举的国家，很多都难以建立稳固的政治秩序。在传统的政治权威被取代之后，多党林立缺乏共识，难以形成稳定统一的新权威；在社会阶层差异巨大、部族等矛盾尖锐的社会结构中实施普选进一步撕裂了社会，使得国家走入了政局动荡、社会混乱的陷阱。在社会秩序的混乱和政治权威的缺失中，军人通过其武力上台执政，并依靠军队的组织力量迅速重组国家秩序，民主制度被武装政变所推翻。军人干政导致的政局变幻，是后发现代化国家常见的一种政治现象，在南美洲国家尤其明显。但同样作为引入民主选举的后发现代化国家，印度却在种姓隔离和多教派林立的社会基础上成功建立了稳定的民主制度，并实现了国家政权的和平更迭。在这其中，印度政治制度中的军人不干政原则和成熟的文官制度发挥了重要的作用。

印度独立后，为防止军人干政，采取了文官治军的政策，削弱军队影响政府决策的权力。首先是改造英国在殖民统治时期建立的军队，成立统一的国防军。尼赫鲁提出，军队必须“印度化”，并建立了军事学校培养自己的军队人才。实行文官治军，保证政府掌握对军队的指挥权。宪法明确规定，联邦国防最高统率权属于总统，总统为三军最高统率，国防部由文官主管，三军参谋长对国防部负责，军队财政置于财政部直接监督之下。这些措施保证了军队在文官政府的指挥之下，并且与党派脱离了关

---

① 林良光：《印度政治制度研究》，北京大学出版社，1995 年 12 月版。

系，不论哪个党派执政军队都处于政府的领导之下，避免了军队参与党派纷争干预政治的危险。

英国殖民者在印度实施统治时，就将英国的文官制度引入了印度。印度独立后，新的印度国家继承了英国殖民统治时期的文官制度并加以改造，建立了一套适合印度政府的文官体制，并改称为行政官制度。印度的文官分为三类：全印文官、中央文官和邦文官，全印文官是在联邦和邦之间通用的。为管理庞大的文官队伍，印度建立起了一系列人事管理机构。印度文官通过公开考试、择优录用的方式进行选拔。除了竞争性考试之外，还有提升和选拔两种任用方式。这些系统的文官选拔和考核任用办法，将行政官与政党分开，即便政党更迭政府倒台，行政系统也不受影响可以正常工作。通过成熟系统的文官制度，保证了在多党制下行政系统的稳定和工作的连续性，从而维护政府的有效运行。

三、发展模式

在殖民统治时期，印度的经济都是为宗主国服务的殖民地经济，独立之后，印度开始了建设本国经济的发展历程。自 1947 年印度独立至今，其经济发展模式经历了两个不同的发展阶段，第一阶段实行的是社会主义计划经济模式。印度独立后，尼赫鲁提出要走一条独特的印度式的社会主义道路，他为印度设计的经济发展道路要克服资本主义经济的弊端，但是也不是苏联式的社会主义，必须符合印度本国的需要和国情基础，被称为“中间道路”。在这种发展理念之下，国大党确立了经济增长、社会公平、自力更生多元并重的国民经济发展目标。在工业方面，印度采取的是公有制经济为主导的混合经济体制，公有制经济主要发展重工业部门，国家对私营经济进行控制和调节。在农业领域，印度实施了土地改革和农业合作化。整体来讲，这一阶段印度采取的是以工业尤其是重工业为重点的发展政策，对农业的资金和技术投入都不足，农业生产发展缓慢，甚至发生了多次粮食危机。为了应对农业生产的危机，七十年代，印度对农业发展政策进行了改革，农村生产方式和生产关系发生了变化，土地私有制恢复，农业商品化程度提高，出现了农业工人，这其实为下一步印度经济的市场化改革奠定了基础。

20 世纪 80 年代，印度开始进行经济政策的调整，经济发展进入了第二个阶段。改变公有制为主体的计划经济体制，减少国家对经济发展和企业的直接干预，将自主权下放给企业和地方。在放宽对私营经济限制的同时，改革公有制经济。1991 年，印度开始推行自由化、市场化和全球化为导向的全面改革，废除对工商业的半管理体制，引进自由市场竞争机制。改善对国有企业的管理，实行部分私有化；大力引进外资，鼓励进出口贸易。在金融方面也减少政府对银行系统的干预，允许私人开办银行。时至今日，印度已建立起自由市场为主的经济发展模式，与韩国等由国家主导的模式不同，被称为民主选举加自由市场的印度模式。

总体来讲，与亚洲其他后发现代化国家的经济发展模式相比，印度的经济发展方式具有以下几个方面的特征：经济发展主要依靠内需，对出口依赖不大；经济增长的主要动力是消费，很少依靠政府直接投资去拉动；注重发挥自由市场的调节作用，政府对经济的干预少；与一般后发现代化国家发展劳动密集型产业的策略不同，优先发展技术密集型产业，发展的可持续性强①。总体来讲，印度已经建立起比较成熟的市场经济体系，市场深入到经济的各个部分，对经济发展起基础性作用。

第四节　俄罗斯式治理

一、治理之道

俄罗斯现代国家的建设始于 1989 年的苏联解体。俄罗斯领土面积广阔，地跨欧亚两大洲，在文化上兼具东方与西方文明融合交汇的特点。一方面，与英美等国家的自由主义传统不同，俄罗斯具有专制主义的政治文化传统。首先，统一的俄罗斯帝国的历史，为俄罗斯在地域广阔、文化和民族多元化的基础上建立统一的民族国家提供了历史基础。其次，与英国等西欧国家发达的市民社会和自治的传统不同，俄罗斯有着强有力的中央集权传统。在这一点上，俄罗斯的政治文化更加接近亚洲的中央集权国家，诸如中国、韩国等。亚洲东部的政治发展史有专制政治的传统，这与欧美为代表的西方文明中的社会自治和法治的传统形成鲜明对比。

---

① 张立：《印度发展模式解析》，载《南亚研究季刊》，2008 年第 4 期。

另一方面，俄罗斯的经济和文化中心城市都位于欧洲境内，实际上它在文化上还是属于欧洲国家。相比起其在亚洲的东方邻国，俄罗斯与欧洲的关系更为紧密，其文化传统中欧洲元素的影响更多。但是俄罗斯又不是典型的欧美文明国家，其主流宗教是东正教，形成了独立的斯拉夫文明而不是典型的基督教文明，在政治文化上也很少受启蒙运动等西方自由民主价值理念的影响。因此，俄罗斯恰如其国家标志“双头鹰”一样，是一个强大的西方文明与东方文明的混合体。

（一）威权主义

威权主义是俄罗斯现代国家治理的基本精神之一，这一点与西方的自由主义强调个人自由和民主的精神完全不同。俄罗斯的威权主义包括国家主义、中央集权以及统一的政治领导权威。虽然都强调权力的集中和国家利益至上，但是威权主义与极权主义和专制等并非同义词[①]。权威主义不涉及广泛的政治动员，很少侵犯私人生活领域，因而没有过度政治化的问题。威权主义是建立在承认主权在民和基本的民主原则基础上的，这一点与专制主义截然不同。实际上，威权主义作为一种政治理念，其核心在于国家整合和政治秩序稳定方面，这一点与日本的保守主义政治理念有相似之处。其实，东亚的韩国、日本等后发现代化国家在现代化初期都采取过威权主义的政策以实现政治秩序的稳定。

俄罗斯在独立初期选择了西方式的自由民主政治，结果导致政治和社会混乱、经济崩溃，这样的现实促使俄国人从对民主口号的迷恋中清醒过来。面对国内经济和社会秩序的一片混乱，俄罗斯举国上下都迫切需要一种新的政治理念和模式，建立强有力的政治权威以实现稳定的政治秩序，从而填补苏联解体后留下的意识形态领域和实体政治权威的真空。同时，俄罗斯急速的经济转型和社会变革，需要国家权力作为一支中立的力量来进行资源的再分配，社会转型引发的许多社会问题，也需要强有力的国家来协调。在这样的情况下，威权主义在俄罗斯国家治理中成为了必要的政治理念。威权主义成为俄罗斯国家治理中的指导性理念不仅有深刻的政治传统文化渊源，更有现实的根基。

---

① 邱芝：《民主化视角下的俄罗斯政治发展模式》，载《南京政治学院学报》，2009 年第 1 期。

威权主义在俄罗斯国家治理中的典型表现就是“强人政治”的现象。“强人政治”与传统的君主专制不同，政治强人的权力是建立在宪法基础上的，但是其权力的合法性基础不仅来自于法理，很大程度上依赖领导者个人的魅力为政权提供合法性，也就是韦伯所说的“卡里斯马型权威”。从叶利钦后期，强人政治现象在俄罗斯政治中就开始显现，普京当选为总统之后，俄罗斯的强人政治则表现得更为明显。普京的个人魅力不仅在维持政权合法性方面发挥了重要作用，而且他依靠个人权力和威望对整个俄罗斯的国家政治体制进行了重塑和改造，巩固了威权主义的体制。

（二）本土化的民主理论

俄罗斯现代国家建立的基础是人民主权，民主是俄罗斯国家治理的基本价值之一。但是在威权主义政治理念下，俄罗斯的民主与西方的自由民主政治理念非常不同，衍生出“可控民主”和“主权民主”的理论形式。“可控民主”是指这样一种民主形式，“社会赋予由全民选举产生的超凡能力的国家首脑以最广泛的权力”，[①] 既保留了民主的一些基本程序，如普选、议会制、多党制等，又强调权力集中于领导人。“可控民主”出现于叶利钦执政后期，后来普京发展了这种政治观点，进一步提出了“主权民主”的政治价值观。在普京看来，主权和民主都重要，但是对当今的俄罗斯来讲，主权比民主更为重要，民主只有在拥有主权的情况下才能建立和巩固。“主权民主的核心就是强调一种俄式特色的民主样式，既是一种意识形态也是一种政治制度。”[②] 这样带有威权主义色彩的民主理论，对于转型期的俄罗斯来讲，既保证国家治理不偏离基本的现代政治价值，又能够适应俄罗斯的现实需要，有利于保持政治稳定和国家的统一。

（三）“政权党”：国家治理中独特的政党角色

在俄罗斯的国家治理中，政党与国家的关系十分独特，当今的俄罗斯只存在支持政府和总统的党，但没有执政党。在国家杜马选举中获胜的政党没有组阁权，政府总理由总统提名国家杜马同意后履职。在俄罗斯，总

---

① 邱芝：《民主化视角下的俄罗斯政治发展模式》，载《南京政治学院学报》，2009 年第 1 期。

② 邱芝：《民主化视角下的俄罗斯政治发展模式》，载《南京政治学院学报》，2009 年第 1 期。

统作为权力核心，是不需要通过政党提名当选的，总统本身没有党派性质。俄罗斯的执政精英不是来自于党派的推选，而是出于自身政治权力的需要去创建政党。因此，从本质上来讲，英美式的选举政党是政党创造政治精英，政治精英通过各自党派才能获得政治权力。中国和苏联式的社会主义政党是执政党，通过执政党创建国家，政治领导人的权力也是来自于执政党对国家权力的领导。在俄罗斯，政治精英的权力不是来自政党，相反，是政治精英通过自己的权力创建政党，这种独特的政党形式被称为“政权党”。

二、超级总统制

俄罗斯独立后建立的基本政治制度主要包括总统制、多党制、议会民主和联邦制等基本内容。俄罗斯宪法虽然规定国家实行三权分立制度，但实际上国家政治体制的核心是总统制，议会权力很小，司法权更加微弱。宏观上看，整个俄罗斯国家治理的制度架构都是围绕总统权力运转的，以总统为核心的政治权力塑造俄罗斯的国家体制和政党制度。因此，俄罗斯的政治体制又被称为“超级总统制”。这一政治体制主要包括以下三个方面的基本内容：

（一）集权总统制

俄罗斯的总统制原本是照搬苏联的总统制，国家的最高权力机关是议会，总统的权力不大。但是，俄罗斯独立之后，中央政治体系中就一直存在议会和总统代表的行政机关之间争夺最高领导权的斗争，这一斗争以叶利钦代表的行政机关的胜利结束。1993 年的 12 月，俄罗斯通过了新宪法，正式确立了集权式的总统制，议会在国家政治权力体系的地位逐渐边缘化。

集权总统制有以下几方面的基本内容：第一，总统作为行政机关事实上的领导者独掌大权，行政机关不对议会负责，议会无法监督和约束政府。第二，总统掌握人事任命权，议会只能辅助总统行使人事权。宪法规定，总统有权任免政府副总理和各部部长，只是任免总理需要经国家杜马同意。除此之外，总统有权任命武装力量最高统帅等重要职务，国家的人事权基本都掌握在总统手中。第三，总统对议会拥有强有力的否决权。国家杜马通过的法案，需要总统签署才能颁布和生效，如果总统否决这一法案，则需要议会两院2/3以上的议员赞成才能迫使总统同意该法案。这样，国家杜马就很难通过总统不喜欢的法案。即使通过了也很难付诸实施，因为执法机关都处于总统的领导下。第四，总统有权解散议会，但议会却很难通过对政府的不信任案而推翻行政机关。在俄罗斯，政府由总统领导，不需要对议会负责。国家杜马有权对总统提出不信任案，但总统可以不加理睬。宪法虽然规定了议会可以罢免总统，但是规定的罢免程序十分复杂，议会实际上非常难以罢免总统，而总统解散议会却很容易。

（二）无执政党的多党政治

俄罗斯独立之后，很快全面否定了原苏联一党执政，以党建国的政治制度，迅速向西方多党竞争式的民主制度转型，但是却一直没有实现政治秩序的稳定。其建立的多党政治制度也在议会和总统的权力之争中摇摆不定，一直没有完全成型。1993年10月，总统叶利钦以武力结束这场府院之争，俄罗斯的政党制度进入了重塑时期，从此以后，无执政党的多党政治开始形成。国家名义上采取多党竞争制度，并且在事实是上存在多个政党在国家杜马中的。但实际上，国家的权力掌握在政治精英个人而不是政党手中。作为国家权力核心的总统既不依靠政党提名当选，也不依靠其执政，事实上没有哪个政党掌握国家权力，所以不存在执政党。这种俄罗斯政治转型中特殊的政党制度，被称为“无执政党的多党政治”。

在这种政党制度中，政党的作用不是组织和运用国家权力，为国家机关选拔和输送政治精英，而是成为政治精英扩大权力基础的工具。政党本身是依附于权力所有者，并且为其服务的，这样的政党被称为“政权党”而不是执政党。没有执政党的多党制是与俄罗斯的“超级总统制”相适应的，俄罗斯行政机关权力的强大和立法机关的虚弱，促进了总统的无党派性质。总统作为政治强人，其权力基础不依赖政党获得。这样的政党制度在俄罗斯的国家治理中发挥着重要的作用。“政权党”连接了政府和议会，减少了总统与议会之间关系不稳定所导致的政治斗争，有利于国家制度的稳定。无执政党的多党政治有利于总统对议会的控制，政党在议会中扮演的角色主要是总统和政府在议会中的支持者。这不仅提高了立法的有效性和政府政策贯彻执行的效率，也有利于国家权力的集中。

（三）自上而下的垂直权力体系

俄罗斯的政治发展在经历了西式民主政治的挫败后，开始转向本国的历史传统和现实国情，寻找适合自己的国家治理之路。苏联解体后俄罗斯全盘西化带来的混乱，使得俄罗斯迫切需要新的政治权威来摆脱现实困境，其政治发展模式中的威权主义导向逐渐清晰。集权总统体制和无执政党的多党政治的建立，保证了中央政治中国家权力的集中和稳固。而俄罗斯地方政治上的分离主义倾向，还需要通过进一步加强中央对地方的权力来整合。为此，普京当选总统之后，不断强化国家权威，着手建立起一套以总统为中心的垂直权力体系。

首先是设立联邦区，改革地方长官的选举办法，加强中央对地方的领导，维护国家的权威和统一。叶利钦执政期间，俄罗斯上层权力斗争激烈，地方各自为政，民族分离倾向和地方独立思潮蔓延。普京上台执政后，为了加强国家的权威，首先签署法令把国家分为七个联邦区，由总统任命的全权代表进行治理。中央政府向联邦区派驻审计代表，监督和审查地方财政以及中央预算执行的情况，纠正地方与中央相抵触的法律法规，恢复了国家财政和法律体系上的统一。普京还改变了联邦委员会的组成，改变了地方最高领导人兼任联邦委员会议员的做法，改为地方派专职代表担任上院议员。这些举措都加强了中央政府对地方的垂直领导系统，维护了国家的统一权威。

其次，提出“主权民主”的政治理念，加强对地方分离力量的打击和对社会的管理，强调对民主自由力量进行规范。普京首先是对车臣恐怖势力和地方分离势力进行了坚决的武力打击。对俄罗斯的寡头经济势力进行拆分，打击寡头干政。国家加强对媒体的控制，掌握话语权。限制新闻自由，控制社会舆论，增强国家在地方电视台中的持股比例，从而强化国家统一的话语，塑造国家认同。经过这些加强中央和国家权威的努力，以总统为首的垂直领导系统大大加强，俄罗斯的政治秩序初步稳定下来，开始走上了恢复和发展经济的轨道。

三、发展模式

苏联解体以来，俄罗斯的经济发展模式经历了两个不同的阶段：第一个阶段是苏联解体直到普京接任总统之前，是私有化主导的时期。这一时期的经济发展采取的是激进的政策，为了克服苏联形成的计划经济体制的弊端，当时的俄国领导人采取了被称为“休克疗法”的经济改革措施，对俄国的经济采取了全面市场化的改革措施。这一措施导致大量的国有资产被侵吞，俄国生产总量断崖式下跌，引发了严重的通货膨胀，国民经济几乎崩溃。在整个叶利钦执政时代，俄国经济疲软混乱，国家发展没有明确的目标和方向。直到普京上台执政，采取了一系列强有力的改革措施，经济才逐渐开始恢复发展，俄国的经济发展进入了第二个阶段，这一阶段经济发展的方式主要体现为以下几项措施：

首先，打击寡头，营造市场竞争环境。俄罗斯经济发展模式改革的总体方向是改变过去苏联式的计划经济体制，建立完善的市场经济体制，让市场在资源配置中起基础性作用。为此，俄罗斯独立之时实行了大规模的私有化和市场化改革，从原来单纯的公有制经济转变为以私有制为主体的混合所有制经济。但在私有化过程中，原来的权力精英趁机攫取了大量的经济资源，形成了新的寡头垄断经济，操控着俄罗斯的经济命脉，反而限制了公平竞争的市场经济体制的建立。在整个叶利钦时代，寡头垄断都是阻碍俄罗斯经济发展的重大障碍，并且寡头势力掌握了政治大权，阻挠不利于其的改革政策的推行，寡头势力成为俄罗斯国家治理中的一大难题。因此，普京上台执政后，为了营造良好的市场竞争环境，推进经济良性发展，首先采取了打击寡头势力的改革措施，将寡头垄断经济进行了拆分，使得大量经济资源重新分散到社会。改变了寡头操控国家政治权力和经济命脉的寡头垄断资本主义模式，为俄罗斯经济的恢复重建营造了一个正常的秩序环境。美国和欧盟于 2002 年分别承认了俄罗斯的市场经济国家地位，其市场经济秩序初步建立起来。

第二，在实行市场经济的基础上，增强国家对经济发展的干预。在一个良性的市场经济环境的前提下，普京强调国家对经济发展的主导作用，改变了叶利钦时代单纯私有化的做法，重新加强国有经济的力量。普京强调要让国家对经济和社会发展进程发挥更大的影响力，建立完整的国家调控体系，使俄罗斯经济成为可控制的市场经济。在关系国计民生的经济领域实施国有制或者国家控股，加强政府对企业的管理。成立国家统一的价格委员会，防止垄断部门自行定价。与美国等国家的宏观调控不同，俄罗斯国家干预经济的手段不仅限于间接干预，还采取了国家直接投资刺激经济增长的做法，政府投资成为经济增长的重要动力。

第十二章

治理之效：中国道路与中国经验

与中国高速增长的内在逻辑受到世界的普遍关注一样，中国的治理道路和治理经验也日益引起广泛重视，经济成功的决定性因素是中国共产党对国家治理的成功，尽管一些人基于意识形态偏见而选择性的忽视，但事实是最有力的证据，中国的治理不仅符合了国际社会治理的普遍趋势，更以自己的国家特色为大量经济发展水平相近的国家提供了经验性启示和可供选择的新方案，日益显示出强大的辐射效应。

第一节　中国道路

治理和国家经济发展之间的关系一直是比较政治学中的核心论题之一。治理的中国道路和中国经验受到世界广泛关注大概肇始于美国高盛高级顾问雷默在 2004 年的一份研究报告中首次提出“北京共识”这一概念。世人关注中国治理道路和经验的主要焦点在于中国这样一个积弱积贫近百年的东亚非“民主”国家，如何在“历史终结”之后，不按照世界银行和国际货币基金组织等国际治理主体开出的基于“华盛顿共识”的快速经济政治自由化改革方案，即所谓的“休克疗法”，在 40 年的时间里保持持续的经济高速增长。同时在国家迅速转型变革过程中又扛受了一系列重大政治、经济事件和动荡。中国共产党通过变革创新国家治理体制，提升了中国政府的执政能力，强化了国家治理的有效性。

自从 1989 年世界银行在讨论非洲发展时，首次提出“治理危机”（crisis in governance）以表述非洲国家发展进程中的各种混乱状态后，“治理”一词就开始受到中国政界和理论界的关注继而成为学术研究的热点。治理概念虽然被社会科学研究者和实践者频繁使用，但是目前为止尚未有一个共识性的定义。治理（Governance），作为外来语，从英文词源而言，本意是指控制、引导或操纵，来自希腊语“操舵”（steering）一词，与统治（Government）具有交叉含义。随着全球化进程的扩张，追求相互协作的治理尤其是全球治理成为解决风险社会的公认良药，日益受到追捧。广泛关注之结果就是众说纷纭的诠释、不同范式的使用。这在很大程度上造成了治理内涵的相对模糊。治理可以是“确定如何行使权力，如何给予公民话语权，以及如何在公共利益上作出决策的惯例、制度和程序”，也可以是管理国家经济和社会发展中权力的行使方式。[①] 然而正如“民主”和“公正”一样，在政治科学领域内缺乏定义清晰性的概念比比皆是，但并不影响具体使用。在给予一定限制条件之后，一般意义上的解释还是为世人广泛接受。从治理理论的发展历程看，其源于西方市场机制的失效和各国政府职能日趋弱化。作为西方新公共管理运动对政府失灵的因应，作为对以官僚制为核心的传统“统治”替代，治理内含有政府、社会、市场合作共治、对话协商的意义。

联合国全球治理委员会在 1995 年发布的《我们的全球伙伴关系》报告中将治理定义为：各种公共或私人的个人和机构管理其共同事务的诸多方式之总和，使冲突各方或不同利益得以调和并且采取联合行动的持续过程。治理包括有权力迫使人们服从的正式制度和规章，同时包括各种人们同意或认为符合其利益的非正式制度安排。[②] 1996 年，联合国开发计划署（UNDP）在其题为“治理概念与人类可持续发展”的年度报告中指出，治理是“行使政治、经济和行政权力来管理事务”，治理是国家权力部门、私人部门和公民社会三个领域的集成。[③] 这两个关于治理的定义是共识度较高的一般解释。国内学者在引进西方治理理论的同时，根据中国社会特性，对治理给出了自己的解释，进一步丰富了治理理论。他们认为治理是指在一个既定的范围内运用权威维持秩序，满足公众的需求[④]；是通过一定权力的配置和运作对社会加以领导、管理和调节，从而达到一定目的的活动[⑤]。治理与统治的最大区别在于行为主体可以是公共机构，也可以是

---

① 祁勇、赵德兴：《中国乡村治理模式研究》，山东人民出版社，2014 年版，第 7 页。

② 俞可平：《治理与善治》，社会科学文献出版社，2000 年版，第 4 页。

③ UNDP. Concepts of Governance and Sustainable Human Development. 1996, pp. 9 –10.

④ 俞可平：《治理与善治》，社会科学文献出版社，2000 年版，第 5 页。

⑤ 徐勇：《中国农村村民自治》，华中师范大学出版社，1997 年版。

私人部门、公民社会甚至个人。综合各方对治理的理解，我们可以得出如下有关治理的共识：（1）治理理论是对国家中心论的扬弃。国家不再是唯一的治理主体，个人和私人部门都可以分享治理主体地位。（2）治理就其过程而言，是一种协商、协调而非传统强制性统治管理。（3）治理强调各主体之间的持续互动，而不是一种正式的制度。（4）治理是一个过程。

鉴于实践过程中出现的治理失效问题，在治理的基础之上又提出了“善治”的概念来完善治理理论。“善治”理论就目前而言，具有两个面向的含义：其一，“善治”关注的是超国家组织所倡导的关于社会治理、政治治理和行政治理的规范模型。即市场在治理过程中的绝对主体地位和实现“最小化国家”目标。[①] 其二，“善治”即良好的治理（good governance），是指各治理主体，包括政府组织和社会组织、公共部门和私人部门共同协作管理，从而使社会公共利益最大化。“善治是政府与公民对公共生活的合作管理，是政治国家与公民社会的一种新颖关系，是两者的最佳状态”。[②] 从这个意义上而言，近年来中国国家治理现代化的不断尝试和创新都是一种走向善治的努力，也是中国式政治改革的路径探索。国家治理体系和国家治理能力的现代化，也就是要实现中国式的善治。走向善治的中国治理之路从内容上可概括为国家集中统一配置资源、政府主导、渐进式市场化和社会协同治理四个方面。

一、集中配置资源

中国政治从传统向现代转型中依然显现的突出特点是以中央政府为中心的大一统体制，即政府或领导权威对民众、社会各个领域具有最高和最终的决定权和治理权。大一统政治传统之下，国家治理在历史实践过程中已然出现了如何保障有效性的根本问题。根据治理理论，治理的有效性在很大程度上取决于治理主体之间的分权合作协调。然而，大一统的政治体制则强化了中央治权的绝对性。从理论层面而言，大一统和有效治理之间似乎存在不可调和的矛盾。但在当代中国共产党国家治理的具体实践中，

---

① Stephen P. Osborne 编著，包国宪、赵晓军等译：《新公共治理？——公共治理理论和实践方面的新观点》，科学出版社，2016 年版。

② 俞可平：《治理与善治》，社会科学文献出版社，2000 年版。

通过中央与地方、国家与社会等多维度的动态平衡，以国家集中统一配置资源为主，市场决定资源配置的方式实现决策的大一统与执行灵活之间的平衡，从而实现了国家的有效治理。

国家资源的所有制形式决定了其配置主体和配置结构。就当代中国而言，社会主义的政治发展方向决定了生产资料公有制为主体的社会所有制形式。公有制经济为主体，多种所有制经济共同发展的经济制度决定了中国政治制度的社会主义属性。在公有制占主体的经济社会结构中，国家依然也必然是资源配置的主体。但国家配置资源的具体方式则需要进一步的创新，由之前的政府大包大揽式的集中统一配置转向大幅度减少政府对资源的直接配置，引入市场机制和市场化手段，提高资源配置效率和效益。在政府配置的公共资源和公共服务等领域，加大改革力度，加强法规规章、战略、政策、规划等的制定和实施，更好发挥政府的引导和规制作用。与传统的政府配置资源方式有所不同，政府主要应引导和规制资源配置，而不是直接配置资源。政府实现资源配置的方式在于更多地制定和运用政策、法规规章、制度、战略和规划。政府的职责和作用主要是保持宏观经济稳定，加强和优化公共服务，保障公平竞争，加强市场监管，维护市场秩序，推动可持续发展，促进共同富裕，弥补市场失灵。从这个层面上而言，国家集中统一配置资源和发挥市场配置资源的决定性作用并不相悖。国家集中统一配置资源对应的是公共资源、制度资源、政策资源。这种治理方式很好地回应了公有制为主体的社会主义上嫁接市场经济的需求，既发挥市场配置资源的灵活性、有效性，又发挥政府对市场本身的规制监管作用。可以说，国家集中统一配置资源是一种对配置的再配置。从经济治理的层面而言，这是中国国家治理对传统理论和实践的突破和创新，是对世界经济社会治理的巨大贡献。中国实现了在社会主义所有制的结构上融合市场经济。当然中国社会主义市场经济在运行过程上仍然需要克服诸多内生和外在的矛盾与问题，但是瑕不掩瑜。国家集中统一配置资源与市场决定配置资源之间的有效结合实现了资源配置的效率最大化，克服了市场失灵和国家计划配置僵化的固有缺陷。国家集中统一配置资源的治理路径创造了世界现代史上最大的经济奇迹。通过近四十年的有效治理，中国当前经济总量跃居世界第二，开始跻身中等收入国家行列，贫困人口继续下降。

二、政府主导

一般意义上的善治通常具有治理主体多元化的含义。治理主体多元化与善治的联系逻辑是多方参与合作的治理方式必然提升治理的品质。对中国民众而言，国家治理的核心不在于治理的主体是否多元。公众对治理的通常认知依然是政府治理，对治理的预期依然是政府通过有效方式提升政府治理绩效。因此，中国式治理道路之下的政府主导是指在国家治理现代化过程中发挥政府主体作用的同时积极鼓励和支持市场和社会参与治理，从而实现政府治理与社会自治的良性互动。政府主导的中国式治理道路包含以下方面的转变：首先是责任政府理念的确立。在政府行政改革的过程中，通过不断调整政府机构、明确政府职能、确立政府绩效管理和行政问责体系等明确和强化了治理过程中的责任意识。其次，明确了“大政府”“大社会”的双大治理格局。一方面通过不断简政放权和政府行政审批制度改革，全面收缩政府在社会、个人和地方的管控范围，增加社会自治的弹性和活力。例如，已经出台实施的中央《关于加强和改进党的群团工作的意见》，明确提出改革以共青团、妇联、工会为代表的人民团体，增强其组织活力，加强其与人民群众的联系，发挥其在社会治理领域中的作用。另一方面则是强化政府在法治、安全、环境、政策决策和指导以及社会福利等领域的公共产品供给，突出在国计民生、重大项目建设等领域内的政府主导地位和作用。

根据“社会—政治治理”理论的定义，国家治理现代化的核心是如何处理政府与市场、国家与社会之间的关系。就中国而论，从国家转型的现代化进程抑或是从国家政治传统来看，中国治理的必然主体是国家和政府。西方国家发展的逻辑起点是资本和市场，市场与国家的关系是前者包容后者，而中国国家发展的进程则是政府主导，政府逐渐向市场开放包容。就当前的世界趋势而言，无论是社会主义市场经济体制下的中国还是资本主义市场经济体制下的诸多发达国家，政府和市场是相互合作的治理主体。但中国治理道路的特殊性来源于其社会主义国家的属性。政府充分尊重市场经济规律，追求与市场的关系平衡的前提是坚持社会主义的价值取向。因为社会主义是保持中国共产党和政府坚持以民为本，统筹全局，有效规避市场风险，谋求人民利益最大化，实现共同富裕的不二之选。这也是中国共产党和政府执政合法性的基础。

中国治理道路从全能政府模式转向政府指导，多元治理主体参与的现代化历程是由中国国家现代化决定的。中国历史上国家治理的基本特点是中央政府（权威）一统而治。传统家天下的政治理念决定了普天之下，莫非王土的大一统治理路径。在中国建构现代化国家漫长的历史过程中，国家治理的规模、治理的内容、治理的形式都出现了重大的变化和拓展。这决定了政府治理必须从全能全包型转向政府主导，多元参与。国家治理规模是由一国整合统辖的领土及其之上生活的民众之范围和数量决定的；治理内容是由国家公共产品供给的多寡决定的；治理形式则由国家权力结构框限。治理内容、治理形式同时对治理规模产生决定性影响。因此，就中国当前国家发展现状，幅员辽阔，人口众多、地区发展不平衡等决定了中国式治理只能主要通过政府组织机制治理来实现。同时，坚持政府主导式治理是由中国社会主义道路的内在需求所决定，也是对当前中国国家治理依然主要通过政府组织这一治理机制的回应。

三、渐进式市场化

中国经济的成功或者说中国四十年的改革治理成效就是构建了新型经济社会发展的道路，即确立了中国特色社会主义市场经济的国家发展路径。从本质上而言，中国社会主义市场经济是国家市场经济的中国版。中国国家市场经济的特殊性在于始终坚持社会主义公有制的主体经济地位，坚持国家或政府在经济社会发展中“有所不为”的治理方式，坚持将市场置于国家的有效监管和治理之下。对许多人而言，市场经济之于中国在改革开放之前是完全不存在的事物。但从国家市场经济的视角而言，市场因素从古至今都存在。[①] 无论是封建国家时期还是社会主义国家时期，中国国家经济都存在市场的因素，差别在于其规模的大小。当下中国式国家市场经济对世界经济治理和发展的贡献在于其有效地融合了社会主义与市场经济两个要素，并且在实践中取得了显著的成功。中华人民共和国国家建设的前20多年内，政府在经济治理的过程中同样试图在社会主义计划经济体系中允许、培育和发展有限的市场。但是受限于多种内外部因素，其经

① 吴苑华：《世界体系视野中的中国道路》，天津人民出版社，2016年版。

济治理的效果未有现下如此成功。

更为重要的是中国式的市场化进程是一个渐进式的过程，有别于其他转型国家在改革之初采取的快速市场化、全面私有化的“休克疗法”。所谓渐进式市场化是指在不全面打破社会主义制度和计划经济体制的条件下，通过对所有制和计划经济体制部门的、逐步的改革，从而实现培养和发展市场经济体制的改革目标，在市场和计划两种经济体制双规并存中逐步实现向市场经济体制的全面过渡。渐进式市场化的治理方式由建设中国特色社会主义国家的国家治理目标、改革性质等决定。中国社会主义市场经济体制的构建是在中国共产党领导下，在坚持社会主义制度的基础上，为解放和发展社会生产力而进行的改革治理。社会主义的属性决定其渐进式的改革方式。与东欧国家明确提出回归欧洲，俄罗斯明确提出国家要实现从社会主义公有制到私有制的“转向”不同，中国的经济改革治理的目标是完成社会主义与市场经济的耦合，建立社会主义市场经济体制。从改革的程度上而言，中国的改革是一种相对小范围的渐进式“转型”而非国家休克式的“转型转向”同步走。

改革与发展、稳定之间的平衡是保障中国国家改革和治理目标实现的基础。发展是硬道理，只有解放和发展生产力使之与当下的生产关系匹配才能巩固中国共产党的执政地位，夯实执政基础。同时，在改革中维持社会稳定才能为持续的改革提供必要的环境条件和社会基础。以发展为主题，并且保障改革与稳定之间的平衡决定了中国只能走渐进式的治理之路。此外，建设社会主义市场经济体制决定了市场改革必须在社会主义政府的框架内实施和推进。中国共产党和政府既是改革的执行者又是被改革的对象。改革主体和客体相统一，客观上也决定了中国的市场化不可能是激进式的。

四、社会协同

随着社会主义市场经济体制改革的不断深化，如何进一步刺激经济增长、增加社会活力、引导市场机制合理有序运行已经成为中国国家治理的重要内容。激发社会活力，推动市场机制合理有效运行等目标的实现无法单纯依靠政党和政府，还需要社会和民众的广泛参与。全能式政府需要向社会转移一些市场性的治理职能，如商业协会、行业协会、志愿者组织等。[①] 从社会主义中国的视角而言，国家治理现代化的核心是如何在坚持中国共产党领导的同时让社会和民众通过各种合法有效途径协同参与治理。坚持中国共产党领导是坚持社会主义道路的前提和保障，而社会民众协同治理则是有效刺激经济增长，推动市场经济因素发展的有效路径。

社会和民众协同参与治理就中国当前的政治生态而言具有双重含义：其一，民众与政府协同参与治理；其二，更为显著的是，中国政府在治理过程中对民意的积极回应。中国民众的集体主义倾向、全民拼经济的时代特征、公民意识发育的相对滞后、参与效能感较低以及全球性的政治冷漠等诸多因素都影响着民众参与治理的意愿。同时，中国共产党领导下的中国政府无论是从制度上还是治理效率上而言，在治理行动过程中更为偏好“党治”。因此兼顾民主和效率的中国治理道路就是某种意义上的“党治与民治”的有效结合。中国混合型治理模式虽然称不上至臻完美，但其在促进善治方面的高效性足以决定其对世界的重要意义。

中国的民主是人民民主，其本质是人民当家作主。选举制度，作为实现民主的主要路径之一，确实是判断民主的主要指标，但却不是唯一标准。从国际范围检视，现实中也有选举制度不能保证公民的民主权利的情况存在。“人民是否享有民主权利，要看人民是否在选举时有投票的权利，也要看人民在日常政治生活中是否有持续参与的权利；要看人民有没有进行民主选举的权利，也要看人民有没有进行民主决策、民主管理、民主监督的权利。”从治理制度层面而言，基于自我管理，自我教育，自我服务，自我监督的基层群众自治制度不仅是中国特色社会主义政治制度的重要构成，也是实现中国式“党治”与“民治”协同治理的重要保障。基层群众自治不是“基层政权的自治，而是基层群众的自治”[②]。基层民众通过自我治理实践在很大程度上实现了协同参与国家和社会治理的民主诉求。基层群众自治是中国“小民主”的重要发展，其将切实推动中国“大民主”政治进程的发展。所谓“小民主”就是与民众日常生活息息相关的问题，给

---

① 彭希哲、朱迪·豪威尔、王川兰等著：《社会组织与国家治理——中外比较研究》，复旦大学出版社，2016 年版。

② 林尚立：《当代中国政治基础与发展》，中国大百科全书出版社，2017 年版。

予普通民众话语权和参与权，让他们对关乎切身利益的问题进行自我决策、自我管理和自我监督。因此，中国社会和民众协同参与治理的国家治理方式是中国人民民主制度的重要实践和保障。

第二节　中国经验

探寻当代中国的良治，除了古为今用、西为中用之外，更为重要的是要坚持新中国形成的党的领导、人民民主、共同富裕、群策群力等社会主义良治特征和高效的行政效率、稳定的社会秩序等中国治理的实践经验。

一、强有力的政党领导

中国特色社会主义道路的前提是坚持中国共产党的领导。源于西方的治理理论从“社会中心主义”出发，主张政府、社会、市场多元治理主体合作实现治理现代化，特别强调了社会对政府失灵的弥补作用。中国的国家治理理论则从中国国家建构实践出发，立足革命党——执政党——培育和引导社会和市场发展的演进逻辑，主张政府在国家现代治理体系中的强有力地位。中国共产党是实现社会主义国家良政善治最坚实的保障。社会主义中国是共产党领导人民建构起来的，因此，就国家建设和治理主体而言，中共就是天然的领导者、组织者和执行者。这是社会主义中国国家治理现代化的逻辑起点。

同时，执政党是现代国家组织和运行的重要构成要素。从世界主要国家现代化的历史进程看，以政党为主题进行治理是现代国家治理的重要特征之一。从学理上看，政党治理包含两个层面的内容，即“党治”和“治党”。通俗而言，党治是指政党通过执政从而实现整合社会，实现善治良政的国家治理目标。治党则是指政党通过自我治理，提升执政能力，最终实现“党治”的目标从而确保政权的长续。全面从严治党，加强自身建设、自我革新保障了中国共产党长期拥有强力而高效的国家治理能力。

当前的反腐治理是中共加强党的执政能力建设的重要内容，其为解决中国当前的经济和社会问题打下基础。与以往中共运动式治理模式不同，反腐治理进入了制度化、法制化的常态模式。同时，中国共产党的腐败治理凸显了其勇于承认错误，纠正错误、吸取教训的特质。一个具有自我否定和自我治理能力的政党，必然具有强力的国家治理能力。中国改革开放战略的实施本身就是中共认识错误，自我修正错误的结果。中国今天发展的成绩可以说完全得益于中共自我纠错，自我修正的能力。根据美国普利策新闻奖得主凯瑟琳·舒尔茨的错误学理论，犯错无论对于自然人个人而言还是对于像中国共产党一样具有严密组织架构的法人团体而言，都是一种常态表现，正所谓“人”孰能无过。但是，从心理认识视角而言，我们潜意识里面往往拒绝接受错误的存在。我们在对待错误时通常采用双重标准：错误当然存在，但与自己无关。人们这种自我正确的执着心理将会使我们犯下更多本可避免的严重错误。中国共产党的这种自我修正的特质为国家治理提供了强力的政党领导，促进了社会主义中国的快速发展。

二、稳定的政治秩序

“积极稳妥”一直是中国共产党和中国政府治国理政的基本原则。但是，就当下的国家治理现实而言，在稳妥和积极之间，“稳妥”无疑是关键。这一方面源于安抚民心，维持社会稳定，保持高效治理的内在需求；另一方面，治理的根本目的在于通过“善治良政”实现国家社会的发展。从稳定与发展两者的关系看，逻辑的起点无疑是稳定。只有稳定的政治环境、社会秩序的充分供给，发展才有可能。激进的“颜色革命”“茉莉花革命”的实践证明国家治理，尤其是政治体制改革必须建立在稳定的前提上。激进的改革极易引发社会动荡和治理失效，这就与以改革促进发展的终极目标相悖，本末倒置了。对大多数的中国民众而言，安居乐业是幸福生活的充分条件，而稳定则是安居乐业的根本前提。中国通过切实提高人民生活水平，有效解决民生问题，提供最广泛的社会保障等治理方式来保证和维护转型社会的稳定。

从新世纪以来中国历年的政府报告看，民生问题一直是政府和执政党所关注的重大政治问题。十七大报告将民生概括成“学有所教、劳有所得、病有所医、老有所养、住有所居”的“五有”愿景。十八大报告则在民生五愿景的基础上提出要多谋民生之利，多解民生之忧，以教育、就业、居民收入、社会保障、医保和社会管理为抓手，全面推动中国政治社会发展。当前中国频发的各种社会问题日益成为严重威胁中国社会稳定的主要因素。细究中国频发的社会问题，基本集中于医疗、住房、就业、收入、腐败、权力滥用和环境领域。这些导致基层社会官民对立、社会秩序不稳的问题，大部分是可以通过积极改善民生得到有效的解决。[①] 实践中，政府通过协调治理来解决发展过程中出现的各种民生失衡问题从而实现国家发展所必须的社会稳定。

协调治理就是通过各种现代化治理方式力求将失衡的发展格局转向地区间、产业间和部门间均衡协调发展。联合国《发展权利宣言》明确规定：各国政府应该在国家一级层面采取一切必要措施实现发展权利，并确保所有人在获得基本资源、教育、保健服务、粮食、住房、就业、收入公平分配等方面机会均等。应采取有效措施确保妇女在发展过程中发挥积极作用。应进行适当的经济和社会改革以根除所有的社会不公正现象。[②] 就中国而言，东西部区域协调发展，城乡协调发展，是全面建成小康社会的必然要求，也是中国国家治理现代化的应有内容。

以城乡协调发展为例，中国式城乡协调发展的主要路径是政府有计划的推进城镇化进程。《国民经济和社会发展第十三个五年规划纲要》明确提出走新型城镇化道路。《纲要》指出：坚持以人的城镇化为核心、以城市群为主体形态、以城市综合承载能力为支撑、以体制机制创新为保障，加快新型城镇化步伐，提高社会主义新农村建设水平，努力缩小城乡发展差距，推进城乡发展一体化。新型城镇化发展战略一方面要解决中国日益加大的城乡差距，另一方面则是为了稳定社会秩序。在新型城镇化进程中，中国政府通过协调改革社会和城市治理方式，以及对土地资本等的管控，最大限度地避免了农业经济向工业化转变和农民向市民化过程中通常伴随的社会运动和政治躁动。[③] 因此，稳定的社会秩序对于国家有效治理而言既是前提条件，又是治理的过程目标。这是中国式治理或者说中国式发展为世界转型国家提供的实践经验。

---

① Zheng Yongnian, "china in 2011: Anger, Political Consciousness, Anxiety, and Uncertainty", *Asian Survey*, 2012, January.

② 联合国《发展权利宣言》，1986 年 12 月 4 日。

③ 克里斯汀·卢尼等：《中国特色的城市化及其所面对的风险》，《国外社会科学》，2016 年第 3 期。

三、创新国家治理

改革开放为中国国家和社会带来长足发展的同时，也引发了诸多问题。当今的中国已经建构了全面的社会主义市场经济，市场在资源配置中具有决定性作用。与此因应的是社会、市场和个体拥有了更多的自主性，利益诉求也更趋多元化。在此情势之下，中国共产党必须改变过去依靠集中国家权力治理国家的方式，在国家治理的经济和社会层面更多的引入社会力量，创新治理方式，提升自我执政能力。

治理创新，兴起于新公共管理领域，通常指在私人部门（非公共部门）通过产品和程序的革新来改善组织绩效，多出现于公司治理领域。[①] 随着国家治理现代化议题的兴起，中国治理的创新重点有别于西方新公共管理理论的通常定义，关注政府和公共部门的治理创新。通过治理方式的革新，改善政府绩效，提高治理效率和效益才是中国式创新治理的要旨。当然治理主体的多元化同样是中国式国家治理创新的基本内容。

以基层治理为例，随着社会事务和社会矛盾的日渐复杂，基层街镇和居村的政府及其派驻机构担负的服务群众、管理社区、维护安全稳定等任务十分繁重庞杂。如何“解放和增强社会活力”，提高基层政府治理和服务民众的能力是突出的现实问题。通过在基层治理过程中，承认基层治理主体的多样性，提高治理主体尤其是党和政府以外治理主体的能动性，从而有效地创新了基层政府治理方式。政府从重管理转为重服务，尽量把社会成员能自行解决的问题放手给社会，从单中心走向多中心的治理模式。[②] 基层社会治理的创新不仅节约了行政资源提高了行政效率，而且提升了政府公信力，降低了各项政府政策推行的阻力，增进社会稳定。而稳定的社会秩序将为我国实现经济社会发展模式的转型，完成市场化与现代化进程，提供至关重要的基础性条件。

---

① Stephen P. Osborne 编著，包国宪、赵晓军等译：《新公共治理？——公共治理理论和实践方面的新观点》，科学出版社，2016 年版。

② 钱蓓：《基层之变：从“管理”转向“治理”》，《文汇报》，2014 年 10 月 10 日；谭翊飞、张凡、申剑丽：《厘清政府与社会边界，增进社会和谐》，《21 世纪经济报道》，2014 年 7 月 14 日。

同时，互联网的高速发展开辟了国家治理的新场域，也为中国式治理提供了官民沟通协作的平台。基于互联网的共享共治是中国国家治理创新在虚拟空间的具体实践。中国互联网尤其是智能手机的迅猛发展对中国国内政治社会治理模式和路径提出了新要求。网络同时为中国政府与国内民众之间实现共享共治提供了平台和技术支撑。

四、共享发展成果

十一届三中全会之后，国家治理的重心转向经济建设，此后的改革开放和社会主义市场经济转型为中国带来了前所未有的收益，同时也带来了社会急剧分化，价值失范等问题，其中最值得重视的是不同社会利益群体间的分配的不平衡和地区间凸显的差异。分配不平衡和地区差异的直接后果就是整体性的改革成果和发展富裕由一些地区和群众先行享有，而另一些改革参与者的获得感较少甚至利益受损。这是国家现代化转型过程中无法规避的客观结果。应对发展过程中出现的种种失衡问题，就需要通过各种现代化治理方式力求将失衡的发展格局转向地区间、产业间和部门间均衡协调发展。“坚持发展为了人民，发展依靠人民，发展成果由人民共享”。“发展为了人民”指明了发展的根本目的；“发展依靠人民”则说明推动发展的主体是人民，发展不是少数人的特权；“发展成果由人民共享”则明确了发展的收益权主体。中国“十三五”规划中对共享发展制定了宏伟而又细致的计划，包括：增加公共服务供给，实施脱贫攻坚工程，提高教育质量，促进就业创业，积极开展应对人口老龄化行动，坚持男女平等基本国策等。

中国实行脱贫扶困政策早在20世纪80年代就开始了。改革开放以来，中国政府在消除贫困，改善贫困地区人民基本生活条件等方面做了大量的工作，取得重大进展。中国政府坚持共享发展理念，贫困治理方式从开发式扶贫转向精准式脱贫，意味着中国贫困治理战略的重大转变。所谓开发式扶贫就是通过政府投资，大量新建交通等基础设施，改善当地民众生产生活条件，促进贫困地区经济快速发展。所谓精准扶贫就是因人因地施策，对贫困家庭和人口进行分类扶贫，提高扶贫实际效果，用流行语来讲就是“定制式”扶贫。无论是过去的开发式扶贫还是当下的精准扶贫，中国基于共享发展理念推动的扶贫行动对世界而言具有非常重要的意义。事实证明，在共同富裕、共享发展理念之下的中国贫困治理取得了显著的成果。就脱贫绝对总人数而言，中国实现脱贫的人数占了世界总数的近四分之三，接近7亿的中国贫困人口在中国政府的努力之下成功摆脱贫困。对于落实联合国《2030可持续发展议程》的各国政府而言，中国脱贫经验和贫困治理经验具有重要的模板意义。

五、提升民众认同

中国政府高效的行政治理效率、领导精英具有战略性且务实的思考，勇于试验的政治魄力，促成了中国人民生活水平的快速提高，同时让中国共产党和中国政府收获巨大的民众支持。中国改革开放以来持续有效的治理体制的革新造就了中国经济的辉煌。中国民众对中共政府的支持不仅仅来自经济增长所带来的财富和利益。中国政府的合法性更植根于长久的国家历史之中。至少两千年里，具有强有力的中央领导力和执行力的大一统国家政府一直被视为中华文明的维护者和化身。中国传统儒家文化的一大特征是强调集体主义，对于个人利益的追求并不占主要地位。个人融合于家族和国家这样的整体和集体利益之中。这种文化特质在一定程度上有利于增强或者巩固民众对政府的政治信任，为中国国家治理提供了足够的政治支持和群众基础。

中国民众实用主义的偏好也进一步增强了其对党和政府治理国家的认同。政府治理决策过程中能否遵循民本思想，实现民众最大利益，问政于民、问需于民、问计于民是中国民众对评判政府治理有效性的主要标准。作为最广大人民根本利益代表的中国共产党和政府其执政治理国家的逻辑合法性于此是毋庸置疑，不证自明的。国家在中共治理之下无论是在经济还是在政治社会层面所取得的杰出成就也就成为民众持续支持中国共产党政府治理国家的主要原因。多数情况下，中国人评估、判断是通过观察行为的实际结果。邓小平经典的黑猫白猫论就是中国人实用主义心态的最好写照。美国著名学者史天健及其合作者的实证研究进一步证实了中国民众对实用主义的理解。社会调查数据显示，中国民众有超过七成（72.83%）的受访者认为“政府决策关心民意”比“市民拥有批评政府的言论自由”

更重要。①

同时，中共在面对复杂多变的国内外社会经济形势，坚持加强自身建设，全面从严治党，大力反腐，有效提升党的执政能力也得到了民意的认同。根据中国社会科学院发布的《社会蓝皮书：2015 年中国社会形势分析与预测》显示，民众对反腐败的满意度，已经连续两年出现了较大程度的提高，2013 年和 2014 年分别增加了 0.21 分和 0.35 分。报告称，“中央对反腐力度的加大，直接提升了城市民众对政府的满意度，表现为对各级政府服务满意度都有所提升”。对于“一切为了人民”“全心全意为人民服务”为宗旨的中国共产党而言，治国理政过程中党员和领导干部工作生活中出现形式主义、官僚主义、享乐主义和奢靡之风，这是动摇其执政基础的关乎生死存亡的严重问题。全面从严治党就是为了解决由“四风”问题引发的日趋紧张的党群关系和干群关系以及日益严重的腐败问题，重新巩固和夯实治国理政的合法性和群众基础。中国政府持续的腐败治理一方面因应了民众打击腐败，惩处贪腐官员的意愿，另一方面有效的腐败治理也在很大程度上巩固和增强了中国共产党的公信力和执政基础，得到了民众普遍的认同。同时，民众的认同和支持也为未来中国腐败治理的常态化和制度化奠定了良好的社会基础。

第三节　全球治理的中国方案

中共十八届三中全会首次提出，“全面深化改革的总目标是完善和发展中国特色社会主义制度，推进国家治理体系和治理能力现代化”，十九大报告再次将国家治理现代化确定为中国特色社会主义现代化建设的目标。从社会主义中国发展进程看，改革开放伊始，中国国家治理的目标集中在经济领域，尤其专注 GDP 的增长。坚持近 40 年，中国的 GDP 总量位列世界第二，仅次于世界超级大国的美国。这是中国共产党领导之下的国家治理的巨大成就。随着国家实力的增强，世情、国情、党情的重大改变

---

① Lu, J., & Shi, T. “The battle of ideas and discourses before democratic transition: different democratic conceptions in authoritarian China”, *International Political Science Review*, 36, 2015.

对中国国家治理的具体内容提出了新的要求，而且全球化的市场经济机制和互联网的蓬勃发展也让中国国家治理成为全球治理的重要一环，深刻影响着全球治理的进程。中国的发展是处在全球化环境中的发展，是在全球化进程中与其他所有国家共同谋求的发展结果。

一、引领现代国家治理

中国式治理首先从理念上契合了治理现代化的普遍趋势，在实践上引领着现代化国家建设和治理的方向。治理理论作为新公共行政理论发展的重要内容，是西方为应对现代国家治理实践中普遍出现的政府失灵问题而提出的新主张。传统意义上的治理通常隐含着运用权力进行制度约束与秩序管理的逻辑，但在现代意义上而言，治理是一个开放和包容的概念。在西方理论语境中，治理最突出的特征就是政府与公民（社会）对公共生活的共同、合作管理。我们可以简单地将治理现代化的核心要义概括为合作。中国式治理与西方治理之间的差别不在于对治理理念的不同认知，而在于国家与社会之间治理能量上的孰重孰轻。相对而言，中国式治理充分反映了社会主义国家的属性，强调治理过程中中国共产党的领导和政府绝对的治理主体地位。在政府、社会组织、公民等多元主体的合作与互动中，更强调发挥党委领导、政府主导作用，激发社会组织活力，调动一切积极力量参与国家建设。治理，可以是一个技术层面的管理问题，也是一个涉及国家根本道路的政治问题。把治理与维护最广大人民的根本利益联系起来，是中国国家治理现代化的重要理论创新。

中国式国家治理在治理主体角色定位上同样符合治理现代化的普遍趋势。现代治理理论在治理主体定位上多偏向多元主义，特别强调用市场、社会组织来应对政府能力的有限性甚至时而出现的政府失灵的问题。通俗而言，就是所谓的“小政府、大社会”。但是如何把握大和小之间的平衡，是每一个国家在治国理政过程中都需要面对的问题。就中国国家治理而言，基于中国现实的国情、社情和党情，我们在处理政府与市场、国家与社会的关系中，采取两者并重的方式。在政府与市场关系中，政府一方面更加尊重市场规律，最大限度减少对微观事务的干预，使市场机制能够实现自我调节、自我配置；另一方面要对市场失灵问题随时保持警惕，提高宏观调控的科学性与政府治理的有效性。在国家与社会关系中，政府积极培育引导社会组织的发展，重视发挥社会组织在治理和服务中的积极作用，使社会组织成为政府与群众间的桥梁和纽带。

中国式治理在绩效评估上同样符合治理现代化的普遍趋势。现代国家治理的目标是为民众提供充分的公共产品，服务于民。在改革之初，中国国家治理的目标一度集中在经济领域，尤其专注 GDP 的增长，这是在经历了文革之后国家积弱积贫的自然应激反应。在坚持近 40 年的集中经济建设之后，中国的 GDP 总量位列世界第二，仅次于世界超级大国的美国。因此，中国国家治理的目标必然发生转向：即在经济运行进入新常态之后，如何更好地为人民服务，让人民生活更美好。因此，环保、公共安全、科技、教育、就业、社保、卫生、文化与经济发展一样都成为了评估国家治理绩效的具体内容。

依法治理的国家治理方式也符合治理现代化的普遍趋势。依法治国的本质是厘清权力的边界，让权力在法律的框架内运行。只有权力装进“法律的笼子”，政府才能更好的履行其治理国家的职能，实现权责一致，切实提高管理水平，提升执政能力。只有厘清政府权力的界限，才能分清政府、市场与社会之间治理范围，才能更好的实现政府指导，市场和社会共同合作参与的国家治理现代化结构。

二、积极参与全球治理

全球治理的有效性依赖于国家、国际机制与国际组织、区域合作与区域一体化、非国家行为体、跨国行为体、次国家行为体、个人、全球市民社会等治理参与者之间的合作与良性互动。就目前的国际政治格局而言，超国家组织和机制的全球治理效能并不尽如人意。国家作为最主要的政治行为主体，依然是全球治理中不可或缺的重要行为体。尽管全球化削弱和限制了国家的权力，国家主权受到弱化，但是国家仍然在全球治理中发挥着不可忽视的作用。国家更多的是通过合作的方式来实现全球治理。就国际机制而言，这些机制的成功运作是全球治理得以实现的重要方面，全球性问题有赖于国际机制的参与，如联合国、世界银行、G20 等。中国参与全球治理的主要路径是积极参与和维护现有国际机制和全球政治经济秩序以及与世界各国开展双边和多边的合作。

应对全球气候变化是当前全球治理的重要议题。中国在全球环境治理层面积极参与。2014 年 11 月，美国总统奥巴马与中国国家主席习近平共同宣布了限制温室气体排放的相关协议。中美两国在关于限制温室气体排放的谈判过程中，中国一方面充分显示了其在应对气候变化，承担全球绿色治理责任方面的积极态度；另一方面作为发展中大国的中国就减排问题向世界发展中国家展示了其领头人的作用。2015 年 11 月在法国召开的气候变化巴黎大会上，通过包括中国在内各国的共同努力，最终就共同应对气候变化达成一致，签订了《巴黎协定》。中国国家主席习近平在出席巴黎大会开幕式时发表重要讲话，坚定表明了中国积极参与全球性治理议题的诚意和决心。

此外，随着中国“一带一路”倡议的进一步推进，中国海外投资大幅增加。这些投资的主要方向之一就是新能源市场。中国成为了在太阳能、风能、水电能等清洁新能源市场的世界领头羊。在一定意义上，这也是中国参与全球气候治理的重要行动。根据联合国环境规划署的报告，中国是为提高资源效率和保护环境最早将循环经济方法作为国家经济发展新范式的国家之一。中国绿色发展和环境治理不仅有先进的治理理念引领，更有中国共产党强大的领导力和执行力。中国积极应对全球环境议题，凸显了中国负责任的大国精神。

三、全球治理的中国方案

根据联合国《发展权利宣言》，所谓开放发展就是一种“发展的交互受益权”[①]，各国对创造有利于实现发展权利的国际环境和国际条件负有主要责任。各国有义务在确保发展和消除发展障碍方面相互合作。各国在实现其权利和履行其义务时应着眼于促进基于主权平等、相互依赖、各国互利与合作的新的国际经济秩序。中国积极推进“一带一路”建设，推进同有关国家和地区多领域互利共赢的务实合作。可以说，中国“一带一路”倡议既是其国家治理的重大举措，更是中国关于全球治理的具体方案。“一带一路”建设、亚投行投入运营、“丝路基金”实体化运作等一系列互利共赢的对外合作设计和布局是中国开放发展、合作共赢理念的集中体

① 中国人权研究会编：《中国人权事业发展报告（2016）》，社会科学文献出版社，2016 年版，第 11 页。

现。中国“一带一路”倡议充分展现了中国承担与世界共享发展的责任。“一带一路”倡议是中国极具前瞻性、创新性和开放性的倡议布局。[①] 在“共商、共建、共享”原则上发出的“一带一路”建设倡议目前已经有100多个国家和国际组织参与其中，使其不仅是中国的治国战略，更具有了全球治理的国际意义。

“一带一路”倡议对中国的经济增长前景非常重要，但该倡议的受益者远不止中国一个。特朗普当选美国总统后，美国宣布退出跨太平洋伙伴关系协定（TPP）谈判和巴黎气候协定，同时美国回归贸易保护主义对经济全球化造成严重影响，这些都从另一方面凸显了中国“一带一路”倡议对全球治理尤其是推动全球化合作的重要意义。中国“一带一路”倡议实现的主要路径就是与沿线国家和地区的双边贸易协定。因此，“一带一路”倡议未来或将在“逆全球化”浪潮中脱颖而出，为中国经济增长注入强大动力。同时，其将在全球经济发展不确定性因素日益增加的背景下，提升全球贸易水平和大宗商品需求，从而给全球经济增长带来急需的推动力。[②] 事实上，中国“一带一路”倡议从性质上而言是一种全球共享的经济发展体制。这种全球共享的经济体制如果成功的话，将会为世界经济和政治提供真正具有实践意义的“中国方案”。在经济层面，中国式共享经济体制就是当前严重受挫的经济全球化的改良和升级。在政治层面，以合作发展为主的“一带一路”倡议将在全球秩序构建中趟出一条超越“修昔底德陷阱”的和平之路。

此外，随着技术革新和互联网的高速发展，中国向世界阐述了虚拟世界中全球治理的中国方案。首先，中国式全球互联网治理模式强调相互尊重之下的对话与合作。中国倡议各国“尊重网络主权”，通过协商谈判，共同制定网络空间的治理规则。事实上，中国的“互联网主权论”拓展了国家主权的内涵和外延。主权规则如何在开放互联网的世界中得到体现和尊重是中国对全球治理的重要贡献。“尊重各国自主选择网络发展道路、网络管理模式、互联网公共政策及平等参与国际网络空间治理的权利”是

---

① 吴素霞：《国外政要学者媒体视域下的“一带一路”战略》，《毛泽东邓小平理论研究》，2016年第3期。

② 克里斯托弗·约翰逊：《对中国复兴蓝图“一带一路”倡议的实际评估》，《国外社会科学》，2016年第4期。

中国的网络主权宣言，同样也可以是世界互联网主权宣言的重要组成内容。其次，互联网作为一个创新平台，是共享新思想的平台，也是公平竞争与合作的平台。中国提出推动网络空间实现平等尊重、创新发展、开放共享、安全有序的治理目标，对世界互联网的良性发展意义重大。谈治理、讲创新都是为了谋发展，发展的核心是人，良好治理和突破创新有赖于网络中各个角色的合作。第三，中国强调和平参与国际网络空间治理的权利，也表明中国希望国际社会不搞网络霸权、不干涉他国内政，更不从事、纵容或支持危害他国国家安全的网络活动。

第四节　世界意义

随着国家治理主体多元化，政府内部与外部控制能力逐步减弱。国家目标的实现，依靠强大的国家能力显然是远远不够的，国家能力的有效性将更多地体现在国家、社会、市场不同主体之间形成激励相容的制度安排。这是治理现代化的普遍趋势，中国式治理开展的脉络可以简单地概括为由中国政府培育市场和社会力量的成长，推动社会参与治理，政府与社会共同构建稳定的社会秩序，从而最终形成政府治理和社会治理的合作双赢，促进国家社会的长足发展。中国式治理所展现的政府与社会之间的良性互动图景是对西方式政府社会二元对立治理模式的一种超越。在这个意义上，中国有可能为人类社会创造一种更好的治理之道。当然中国善治之道并非完成时，而是进行时和将来时，仍然需要不断求索。

一、内生式治理

在推进国家治理方式现代化时，必须始终坚持的基本立场是：国家治理方式现代化是中国主动采取的战略步骤而非外部压力下的被动应对行动。治理方式现代化具体的时间表、重点领域、路径和手段、重大政策措施都完全是自主选择的结果，根本目的是始终坚持中国作为社会主义国家的基本性质，维护和巩固党的执政地位。因此，从这个意义上而言，中国式国家治理是一种基于中国现实的内生式治理变革。这种治理革新的主要焦点在于关注国内社会、经济和政治的协调有序发展。从本质上而言，近年来中国虽然积极参与全球治理，向世界提供全球治理的中国方案，但其实质是一种国内治理的外溢。晚清以来，中国与世界的关系由被裹挟进入全球化进程到近年来开始主动性地参与全球化战略布局。无论是被动卷入还是主动参与全球治理，中国的目的从来都是为了国家发展、民族复兴谋求良好的外部环境。习近平总书记强调，我们参与全球治理的根本目的，就是服从服务于实现“两个一百年”奋斗目标、实现中华民族伟大复兴的中国梦。这阐明了中国参与全球治理的价值指向。中国积极参与全球治理，不是为了称霸全球，而是为了自身的发展，为了实现中国人民的福祉，进而实现全球的共同发展。这与美国等西方国家的“全球治理”理念有着本质性区别。随着中国力量的崛起，中国在世界上承担的国际义务也越来越大。在与他国开展双边和多边合作交往过程中，如中国向非洲等欠发达国家提供无偿援助和无息贷款等，中国始终坚持不干涉他国内政，无附带任何“民主人权改革”条件，坚持合作共赢，不以输出“模式”为己任。因此，中国式国家治理和全球治理的全球方案本质上都是一种向内关照的内生式治理模式和道路。

二、自主立场

中国在没有接受西方发展模式的前提下，立足自身国情、社情和党情，积极汲取西方国家治理的成功经验，找到了一条适合中国的国家发展之路，即中国特色社会主义道路。习近平总书记深刻指出：“从鸦片战争到新中国成立这100多年间，是中华民族最动荡、最屈辱的历史时期，是中国人民最悲惨、最痛苦的历史时期。中国人在苦难中觉醒和奋起，积极探索中国应该走什么样的道路、朝什么样的方向发展这个根本性问题。人们进行了很多尝试，君主立宪制、多党制、总统制都试过了，结果都行不通。只有中国共产党领导人民，把马克思主义基本原理同中国实际结合起来，找到了实现民族独立和人民解放、国家富强和人民幸福的中国特色社会主义道路。独特的文化传统，独特的历史命运，独特的基本国情，注定了我们必然要走适合自己特点的发展道路。马克思主义也好，社会主义也好，能够在中国取得胜利，关键就是我们党不断推进其中国化，紧密结合中国实际加以运用。我们的道路、理论、制度有着自己鲜明特色和显著优势，不能全盘照搬西方的洋办法，搬过来只会水土不服，注定要失败。这个结论，是已经被历史证明了的事实，是已经被事实证明了的历史。”简而言之，坚持自主立场是中国国家建构和治理实践的宝贵经验。

迄今为止，中国国家治理道路的成功在于坚持自主立场同时取鉴他国先进经验，立足国内，向世界提供了一条非西方式的发展之路。国家治理现代化是一个历史趋势，一种历史必然。对于每一个处于“现代化转型”期的国家而言，治理现代化是一条充满风险的必由之路，其风险在于自我否定、自我革命之下的不确定性。在此过程中，转型国家可以通过选择合适的现代化方式来有效的规避或部分规避国家改革的风险。中国的实践经验证明立足自身的自主化和实现稳定与效率平衡的渐进化改革是可行的国家治理之路。

三、开放性和包容性

对中国这样一个后发转型国家而言，国家治理现代化隐含着向先进国家学习治理经验的意思表述。而学习本身就要求学习开放的姿态和包容的精神选择、学习世界政治文明的优秀成果。同时，中国传统文明中突出的开放包容特性决定了中国式治理现代化的基本原则。“中国独一无二的命运是，在其他古代文明消亡之后很久，中国文明坚持了下来；这种坚持所包含的意义不是僵化，而是一系列的再生。”① 再生的基础则在于中国文明内含的开放性和包容性。从中国文明进程看，中国文化始终以独有的自信，开放和包容的理念吸收并蓄了诸多“异族文化”最终汇合同化，形成了现代意义上的中华文明。可以说，开放、包容已经嵌入内化为中国文明的特有属性。植根于中华文明基础上的中国式治理同样以开放、包容的姿态向世界展现其治理方案和成果。开放包容是中国式治理的基本原则。中国创新性的将社会主义与市场经济相糅合，从而创造出适合中国国情的社会主义市场经济体制本身就是一种开放包容理念的体现。社会主义向市场经济开放包容才最终成功实践了中国特色社会主义的道路。中国特色社会主义市场经济的成功，破除了过去对社会主义教条式的解读和不切实际的幻想。这些都有赖于理念上的开放包容，正所谓有容乃大。

此外，“一国两制”也可以说是一种为了实现国家和平统一而进行的政治妥协。这种妥协是中国式开放包容精神的集中体现。这里的妥协没有

---

① 孔飞力：《中华帝国晚期的叛乱及其敌人》，中国社会科学出版社，1990 年版。

贬义的色彩，因为“从整体上看，政治妥协是一件好事，为了和平的政治妥协是大好事。”[①] 从政治妥协的角度，“一国两制”可以理解为：为了追求国家和平统一，实现民族伟大复兴，国家与少数群体之间达成了有关少数群体自我治理制度的政治妥协。当然，“一国两制”作为一种政治妥协来理解，必须明确妥协的是两制，坚持的是一国。即一国作为主权象征，具有主权所拥有的神圣不可侵犯的天然属性。国家主权是无法妥协的，因为主权特性决定了主权没有谈判的余地。[②]“一国两制”的政治妥协背后的理念支撑除了对国家和平统一的执着之外，更多的是一种开放包容的治理精神。“一国两制”不仅包容了港澳台地区少数的意愿，更是在国家体制上包容了社会主义和资本主义这两种相互对立社会政治制度。这种对异者的包容相比西方奉行的具有唯一性的“普世价值”对世界治理而言或许更具意义。这也是中国式国家治理对全球治理的重要贡献。

四、推动构建人类命运共同体

人类命运共同体是中共十九大提出的全新理念，为人类社会的发展进步提供了强大的思想引领和中国方案。人类命运共同体的本质，是“建设持久和平、普遍安全、共同繁荣、开放包容、清洁美丽的世界”。按照联合国社会发展委员会第55届会议主席菲利普·查沃斯的说法，“构建人类命运共同体理念体现了中国人着眼于维护人类长远利益的远见卓识。”无疑，人类命运共同体是一个内涵丰富的宏大构想，为国际社会提供了富有普遍价值的新理念和新方案。

在西方的传统政治理念中，“人”是孤立的个体存在，这一有“人”无“类”的偏狭理解忽视了人类的存在属性，极大的窄化了人类发展和进步的视野，只有超越个体的“人”而强调共同存在的“人类”，人类社会的观念才能得到重塑和重构，真正适应时代的要求。

在人类命运共同体理念下，人是社会存在物，人在社会生活中分工合作、互联互帮、互惠互利，相互之间的权利和义务因而也有着不可分割的

---

① 艾维榭·马格里特：《妥协与卑劣妥协》，人民日报出版社，2012年版，第24页。

② 艾维榭·马格里特：《妥协与卑劣妥协》，人民日报出版社，2012年版，第1页。

互动相关性，不是少数国家的利益得到实现就意味着所有国家的利益都得到了实现，相反，那些从近代以来世界经济发展中获利更多的国家有义务向那些发展水平较低的国家和人民提供支持和帮助，而不是一味的加以居高临下的指责乃至干预，导致人民的生存状况进一步恶化。从根本上说，人类命运共同体是基于文明演进而内化于所有人内心的共同的精神价值。它铸就了守望相助、天下同心的人类观念，注定了尊重人的共同理念，树立了合作、开放、包容、互鉴、共赢的时代价值，不同国家和人民平等享有发展的权利，也有平等选择发展道路的权利，形成人类社会共同推动发展的合力，共同谋划人类社会发展的新未来。

习近平指出，“人类生活在共同的家园，拥有共同的命运，人类历史始终在不同民族、不同文化的相知相遇中向前发展”，这一新命运观一方面凸显了人类社会发展的历史新机遇，意味着人类战胜发展中存在困难的手段从来没有今天这样丰富，另一方面也不回避和平赤字、发展赤字、治理赤字等制约人类社会发展的结构性难题，促使人类需要以历史的视野、全球的视野来谋划发展未来，在不同国家彼此依存、全球性挑战此起彼伏的今天，各国要对接彼此的发展政策，在务实的合作中更好地实现发展。一方面，人类只有一个地球，在全球化、信息化高速发展的时代，人类的联系和交流日益变得空前的便捷和频繁，“每一个国家都通过与其他国家保持多样性关系在国际社会上共存，从而实现各自的成长，这样的时代已经到来。置身国际社会，必然要与其他国家保持千丝万缕的联系。命运共同体的重要性也就不言而喻了。”在多层次、多向度的相互依存状态下，不同国家早已形成一荣俱荣、一衰俱衰的新态势，命运高度契合。另一方面，人类社会面临着空前的共同挑战。世界经济疲弱，低增长、低利率、低贸易和低均衡的态势成为不少国家的通病；贸易保护主义盛行，贸易壁垒成为导致 2008 年以来全球贸易减少一半以上的重要原因；南北贫富差距明显，8 亿人生活在极端贫困之中；恐怖主义在全世界蔓延的势头难以遏制。面对诸多困境，人类的命运更加休戚相关。

与此同时，当今的人类社会也处于大发展、大变革、大调整的历史转折时期，发展的态势也呈现出新的特点，需要人们不断探索新方式，提出新的解决方案来加以有效应对，正如习近平所言，“敢于走前人没有走过的路，敢于抢占国内国际创新制高点。要把握创新特点，遵循创新规律，既奇思妙想，‘无中生有’，努力追求原始创新，又兼收并蓄、博采众长，善于进行集成创新和引进消化吸收再创新。”在这一方面，共同体的命题就是对于人类未来发展贡献的中国经验。在共同体的理念下，人类的发展需要根据时代的需要不断更新规则，少数国家把持话语权的状况需要得到彻底的改变。更为重要的是，在日益复杂严峻的挑战面前，全球贫困、污染治理、打击恐怖主义、防止核扩散等发展中面临的严重问题都要求人们树立和强化共同体意识，提出解决问题的新思路和新方案。在这一方面，中国的“一带一路”倡议做出了示范和表率。

后　记

从治理的逻辑阐释社会主义政治学是对传统政治学的挑战，如何进行周全的逻辑推演是本书首先需要解决的内在的逻辑性和验证力问题。鉴于目前几无材料可资参考，作者采取了以治理为主线的框架建构方式。首先通过绪论分析社会主义政治学的治理本质，这是本书理论的基础。从历史的进程看，西方国家的政治实质是资本对国家的统治，人民主权不过是制度性装饰。社会主义国家一度把政治的本质定位于斗争和暴力，从而局限了国家成长的内生动力。改革开放以来，中国在推进国家高速增长的过程中，实质上内在转化了政治的基本逻辑，治理国家成为党的根本任务，中国政治的根本问题因此也转变成了治理。这不是一个预设的价值理念，而是在渐进式改革的实践中逐渐酝酿和成熟的。

以社会主义政治学的治理本质为主线，本书的逻辑演绎方式是首先从历史过程中证明党奠定治理角色的自觉和不自觉；进而把中国特色社会主义视为治理的灵魂和核心理念进行相关性分析；在治理的方向性问题得以把握基础上，首先强调维护和加强党的领导是国家治理的前提和宗旨；之后阐述的问题是国体和国家性质与治理的相关性，探讨中国这样的人民民主国家如何为治理提供制度保障；制度之后的必然问题是功能问题，亦即党以何种方式和路径进行治理，为此本书分别探讨了依法治国（核心方式）、以德治国（道德为理）、深化改革（推进策略）、党内治理（基本要义）这四个根本问题；制度与功能之后是纬度问题，治理不是空泛的概念，它是在特定的场域和维度中推行和实践的，在当代中国，基本的维度当然是解决党对国家、社会、市场的治理方式问题；在探讨了方向、主体、制度、功能、维度之后，本书的结论是治理的本质是建设社会主义现代化国家，实现民族伟大复兴。最后是一个延展性的问题，探讨中国治理经验的普遍性意义。本书的分析逻辑大致如此，是否自圆其说有待验证。

本书的定位是服务于社会主义话语体系建设，因而话语表达方式的规范化成为需要首要考虑的问题，但可能因此也难以直观展示章节之间的内在逻辑和演绎方式。同时，社会主义政治学是一个有着意识形态立场的学术性问题，如何使用概念是一个相应的问题，目前的框架仅仅是围绕社会主义政治学理念和治理作为本质性问题而初步搭建的，逻辑性尚需进一步推敲，学术性也体现不足，这一来由原创性选题的难度所决定，二来更是作者的学力所限。

本书是上海社科院政治与公共管理研究所科研人员的集体成果，具体包括刘杰、张树平、朱淑丽、郭中军、李锦峰、齐凌云、曾一璇、朱雯霞、石冬旭、薛泽林、王龙飞、李佳佳、束赟。汪怿研究员多次参加了书稿的讨论，骆明婷和徐茜承担了大量的事务性工作。在正式出版之际，感谢上海市委宣传部和上海社会科学院主要领导对本书给予的高度关心和支持。感谢复旦大学陈明明教授、国防大学政治学院高民政教授、上海政法学院王蔚教授等专家的专业意见。当然，书中所有的观点如有疏漏或不妥之处，责任由本书主编承担。

刘杰

2019 年 3 月于上海社科院